AVIS AU RELIEUR

Pour placer les cent quarante Planches de ce troisième Volume.

LIVRE CINQUIEME.

N°. I	Les 6 Planches des Maisons de M. Guillot & de M. Douttemont se placeront ensemble à la page	4
II	1 Cette Planche du Frontispice du Bureau des Marchands Drapiers, se placera à la page	6
III	Les 2 Planches de la Fontaine des SS. Innocens se placeront entre les pages	8 & 9
IV	{ Les 2 Planches la Porte S. Denis se placeront entre les pages	11 & 13
	{ Les 2 Planches de la Porte S. Martin se placeront à la page	16
V	Les 5 Planches de la Maison située rue de Clery se placeront à la page	20
VI	Les 5 Planches de l'Eglise des Petits Peres se placeront à la page	26
VII	Les 6 Planches de l'Hôtel de Toulouse se placeront entre les pages	32 & 33
VIII	Les 2 Planches de la Place des Victoires se placeront entre les pages	36 & 37
IX	{ Les 4 Planches du Palais Royal se placeront entre les pages	46 & 47
	{ Les 5 Planches du Château d'eau, vis-à-vis le Palais Royal, se placeront entre les pages	50 & 51
	{ Les 5 Planches de la Maison de M. le Comte d'Argenson, se placeront à la page	54
X	Les 2 Planches de l'Eglise des Prêtres de l'Oratoire se placeront entre les pages	58 & 59
XI	Les 3 Planches de la Maison de M. Rouillé se placeront après la page	62
XII	Les 4 Planches de l'Eglise de S. Louis du Louvre se placeront à la page	66
XIII	Les 3 Planches de la Bibliothéque du Roi se placeront à la page	80
XIV	Les 4 Planches de la Maison de M. de Senozan se placeront après la page	82
XV	Les 6 Planches de l'Hôtel de Louvois se placeront après la page	86
XVI	Les 5 Planches de la Maison de M. Sonning se placeront entre les pages	88 & 89
XVII	Les 4 Planches de la Maison de M. Duchâtel se placeront à la page	92
XVIII	Les 2 Planches de la Maison sise rue de Richelieu, se placeront à la page	94
XIX	Les 3 Planches de l'Hôtel Desmarets se placeront vis-à-vis la page	98
XX	Les 4 Planches du Portail des Feuillans & de celui des Capucines, à la page	102
XXI	1 Les trois Planches de la Place de Louis le Grand doivent être collées l'une au bout de l'autre, pour n'en faire qu'une seule, qui se placera entre les pages	104 & 105
XXII	{ Les 6 Planches de la Maison de M. le Président de Tunis doivent être placées ensemble entre les pages	106 & 107
	{ Les 6 Planches de la Maison de M. le Baron de Thiers doivent être placées ensemble après la page	110
XXIII	{ Les 4 Planches de la Maison de M. Desvieux doivent être placées à la page	114
	{ Les 2 Planches de la Maison de M. de Castanier se placeront après la page	116
XXIV	Les 4 Planches de la Maison de M. Le Gendre d'Armini se placeront entre les pages	118 & 119
XXV	Les 4 Planches de l'Eglise Paroissiale de S. Roch se placeront entre les pages	128 & 129
XXVI	Les 6 Planches de l'Hôtel de Noailles doivent être placées à la page	138
XXVII	Les 3 Planches de l'Eglise de l'Assomption se placeront après la page	142
XXVIII	Les 4 Planches de la Maison de M. Richard doivent être placées entre les pages	144 & 145
XXIX	Les 3 Planches de la Maison de M. Blouin se placeront entre les pages	148 & 149
XXX	Les 5 Planches des deux Maisons de M. le Président Chevalier & de Madame Le Vieux seront placées ensemble après la page	152
XXXI	Les 4 Planches de l'Hôtel de Duras seront placées entre les pages	154 & 155
XXXII	Les 3 Planches de l'Hôtel d'Evreux seront placées à la fin du Livre, page	160

TOTAL 140 Planches.

La Statue de Louis le Grand à la Place des Victoires.

ARCHITECTURE
FRANÇOISE.

LIVRE CINQUIEME.
DES PRINCIPAUX EDIFICES
DU QUARTIER S. HONORÉ.

CHAPITRE PREMIER.

Description de deux Maisons particulieres, l'une, sise rue des Mauvaises Paroles, appartenant à M. Guillot, Intendant des Turcies & Levées; l'autre, rue du Cloître S. Médéric, appartenant à M. Doutremont, Avocat en Parlement.

MAISON DE M. GUILLOT.

LA Maison dont nous allons parler fut bâtie en 1723 & 24 par M. Cartaud(a) Architecte du Roi. Peut-être trouvera-t'on à redire que dans un Recueil où l'on semble ne s'être proposé de parler que des plus beaux Edifices de cette Capitale & de ses Environs, on ait inferé cette Maison Bourgeoise: mais comme un de nos plus habiles Architectes en a donné les desseins, qu'il en a pris la conduite, & que la distribution y est traitée avec conoissance, nous avons crû qu'on en verroit la description avec d'autant plus de plaisir, qu'un Architecte doit sçavoir descendre dans le détail des plus petits Batimens comme il doit sçavoir élever son imagination lorsqu'il s'agit du projet de la demeure d'un Prince, d'une Tête Couronnée, ou lorsqu'il est question d'un Edifice public.

Maison de M. Guillot.

(a) *Voyez qui nous avons dit de cet Architecte, Tome I. Page 122. Note (a).*

ARCHITECTURE FRANÇOISE, Liv. V.

Plan du Rez-de-Chaussée & du premier Etage. Planche I.

Maison de M. Guillot.

La Figure premiere offre le plan du rez-de-chaussée; quoiqu'il soit distribué dans un terrain assez irrégulier, & qu'il ne contienne qu'environ 95 toises quarrées de superficie, il ne laisse pas que de renfermer un assez grand nombre de pieces : sçavoir, un bureau pour le change (*b*), un cabinet, une cuisine, une écurie pour trois chevaux, un grand escalier & deux petits, une cour, &c. ; tant il est vrai qu'un bon Architecte doit toujours être consulté, puisque ce ne peut être que par ses lumieres & ses avis qu'un Propriétaire sçait tirer avantage de son terrain, soit pour la distribution, qui a pour objet la commodité ; soit pour la connoissance de la construction, qui a pour objet la solidité ; soit enfin par rapport à l'agrément, qui a pour objet l'ordonnance de la décoration tant intérieure qu'extérieure ; connoissances qui supposent les principes de la bonne Architecture, & qui demandent, dans quelque occasion que ce puisse être, de la sagacité, du goût & de l'expérience.

Pour preuve de ce que j'avance, il suffit de considérer les deux Planches de cette Maison, & l'on verra que les distributions sont susceptibles de toutes les commodités requises dans un Bâtiment de l'espece dont il s'agit, & que la décoration extérieure, sans se ressentir de la prodigalité des ornemens qui accompagnent ordinairement les édifices considérables, ne laisse pas cependant que de porter le caractere du bon goût & de la proportion ; caractere qui fait un des mérites essentiels des façades extérieures, par la raison que, dans chaque espece de bâtiment, la convenance exige une richesse ou une simplicité analogue à son usage, qui seule peut lui attirer le suffrage des Connoisseurs.

Le nom de chaque piéce exprimé dans ce plan nous dispensera d'un long examen. Nous observerons seulement que la cour est un peu petite pour la hauteur des bâtimens, qui ont trois étages & une mansarde ; mais il est aisé de sentir qu'on a été obligé d'en user ainsi : car comme nous l'avons déja remarqué, le terrain ne contenant qu'environ 95 toises de superficie, pour trouver dans aussi peu d'espace les commodités qu'on remarque dans cette maison, il a fallu donner à la cour la moindre grandeur possible, & multiplier les étages, afin que les différentes personnes attachées aux Maîtres se trouvassent par ce moyen logées commodément & relativement à leur service ; considération qui doit entrer dans le local d'un plan, & qui dans une maison particuliere est préférable à tout ce que la distribution peut présenter de plus ingénieux.

La Figure deuxieme offre le plan du premier étage composé de trois appartemens de maître, d'une salle de compagnie, d'une salle à manger, &c. toutes pieces régulieres, d'une belle proportion, & munies de dégagemens & de deux petits escaliers qui montent de fond en comble & qui conduisent aux entresols. Le grand escalier n'arrive qu'au premier & au second étage ; ce dernier est distribué d'après les mêmes murs de refends que ceux dont nous venons de parler, & contient plusieurs appartemens de commodité qui concourent à donner à cette maison un logement assez considérable.

Elévation d'une des aîles du côté de la cour, & coupe du principal corps de logis, donnant sur la rue des mauvaises paroles. Planche II.

Cette Planche, prise dans le plan sur la ligne AB, montre la hauteur des différens étages dont nous avons parlé. Ces étages regnent tout au pourtour de l'intérieur de la

(*b*) Depuis que M. Guillot est Intendant des Turcies & Levées, & qu'il a quitté le négoce, on a fait de la Piece marquée C, une fort belle salle à manger : nous avons laissé dans ce plan cette ancienne disposition pour faire connoître les pieces rélatives à l'usage d'un Négociant, rien n'étant indifferent lorsqu'il s'agit de la distribution des Bâtimens en général.

cour, à l'exception de la partie de la remise, au-dessus de laquelle sont un entresol & une piece de plain pied au premier étage.

La coupe, en faisant voir le plus petit diamétre de la cour, indique en même tems la trop grande élévation du bâtiment; mais les raisons que nous avons rapportées plus haut prouvent la nécessité dans laquelle on s'est trouvé d'en user ainsi.

Le rez-de-chauffée de cette cour est décoré d'arcades bombées, tant feintes que réelles & chargées de refends. Au-dessus de ce rez-de-chauffée, sont des croisées avec des bandeaux, qui descendent jusques au plancher du premier étage, à cela près d'une banquette de pierre de 14 pouces de hauteur, qui reçoit un demi balcon de fer, que l'Architecte a préféré ici à un appui tout de maçonnerie, parceque ce demi balcon procure plus de lumiere dans l'intérieur des appartemens, & que par ce moyen les croisées ont acquis une proportion plus convenable; attention qui n'est jamais indifférente dans l'ordonnance extérieure d'un bâtiment.

Les croisées du deuxieme étage sont dans le même genre. Ces étages sont séparés par des plinthes, & tout le bâtiment est couronné par une corniche dont les profils se ressentent de la capacité & de l'expérience de l'Architecte qui en a donné les desseins.

La décoration intérieure, quoiqu'en général assez simple, est traitée avec beaucoup de goût. Les ornemens y sont menagés à propos, & disposés de maniere qu'il y a des intervalles qui font valoir les parties qui doivent naturellement dominer. Nous observerons même que quoique le goût des ornemens ait changé considérablement depuis que la maison dont nous parlons a été bâtie, il n'en est pas moins vrai que les Connoisseurs applaudissent à la retenue dont M. Cartaud a usé dans les décorations de cette maison: modération infiniment préférable à cette multiplicité d'ornemens dont on fait usage aujourd'hui, quoiqu'ils soient assez ingénieux pour la plûpart.

Nous ne donnons point ici la façade du côté de la rue, à cause de sa grande simplicité. On remarquera seulement que l'heureuse proportion qui regne dans son ordonnance, l'excellence de ses profils & la beauté de son appareil, portent le caractere du vrai sçavoir; caractere que l'on remarque non-seulement dans toutes les grandes entreprises qui ont été confiées à M. Cartaud, mais qui se rencontrent dans toutes les maisons particulieres élevées sous ses ordres, dans le nombre desquelles nous regardons comme un chef-d'œuvre, celle de M. *Hurel*, Conseiller au Châtelet, située rue Saint Martin, dont la façade du côté de la rue est généralement estimée. Nous n'avons pas inséré cette maison dans ce Recueil dans la crainte d'essuyer le reproche de nous être trop arrêté à des Bâtimens de peu de conséquence. Nous en recommandons cependant l'imitation à ceux qui veulent se distinguer dans la profession d'Architecte; les plus habiles étant forcés d'avouer qu'il n'est rien de si difficile que de produire de l'excellent dans une maison de peu d'importance, & que c'est ordinairement dans ces occasions qu'il faut un vrai mérite pour plaire aux personnes intelligentes dans l'art de bâtir.

MAISON DE M. DOUTREMONT.

La maison dont nous parlons peut aussi être considérée comme particuliere, & quoiqu'elle ait été bâtie long-tems avant celle dont nous venons de donner la description, & par un Architecte beaucoup moins connu (c), il est cependant certain que

---

(c) *Jean Richer*, Architecte, paroît avoir été Eleve de le Veau, mort en 1670, sa maniere de décorer étant à peu près la même que celle qu'on remarque dans quelques ouvrages de ce célébre Architecte; voyez la maison de M. Henselin, que nous avons donnée page 131 du second Volume. On peut encore se convaincre de cette ressemblance dans les Œuvres de Marot, où l'on verra une autre maison, située rue Bourglabbé, appartenant à M. Pasquier, du dessein de J. Richer, & que nous n'avons pas inférée dans ce Recueil, parceque les Planches different assez considérablement de l'exécution; mais en général ses distributions & ses décorations méritent quelque estime, ainsi qu'une maison particuliere dans le même genre de celle que nous donnons ici, & qui sera l'objet du Chap. V. de ce Volume.

ARCHITECTURE
FRANÇOISE,
OU
RECUEIL
DES PLANS, ÉLÉVATIONS,
COUPES ET PROFILS

Des Eglises, Maisons royales, Palais, Hôtels & Edifices les plus considérables de Paris, ainsi que des Châteaux & Maisons de plaisance situés aux environs de cette Ville, ou en d'autres endroits de la France, bâtis par les plus célèbres Architectes, & mesurés exactement sur les lieux.

Avec la description de ces Edifices, & des Dissertations utiles & intéressantes sur chaque espèce de Bâtiment.

Par JACQUES-FRANÇOIS BLONDEL, Professeur d'Architecture.

TOME TROISIEME,

Contenant la description des principaux Edifices des Quartiers Saint Denis, Montmartre, du Palais Royal & Saint Honoré.

Enrichi de cent quarante Planches en taille-douce.

A PARIS,
Chez CHARLES-ANTOINE JOMBERT, Imprimeur-Libraire du Roi pour l'Artillerie & le Génie, rue Dauphine, à l'Image Notre Dame.

M. DCC. LIV.
AVEC APPROBATION ET PRIVILEGE DU ROI.

TABLE DES CHAPITRES

CONTENUS DANS LE TROISIÉME VOLUME
DE L'ARCHITECTURE FRANÇOISE.

LIVRE CINQUIE'ME.
Des principaux Edifices du Quartier Saint Honoré.

CHAPITRE PREMIER. Description de deux Maisons particulieres, l'une sise rue des Mauvaises paroles, appartenant à M. Guillot, Intendant des turcies & levées; l'autre, rue du Cloître S. Méderic, appartenant à M. Doutremont, Avocat en Parlement, p. 1

CHAP. II. Description du frontispice du Bureau des Marchands Drapiers de Paris, rue des Déchargeurs, 5

CHAP. III. Description du bâtiment de la Fontaine des SS. Innocens, situé au coin des rues Saint Denis & aux Fers, 7

CHAP. IV. Description de la Porte S. Denis & de la Porte S. Martin, 10

CHAP. V. Description de la maison de Madame la Comtesse d'Estrades, rue de Clery, 17

CHAP. VI. Description de l'Eglise des Augustins Déchaussés, connus sous le nom de *Petits Peres*, près la Place des Victoires, 21

CHAP. VII. Description de l'Hôtel de Toulouse, situé rue de la Vrilliere, près la Place des Victoires, 27

CHAP. VIII. Description de la Place des Victoires, quartier Montmartre, 34

CHAP. IX. Contenant la description du Palais Royal, du Château d'eau, & de la Maison de M. d'Argenson, 38

CHAP. X. Description de l'Eglise des Prêtres de l'Oratoire, rue S. Honoré, 55

CHAP. XI. Description de la Maison de M. Rouillé, Ministre & Secrétaire d'Etat de la Marine, rue des Poulies, quartier S. Honoré, 60

CHAP. XII. Description de l'Eglise de Saint Louis du Louvre, située rue S. Thomas du Louvre, quartier du Palais Royal, 63

CHAP. XIII. Description des bâtimens de la Bibliothéque du Roi, rue de Richelieu; de la Bourse, rue Vivienne, & de la Compagnie des Indes, rue neuve des Petits Champs, 67

CHAP. XIV. Description de la Maison de M. le Président de Senozan, située rue de Richelieu, 80

CHAP. XV. Description de l'Hôtel de Louvois, rue de Richelieu, 83

CHAP. XVI. Description de la Maison de M. Sonning, rue de Richelieu, 87

CHAP. XVII. Description de la Maison de M. Duchatel, rue de Richelieu, 90

CHAP. XVIII. Description d'une Maison sise rue de Richelieu, près le Boulevard, 93

CHAP. XIX. Description de l'Hôtel Desmarets, rue S. Marc, 95

CHAP. XX. Description du Portail de l'Eglise des Feuillans, rue S. Honoré, près la Place de Louis le Grand, & de celui de l'Eglise des Capucines, rue neuve des petits Champs, en face de la même Place, 99

CHAP. XXI. Description de la Place de Louis le Grand, près la Porte S. Honoré, 103

CHAP. XXII. Description de la Maison de feu M. le Président de Tunis, & de celle de M. le Baron de Thiers, Maréchal général des logis, & Brigadier des Armées du Roi, situées Place de Louis le Grand, 106

CHAP. XXIII. Description de deux Maisons situées rue neuve des Capucines, près la Place de Louis le Grand, l'une appartenant à M. Desvieux, Fermier général, l'autre à M de Castanier, Directeur de la Compagnie des Indes, 111

CHAP. XXIV. Description de la Maison de M. Le Gendre d'Armini, rue neuve des Capucines, proche la Place de Louis le Grand, 117

CHAP. XXV. Description de l'Eglise Paroissiale de S. Roch, rue S. Honoré, 119

CHAP. XXVI. Description de l'Hôtel de Noailles, rue S. Honoré, 130

CHAP. XXVII. Description de l'Eglise des Filles de l'Assomption, rue S. Honoré, 139

CHAP. XXVIII. Description de l'ancien Hôtel de Montbason, aujourd'hui la Maison de M. Richard, Receveur général des Finances, 143

CHAP. XXIX. Description de la Maison de M. Blouin, appartenant présentement à M. Michel, Directeur de la Compagnie des Indes, rue du Fauxbourg S. Honoré, 146

CHAP. XXX. Description de deux Maisons particulieres, bâties rue du Fauxbourg Saint Honoré, 150

CHAP. XXXI. Description de l'Hôtel de Duras, situé rue du Fauxbourg S. Honoré, 153

CHAP. XXXII. Description de l'Hôtel d'Evreux, appartenant à Madame la Marquise de Pompadour, rue du Fauxbourg S. Honoré, 156

Maison de M. Doutremont.

relativement à la nécessité de mettre sous les yeux du Lecteur des bâtimens de toute espece, celui-ci n'est pas tout-à-fait du genre de ceux que l'on doit rejetter; d'ailleurs le parallele qu'on en peut faire avec le précédent, fera connoître sensiblement la différence qu'il y a entre la maniere de distribuer du dernier siecle, & les progrès que nos Architectes François ont fait depuis dans cette partie de l'Architecture.

La Planche troisieme montre dans un terrain assez peu spacieux deux corps de logis appartenant à deux differens Proprietaires, celui marqué C à M. Doutremont, & celui D à Melle. Rivet. Ces maisons sont assujetties à une façade de bâtiment uniforme, ce qui s'est pû faire d'autant plus facilement qu'elles sont situées à l'encoignûre de deux rues qui en rendent les entrées plus particulieres & plus commodes.

Tout le rez-de-chaussée est occupé par une cour commune & par deux corps de logis. Le plus grand a une écurie pour quatre chevaux, deux remises, un grand escalier, une cuisine, une salle à manger, un garde manger, &c. Le petit est composé seulement d'un porche, d'un escalier, d'une cuisine, d'une salle à manger & d'un office.

La Planche quatrieme représente dans chaque maison un appartement de Maître. Ces appartemens sont multipliés dans les étages superieurs au nombre de trois & d'un Attique, en comptant le rez-de-chaussée (a); mais, comme nous venons de le remarquer, ils sont sans commodité: avantage que notre distribution actuelle a sur celle du siecle précédent.

La Planche cinquieme offre la décoration de la principale façade du côté de la rue, qui differe autant de notre maniere de décorer aujourd'hui, que la distribution ancienne differe de la moderne. Cependant, si l'on en excepte le couronnement des Attiques, l'Ordre des pilastres, qui fait un trop petit avant-corps dans le milieu de cette élévation, & l'air de pesanteur qui regne dans toute cette ordonnance, en faveur de la simetrie, d'un certain caractere viril, & de la proportion de quelques parties plus heureusement conçues que celles dont nous venons de parler, cette composition mérite quelque consideration.

La Planche sixieme présente la coupe prise dans les plans précédens sur la ligne AB, & le développement de l'escalier du corps de logis marqué C. On voit aussi dans cette planche la coupe des remises, un logement pratiqué au-dessus, & l'élévation de l'aile de ce bâtiment en retour sur la cour, & dont l'ordonnance est la même que les pavillons de la façade du côté de la rue, dont on vient de faire mention.

(a) Nous remarquerons que dans ces Planches il y a quelques legers changemens dans les distributions, mais qui ne nous ont pas paru assez importans pour en faire mention ici.

CHAPITRE

Plan du premier étage

Fig. II.

Plan au rez de chaussée d'une maison appartenant à M. Guillot négociant, scize ruë des Mauvaises paroles à Paris, bâtie sur les desseins de M. Cartault Architecte du Roy

Enclave de la maison voisine

1. Pompe qui fournit de l'eau dans la Cuisine et dans l'auge à abreuver
2. Ruisseau pratiqué dans le pavé pour l'écoulement des eaux

Fig. I.re

A Paris chez JOMBERT, rue Dauphine.

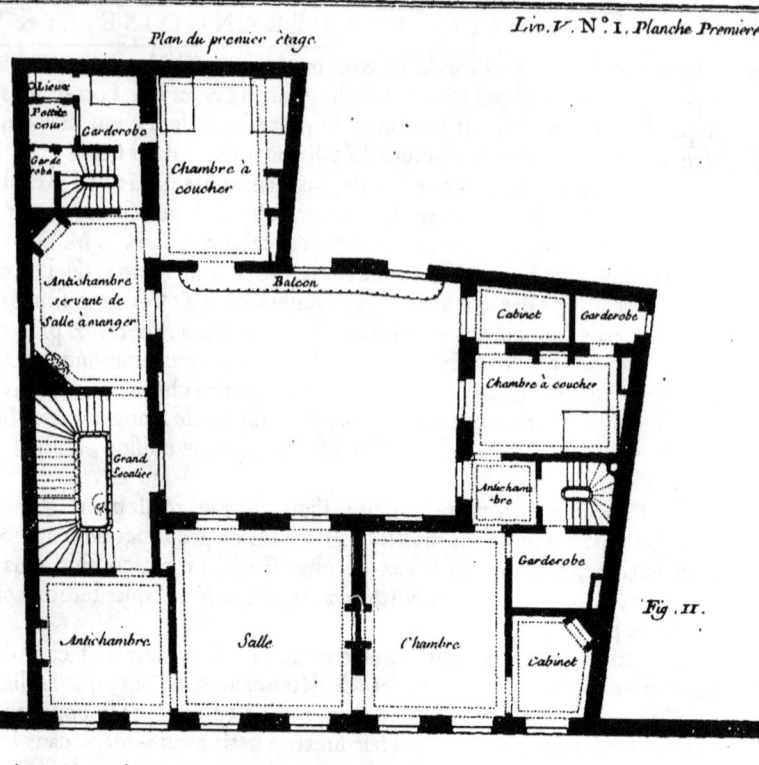

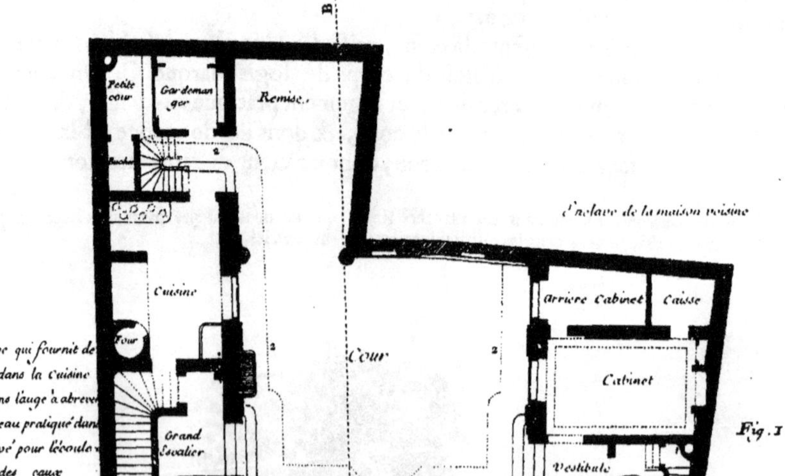

Plan d'une Maison situeé deuant les Consuls, à Paris, bastie par I. Richer.

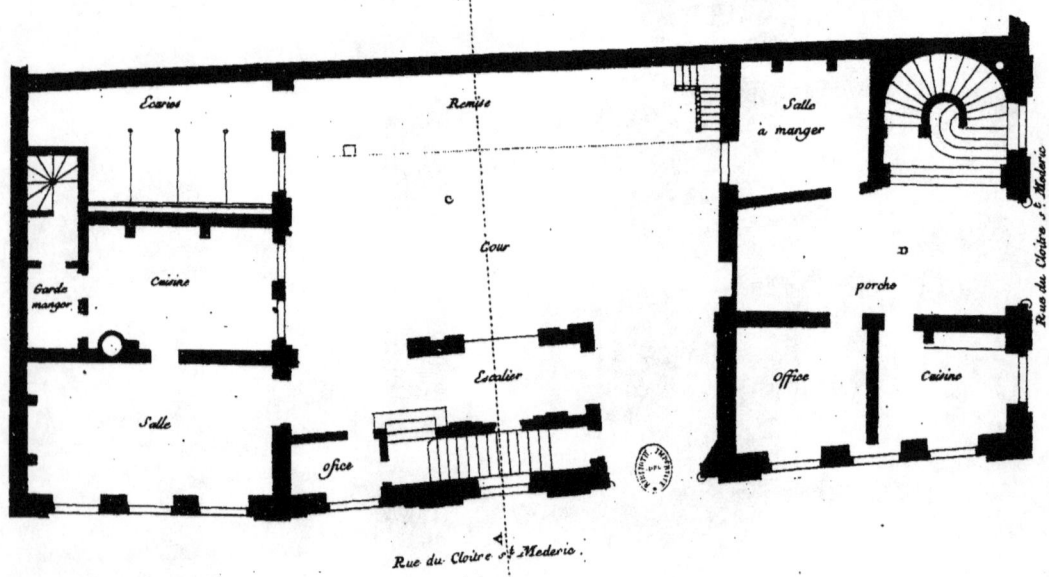

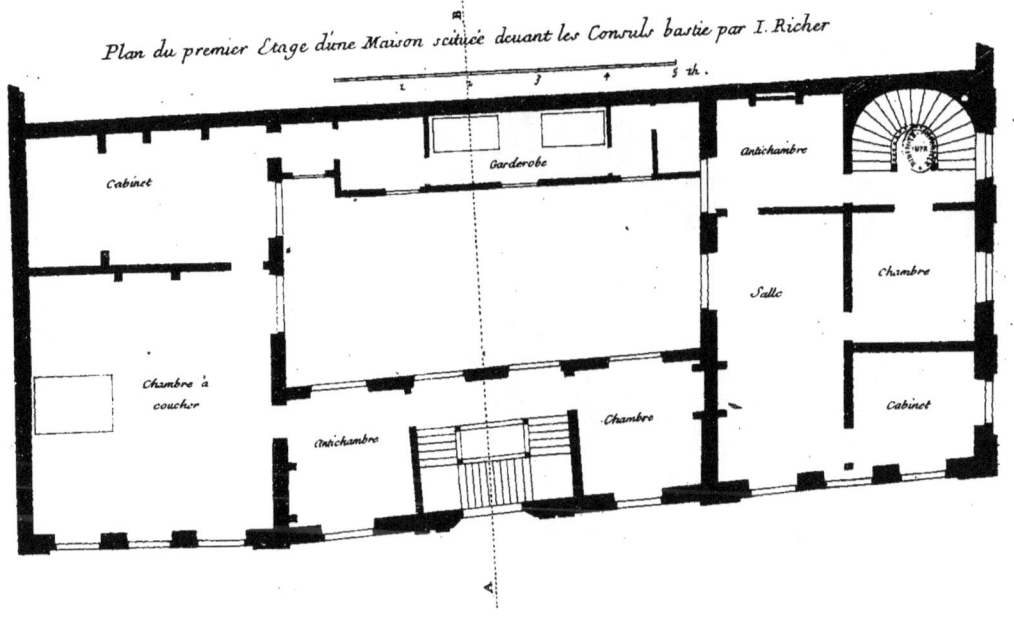

Plan du premier Etage d'une Maison scituée deuant les Consuls bastie par I. Richer

ARCHITECTURE FRANÇOISE, Liv. V.

CHAPITRE II.
Description du frontispice du Bureau des Marchands Drapiers de Paris, rue des Déchargeurs.

La singularité de l'ordonnance de ce frontispice, prise en général, la contrainte dans laquelle s'est jetté l'Architecte par l'accouplement des Colonnes Doriques, & la beauté de sa sculpture, nous ont déterminé à faire quelques observations sur les parties qui composent cet édifice ; mais avant que d'y passer, nous avertirons que la Planche que nous donnons ici differe en quelque chose de l'exécution. Premierement il n'y a aucune canelure dans les Ordres des colonnes & pilastres : la table marquée A est supprimée, on a mis à sa place deux triglifes & un métope d'un plus grand intervalle que les autres, lequel est orné de deux cornes d'abondance. Cette table saillante sans doute avoit été faite dans le projet pour masquer l'irrégularité de ce métope, & en même tems pour recevoir une inscription ; mais comme elle s'est trouvée trop petite pour ce dernier usage, on a preferé d'en placer une de marbre noir dans le dez du piedestal marqué B. Cette inscription est conçue en ces termes.

Bureau des Drapiers.

MAISON ET BUREAU DES MARCHANDS DRAPIERS DE CETTE VILLE DE PARIS.

Secondement il n'y a point de têtes de Lion dans la cimaise de l'Ordre Dorique ; les consoles C sont beaucoup moins pésantes, & à la place de la tête de Mercure, sur la porte du milieu (attribut qui désigne le commerce), est aussi une console. Les dez des piedestaux de l'Ordre Ionique sont lisses, & les retours des crossettes D sont supprimés. Les pilastres Attiques ne sont point ravallés, & leurs chapiteaux sont composés de feuilles d'eau avec un tailloir quadrangulaire ; les croisées de ce même Attique descendent jusques sur l'entablement Ionique, les guillochis de dessus ces croisées sont moins ornés, & les cassettes de dessous la corniche horisontale du fronton sont supprimées. L'écusson des Armes du Roi est accompagné de branches de laurier & de chêne, au lieu de guilandes ; enfin les vases de dessus les pilastres Attiques ne s'y voyent point, aussi-bien que le comble qui n'étant point apperçû d'en bas, est exécuté sans aucune décoration ni simétrie.

Ces légeres differences, qui ne changent rien à la masse, sont néanmoins autant d'omissions qui ont été faites lors de l'exécution ; ce qui donne lieu de croire que cette Planche a été gravée sur les projets de *Liberal Bruant*, (a) qui donna les desseins de cet édifice, & qui se chargea de sa conduite vers le milieu du dernier siecle.

Nous avons trouvé de la singularité dans l'ordonnance de la façade dont nous parlons ; sans doute on doit regarder comme telle la trop grande ouverture des croisées du premier étage comparée avec le diamétre des pilastres, le massif affecté au milieu de ce même étage pour contenir seulement les armes de la Ville, la suppression des deux colonnes, à la place desquelles on a préferé des cariatides, le fronton circulaire brisé, pratiqué ainsi pour y placer une figure assise d'une proportion gigantesque, d'un mauvais choix & d'une exécution médiocre, enfin le fronton triangulaire, non-seu-

---

(a) Liberal Bruant a passé pour un des meilleurs Architectes du siecle dernier. Quoiqu'il ait été fort occupé dans les Bâtimens du Roi, nous avons néanmoins peu d'édifices entierement bâtis de lui : le seul morceau important que nous puissions citer, est l'Hôtel Royal des Invalides & l'Eglise des Soldats de ce même Hôtel ; ainsi que nous en avons fait mention dans le premier Volume, Page 192. Cet Architecte a eu un Fils, qui s'est acquis beaucoup de réputation dans l'Architecture. Voyez ce que nous avons dit de ce dernier dans le I. Vol. P. 286. Note (a).

Tome III.   B

Bureau des Drapiers.

lement placé fur un Attique, mais dont la réitération trop prochaine de celui de deſſous, eſt contre tout principe de convenance.

A l'égard de la contrainte dont l'Architecte a uſé dans la décoration de ce frontiſpice, nous remarquerons l'accouplement de l'Ordre Dorique, & nous dirons que l'exemple de cet édifice nous montre un des moyens dont nos Architectes modernes ſe ſont ſervi pour rendre poſſible l'accouplement de cet Ordre, & quoique Bruant ait été le ſeul qui ait mis ce moyen en pratique, il n'en eſt pas moins de quelque autorité. Pour y parvenir, il a diminué les pilaſtres comme les colonnes, deſorte qu'il n'y a que les baſes qui ſe pénétrent ; autrement les chapiteaux auroient eu le même défaut, ainſi qu'on le voit au portail des Minimes, par *François Manſard*, comme nous l'avons remarqué dans le Volume précédent. Nous avons fait voir auſſi dans le même Volume, en parlant du Luxembourg & du portail de S. Gervais, par *Desbroſſes*, que pour éviter l'une & l'autre licence dont nous parlons ici, on eſt tombé dans un autre excès, ſçavoir, de rendre la diſtribution des métopes diſſemblable ; & qu'au portique de Vincennes, bati par *Le Veau*, pour éviter tous ces inconvéniens, cet Architecte avoit préféré de donner 17 modules au lieu de 16 à la hauteur de ſa colonne, ce qui fait ſortir cet Ordre de ſon caractere. Il eſt vrai que la diminution des pilaſtres, dont nous parlons, n'eſt pas un ſyſtême aſſez univerſellement reçû dans l'Architecture pour le mettre en pratique ſans quelque conſidération particuliere ; mais en général on peut dire que lorſque ces pilaſtres ne ſont pas angulaires comme ceux du portail de l'Egliſe du College Mazarin, cette diminution eſt aſſez tolérable, quoiqu'elle ſoit conſidérée par les plus célébres Architectes comme une licence plus ou moins abuſive, ſelon que l'édifice ſemble exiger plus ou moins de retenue.

Quand nous avons parlé de la beauté de la ſculpture de ce frontiſpice, nous avons entendu applaudir à la perfection des cariatides, dont on ne ſçauroit aſſez louer l'excellence & la beauté du travail, auſſi-bien que celui des enfans & des Dauphins qui ſont au milieu & au pied de ces figures ; car on doit ſe rappeller que nous avons blâmé ailleurs l'uſage des cariatides en général, dont la ſervitude ici eſt auſſi contraire à la vraiſemblance, que l'allégorie eſt peu propre au genre d'édifice dont nous parlons.

Ces différentes obſervations nous conduiſent à conclure qu'il ne ſuffit pas que l'ordonnance d'un édifice ſoit ſinguliere pour plaire, que les contraintes auxquelles un Architecte s'aſſujettit ne ſont pas regardées de meilleur œil, quand ces ſujettions qui n'ont pour objet que des parties de détail, produiſent un tout hors de proportion, & qu'enfin la ſculpture la mieux exécutée, lorſqu'elle péche contre la convenance, & qu'elle n'annonce pas des ſimboles rélatifs à l'édifice, n'a droit de plaire que ſéparément.

Malgré ces obſervations, qui nous paroiſſent fondées, l'édifice dont nous venons de faire la deſcription eſt néanmoins un de ces anciens monumens qui s'eſt attiré le ſuffrage de la multitude, ſans autre mérite réel que quelques beautés de détail qui ont fait ſans doute oublier les maſſes & les rapports de proportion & de convenance, ſans leſquels cependant il n'eſt point de bonne Architecture. C'eſt ce qui nous détermine à continuer de relever ſcrupuleuſement dans cet Ouvrage toutes les licences qui ſe rencontreront dans les bâtimens dont nous allons parler, ſans pour cela négliger de faire l'éloge des beautés dont très-ſouvent ces mêmes licences ſont accompagnées.

CHAPITRE III.

Description du Bâtiment de la Fontaine des Innocens, situé au coin des Rues S. Denis & aux Fers.

L'Edifice que nous décrivons fut bâti en 1550 dans l'état où on le voit aujourd'hui ; mais la construction primitive de cette Fontaine est fort ancienne, puisque, selon le sentiment de plusieurs Auteurs, il en est fait mention dans les Lettres Patentes de *Philippe le Hardi*, données l'an 1273, à propos d'un accord fait entre ce Roi & le Chapitre de S. Médéric. Ce fut *Pierre Lescot* (a), *Abbé de Clagny*, qui donna les desseins de l'Architecture de ce monument, & *Jean Goujon* (b) fut chargé de la sculpture, ouvrage regardé des Connoisseurs comme un des chefs-d'œuvres de cet Art.

Fontaine des Innocens.

Elévation d'une des faces de la Fontaine des Innocens, du côté de la rue aux Fers.
Planche Premiere.

Cette fontaine, située à l'encoignûre de deux rues, est composée de deux façades en retour d'équerre, l'une contenant deux arcades & l'autre une seulement : ces arcades sont comprises dans la hauteur d'un Ordre de Pilastres Composites, élevé sur un Piedestal & celui-ci sur un soubassement. Au-dessus de cet Ordre s'élève un Attique couronné de frontons, ainsi qu'on le remarque dans cette Planche. Nous ne donnons pas ici l'autre façade en retour, étant composée d'une Architecture semblable & enrichies mêmes ornemens & figures, qui ne different de celles de la façade dont nous parlons que dans les attitudes.

Cette Planche, anciennement gravée, l'est avec assez de fidelité, principalement pour ce qui regarde les bas reliefs, qui sans contredit font un des principaux mérites de ce bâtiment ; car on peut dire que l'Architecture, exécutée d'ailleurs avec pureté & profilée d'assez bon goût, péche contre la convenance. Nous remarquerons à cette occasion qu'en général, quoique ce monument se soit acquis jusqu'à present une grande réputation, les deux parties essentielles qui doivent caractériser un bâtiment aquatique sont omises dans celui-ci ; sçavoir, d'une part l'application d'un Ordre viril, & de l'autre l'abondance des eaux, qui extérieurement devroient se répandre avec plus de profusion, du moins dans certaines occasions. En effet dans cet édifice, ainsi que dans presque tous ceux de ce genre qui sont bâtis à Paris, l'eau ne s'échappe que par de petits mascarons, qui bien loin de nous annoncer qu'une Riviere considérable passe au milieu de cette Capitale, semblent au contraire nous persuader que le terrein que nous habitons est un lieu sec & stérile. C'est ce qu'il est facile de remarquer dans le monument dont nous parlons, où l'on ne voit que deux robinets qui distribuent à peine l'eau aux habitans, & qui sont placés du côté de la rue S. Denis, ceux qui se voyent dans cette Planche ayant été supprimés.

A l'égard de l'Architecture, on peut dire que sa délicatesse n'est pas du ressort d'une Fontaine publique : ajoûtons à cela son peu de relief, ses ressauts trop réiterés, la prodigalité de ses ornemens, remarquons même la finesse & la grace de sa sculpture, qui dans toute autre occasion seroient un genre de beauté, mais qui ne peuvent ici être estimées que séparement, toutes ces richesses n'ayant rien de commun avec l'objet essentiel ; car on peut dire en général que cette élégance & cette exactitude dans la main d'œuvre, ne sont propres que dans de certains ouvrages qui peuvent être vûs de près, où le talent de l'Artiste peut être apperçû, & où tout

---

(a) Nous parlerons de cet Architecte en décrivant le Château du Louvre. Chap. premier du quatrieme Volume.
(b) Nous avons déja parlé de quelques ouvrages de ce célébre Sculpteur dans le second Vol. pag. 11. notte (a) pag. 149, 150, Note (a) &c. sans sçavoir rien de particulier jusqu'à present sur la vie de cet homme illustre.

l'édifice doit être préservé des injures de l'air. Au contraire ici l'Architecte a exhauffé ce travail recherché fur un foubaffement, pour le préferver fans doute de l'approche du vulgaire ; mais il n'a pas prévû que non-feulement ce foubaffement, d'ailleurs trop liffe, par fa grande élévation, fert contre toute idée de vraifemblance à éloigner de l'œil du Spectateur cette merveille de l'art, qui dans ce genre ne peut compter de rivale que la fontaine de la rue de Grenelle, dont nous avons parlé dans le premier Vol. pag. 226. Chap. VIII.

Les arcades qui fe remarquent ici, font non-feulement trop grandes pour le diametre de l'Ordre qui préfide à ce monument, mais femblent contraires à l'ufage d'un bâtiment hydraulique, dont l'enceinte doit être fermée, pour exprimer plus de folidité. Il n'en faut point douter, il eft un caractere propre à chaque genre d'édifice, établi par les loix de la convenance & les principes de la bonne Architecture. C'eft cette marque diftinctive qui feule a le droit de s'attirer l'eftime des connoiffeurs par l'idée qu'on doit fe former naturellement d'un bâtiment facré, public, ou particulier, ces differens édifices devant généralement annoncer par leur compofition extérieure l'ufage auquel ils font deftinés.

On ne peut difconvenir néanmoins qu'il n'y ait des beautés de détail dans le monument dont nous parlons, mais on doit obferver qu'il eft femblable à cet égard à la plûpart des édifices antiques, dont la perfection de l'exécution a attiré le fuffrage du plus grand nombre. Prevenu par la richeffe & l'abondance des ornemens qu'on a remarqué dans ces édifices, on s'eft déterminé à les admirer, fans entrer dans l'examen des rapports du tout aux parties & des parties au tout. De-là il arrive tous les jours que les admirateurs de l'Antiquité, prennent fouvent l'ouvrage entier pour autorité, & qu'ils fe laiffent ordinairement furprendre par une forte d'enchantement qui les conduit à allier dans leurs productions des parties qui n'étant pas faites pour aller enfemble, préfentent une ordonnance peu fatisfaifante. Ces inadvertances n'arrivent que trop fouvent, quoique ces admirateurs cherchent, difent-ils, à puifer leurs principes dans des exemples capables, à bien des égards, de former le goût; mais encore une fois ils fe laiffent féduire par la totalité, fans entrer dans l'efprit des régles de la convenance. C'eft cependant cette derniere qui feule enfeigne le choix du caractere expreffif qu'il eft indifpenfable de donner à chaque bâtiment & fans lequel on s'éloigne toujours de la vrai-femblance & de la bienféance : confidérations effentielles à obferver néanmoins pour parvenir à l'excellence de fon art.

La façade que nous donnons ici contient différentes infcriptions, celles qui font placées dans les trois petites tables au deffus des impoftes, auffi-bien que dans deux pareilles tables du côté de la rue S. Denis, font toutes les mêmes & conçues en ces termes.

FONTIUM NYMPHIS.

Dans une des tables du foubaffement marquée C, on lit cette infcription :

Quos duro cernis fimulatos marmore fluctus
Hujus Nympha loci credidit effe fuos.

Dans une pareille table, du côté de la rue S. Denis, eft la même infcription, & audeffous eft écrit :

1708.

DU REGNE DE LOUIS XIV.

Ce regard, un des plus beaux monumens de l'antique, a été préparé pour contenir une plus grande quantité d'eau, avec un recipient plus élevé pour en donner aux quartiers les plus éloignés de la Ville.

De la quatrieme Prevôté de Meffire Charles Boucher, Chevalier, Seigneur d'Orfay, &c.

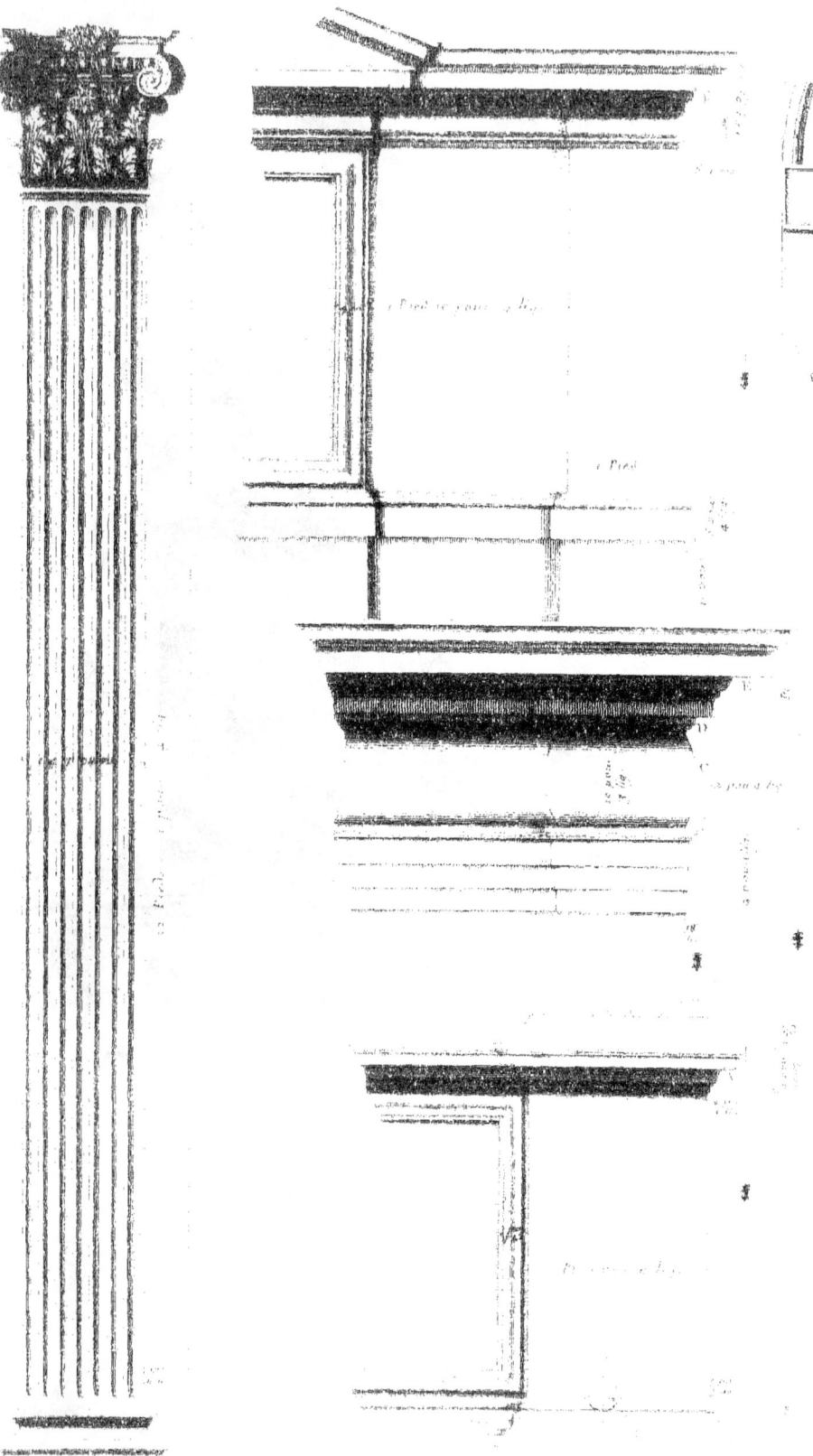

Cet édifice, dont l'entretien avoit été fort négligé, fut reparé en 1708. Vers 1741, on se proposa de le restaurer une seconde fois ; mais comme cette restauration auroit altéré la beauté de la sculpture en la regratant, on fit jetter bas les échafauds qui avoient été dressés à ce sujet, & il fut décidé que l'on conserveroit à la postérité ce magnifique ouvrage sans aucune altération. Il en fut ordonné de même quelques années après à l'égard de la Porte S. Antoine, en faveur de la sculpture (a) que l'on y voit, qui est de la main de Jean Goujon, & qui paroissoit avoir besoin de quelque réparation, mais à laquelle par refléxion on n'osa toucher, se rappellant que François Blondel, en 1660, lorsqu'il fut chargé des additions qu'on fit à cette porte, préféra de conserver à la postérité cet ouvrage admirable plutôt que de donner à ce monument une ordonnance d'un dessein plus élégant en général.

On entre dans l'intérieur de la fontaine dont nous parlons, par une petite porte placée vers A, qui conduit à un escalier qui monte au reservoir élevé à l'endroit marqué B, lequel distribue l'eau dans les differens quartiers de la ville, & que nous n'avons point exprimé dans cette Planche étant anciennement gravée, ainsi que nous l'avons remarqué plus haut.

Profil en grand des principaux membres d'Architecture du bâtiment de la Fontaine des Innocens.
Planche II.

Cette Planche présente les principaux profils de l'élévation précédente ; mais comme en les examinant sur le lieu, nous avons trouvé quelque différence, nous les allons remarquer ici, après avoir observé en général que tous ces profils sont, dans l'exécution, traités avec plus de légéreté, ce qui donne à cet édifice ce caractere délicat plus propre à l'Ordre qui en compose l'ordonnance, qu'à l'espece du bâtiment dont il s'agit.

Ces différences consistent dans le profil de la corniche du piedestal A, dont la cimaise inférieure est comme le profil B. L'entablement Composite ne differe que dans le talon D, qui est plus élevé aux dépens du listeau de dessus. La frise C, qui est bombée, est ornée de Dauphins alternativement placés avec des coquilles, accompagnées de feuilles de refend ; cette frise auroit été plus analogue au sujet, si l'on y eut préféré des feuilles d'eau : le quart de rond E est enfin taillé d'ornemens connus sous le nom d'oves.

La corniche de l'Attique F est beaucoup trop pésante dans ce dessein, voyez le profil G, d'ailleurs le gorgerin est à plomb & non circulaire. En général nous observerons qu'à l'exception de ces inadvertances, qui sans doute viennent de la faute du graveur, les cottes marquées sur cette Planche sont assez exactes, ce qui nous a porté à l'inférer dans ce Recueil, ces mesures étant d'une nécessité indispensable pour les personnes qui désirent s'instruire de la route que les Architectes du XVIe siecle ont suivie dans leurs productions.

(a) Cette sculpture consiste en deux figures placées sur la porte du milieu, l'une représente la Seine & l'autre la Marne : ouvrage inimitable, & pour lequel les amateurs craignent toujours, lorsque dans les réjouissances publiques, on confie à des hommes imprudens le soin d'illuminer cette porte triomphale qui, en faveur des chefs-d'œuvres dont nous parlons, devroit être exempte de cette marque d'allegresse.

CHAPITRE IV.

Description de la Porte S. Denis & de la Porte S. Martin.

PORTE S. DENIS.

Porte S. Denis. L'une des inscriptions de cette Porte nous apprend que cet édifice fut consacré à la gloire de Louis XIV par la ville de Paris, l'an 1672. On sçait aussi que ce fut *François Blondel* (a), célébre Architecte, qui en donna les desseins, & non *Bullet*, comme quelques-uns l'ont prétendu, ce dernier n'en ayant été que l'appareilleur, ainsi qu'on le lit dans le Cours d'Architecture de François Blondel, pag. 605.

Elévation de la Porte S. Denis du côté de la Ville. Planche Premiere.

Cet édifice a été gravé dans plusieurs Livres d'Architecture, mais comme les desseins que nous en avons eu jusqu'à present sont trop infideles pour en donner une juste idée, non-seulement nous l'avons levé exactement sur les lieux, mais nous avons vérifié les dimensions que François Blondel nous en donne à la quatrieme Partie de son Cours d'Architecture, Chapitre IV. page 622, qui different assez considérablement de l'exécution ; différence dont nous ne sçaurions pénétrer le motif, François Blondel ayant fait imprimer son livre quelques années après l'édification de ce monument, & cette erreur étant trop considérable pour pouvoir provenir de l'appareil, de la pose ou du ragrément, ainsi que nous allons le remarquer.

Tout cet édifice a 73 pieds 9 pouces de largeur sur 72 pieds 9 pouces de hauteur, non compris un socle continu qui couronne tout l'ouvrage : ce socle a 4 pieds 8 pouces de haut, & sert d'appui à la platte-forme pratiquée sur ce monument, ainsi qu'on le peut voir Planche II. Figure Premiere. La largeur de la Porte est de 24 pieds 2 pouces sur 46 pieds deux pouces de hauteur : la largeur de la niche quarrée est de 31 pieds 1 pouce sur 49 pieds 6 pouces : proportion, ainsi que celle de la Porte, plus basse que le double de sa largeur, quoiqu'il paroisse que François Blondel ait voulu la lui donner deux fois, (voyez ce qu'il en dit dans son livre, page 623.) Sans doute, lors de l'exécution, il a mieux aimé donner moins d'élévation à la Porte pour procurer une plus grande hauteur à la table qui contient le bas relief qui se voit sur cette Planche.

La hauteur de l'entablement, qui selon cet Architecte doit être du sixieme de tout l'édifice, n'a cependant que 9 pieds 10 pouces au lieu de 12. Il en est de même

---

(a) Nous avons déja parlé de cet homme illustre dans les Volumes précédens, particulierement dans le Tome II. pag. 150, où nous avons promis de nous étendre davantage sur les talens supérieurs de cet Architecte, qui de son vivant fut membre de l'Académie Royale des Sciences, Maréchal des camps & armées du Roi, Professeur en Mathématiques & en Architecture, & Directeur de l'Académie Royale, Maître de Mathématiques de Monseigneur le Dauphin. Sans compter plusieurs livres de Mathématiques qu'il nous a donné, son Cours d'Architecture, dont la plus grande partie a été dictée de son tems à l'Académie, d'un ouvrage aussi utile que profond, & renferme une doctrine capable d'illustrer dans les siecles à venir l'homme sçavant dont nous parlons, & de former les plus célébres Artistes. Ce livre, dont nos Architectes ne sçauroient faire trop de cas, contient non-seulement la description de plusieurs édifices que cet Architecte a fait bâtir à Paris & ailleurs, mais encore de sçavantes dissertations sur toutes les parties les plus intéressantes de l'Architecture, avec un parallele excellent des plus célébres Commentateurs de Vitruve, tels que Palladio, Vignole & Scamozzi, accompagné de remarques très-instructives sur les principaux édifices de la Grece & de l'Italie.

François Blondel nâquit à Paris en 1624, & y est mort le 22 Janvier 1689 : indépendamment des ouvrages dont nous venons de parler, & qui immortalisent l'habile homme dont nous faisons l'éloge, on lui donne le titre de Conseiller d'Etat dans le second Volume de l'Histoire de l'Académie des Sciences, où il avoit été reçu en 1664 en qualité de Géometre.

ARCHITECTURE FRANÇOISE, Liv. V.

Porte S. Denis.

des piedeftaux, qui felon lui doivent avoir le quart, qui fait 18 pieds, & qui n'ont cependant que 16 pieds 11 pouces : & ainfi de bien d'autres mefures qu'il a décrit dans fon livre par les rapports Géométriques & Arithmétiques, & qui different fenfiblement de l'exécution ; ce qui nous a déterminé à donner en particulier les cottes principales de ce monument.

Cet édifice a deux façades, l'une du côté de la ville, dont nous donnons ici le deffein, l'autre du côté du Fauxbourg, femblable pour l'ordonnance à celle dont nous parlons, & ne différant que dans les ornemens, ainfi que nous le remarquerons dans fon lieu. Nous obferverons feulement ici que la fculpture dans ce monument eft repartie avec beaucoup de difcrétion, & qu'elle peut être regardée comme un chef-d'œuvre de cet art ; elle fut commencée par *Girardon*, & continuée par *Michel Anguierre*.

Le Bas relief de deffus la Porte repréfente le paffage du *Rhin* à *Tolhuis*, à propos duquel François Blondel fe plaint, p. 619, de ce que le Sculpteur n'a pas fuivi fon fentiment pour la maniere de drapper les figures, fuivant ce qu'il en a enfeigné dans la feconde Partie de fon huitieme Livre, chap. 10, p. 168. Du côté du Fauxbourg, dans une table de même forme, eft un autre bas relief repréfentant la prife de *Maftrick*, en 1673.

Dans la frife de l'entablement qui eft au-deffus de ces deux bas reliefs, eft une même infcription en gros caractere doré conçûe en ces termes :

LUDOVICO MAGNO.

Voyez la proportion de cet entablement & l'affemblage de fes profils, Planche II. Figure A.

Au-deffous des tables en bas relief dont nous venons de parler, eft une niche quarrée qui reçoit la porte, qui a pour Claveau la dépouille d'un lion, dont la tête & les pattes pendent fur le fommet de l'archivolte, & dans les angles des niches quarrées font placées deux renommées en bas relief, qui femblent publier les victoires du Prince à la gloire duquel cet arc triomphal a été élevé.

Au bas des deux piedroits de cet édifice font deux Piedeftaux dans chacun defquels on a percé une porte (*b*) de 5 pieds d'ouverture fur le double de hauteur. Au-deffus eft placée une table de marbre blanc qui porte des infcriptions en caracteres noirs, celle à droite eft conçûe en ces termes :

QUOD DIEBUS VIX
SEXAGINTA
RHENUM, VAHALIM, MOSAM,
ISALAM SUPERAVIT.
SUBEGIT PROVINCIAS TRES.
CEPIT URBES MUNITAS
QUADRAGINTA.

(*b*) Ces Portes avoient été faites dans l'origine de ce bâtiment pour le paffage des gens de pied. François Blondel fe plaint de la néceffité de mettre ces percés dans ces piedeftaux & au-deffous des piramides, qui femblent avoir befoin d'un foubaffement d'une grande folidité : cette remarque eft judicieufe de la part de l'Auteur.

Aujourd'hui que l'on a reconnu que la grande ouverture de la porte du milieu eft fuffifante, on ne fait plus ufage de ces deux portes : elles ferventà préfent de boutiques louées à des artifans au profit des Officiers de Ville de Paris : ces paffages font voutés en ceintre bombé, & ont chacun un efcalier qui monte à des entrefols pris au-deffus les uns des autres dans l'épaiffeur des piles : un de ces efcaliers feulement, contenant 140 marches, monte de fond pour arriver fur la plate-forme exprimée dans la coupe, Planche II.

Celle à gauche est ainsi exprimée,

> EMENDATA MALE MEMORI
> BATAVORUM GENTE.
> PRÆF. ET ÆDIL. PONI
> C. C.
> ANN. R. S. M. DC. LXXII.

Les inscriptions placées sur de pareils piedestaux du côté du **Fauxbourg** sont différentes de celles que nous venons de rapporter, les voici. Dans le piedestal à la droite,

> PRÆF. ET ÆDIL. PONI
> C. C.
> ANN. R. S. H. M. DC. LXXIII.

Dans le piedestal à gauche,

> QUOD TRAJECTUM AD MOSAM
> XIII. DIEBUS CEPIT.

A côté de ces inscriptions & sur le retour supérieur des piedroits des portes sont des trophées d'armes en bas relief dans le goût de ceux du piedestal de la *Colonne Trajane*.

Sur chacun de ces piedestaux s'éleve une piramide adaptée au mur : elles sont posées sur un socle & surmontées d'un globe porté sur un petit amortissement : la largeur inférieure de ces piramides est à leur partie supérieure comme 3 est à 1 ; sur l'un de leurs socles d'un côté est une figure Colossale représentant le Rhin sous la figure d'un fleuve étonné, & de l'autre la Hollande sous la figure d'une femme affligée, assise sur un lion demi mort, qui d'une de ses pattes tient une épée rompue & de l'autre un trousseau de fleches brisées & en partie renversées. François Blondel rapporte dans son livre pag. 619 qu'il a imaginé ces figures au bas de ces pyramides à l'exemple, dit-il » des medailles que nous avons d'*Auguste* & de *Titus*, où l'on voit des » *figures de femmes assises au pied des trophées & des palmiers, qui marquoient ou la conquête* » *de l'Egypte par Auguste, ou celle de la Judée par Titus* ».

Au-dessus de ces figures s'éleve dans la hauteur des pyramides des trophées antiques pendus à des cordons & entremêlés de boucliers chargés des armes des Provinces, ou des Villes principales que le Roi venoit de se soumettre en Hollande, lorsque la ville de Paris fit ériger ce monument à la gloire de ce Prince.

Notre Auteur rapporte encore qu'avant les conquêtes dont nous venons de parler, lorsqu'il fut chargé de faire construire cet édifice, il avoit projetté d'accompagner ces pyramides de trois rangs de rostres, parceque, dit-il, premierement ces ornemens ont beaucoup de rapport avec les armes de la ville de Paris, secondement parceque personne avant lui ne s'étoit avisé de désigner les conquêtes que Louis XIV avoit faites sur mer, & que ces ornemens aidés des inscriptions qu'il avoit composées (*c*) à cet effet, auroient annoncé d'une maniere sensible les victoires ma-

---

(*c*) François Blondel nous apprend, page 610. que non-seulement les inscriptions de cette Porte sont de lui, mais qu'il donna aussi toutes celles des autres édifices élevés de son tems & sous sa direction, où il a observé, principalement aux Portes de Paris, une espece de suite historique par année des principaux événemens du regne de Louis XIV. Circonstance qui ajoûte un mérite essentiel à la haute capacité de cet Artiste, & qui prouve qu'il étoit aussi excellent homme de lettres que grand Architecte.

ritimes

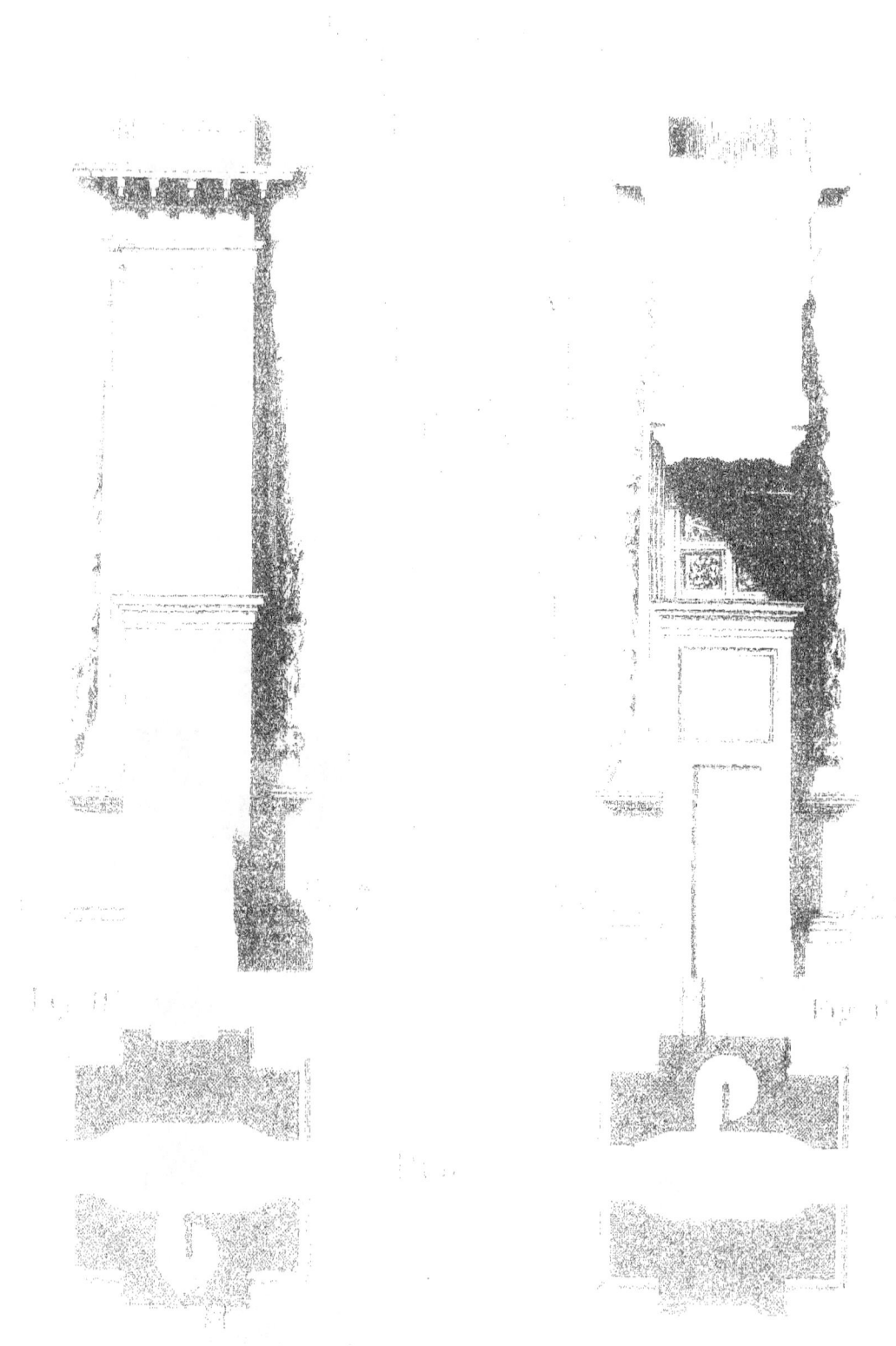

PORTE S. MARTIN.

Porte S. Martin.

Cet édifice fut élevé & consacré par la ville de Paris à la gloire de Louis XIV, l'an 1674, sur les desseins de *Pierre Bullet* (a), successivement après la Porte S. Denis, ce qui a fait croire à plusieurs que ce monument avoit été bâti sur les desseins de *François Blondel*; mais il y a une si grande différence dans le goût d'Architecture de ces deux Portes triomphales, qu'il est aisé de distinguer l'ouvrage du maître d'avec celui de l'éleve: car quoique Bullet ait voulu, dans la Porte dont nous parlons, suivre en quelque sorte les dimensions observées dans la Porte S. Denis, on ne remarque néanmoins dans l'ordonnance de celle de S. Martin, qu'un caractere de pesanteur au lieu de l'expression virile qui compose celle de la Porte précédente, de sorte qu'il n'y a point à se tromper sur l'estime qu'on doit faire de ces deux édifices comparés ensemble.

Elévation de la Porte Saint Martin du côté de la Ville.
Planche III.

Cet édifice (b) a de largeur 53 pieds 7 pouces sur 53 pieds 1 pouce d'élévation, y compris l'Attique continu qui regne sur la partie supérieure de l'entablement & qui a de hauteur 11 pieds. Ce monument est percé de trois Portes en plein ceintre, dont celle du milieu a 16 pieds 2 pouces sur 30 pieds 1 pouce. Les Portes collaterales ont chacune 8 pieds 1 pouce & demi sur 15 pieds 8 pouces & demi : les arcs de ces portes sont soûtenus par des piédroits de 5 pieds 6 pouces & demi chacun, & sont chargés de bossages continus vermiculés, lesquels tournent en maniere d'archivolte à l'arc en plein ceintre de la grande Porte : genre d'ornement rustique plus propre en général à la décoration d'une Porte de ville de guerre, qu'à l'ordonnance d'une Porte triomphale élevée dans une capitale ; d'ailleurs ces ornemens donnent un caractere de pésanteur à cet édifice, & ne doivent être employés que dans ceux qui par leur usage demandent une solidité réelle & apparente.

Au-dessus de l'imposte & aux deux extrêmités de ce monument s'élevent deux corps en bossages, de la largeur des piédroits de dessous : ces bossages qui saillent de quelques pouces, laissent un renfoncement qui occupe l'espace compris entre le dessus de cette imposte & le dessous de l'entablement, ensemble la largeur qui regne depuis les corps de bossages dont nous venons de parler jusqu'à l'extrados de l'arc de la grande Porte. Ces espaces, d'une forme forme assez ingrate, sont ornés de ce côté, comme de celui du Fauxbourg, par des bas reliefs de l'exécution de *Desjardins* (c), *Marsy* (d), le *Hongre* (e), & le *Gros* (f), & représentent les principaux évé-

---

(a) Bullet fut dessinateur & appareilleur de François Blondel, ainsi que nous l'avons remarqué au commencement de ce Chapitre. Dans la suite cet homme acquit une très-grande expérience, & fit d'heureux progrès dans l'Architecture. Voyez ce que nous en avons dit Tome II. page 93. Note (a).

(b) Le 7 Septembre 1745, au retour de Louis XV de l'armée de Flandres, la ville de Paris fit eriger un arc de triomphe, peint sur toile & monté sur un bâtis de Charpente des deux côtés de cette Porte : cette décoration feinte avoit de largeur 72 pieds sur 87 de haut, y compris un amortissement posé sur un Attique & soutenu du côté du Fauxbourg sur un Ordre de colonnes Ioniques de marbre coloré & les ornemens rehaussés d'or. Le côté de la Ville étoit décoré d'une maniere plus rustique, & surmonté de même par un grand amortissement, supportant des allégories & des attributs rélatifs au sujet : ces décorations, dont j'ai donné les desseins, furent exécutées avec succès par les sieurs *Tremblin* & *Labbé*, Peintres de la Ville.

(c) Voyez ce que nous avons dit de ce Sculpteur, Tome II. Note (g), & pag. 152. Note (a).

(d) Baltazar Marsy étoit né à Cambray, & est mort en 1705. Il avoit un frere nommé Gaspard, qui avoit moins de réputation, ce dernier est mort en 1679.

(e) Etienne le Hongre a beaucoup travaillé à Versailles, il est mort à Paris en 1690.

(f) Pierre le Gros a beaucoup travaillé pour le Roi, il étoit né à Chartres, & est mort à Versailles le 10 Mai 1714. Il eut pour fils le fameux le Gros qui mourut à Rome fort jeune, & qui y laissa plusieurs morceaux de Sculpture qui vont de pair avec tout ce que les Italiens ont produit de meilleur en ce genre.

ARCHITECTURE FRANÇOISE, Liv. V.

ritimes de ce Monarque: il assure que ce projet avoit été fort goûté, mais qu'il ne put avoir lieu, parceque la Ville, dans l'édifice dont nous parlons, préfera d'annoncer par des symboles significatifs les victoires qui venoient recemment d'être remportées par Louis le Grand.

Du côté du Fauxbourg sont aussi deux pyramides chargées de trophées, qui different seulement de celles dont nous venons de parler, en ce qu'il n'y a point de figures sur les socles, mais seulement des lions qui semblent les soûtenir, ainsi qu'on le peut voir (*) dans la coupe & dans le profil, Planche II.

Quelques Architectes ont prétendu que ces pyramides étoient peu propres à la décoration d'un arc de triomphe, & que ce genre d'ornement ne convenoit qu'à celle d'un catafalque, l'origine de ces ornemens ayant eu pour objet d'honorer la mémoire des morts, & qu'il auroit été plus convenable de pratiquer une table saillante dans la hauteur de chaque piedroit de cet édifice, sur laquelle on auroit inseré ces trophées: ces tables alors en forme de pilastres auroient pu être soûtenues sur les mêmes piedestaux, & auroient formé l'assemblage de plusieurs lignes paralleles, que l'obliquité des pyramides ne présente pas ici. Quoiqu'il en soit, il est certain que ce monument est d'une grande beauté, & que la fermeté de son Architecture & la fierté de ses profils mérite les plus grands éloges: on peut même avancer qu'il n'est peut être point d'édifice en France qui porte un caractere plus viril & plus capable de mériter l'attention des hommes qui se destinent aux arts, & d'attirer l'admiration des Connoisseurs.

Coupe & face latérale de la Porte S. Denis. Planche II.

Cette Planche représente la coupe de cette même Porte, Figure Premiere, par laquelle on voit les compartimens distribués dans l'intrados de l'arc de la Porte, la saillie des pyramides & la largeur de la platte-forme pratiquée sur le sommet de cet édifice.

La Figure deuxieme offre la face latérale de cette Porte, & indique l'épaisseur de ce monument, aussi-bien que les barbacannes qui éclairent l'escalier qui monte de fond, dont on voit le plan dans la pile exprimée au-dessous de cette figure.

La Figure A donne le profil de l'entablement qui a de hauteur 9 pieds 10 pouces sur 4 pieds de saillie; la hauteur de sa corniche, qui est de 3 pieds 10 pouces, se divise en vingt parties, quatre sont pour la hauteur de la cimaise supérieure, quatre pour celle du larmier, sept pour la hauteur du double modillon, & cinq pour celle de la cimaise inférieure. La frise a de hauteur 2 pieds 10 pouces: l'architrave, qui est de 3 pieds 2 pouces, se divise en 15 parties, cinq sont pour la cimaise, cinq pour la premiere platte-bande, & cinq pour la platte-bande inférieure, y compris son quart de rond & son filet.

La Figure B donne le profil de l'imposte, dont la hauteur est de 3 pieds 4 pouces sur 13 pouces de saillie; cette hauteur se divise en 13 parties: trois de ces parties sont pour la platte-bande inférieure, quatre pour la seconde, une pour le cavet, deux pour la doucine & ses deux filets, deux pour le larmier & la derniere pour le filet & le listeau supérieur.

La Figure C donne le profil de la corniche des piedestaux, elle a de hauteur un pied 11 pouces sur un pied 9 pouces de saillie; cette hauteur se divise en dix parties: deux sont pour la cimaise supérieure, trois pour le larmier, une pour une portion du quart de rond de dessous avec son filet, trois pour la doucine & son grain d'orge, & la derniere pour l'astragale.

(*) L'élévation perspective de cette porte, du côté du Fauxbourg, se trouve dans les Délices de Paris, par Perelle, Planche 95. On peut voir aussi dans le même Recueil, Planche 96, une élévation perspective de la Porte S. Martin dont nous allons parler.

Tome III.

ARCHITECTURE FRANÇOISE, Liv. V. 15

Porte S. Martin.

nemens arrivés dans le tems de la conftruction de cette Porte, tels que la conquête de la *Franche Comté*, la prife de *Limbourg*, &c. &c.

Au-deffus de ces bas reliefs, dans tout le pourtour de cet édifice, regne un entablement lequel a fix pieds de hauteur, & dont le profil eft exprimé plus en grand fur la Planche quatrieme, Figure A. Cet entablement, qui a le fixieme de hauteur depuis le deffous de fon architrave jufques fur le fol du pavé, eft compofé de trop de petites parties & eft trop chargé d'ornemens rélativement à la fimplicité mâle de cette Porte.

Sur cet entablement s'éléve un Attique orné à fes extremités de deux pilaftres angulaires faillans, entre lefquels eft une grande table, dont la bordure eft enrichie de moulures & taillée d'ornemens, laquelle contient l'infcription fuivante, de la compofition de François Blondel.

LUDOVICO MAGNO,
VESONTIONE SEQUANIS QUE
BIS CAPTIS,
ET FRACTIS GERMANORUM,
HISPANORUM, ET BATAVORUM
EXERCITIBUS,
PRÆF. ET ÆDIL. PONI
C. C.
ANNO R. S. H. M. DC. LXXIV.

Du côté du Fauxbourg, dans une pareille table pratiquée dans le revers de cet Attique, on lit cette infcription.

LUDOVICO MAGNO,
QUOD LIMBURGO CAPTO
IMPOTENTES HOSTIUM MINAS
UBIQUE REPRESSIT,
PRÆF. ET ÆDIL. PONI
C. C.
ANNO R. S. H. M. DC. LXXV.

Aux deux côtés de cet édifice font pratiqués de petits bâtimens, qui dans leur origine fervoient pour des corps-de-gardes, & qui aujourd'hui font loués à des artifans; c'eft dans l'un de ces corps-de-gardes, à gauche, que l'on a conftruit un efcalier qui vient gagner celui à vis & à noyau évuidé, pratiqué dans l'une des piles angulaires de ce monument, ainfi qu'on l'a exprimé par des lignes ponctuées dans le plan qui eft au bas du deffein dont nous parlons. Cet efcalier a 7 pieds 7 pouces de diamétre, & avoit été fait pour monter fur une platte-forme qui étoit anciennement à l'extrêmité fupérieure de cet édifice, ainfi que fe voit celle de la Porte S. Denis, Planche II. Figure Premiere ; mais comme l'on a reconnu que la charge confidérable de cette platte-forme nuifoit à la folidité, (l'extrêmité inférieure de ce monument étant prefque toute percée à jour,) on prit le parti il y a environ douze ans d'enlever 12 pieds de hauteur de ce maffif vers l'ancienne platte-forme, à la place de laquelle on a placé un petit comble à deux égouts, tel que l'exprime la Figure premiere de la Planche quatrieme, où l'on voit le dévelopement de la coupe pris dans le milieu de ce bâtiment, auffi-bien que les compartimens qui font diftri-

16 ARCHITECTURE FRANÇOISE, Liv. V.

Porte St Martin.

bués dans le pourtour de l'intrados de la grande Porte, laquelle a d'épaisseur 13 pieds 4 pouces.

La Figure deuxieme de cette quatrieme Planche préfente la face latérale de cet édifice avec la coupe d'un des anciens corps-de-gardes dans lequel eft pratiqué l'escalier dont nous venons de parler.

La Figure A donne le profil en grand de l'entablement; fa hauteur eft premierement divifée en quinze parties, trois font pour la hauteur de l'architrave, cinq pour celle de la frife, & fept pour la corniche : cette derniere fe divife en fix, une pour le filet & la doucine de la cimaife fupérieure, deux pour la hauteur du larmier & pour la partie inférieure de la cimaife, deux pour la hauteur du modillon, y compris le talon qui le couronne & le filet qui le foûtient, & une pour le cavet. Le fophite du larmier eft orné de caffettes & de rofaffes entre chaque modillon ; la frife eft ornée de confoles, ainfi que nous l'avons déja remarqué, dont la volute fupérieure prend naiffance dans le cavet qui fert de cimaife inférieure à la corniche. Ces confoles font ornées dans leurs faces de deux canaux qu'il femble que Bullet ait imité, auffi-bien que tout l'entablement dont nous parlons, d'après un entablement Compofé par Vignole, que l'on trouve dans fon livre, & que d'Aviler, fon commentateur, nous rapporte dans fon *Cours d'Architecture* pag. 129.

CHAPITRE

CHAPITRE V.

Description de la Maison de Madame la Comtesse d'Estrades, rue de Clery.

CETTE Maison fut bâtie vers la fin du siecle dernier sur les desseins de Jean Richer (a) Architecte : elle est occupée aujourd'hui par M. de Coullonges.

Maison rue de Clery.

Quoique ce bâtiment ne soit pas distribué dans le goût moderne & que l'ordonnance des façades soit en quelque sorte opposée à notre maniere de décorer, je ne me lasserai point de répéter qu'il me paroît important de mettre sous les yeux des personnes qui se destinent à l'Architecture differens moyens d'arriver à la perfection. Si l'on regardoit la plûpart des bâtimens élevés dans le siecle passé comme inutiles dans ce Recueil, le public se seroit trouvé privé des monumens qui font le plus d'honneur à nos Architectes François. Le Château de Maisons, le Péristile du Louvre, le Val-de-Grace & beaucoup d'autres édifices de réputation seroient dans ce cas ; cependant peut-on disconvenir que ce sont autant de chefs-d'œuvres dignes de la curiosité des Etrangers & de l'étude de nos Architectes ?

Il est vrai que la maison dont nous parlons est bien inférieure en beauté à ces monumens ; mais on ne peut lui refuser un certain caractere de simplicité & de noblesse dans sa décoration, de choix dans ses profils, & une fermeté d'expression dans la distribution des membres qui la composent, qui se rencontrent rarement dans les maisons que nous élevons de nos jours. Sa distribution, à la vérité, n'est pas susceptible des commodités qui sont en usage aujourd'hui ; mais outre qu'il est difficile qu'un édifice contienne toutes les perfections qu'exige l'Architecture, combien d'autres, tant anciens que modernes, à commencer par le Palais Royal, auroient dû ne pas trouver ici leur place. D'ailleurs il faut se ressouvenir que l'objet principal de ce Livre est de présenter la plus grande partie des édifices de cette Capitale & de ses environs ; qu'en conséquence on doit s'attendre à ne pas trouver les bâtimens qui le composent toûjours également intéressans, quoique cependant on ait observé de n'y en pas inserer un qui ne mérite quelque attention, & que cette idée seule nous ait paru suffire, parce que lorsqu'il s'agit de s'instruire, rien n'est véritablement indifférent. Or pour que cela arrive, il faut certainement comparer, puisque ce n'est que par l'esprit de comparaison, qu'on peut estimer le rapport des masses avec les parties d'un bâtiment, afin de prendre ce qu'il y a de meilleur dans chacun, & d'en déduire comme autant de principes capables de nous conduire de plus en plus à la perfection de notre Art. Perfection qui au contraire semble décliner, parce que nos jeunes Architectes négligent d'examiner avec soin nos différens édifices, & ce qu'ils ont de louable chacun en particulier, quoique dans le tout il ne soient pas généralement estimés.

Qu'on ne s'y trompe pas, une croisée d'une belle proportion, un avant-corps bien en rapport avec la dimension de la façade, un pavillon bien amorti, un beau profil, un escalier heureusement disposé, une cour d'une belle forme, enfin des ornemens d'un beau choix suffisent pour déterminer un homme déja avancé à la recherche & à l'examen de ces différentes beautés de détail, persuadé que c'est le moyen le plus sûr de parvenir à l'excellence de l'Architecture.

Je sens bien que ceux qui se disent curieux & qui n'ont d'autre objet que d'amasser des livres ou des estampes, pour la plûpart assez mal gravées, seront peu touchés de

---

(a) Voyez ce que nous avons dit de cet Architecte dans le Chapitre premier de ce Volume Pag. 3. Not. (c).

Tome III.

18 ARCHITECTURE FRANÇOISE, Liv. V.

Maison rue de Clery.

ce que j'avance ; mais ce n'est pas pour eux que j'écris. C'est pour les personnes de l'Art & pour ceux qui sans s'embarrasser de quelques changemens faits dans un plan, ou de pareilles minuties qui n'importent qu'au Propriétaire, veulent s'instruire, & cherchent à se rendre compte des différens motifs, qui ont fait agir les Architectes du dernier siecle & ceux de nos jours, afin de prendre une route moyenne, qui leur fasse éviter la pésanteur des uns, la trop grande légéreté des autres, & enfin cette désunion & cette discordance qu'on remarque dans la plûpart des bâtimens élevés par nos demi-Sçavans, qui n'ayant ni assez de goût, ni assez de justesse pour puiser le vrai beau où il se rencontre, n'admirent que leurs compositions, ou plûtôt méséstiment tout ce qu'ils n'ont pas fait. Or comme il y en a quelques-uns parmi ces derniers qui ont (par je ne sçai quelle fatalité,) une certaine réputation, leurs productions monstrueuses, enfans du caprice & de l'ignorance, servent en quelque sorte d'autorité à nos éléves, ou, ce qui est encore plus funeste, de modele à la plûpart des personnes qui font bâtir, d'où naît le mauvais goût qui entraîne insensiblement la multitude.

Pour éviter ce déreglement je persiste donc à soûtenir que le meilleur moyen pour devenir habile & pour éviter toutes les inepties dans lesquelles on tombe tous les jours, est de tout voir, de se rendre compte de tout, de tout analiser, & enfin de ne negliger aucune circonstance & de prendre une connoissance exacte des différens genres de beautés répandues dans les édifices qui se sont élevés depuis la fin du quinzieme siecle jusqu'à présent. Car sans cette connoissance il est à craindre que vers la fin de celui-ci, nous ne sçachions plus faire que des garderobes, des belveders, de très-petites maisons, & enfin des ornemens frivoles dont nos édifices sacrés & nos maisons Royales ne sont pas quelquefois exemptes.

Plan du Rez-de-chauffée. Planche Premiere.

Notre dessein n'est pas de faire l'éloge de cette distribution, il n'y a point de doute que ce Recueil ne contienne des maisons particulieres plus commodes, d'une proportion plus agréable & disposées avec plus d'intelligence. La maison de M. d'Argenson, celles de M. Guillot & de M. de Janvri, bâties sur les desseins de MM. Cartaud & Boffrand sont sans doute préférables ; mais en considérant qu'anciennement on étoit dans l'usage de bâtir les principaux corps de logis sur la rue, que d'ailleurs le terrain sur lequel est élevé cette maison est assez irrégulier, l'on trouvera que la simétrie qui regne dans ce bâtiment n'est pas sans mérite, de sorte qu'à l'exception de la forme de la cour, ce plan est assez bien conçû. Il est vrai qu'il eût été facile de rendre cette cour moins irréguliere en abaissant un mur perpendiculaire du point A, ou C, de la même inclinaison que celui B. Ce mur auroit divisé la largeur de la cour & en auroit procuré une particuliere à la petite maison C, qui dans un terrain assez borné, est distribuée assez ingénieusement.

Dans cet espace où nous desirons une cour particuliere, on a pratiqué aujourd'hui une écurie pour quatre chevaux à la place de celle qui se remarque dans la Planche cinquieme, & dont on a fait une boutique ; de sorte que la descente en rampe, qui est exprimée dans le plan dont nous parlons, est supprimée. Il est vrai que cette nouvelle écurie avilit par sa composition triviale la forme de la cour, mais ce genre d'inadvertance n'arrive que trop ordinairement aux anciens bâtimens auxquels on est obligé de faire des augmentations ou des changemens qui déshonorent notre siecle, soit par l'ignorance de la plûpart de ceux qui sont chargés de ces sortes de travaux, soit par la négligence, ou l'économie mal entendue des Proprietaires qui ordonnent les réparations. Nous remarquerons néanmoins que l'Architecte a sçû tirer parti de l'inégalité du terrain de la cour pour donner un air de grandeur à son édifice, & pour se procurer une façade d'une certaine étendue. (voyez la Planche quatrieme.)

Plan du premier étage. Planche II.

Ce plan, divisé en deux parties comme le précédent, compose deux maisons particulieres, qui ont chacune leur escalier. La plus petite contient un appartement, l'autre en contient deux, qui ont un antichambre commune. Ces appartemens manquent des commodités qui sont si fort en usage à présent, & dans lesquelles nos Architectes ont depuis environ trente ans montré beaucoup d'habileté.

On peut dire cependant en faveur des anciens appartemens que, quoique moins susceptibles de dégagemens que ceux de nos jours, la maniere dont ils sont ornés, soit dans leurs plafonds, soit par la décoration de leurs lambris de revêtissement, les fait rechercher encore aujourd'hui pour la demeure des personnes de goût. Les Hôtels Lambert, de Tallard, de Carnavalet, &c. sont autant de preuves de ce que j'avance. C'est souvent pour cette raison que nous annonçons quelquefois un bâtiment, quoique d'une distribution peu intéressante, pour avoir occasion d'indiquer les beautés que ces appartemens renferment en sculpture & en peinture, sans compter que les parties extérieures de ces édifices méritent quelquefois une attention particuliere de la part des Connoisseurs & une étude refléchie pour les personnes qui veulent faire leur capital des beaux Arts. Quelques observations que nous allons faire sur la façade du bâtiment dont nous parlons, justifieront ce que nous disons ici.

Elévation du côté de la rue. Planche III.

Comme ce bâtiment est divisé intérieurement en deux parties, cette façade contient deux ouvertures de porte au rez-de-chaussée : chacune de ces portes est ornée de deux colonnes d'Ordre Ionique engagées & surmontées d'un entablement régulier, lequel est profilé avec fermeté, & qui se sent bien d'avoir été tracé par une main habile. Les portes sont à platte-bande, ornées de chambranle & accompagnées, après les colonnes, de corps de refend ; de sorte que ces corps laissant un intervalle entre le fût des colonnes pour la saillie de leur base & de leur chapiteau, produisent un renfoncement qui fait un assez bon effet. *Mansard* & *Le Mercier* ont imité cette ordonnance dans leur frontispice de l'Hôtel de Toulouse & du Palais Royal.

Les croisées du premier étage placées au-dessus de ces portes sont d'une beauté de proportion & d'une élégance qui égalent celles du Château de Maisons & celles du Palais du Luxembourg. Les accompagnemens & les croisées supérieures, au second étage, ne sont pas sans doute de la même beauté, étant divisées par de trop petites parties ; mais il doit paroître singulier que ce que nous avons lieu de blâmer ici soit précisément ce que la plûpart de nos Architectes imitent dans leurs compositions modernes, comme on peut le remarquer dans une partie des bâtimens qu'on éléve à la Ville & à la campagne, & dont un grand nombre n'a pû trouver place dans ce Recueil à cause des irrégularités qui se trouvent dans leurs décorations extérieures, quoique d'ailleurs les dedans ne soient pas sans commodité & sans agrément.

Les arrieres corps de cette façade sont ornés de croisées d'une proportion assez convenable, mais sans bandeau. Cette simplicité donne du repos aux façades selon le système des Anciens ; cependant cette affectation désunit les parties, & cette désunion nuit aux masses. Un motif assez puissant a porté sans doute l'Architecte a en user ainsi ; c'est que quoique les chambranles ou bandeaux d'une croisée fassent

Maison rue de Clery.

partie de la largeur du trumeau, néanmoins cette richesse le divise, & paroît en altérer la solidité, de sorte qu'il n'en faut faire usage dans l'Architecture, que lorsque les pleins peuvent être égaux aux vuides : proportion qu'on n'observe guéres aujourd'hui par l'abus que l'on fait de trop éclairer l'intérieur des appartemens, desorte que la décoration extérieure en souffre au point qu'on peut à peine remarquer dans les façades de nos édifices quelques traces des proportions & des régles de la bonne Architecture.

Elévation du côté de la cour. Planche IV.

Le rez-de-chaussée, le premier étage & les pavillons de cette façade sont d'une proportion très-agréable & exécutés d'une maniere pure & correcte. Il seroit à désirer que l'étage Attique fut supprimé ; mais dans une maison particuliere dont le terrain est ordinairement resserré, la nécessité de multiplier les étages sert d'excuse à cet exhaussement, quoiqu'il nuise à la dimension de la façade, qui doit, autant qu'il est possible, conserver un rapport de hauteur rélatif à l'étendue du bâtiment. On auroit dû au moins supprimer les frontons des pavillons, car ils ne peuvent être autorisés qu'à l'extrêmité supérieure d'un édifice.

La lettre A exprime le mur de face qui donne sur la rue du Gros Chenet, vû en racourci. Une partie de ce mur est interrompue dans les deux étages supérieurs pour éclairer, par une terrasse, une anti-chambre dans l'intérieur du bâtiment. (Voyez la Planche II).

Coupe sur la profondeur du bâtiment. Planche V.

Cette Planche fait voir l'intérieur des étages du principal corps de logis donnant sur la rue de Clery, le mur de la cour donnant sur la rue du Gros Chenet ; elle présente aussi la coupe des remises pratiquées dans le fond de la cour.

Nous avons dit qu'on avoit construit de nouvelles écuries dans cette cour, elles sont adossées au mur A, n'étant plus en B : à la place de ces dernieres, on a par économie fait une boutique. Nous n'avons point exprimé ici l'élévation de ces écuries, ni leur plan (dans la Planche premiere), étant, ainsi que nous l'avons déja observé, d'une ordonnance trop négligée.

CHAPITRE

Liv. V. N°. V. Pl. 1re.

Plan du Rez de Chaussée d'une Maison scituée rue de Clery bastie par I. Richer A Paris

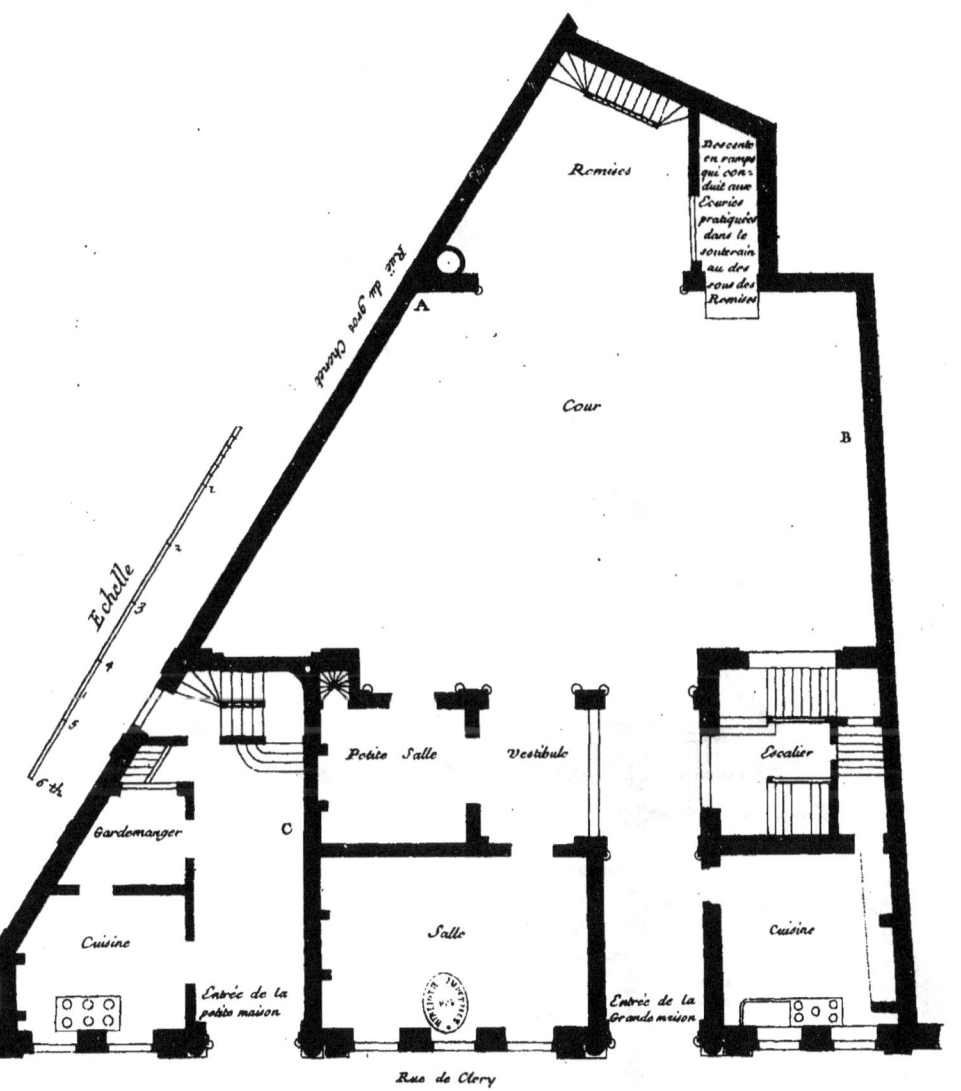

A Paris chez JOMBERT, rue Dauphine.

I Marot fecit.
314.

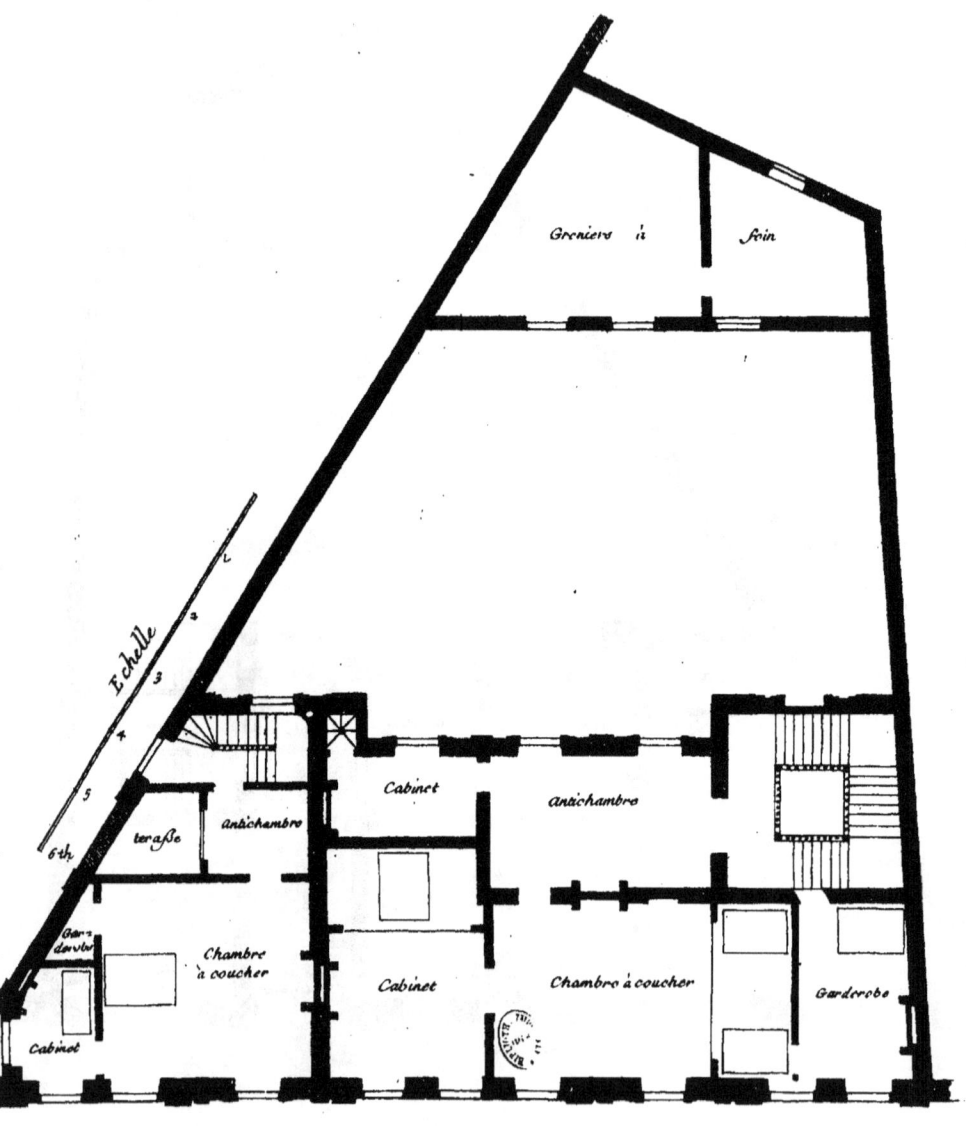

Plan du premier Estage d'une Maison Scituée rue de Clery par I. Richer

CHAPITRE VI.

Description de l'Eglise des Augustins Deschaussés, connus sous le nom des Petits Peres, près la Place des Victoires.

CETTE Eglise en général n'est pas d'une étendue considérable, ni d'une distribution fort ingénieuse ; mais une des raisons qui nous ont porté à en donner les desseins, c'est afin qu'on puisse trouver autant de variété dans le genre des édifices sacrés dont nous parlons dans ce Recueil, que nous en avons déja répandu dans les autres especes de bâtimens. Elle fut commencée, l'an 1629, sur les desseins de *Galopin*, Ingénieur; Louis XIII. en posa la premiere pierre le 9 Décembre de la même année, cette Eglise étoit située où l'on voit aujourd'hui la sacristie. Ce fut peu de chose dans ses commencemens : en 1656 on bâtit celle dont nous donnons ici le plan. Les fondations en furent commencées sur les desseins de *Pierre Le Muet* (a), & élévées jusqu'à la hauteur de sept pieds hors de terre par *Libéral Bruant* (b), enfin elles furent continuées par *Gabriel Le Duc* (c). Cet ouvrage néanmoins resta long-tems imparfait, & ce ne fut que vers l'an 1739 qu'il fût achevé dans l'état où on le voit aujourd'hui, & qu'on construisit à cette Eglise un portail sur les desseins de M. Cartaud, Architecte du Roi, dont nous avons parlé, Tome I. pag. 222. Cette Eglise entiérement finie fut consacrée par l'Evêque de Joppé, le 13 Novembre 1740.

Plan de l'Eglise des Petits Peres. Planche Premiere.

La distribution de cette Eglise consiste dans une nef de trente-quatre pieds de largeur dans œuvre, sur vingt-deux toises cinq pieds de longueur, y compris le sanctuaire, & de quarante-neuf pieds de hauteur sous clef. Cette nef est flanquée dans toute sa longueur de deux rangs de chapelles de quinze pieds de profondeur chacune, dont les murs de refend sont percés & fermés de portes & de grilles de fer.

Ces portes enfilent celles collatérales du portail, & les Chapelles tiennent lieu de bas côtés à cette Eglise, desorte que par les deux porches intérieurs E, F, qui sont de même grandeur que les chapelles, le peuple entre & sort indépendamment de la principale porte du milieu, dont l'usage est d'être toujours fermée d'un tambour ou porche de menuiserie, pour procurer plus de recueillement dans l'intérieur.

Nous avons recommandé dans le second Volume, pag. 38, de pratiquer autant qu'il étoit possible un péristile ou porche extérieur à l'entrée des Eglises, tel qu'à la Sorbonne du côté du College, à S. Sulpice, au Val de Grace, &c. mais comme il n'est pas toûjours facile de les mettre en pratique, principalement dans celles qui ne sont que d'une médiocre étendue, à leur défaut on se détermine à faire usage des tambours dont nous parlons ici. Ce tambour sert de soubassement au buffet d'orgues (d), dont on voit la coupe, Planche troisieme : (voyez aussi la décoration de ce porche dans le septieme Volume.)

A seize toises du portail, dans l'intérieur de ce monument, est une croisée dont la

(a) Voyez ce que nous avons dit de cet Architecte, Tome I. Page 255. Note (a).
(b) Voyez ce que nous avons dit de cet Architecte, T. I. p. 286. Not. (.).
(c) Au sujet de Le Duc voyez T. I. p. 255, 284. T. II. p. 62. 71. 126. Not. (c) 153. Not. (b). &c.

(d) Cet orgue nouvellement construit est composé de trente-deux jeux : il est enfermé dans une menuiserie ornée de sculpture d'un fort bon goût, du dessein & de l'éxécution du sieur *Regnier*, Maître Menuisier. Le jeu d'orgue, un des plus harmonieux de Paris selon les Connoisseurs, est de *Sclop*, homme fort habile dans ce genre d'instrumens.

Eglife des Petits Peres. longueur contient toute la largeur de l'Eglife. A chacune des extrêmités de cette croifée font pratiquées deux chapelles, l'une de S. Auguftin, l'autre de Notre-Dame de Savone. Cette derniere eft toute de marbre & d'une affez bonne compofition : on prétend qu'elle eft exécutée fur les deffeins de *Claude Perrault* dont nous avons parlé, Tom. II. pag. 57. Note (*a*).

Au milieu & dans la partie fupérieure de cette croifée eft une voute fphérique, qui s'éleve de 59 pieds au-deffus du fol du pavé de l'Eglife. A la place de cette voute devoit être un dôme fuivant le projet de Libéral Bruant ; mais par des confidérations particulieres il fut fupprimé lors de l'entiere perfection de cet édifice.

Le chœur où font les ftalles eft placé derriere le Maître-Autel, & n'eft féparé de la nef que par une grille baffe. Le fond eft à pans coupés, forme contraire à l'ufage ordinaire, les plans circulaires femblant être plus convenables, ainfi qu'on le remarque dans toutes nos Eglifes Paroiffiales ; mais il faut obferver ici que ce chœur n'avoit d'abord été conftruit qu'en charpente en attendant que l'Eglife fut finie, & que depuis, pour rendre ce vaiffeau plus fpacieux, on l'a laiffé fubfifter tel qu'il étoit.

A la gauche du chœur on a joint dans ce plan une partie des bâtimens dépendans du Couvent, tels qu'un veftibule, un grand efcalier (*e*), une facriftie (*f*). Tous ces bâtimens font conftruits avec folidité, appareillés avec foin & d'une décoration affez bien entendue, quoique fimple.

Coupe fur la largeur de l'Eglife des Petits Peres, prife dans le plan fur la ligne AB.
     Planche II.

Cette coupe préfente toute la largeur de l'Eglife vûe dans le milieu de la croifée, deforte que dans les deux côtés, entre les quatre gros piliers qui portent la voute, on voit quatre tribunes qui égalent la profondeur des chapelles diftribuées fur la longueur de la nef. Ces quatre tribunes, dans lefquelles on monte par de petits efcaliers à vis exprimés dans la Planche Premiere, décorent avec fimétrie les extrêmités de la croifée, & font d'un deffein de très-bon goût. Ces tribunes étoient compofées anciennement par Gabriel Le Duc, & ont été reftaurées & mifes en l'état où on les voit préfentement par M. Cartaud. Voyez le développement d'une de ces tribunes rapporté plus en grand fur la Planche V. Figure II.

Un Ordre de pilaftres Ioniques de vingt-fix pieds de hauteur décore tout l'intérieur de cette Eglife. Cet Ordre eft élevé fur un focle d'un pied & couronné d'un entablement dont la haureur eft entre le quart & le cinquieme de l'Ordre. La corniche de cet entablement eft ornée de modillons, ornemens que Palladio a préferé aux denticules, mais qui ne conviennent cependant à l'Ordre Ionique que lorfqu'il eft élevé feul dans un bâtiment, tel qu'il fe remarque ici : auffi M. Cartaud a-t-il préferé l'entablement denticulaire de Vignole dans l'Ordre Ionique du portail de cette Eglife, (Planche V.) parcequ'il eft furmonté d'un Ordre Corinthien, auquel les modillons femblent être confacrés.

Les chapiteaux des pilaftres Ioniques dont nous parlons, font modernes, & à bien

---

(*e*) Cet efcalier vient d'être bâti à neuf fur les deffeins de M. Cartaud ; il conduit dans les dortoirs au premier étage & à la Bibliotheque qui eft placée au-deffus de ces dortoirs. Cette Bibliotheque eft fort confidérable, elle contient environ 25000 Volumes arrangés avec beaucoup d'ordre dans trois galleries de 297 pieds de longueur. La décoration eft d'après les deffeins des fieurs *Gobert* & *Le Duc*, tous deux Architectes du Roi. Elle eft affez bien entendue ; dans l'un des plafonds de cette Bibliotheque eft un tableau peint par *Paul Matthei* repréfentant la Religion & la vérité. Il y a auffi plufieurs portraits des perfonnes de la premiere confidération, peints par *Rigaud*,

& qui font tous excellens. Attenant ces galleries eft un cabinet de medailles antiques de cinq fuites, placées féparement, chacune dans fon armoire. Ce cabinet eft auffi orné de figures de bronze, de buftes, de vafes de marbre & d'albâtre, le tout antique. On y voit enfin une affez belle collection de coquilles, d'Eftampes rares affez bien confervées, & que le Bibliothecaire fe fait un plaifir de laiffer voir aux Curieux & aux Connoiffeurs.

(*f*) La facriftie renferme une grande quantité d'ornemens & d'orfévrie fort eftimée. Les dortoirs de ce Couvent font auffi ornés d'une grande quantité de tableaux peints par *d'Olivet*, & qui méritent quelque attention.

ARCHITECTURE FRANÇOISE, Liv. V. 23

des égards ils font préférables aux antiques. Les bases au contraire font Attiques & non Ioniques. Nous détaillerons les raisons qui ont engagé à cette double préférence, en décrivant la façade des Thuilleries du côté du jardin, Tome IV.

Eglise des Petits Peres.

Ces bases, comme nous venons de le remarquer, font élévées sur un socle d'un pied; cette hauteur est trop peu considérable, surtout dans un édifice où la multitude abonde, parceque la grandeur humaine étant ordinairement de 5 à 6 pieds, masque une partie de la hauteur réelle de l'Ordre, & empêche de juger de sa proportion: on auroit donc dû élever ce socle de quatre pieds au moins, s'il n'étoit pas possible de lui en donner cinq ou cinq & demi.

Entre les gros piliers où sont placées les tribunes, on voit le chœur de l'Eglise, qui sera décoré de grands tableaux, dont quatre peints par M. *Carle Vanloo* (g) sont déja posés. Ces tableaux sont encastrés dans de la menuiserie soutenue par un revêtement aussi de menuiserie, qui sert de couronnement aux stalles, le tout d'un dessein ancien exécuté par *Bardou*, fameux menuisier du dernier siecle.

Le Maître-Autel sépare le chœur de la nef: il est exécuté à la Romaine, construit de marbre, enrichi de bronzes, &c. & enfermé d'une grille de hauteur d'appui. Au-dessus du grand arc qui précéde le Maître-Autel, s'éleve la voute sphérique en cul de four dont nous venons de parler. Cette voute est portée par quatre pendentifs, qui prennent naissance à plomb des pilastres à pans, qui sont placés au rez-de-chaussée dans les angles des quatre gros piliers. Cette voute est d'un galbe très-méplat, elle est ornée d'un gros cordon & enrichie dans les angles d'une agraffe d'un goût assez mesquin, aussi-bien que les tables & les ornemens des panaches & du cul de four, qui sont de l'exécution de *Rebillé*, Sculpteur.

Au-dessus de cette voute est exprimée la hauteur des combles de cette Eglise avec leur développement intérieur. La charpente de ces combles est détachée de la maçonnerie pour empêcher que son poids n'affaisse la voute en pierre; desorte que les principales pieces de bois portent sur les murs de face & de refend, construits d'une épaisseur suffisante & rélative à la poussée de ces combles & à leur équilibre.

Coupe sur la longueur de l'Eglise des Petits Peres, prise dans le plan sur la ligne CD.
Planche III.

Cette coupe montre le développement de toute la longueur d'un des côtés de l'Eglise; A est la coupe du portail, B la longueur de la nef percée de chaque côté de quatre arcades, dont trois contiennent des chapelles fermées de grilles, & l'autre sert de passage pour entrer dans cette Eglise par les portes collatérales du portail. C indique la largeur de la croisée de l'Eglise, aux deux extrémités de laquelle sont les chapelles de S. Augustin & de Notre-Dame de Savone, dont nous avons déja parlé; cette derniere, semblable à celle qui lui est opposée, est exprimée ici. On voit en D les pilastres à pans pratiqués pour, au-dessus de leur entablement, porter les panaches de la voute sphérique qui termine le milieu de la croisée. E est le sanctuaire, F le profil du Maître-Autel, G le chœur dans lequel est exprimée l'élévation des stalles, le lambris de revêtissement & la disposition des tableaux qui doivent décorer ce lieu.

Au-dessus de l'Ordre Ionique s'éleve la voute sphérique en plein ceintre de la nef & du sanctuaire. On y a pratiqué des croisées formant lunettes & séparées par des arcs doubleaux, qui tombent à plomb de chaque pilastre. Ces arcs doubleaux sont ornés de tables & de cassettes: on auroit dû les faire unis, ou les subdiviser

---

(g) Nous parlerons de ce peintre célèbre dans le premier Chapitre du Volume suivant, en faisant le dénombrement des habiles Artistes à qui le Roi donne le logement au Louvre.

Eglife des Petits Peres.

moins, le fuft des pilaftres n'étant pas cannelé. Le chantournement de ces tables imite la menuiferie, ce qu'il faut éviter; la voute qui eft au-deffus du chœur eft de charpente couverte de plâtre, pour les raifons que nous avons rapportées page 22.

Au-deffus des voutes de maçonnerie fe voit le dévelopement intérieur de la charpente qui eft de même hauteur & de même affemblage que celle de la Planche précédente.

Elévation du Portail de l'Eglife des Petits Peres. Planche IV.

Ce portail a 63 pieds de hauteur, non compris le fronton, & 75 & demi de largeur; il eft compofé de deux Ordres de pilaftres, l'un Ionique, l'autre Corinthien. Le diametre du premier eft de deux pieds dix pouces, celui du fecond de deux pieds fix pouces, la hauteur de ce dernier étant égale à celle du premier, quoique plus communément on lui donne un module ou demi diametre de moins.

Quoique la magnificence dans un monument facré femble être refervée pour les Cathédrales & les grandes Eglifes Paroiffiales, & que l'économie doive au contraire préfider dans un édifice de l'efpece de celui dont nous parlons, cependant tous les Connoiffeurs fe réuniffent à défirer que dans le rez-de-chauffée de ce portail on eût préféré les colonnes aux pilaftres, le peu de faillie de ceux-ci paroiffant en général trop bas relief. Ce défaut fe pouvoit d'autant mieux éviter qu'il y a au-devant de ce frontifpice une place affez confidérable en comparaifon de celles des Eglifes de S. Gervais, de S. Sulpice, de l'Oratoire, &c. qui à la vérité ne peuvent fervir d'autorité dans le cas dont il s'agit. D'ailleurs il faut obferver que l'entrée d'un monument dont la grandeur & la hauteur des voutes font toûjours fort au-deffus d'un bâtiment particulier, doit s'annoncer par les déhors, foit en n'employant qu'un feul Ordre, foit en donnant du mouvement à fa décoration, foit enfin en évitant trop d'uniformité dans fa compofition; car malgré la retenue dont on doit ufer en pareille occafion, il faut cependant fortir, dans l'ordonnance d'un portail, du genre d'Architecture qu'on employe ordinairement dans les bâtimens deftinés à l'habitation.

Un avant-corps qui monte de fond & qui eft de 38 pieds & demi de largeur, marque le milieu de ce frontifpice; il eft percé au rez-de-chauffée d'un porte à plate-bande enfermée dans une arcade feinte, toutes deux font d'une proportion trop courte & contraire à celle de l'Ordre Ionique, qui auroit dû leur donner le ton. (Voyez la proportion des différentes portes, dans notre Introduction, premier Volume page 109.) D'ailleurs il falloit préférer une porte toute de menuiferie, qui eût rempli l'arcade en plein ceintre, & fupprimer l'Attique & l'infcription que nous rapportons ici, cette derniere auroit trouvé fa place au-deffus des petites portes collatérales:

D. O. M.
Virg. Dei-paræ.
Sacrum
Sub titulo de Victoriis.

Pour donner à la porte réelle & à l'arcade feinte du milieu une plus heureufe proportion, on auroit dû enfermer l'arcade dans une niche quarrée, qui ayant retreci leur largeur, leur auroit procuré une hauteur plus analogue à l'ordonnance Ionique, ainfi qu'on l'a pratiqué à l'Ordre fupérieur. Au-deffus de l'Archivolte eft fculpté un groupe de Chérubins portés fur des nuages; ce groupe eft affez bien exécuté, ainfi que tous les ornemens de ce portail, qui font de *Charles Rebillé* & de *Fournier*, Sculpteurs de réputation dans ce genre.

Les deux portes collatérales placées dans les arrieres-corps font bien fupérieures à celle celles du milieu, leur proportion, la répartition des membres d'Architecture qui les accompagnent, leurs ornemens, la correction de leurs profils étant de toute beauté, ce qui nous a determiné à en donner les desseins plus en grand dans la Planche cinquieme, Figure premiere.

Eglise des Petits Peres.

Les pilastres des extrêmités de l'avant-corps sont écartés chacun de cinq modules; ils auroient pû être accouplés, & disposés d'une maniere plus ingénieuse, l'accouplement n'étant difficile à mettre en pratique que dans l'Ordre Dorique, qui néanmoins a été préferé par le même Architecte dans le portail des Barnabites. (Voyez le dessein de ce portail, Tom. II. pag. 100.

L'entablement profile sur les retours de ces pilastres, ce qui ôte à ce portail un caractere ferme, toujours désirable dans un édifice du genre de celui dont nous parlons: cette considération fait préferer souvent l'Ordre Dorique à l'Ionique, ce dernier étant trop peu viril pour la décoration extérieure d'un Temple, à moins qu'il ne soit question d'un monument consacré à la Virginité, où l'Ordre Ionique, considéré par les Anciens comme un Ordre Féminin, peut être appliqué avec convenance. Il est aisé de remarquer à S. Roch, à S. Gervais, aux Minimes, aux Invalides, à l'Oratoire, &c. que l'Ordre Dorique, que nous desirons ici par des raisons de bienséance, y a été préferé, quoique le plus souvent il ait été exécuté avec assez de négligence, mais du moins son expression simple & virile remplit-elle l'idée qu'on doit se former de la décoration extérieure d'un édifice sacré.

A chaque extrêmité de ce portail, on voit un seul pilastre qui ne nourrit pas assez les parties anguleuses de cet édifice, & quoiqu'il soit réellement solide par les corps d'Architecture qui l'accompagnent, il a néanmoins besoin d'en avoir l'apparence par la distribution des Ordres; d'ailleurs les retours de l'entablement sur chacun de ces pilastres, & la pyramide qui s'éléve au-dessus, servent encore à rendre cette ordonnance plus légére, ce qui ne peut être approuvé ici: c'est pourquoi il auroit été à désirer que ces pilastres fussent accouplés. Sans doute que l'axe des portes collatérales ayant été donné, il a été difficile d'éviter ce reproche, mais comme cette Eglise est sans bas côtés, il faut convenir qu'il étoit possible de tirer un meilleur parti de cette décoration extérieure.

L'Ordre Corinthien & ses accompagnemens sont assez heureusement distribués, & font un assez bel ensemble avec l'Ordre Ionique de dessous; on peut cependant observer que la hauteur de l'Ordre supérieur, qui est égal à celui d'en bas, fait paroître celui-ci trop court. Cet inconvénient ne seroit pas arrivé, si on eut donné un module de moins à l'Ordre Corinthien; par-là le socle de dessus l'entablement Ionique auroit été plus élévé, & sa hauteur réelle n'eût pas été masquée en partie par la saillie de la corniche Ionique.

L'entablement Corinthien retourne aussi sur les pilastres, ce qui produit un défaut de simétrie dans la distribution des modillons de sa corniche; ces retours même montent jusques dans le timpan du fronton, ce qui découpe l'ordonnance de ce portail & lui donne en général un air mesquin, qui n'approche pas à beaucoup près de l'entente & du caractere expressif qu'on remarque dans les autres ouvrages élévés par le célébre Architecte qui a bâti ce frontispice.

Ces observations, toutes équitables qu'elles paroissent, me font appercevoir les écueils dont est semée la carriere que je parcours; je ne sens que trop que je me mets dans le cas de déplaire à presque tous nos Architectes: en effet soit que je les loue, soit que je les censure, puis-je me flatter de mériter leur approbation? Non sans doute: car telle est la singularité de l'amour propre, l'éloge le plus marqué paroît toûjours fort inférieur au mérite des hommes, au contraire ils regardent comme une satyre la critique la plus légére; mais comme je me voue au bien public, je serai toûjours trop heureux si mon zele peut y contribuer, & si en parti-

Tome III. G

26   ARCHITECTURE FRANÇOISE, Liv. V.

<small>Eglife des Petits Peres.</small>

culier quelques personnes, que je révére, veulent bien rendre justice à la droiture de mes intentions. J'ai d'autant plus lieu de l'esperer, qu'on a déja dû s'appercevoir que ce n'est pas une vaine démangeaison de critiquer qui me conduit aux remarques que je me trouve obligé de faire, puisque je saisis avec plaisir toutes les occasions d'applaudir, étant persuadé d'ailleurs que rien ne fait plus d'honneur à un Observateur que le respect qu'il témoigne pour les Artistes d'un mérite véritablement reconnu, puisqu'il semble que nous ne sçaurions être bien convaincus de ce qu'ils valent, que nous ne soyons nous-mêmes de quelque valeur, & que l'estime que nous faisons de leurs ouvrages, quand elle est bien fondée, nous met en quelque sorte à leur niveau.

Explication des Figures représentées sur la Planche V.

La Figure premiere donne en grand une des portes collatérales du portail : il sera aisé d'en connoître les dimensions par l'échelle ; à l'égard des profils de ces portes, on les trouvera plus détaillés dans le huitieme Volume.

La Figure deuxieme donne aussi plus en grand le dessein d'une des quatre tribunes placées dans la croisée de l'intérieur de l'Eglise. L'échelle de la Figure premiere est commune à celle-ci, la gravûre n'a pû rendre, à beaucoup près, la beauté de l'exécution de ces deux desseins, mais j'ose avancer que ce sont autant de chef-d'œuvres que l'on ne sçauroit trop examiner, pour se former un goût juste & précis des régles de la bonne Architecture, principalement la partie inférieure de la Figure premiere & la partie supérieure de la Figure deuxieme.

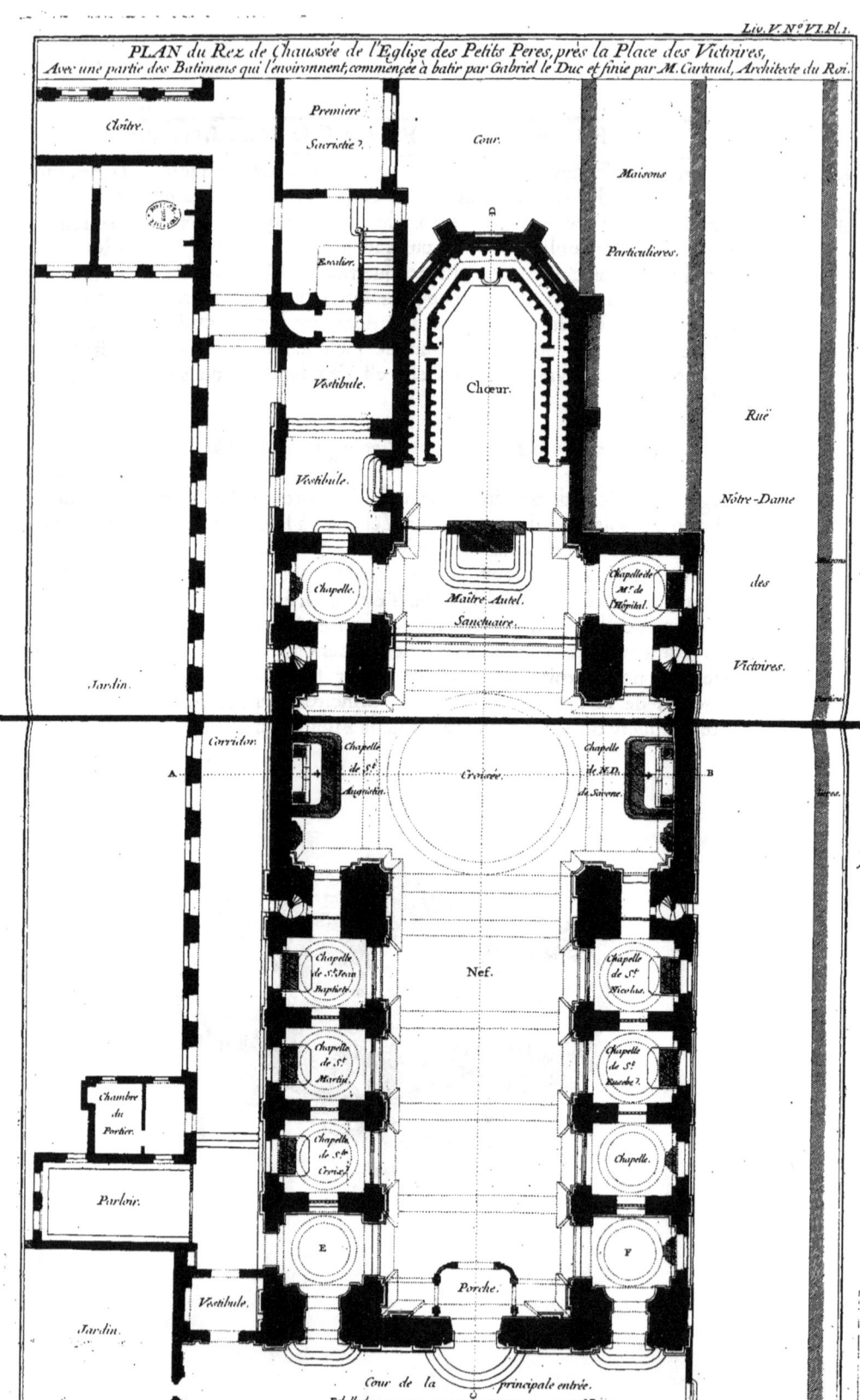

CHAPITRE VII.

Description de l'Hôtel de Touloufe, fitué rue de la Vrilliere, près la Place des Victoires.

CET Hôtel n'étoit auparavant qu'une maifon particuliere, qui fut bâtie en 1620 fur les defleins de *François Manfard* (a) pour *Raimond Phelipeaux, Sieur d'Herbaut, de la Vrilliere & du Verger*, Secrétaire d'Etat. Elle fut vendue en 1705 à M. Roullier, Maître des Requêtes de l'Hôtel, &c. En 1713, S. A. S. Monfeigneur le Comte de Touloufe l'acheta & y fit faire des augmentations confidérables, qui ne furent achevées qu'en 1719. M. de Cotte (b), premier Architecte du Roi, en fut chargé. Cet Hôtel appartient aujourd'hui à M. le Duc de Penthievre, Grand Amiral de France, fils de M. le Comte de Touloufe.

Plan général au rez-de-chauffée des bâtimens, cour & jardin de l'Hôtel de Touloufe. Planche Premiere.

Le principal corps de logis de cet Hôtel, ainfi que ceux deftinés pour les Domeftiques, étoient dans leur origine enfermés dans un terrain aflez borné; mais les acquifitions que M. le Comte de Touloufe fit dans la fuite, fournirent les moyens d'élever de nouveaux bâtimens, & d'y procurer toutes les commodités néceflaires: néanmoins l'obliquité des rues qui forment d'un côté l'enceinte des dépendances de cet Hôtel, a rendu les diftributions des bafles cours aflez irrégulieres, & a limité leur efpace; ce qui a été caufe que l'on a été forcé de pratiquer fous terre la plus grande partie des écuries, dans lefquelles on defcend par les rampes A, A, & de partager les cuifines & les offices en différens endroits. Il eût été mieux fans doute de raffembler féparement les bâtimens de la bouche, des remifes & des écuries, auffi-bien que le logement des différens Officiers attachés à la maifon; par-là on eut procuré plus d'ordre pour le fervice, donné plus d'agrément au bâtiment, & produit plus de fimétrie dans la diftribution du plan; mais on n'eft pas toûjours le maître d'acquérir un terrain régulier & fpacieux. C'eft pourquoi nous avons crû devoir donner le plan général de cet Hôtel, qui n'avoit pas encore été gravé, afin de préfenter une idée de l'immenfité des dépendances qui font du reflort d'un édifice de cette importance, quoiqu'irrégulier, afin que dans d'autres occafions, on cherche à appliquer avec plus d'avantage ces différens départemens, principalement lorfqu'on bâtit à neuf; car autrement on ne doit pas s'attendre à une régularité fcrupuleufe, ainfi que nous l'avons remarqué en parlant de l'Hôtel de Soubife Tome II, Liv. IV. Chapitre XVIII.) qui s'eft trouvé dans le même cas lui dont nous parlons, pour ce qui regarde les bafles cours, &c.

Si la fujettion du terrain autorife en quelque forte l'irrégularité des baffes cours de cet Hôtel, où les enfilades en général & l'uniformité de la décoration paroiffent peu néceflaires, du moins cette irrégularité n'eft-elle pas excufable dans la diftribution générale du principal corps-de-logis & dans l'ordonnance des façades. Cet Hôtel, en faveur de la richeffe des dedans, fembloit exiger qu'on reconnût par l'afpect des dehors la magnificence intérieure, & que l'Architecture extérieure annonçât les loix fondamentales de l'Art, que François Manfard a affez généralement obfervées dans toutes fes productions, mais qui à bien des égards ont été négligées ici, ainfi que nous le remarquerons en fon lieu.

(a) Voyez ce que nous avons dit de cet Architecte, T. II. p. 62. Not. (a).

(b) Voyez ce que nous avons dit de cet Architecte, T. I. p. 230. Not. (a).

Hôtel de Touloute. Rien ne feroit fans doute plus agréable pour nous que de n'être pas obligés de relever fi fréquemment les erreurs qu'on remarque dans nos bâtimens, mais je croirois manquer à mes engagemens, fi par quelque confidération particuliere, je craignois de faire appercevoir celles qu'il convient même d'éviter dans nos maifons à loyer. Au refte nous croyons avoir déja averti, que dans les obfervations que nous faifons fur les différens édifices, l'Auteur n'avoit abfolument rien de commun avec l'ouvrage; c'eft pourquoi fans vouloir diminuer la réputation des Architectes, qui dans bien des occafions ont montré une très-grande fupériorité, & en fuivant le but que je me fuis propofé dans ce recueil, je me vois forcé de relever leurs inadvertances; d'ailleurs la plûpart de ces Architectes, en mettant leurs productions au grand jour, ne l'ont ils pas permis tacitement, & ne fe font-ils pas en quelque forte foumis volontairement à l'examen que je fais ici? Je ne puis donc me perfuader, qu'en indiquant fans aigreur les licences dans lefquelles font tombés la plûpart des nôtres, on m'impute quelques perfonalités. Ainfi dans l'intention de faire éviter les défauts effentiels, & non de cenfurer, je remarque qu'il étoit indifpenfable de mettre une ouverture à la place de la niche B, afin que par l'enfilade CD, on eut découvert non-feulement l'intérieur de la cour, mais que les perfonnes qui occuperoient les appartemens du rez-de-chauffée, profitaffent d'un percé de plus de 150 toifes qui offre l'afpect de la place, & celui de la ftatue de Louis XIV: monument qui devoit engager l'Architecte à mettre tout en ufage pour en procurer le coup d'œil dans tout l'intérieur de cet Hôtel. En effet il n'eft pas concevable qu'on ait pû manquer ce point de vûe; il eft vrai que cette enfilade n'eut pas aligné le milieu du jardin, mais en affujettiffant la forme des charmilles à cet alignement CD, & à l'axe du jardin EF, elle n'eut pas moins produit un bon effet. Au refte cet axe, comme on peut le remarquer, donne auffi dans un trumeau vers F, plutôt que dans un percé; irrégularité vicieufe, & qui ne doit jamais être imitée, quoique ce même défaut fe trouve dans un de nos plus grands édifices, à Paris, ainfi que nous l'avons remarqué au Tome premier de cet ouvrage, page 267.

La diftribution des appartemens eft d'ailleurs affez bien percée; les principales pieces font grandes & fpacieufes, l'efcalier magnifique, précédé d'un veftibule & d'un périftile, le tout décoré & orné relativement à la richeffe répandue dans l'intérieur de cet Hôtel.

L'aîle de bâtiment en retour fur le jardin étoit ci-devant une orangerie au rez-de-chauffée, on y a pratiqué depuis quelques années un appartement privé pour Madame la Duchesse de Penthievre: cet appartement contient toutes les commodités relatives à fon ufage, & eft décoré avec beaucoup de nobleffe & de goût. Cette aîle de bâtiment, dans laquelle, au premier étage, fe trouve une magnifique gallerie, dont nous parlerons dans fon lieu, devoit fimétrifer à une autre aîle, dont on voit ici le commencement dans le piédroit G, qui fait parpin avec le mur de face, & qui eft auffi exprimé dans l'élévation du côté du jardin, Planche V. Cette aile devoit former une gallerie qui auroit fervi de bibliotheque, & fa décoration extérieure auroit procuré une uniformité très-agréable au jardin, qui aujourd'hui eft terminé d'une part par une façade de bâtiment, & de l'autre par une allée d'arbres.

Le nom des pieces défignées fur cette Planche annonce vifiblement leur ufage. Nous remarquerons feulement qu'on a fait des changemens dans quelques-unes de ces pieces, comme on le peut obferver en comparant ce plan avec celui de la Planche deuxieme, qui ayant été gravée anciennement, nous donne la diftribution du corps de logis dans l'état où il fe trouvoit après que M. de Cotte l'eut réparé en 1719, & dont nous allons parler.

Plan

Plan au rez-de-chauffée du principal corps-de-logis de l'Hôtel de Toulouse.
Planche II.

Nous remarquerons que la cour principale de cet Hôtel est trop petite pour l'étendue des bâtimens, & que lorsque quelque considération détermine à cette économie, au moins faut-il proportionner la hauteur des bâtimens au diamètre des cours; autrement l'aspect de l'édifice paroît triste, & l'intérieur des appartemens sombre : ce qui loin d'annoncer aux étrangers la demeure d'un grand Seigneur, ne leur présente dans les déhors qu'une maison habitée par un particulier. Nous observerons encore que les péristiles, qui font toûjours un bon effet dans une maison considérable, ne doivent néanmoins entrer pour quelque chose dans la distribution d'un plan que lorsqu'ils procurent des communications pour arriver à couvert dans l'intérieur des principales pieces : que sans cela cette dépense fastueuse est plûtôt un abus qu'une beauté réelle, ainsi que nous l'avons observé en parlant de l'Hôtel de Soubise & du Luxembourg. Au reste il eut été facile d'éviter ici cet inconvénient, en faisant dégager ces péristiles dans les basses cours; par ce moyen les Maîtres seroient descendus à couvert, & les équipages auroient communiqué dans ces mêmes basses cours, sans être obligés de sortir dans la rue pour y arriver. Ces percés d'ailleurs auroient semblé procurer plus d'espace à la cour principale, & auroient donné à connoître l'étendue des dépendances de cet Hôtel.

Hôtel de Toulouse.

Le grand escalier est très-spacieux & décoré avec magnificence. (Voyez les coupes de cet escalier dans le septieme Volume.) Nous remarquerons néanmoins que sa situation est trop ignorée de l'entrée du bâtiment; d'ailleurs, contre tout precepte de convenance, il est placé à gauche. (Voyez ce que nous avons dit concernant les escaliers dans l'Introduction, premier Volume, page 39.)

Les pieces situées du côté du jardin, & qui pour la plûpart sont comprises entre deux murs de face, différent du plan précédent en ce que dans la grande anti-chambre, vers l'escalier, on a pratiqué une Chapelle, & dans la piéce nommée Sallon, une chambre de parade, qui communique au nouvel appartement pratiqué sous la grande gallerie.

De la salle d'audience on a fait la salle des Amiraux, ainsi nommée parce que dans les lambris qui décorent le pourtour de cette piece, sont encastrés les portraits de tous les Amiraux & des Sur-Intendans de la navigation, au nombre de 61, depuis *Florent de Varenne*, jusqu'à S. A. S. M. *le Duc de Penthievre*.

Enfin de la chambre de parade, on a fait la salle des Rois de France, dans laquelle d'après les médailles, les statues & les portraits originaux, on a peint nos Rois depuis la premiere Race jusqu'à présent. Ces tableaux sont aussi encastrés dans les lambris du pourtour de cette piece.

Plan du premier étage du principal corps-de-logis de l'Hôtel de Toulouse.
Planche III.

Ce plan a souffert aussi quelques changemens dans sa distribution, mais comme ce n'est que dans de petites pieces, nous ne jugeons pas qu'il soit nécessaire d'en faire ici mention.

La beauté des appartemens de cet étage consiste dans la grandeur & dans la magnificence des pieces qui donnent du côté du jardin. On y trouve ce que les beaux arts ont fait éclorre dans le siecle dernier de plus excellent dans tous les genres, soit en belles tapisseries & en meubles de très-grand prix, soit en bronzes, marbres, peinture, sculpture, &c. & quoiqu'ils soient d'un goût déja un peu an-

Tome III. H

Hôtel de Touloufe. cien, felon quelques-uns, ils font dignes néanmoins de l'étude des jeunes Artiftes, de l'attention des Connoiffeurs & de l'admiration des Etrangers. La grande gallerie, entr'autres, dont nous donnerons une defcription détaillée & les décorations dans le feptieme Volume, & dont on voit un arrachement dans ce plan, demande une attention toute particuliere.

L'aîle qui eft à la droite de la cour a fouffert peu de changemens ; celle qui eft à gauche a été entiérement reftaurée & embellie d'une nouvelle décoration. Il y a dans cette derniere aîle un petit appartement privé pour M. le Duc de Penthievre, dans lequel font compris une Chapelle, une tribune, un oratoire, des cabinets, des garderobes, &c. le tout très-ingenieufement diftribué, & décoré avec une retenue qui ne fe reffent point du torrent du fiecle.

Elévation de la façade de l'Hôtel de Touloufe du côté de la cour.
Planche IV.

Cette Planche offre l'élévation du principal corps-de-logis du côté de la cour, avec la coupe des deux aîles où font placés les périftiles au rez-de-chauffée, & une partie des baffes cours, qui fe trouvent comprifes fur la ligne AB, Planche II.

L'élévation de la cour nous fait voir le trumeau qu'on a affecté dans le milieu de cette façade, tant au rez-de-chauffée, qu'au premier étage, au lieu des percés que nous avons défiré ci-devant. Il eft vrai que dans cette Planche il paroît une croifée réelle au premier étage, mais dans la deuxieme & fixieme Planche, on reconnoît qu'elle n'eft que feinte, contre toute idée de vraifemblance. Au refte ce n'eft pas ici la feule inadvertance que nous ayons à reprocher dans l'ordonnance de cette décoration. Nous remarquerons que le rez-de-chauffée de ce bâtiment tenant ici lieu de foubaffement, il étoit inutile non-feulement d'employer un entablement Dorique d'une diftribution irréguliere, mais qu'il convenoit auffi de fupprimer les deux pilaftres de cet Ordre, non-feulement parce qu'ils paroiffent chetifs, leur diamétre étant trop peu confidérable, mais encore parce qu'ils font feuls dans tout le pourtour de cette cour qui eft revêtue d'une Architecture contraire à la fimplicité de cet Ordre & à fon caratere viril. Doit-il paroître arbitraire d'affembler différens genres d'Architecture fous un même entablement, & de mettre des percés, tantôt d'une proportion élégante, tantôt moyenne, ou tantôt maffive ? Non fans doute. Que les formes de ces percés foient diffemblables, quand il y aura des avant-corps qui autoriferont cette varieté, & lorfque l'on croira par là défigner utilement les parties principales d'un édifice, à la bonne heure ! Mais du moins eft-il certain, que fans cette circonftance, il eft effentiel que chacune de ces ouvertures ait une largeur & une proportion uniformes, fans quoi le défordre tient la place de la fimétrie & de la convenance, & certainement ce déréglement eft diamétralement oppofé aux principes du bon goût, & aux regles fondamentales de la bonne Architecture.

Ces remarques paroîtront peut-être un peu févéres, l'édifice dont nous parlons ayant été élévé par un homme du premier mérite, mais encore une fois, comment inftruire & fe taire ? Au refte une critique fondée fur les principes de l'art ne doit point paroître injufte, il n'y a que celle qui porte à faux qui puiffe bleffer, & je me garderai toûjours de mettre de la partialité dans mes obfervations, qui font, autant que je le puis précédées ou fuivies d'éloges qui les rendent moins dures, & d'autant mieux fondées que dans toutes les efpeces de bâtiment que je décris, il fe rencontre des beautés conformes aux préceptes, & fouvent des licences qui ne font mifes en œuvre que par néceffité.

Le premier étage de cette façade est généralement plus régulier, principalement dans les arrieres corps ; car nous remarquerons que les petites chaines de refends, les grandes tables, la moyenne croifée, enfin un certain caractere de péfanteur qui regne dans tout l'avant-corps, font autant de licences qu'il faut éviter, la contradiction dans une même ordonnance de bâtiment n'étant jamais tolérable.

Les lettres A indiquent les aîles en retour fur la cour, où font exprimés les périftiles dont nous avons parlé ; leur décoration intérieure eft traitée dans un goût assez convenable à leur ufage. On auroit pû cependant y supprimer les confoles, ou encorbellemens qui foûtiennent la portée des poutres, foit en faifant les murs plus épais, foit en affectant de former une calotte très-plate en plâtre, qui auroit terminé ces plafonds en maniere de voute, & qui en même tems auroit exprimé une conftruction & une décoration plus relatives à ces fortes de pieces ; fans compter l'avantage d'éviter les petites parties, qui dans les ouvrages conftruits en pierre, font toûjours un effet défagréable & contraire au caractere de folidité qui convient à cette matiere.

La façade B montre la décoration d'une des baffes cours des cuifines, & la coupe C indique l'intérieur d'une des aîles, dans laquelle font diftribués les logemens d'une partie des Officiers de cet Hôtel.

La coupe D préfente une partie des garderobes, qui appartiennent à l'appartement de parade placé au rez-de-chauffée. (Voyez la Planche premiere.)

Elévation de l'Hôtel de Toulouse du côté du jardin. Planche V.

Quoique cette élévation foit affujettie à une même hauteur d'entablement que la précédente, elle en differe cependant en ce qu'on a supprimé les tripliphes dans celui qui couronne l'étage au rez-de-chauffée, ce qui donne plus de fimplicité à ce foubaffement, & conferve d'autant mieux fon caractere, que l'Ordre Dorique y eft fupprimé. Cependant on peut remarquer en général que le trumeau affecté dans le milieu de l'avant-corps, la diftribution de fes membres d'Architecture & les écoinçons de fes encoignures, forment un contrafte condamnable, furtout quand on compare ces derniers avec la fragilité des trumeaux des arrieres-corps, & lorfqu'on leur oppofe la largeur immenfe de ceux de l'aîle en retour du côté du jardin, (Voyez la Planche VI.) parce que cette diverfité d'ordonnances forme autant d'Architectures différentes, qui ne doivent jamais appartenir à une même façade.

La pénétration que le linteau fupérieur des chambranles forme avec l'Architrave, eft encore une licence condamnable, ainfi que l'affectation des arrieres-corps qui accompagnent le piédroit de ces chambranles. En effet ce double corps tend à divifer la largeur des trumeaux, qui étant trop étroits acquierent une légéreté contraire à l'apparence de la folidité ; car on doit faire attention qu'il ne fuffit pas que la folidité foit réelle dans un bâtiment, mais qu'il faut encore qu'elle fe manifefte dans la répartition des membres d'Architecture qui compofent fa décoration. Il eft même à remarquer que ces arrieres-corps fervent à rendre trop fvelte l'accompagnement de chaque croifée, par l'affectation des congés qu'on a placés fur chaque corniche au premier étage, fans oublier que ces corniches étant comprifes dans l'architrave, procurent une aproximation vicieufe qui ne laiffe aucun repos à l'entablement, quoique dans tous les cas il doive être conferré libre fans aucune interruption. Pour rémédier à la forme déliée des trumeaux de l'étage fupérieur, il auroit fallu fur l'entablement du foubaffement exprimer une retraite de 18 pouces de hauteur, qui auroit marqué le fruit extérieur des murs de face, & qui en ayant racourci les croifées, auroit contribué à fortifier les intervalles qui doivent fe remarquer entre les vuides fupérieurs des croifées du rez-de-chauffée &

Hôtel de Toulouse. les appuis du premier étage ; d'ailleurs ces ouvertures au premier étage ayant été racourcies, pour leur conferver une proportion convenable, il en feroit réfulté une plus grande largeur au trumeau, ce qui auroit évité tous les défauts dont nous venons de parler.

En général les combles font trop élévés fur ce bâtiment, ils paroiffent écrafer l'édifice, qui étant fimple, c'eft-à-dire compris entre deux murs de face, exige d'autant moins de hauteur que dans une maifon d'importance les greniers font inutiles, & même contraires à la convenance ; d'ailleurs l'exhauffement de ces combles ne fert qu'à obfcurcir la cour, qui occupant peu d'efpace, demandoit qu'on couvrit le corps-de-logis à l'Italienne, ou du moins par des combles très-peu élévés, ainfi qu'on l'a pratiqué fur les aîles de la cour. (Voyez la Planche VI.)

A l'extrêmité de cette élévation, on voit en A la coupe de l'aîle du côté du jardin, dans le rez-de-chauffée de laquelle on a pratiqué les appartemens dont nous avons déja parlé. Au-deffus eft l'intérieur de la gallerie, telle qu'elle étoit autrefois avant la nouvelle décoration qu'on y a faite en 1719, & que nous donnerons dans le feptieme Volume.

Coupe du principal corps-de-logis de l'Hôtel de Toulouſe, & élévation des aîles de bâtiment du côté de la cour & du jardin. Planche VI.

La coupe marquée A eft prife dans le plan (Planche deuxieme,) fur la ligne CD, elle préfente la profondeur du principal corps-de-logis. L'on voit au rez-de-chauffée la piece fur les lambris de laquelle font diftribués les portraits des Rois de France, & dont nous avons déja parlé : on n'en a point indiqué ici la décoration, parce que toutes les Planches de cet Hôtel, (à l'exception de la premiere) ont été gravées anciennement. Au refte comme cette coupe eft petite, & l'ordonnance de cette piece d'un deffein fort indifférent, ces changemens nous ont paru peu importans. La décoration intérieure de la piece du premier étage eft telle qu'elle fe voit ici. Au-deffus eft exprimé le développement du comble dont nous venons de remarquer l'exceffive hauteur.

Le pavillon F fait partie du principal corps-de-logis, & fimétrife avec fon oppofé à gauche de la cour ; c'eft ce dernier qui donne entrée à tout l'intérieur de ce bâtiment, ce qui a fait fans doute préférer les arcades au rez-de-chauffée, & qui auroit dû porter à les feindre dans les arrieres corps de la principale façade du côté de la cour. (Voyez la Planche IV.) Car, ainfi que nous l'avons déja obfervé, ce différent genre d'ordonnance, fous un même entablement & dans un édifice de peu d'étendue, produit de petites parties, dont la fimilitude répond imparfaitement à l'idée qu'on doit fe former de la demeure d'un grand Seigneur. En effet, en entrant par la porte D, le rayon vifuel du Spectateur embraffant tout à la fois les aîles E, les pavillons F, & les arrieres corps G, (Voyez la Planche II.) la diverfité de leur ordonnance, divifant les parties qui compofent la décoration de ces façades, apporte de la confufion, & ôte à ce bâtiment un certain air de grandeur qu'un bon Architecte doit toûjours affecter, même dans les plus petites occafions qu'il a d'exercer fes talens.

Les arcades du rez-de-chauffée de ces pavillons font trop peu élévées pour leur largeur ; fi d'un côté le caractere de foubaffement qu'on a donné à cet étage, les autorife, de l'autre, l'expreffion Dorique, qui en détermine l'ordonnance, exigeoit une proportion moins ruftique ; car comment allier cette proportion racourcie avec la richeffes des triglyphes, la légéreté des corps de refend & la prodigalité des membres d'Architecture qui compofent les impoftes, les archivoltes, les chambranles, &c. ? Comment pouvoir enfin concilier la richeffe des ornemens

des

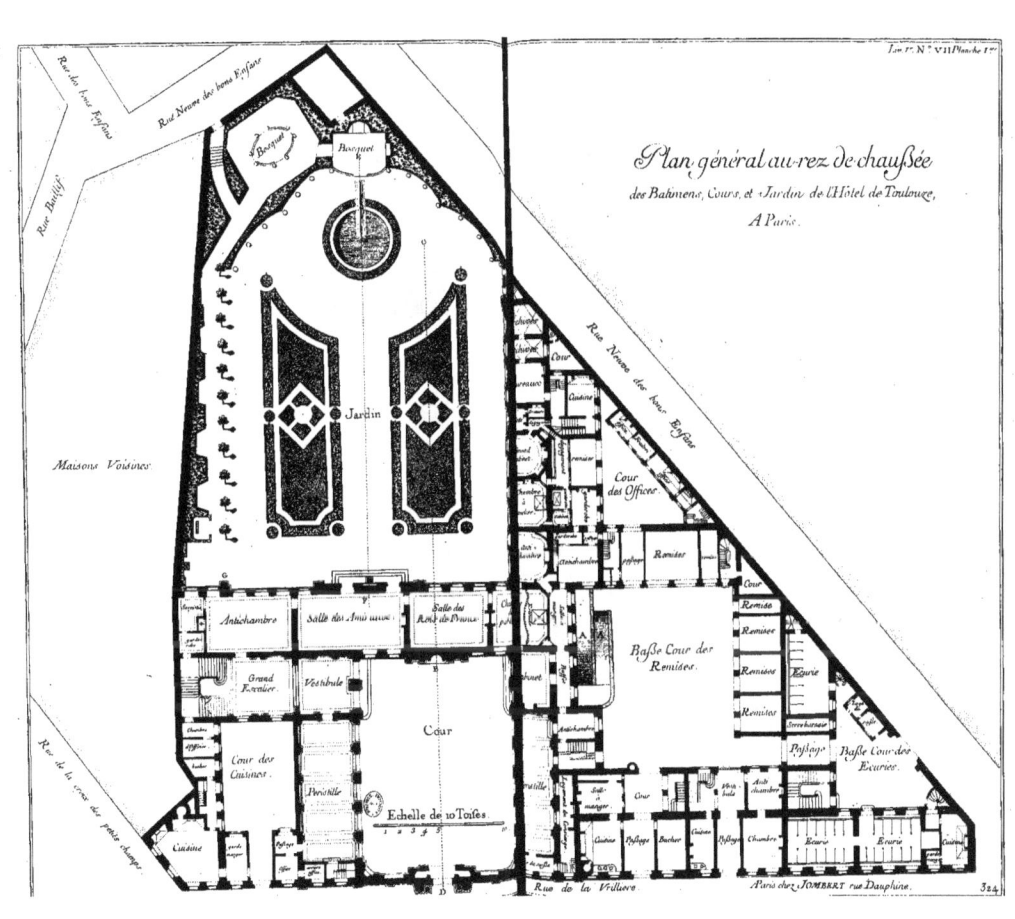

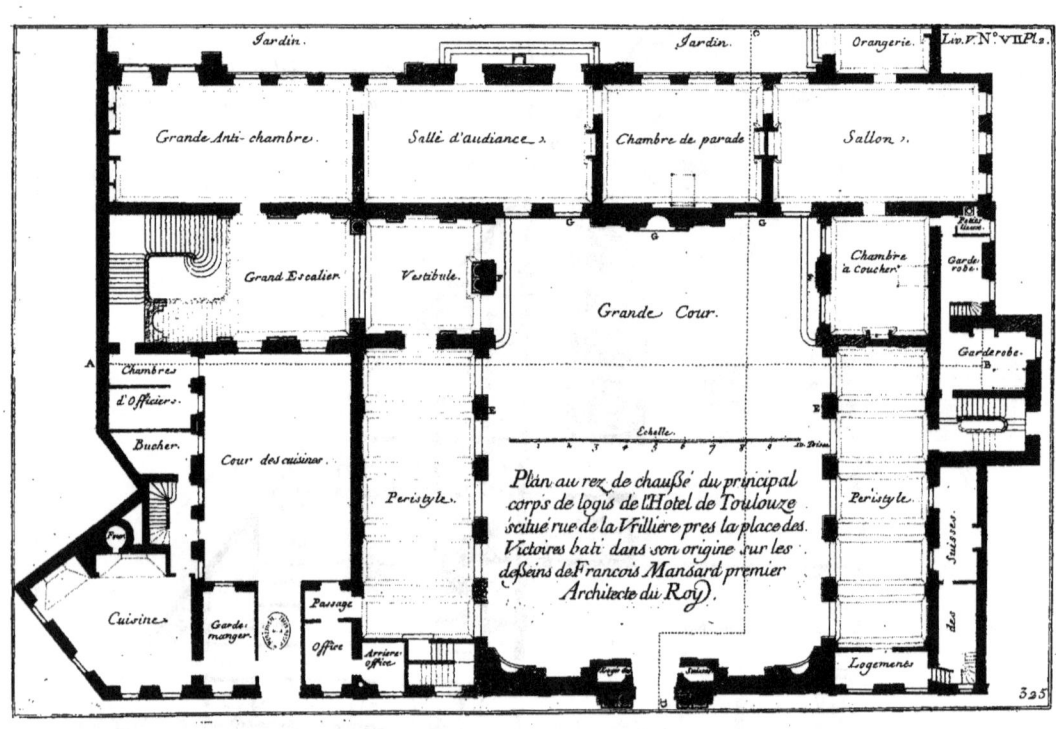

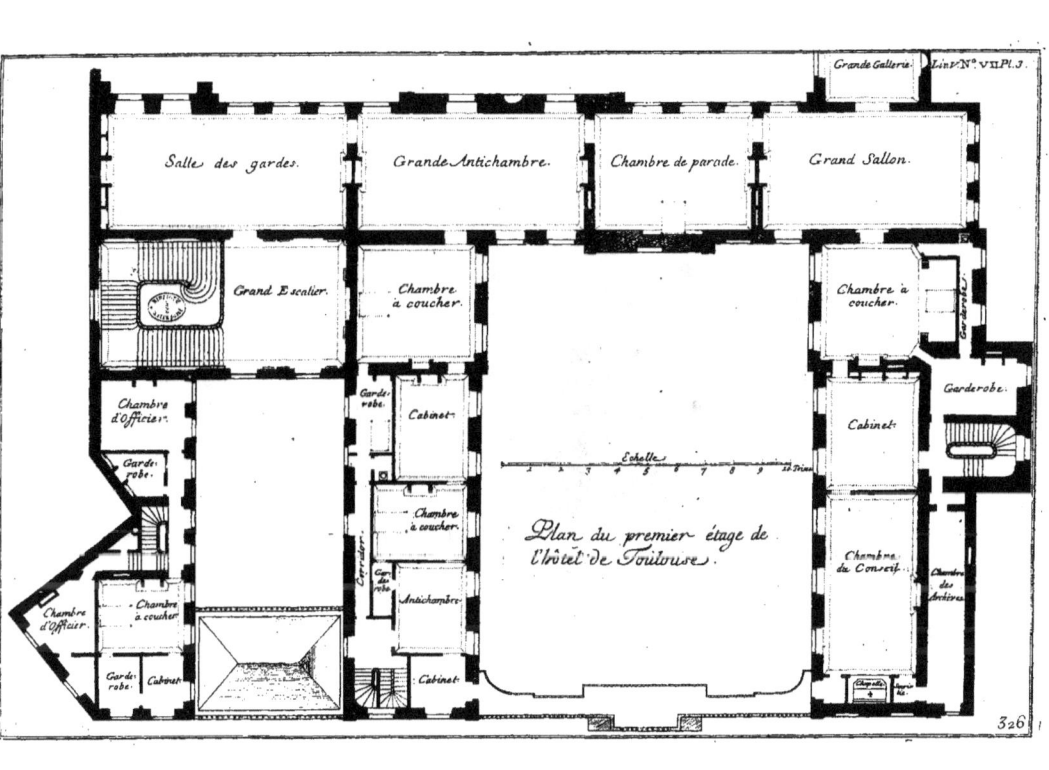

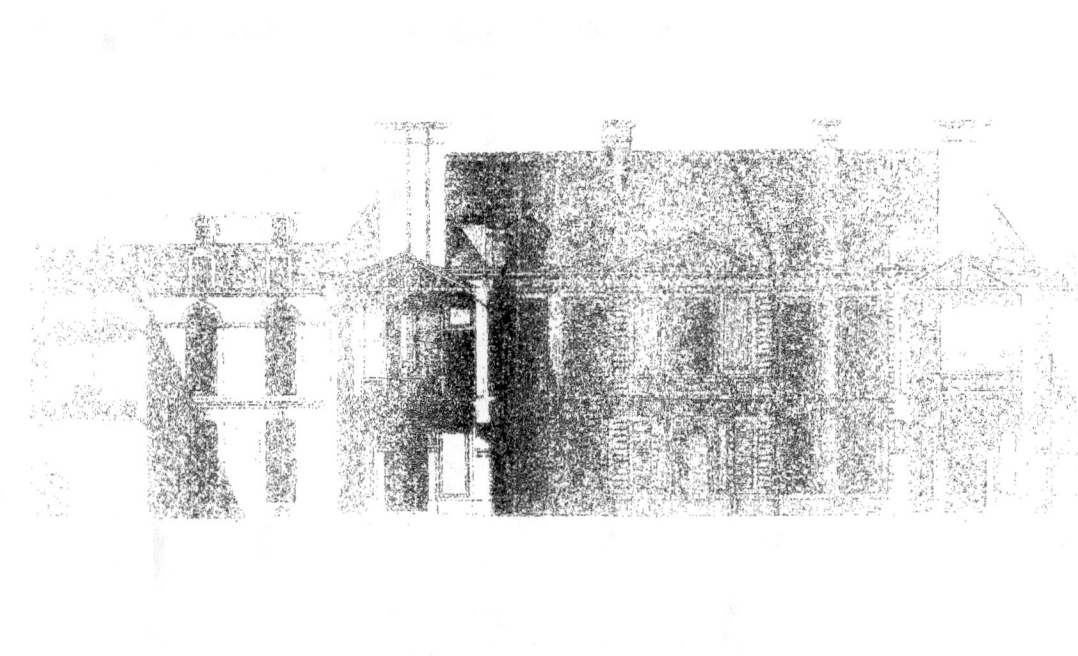

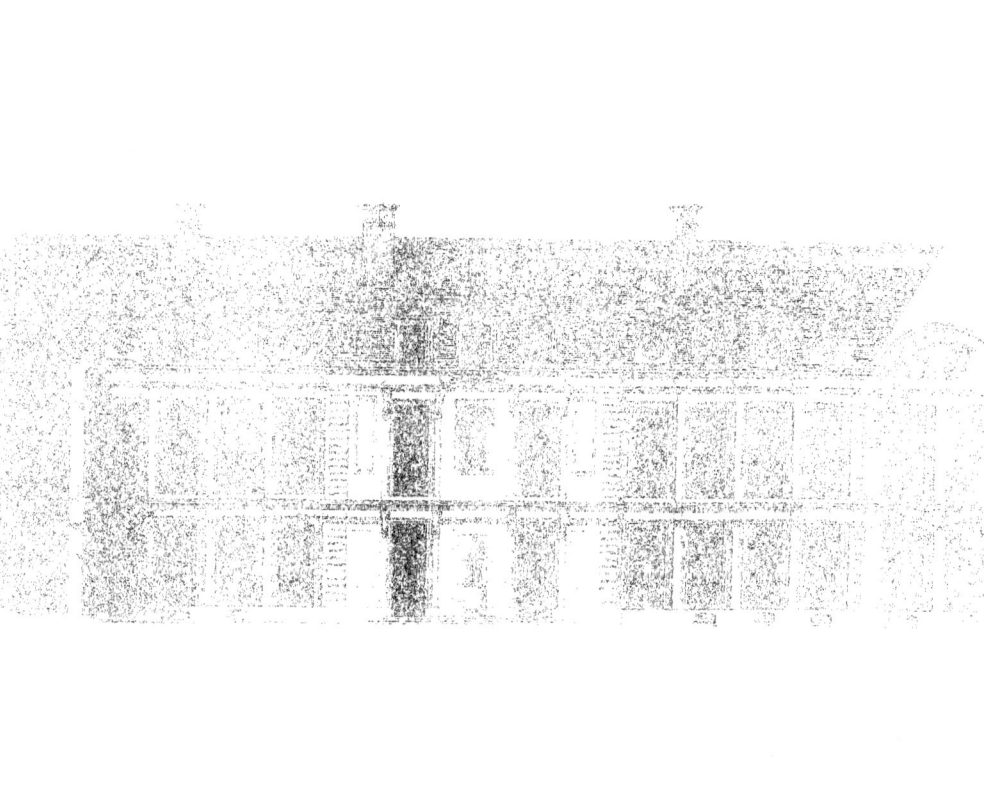

des claveaux & des trophées qui se remarque ici avec la pésanteur des trumeaux de ces pavillons, qui forme un contraste qu'il faut toujours éviter ? Le rez-de-chauffée des aîles marquées E est traité avec plus de retenüe, cependant nous observerons que les archivoltes n'auroient pas dû retourner sur les impostes, que les tables des piédroits de ces arcades imitent trop la menuiserie, & que les niches & les bustes qui sont placés entre chaque archivolte, expriment des cavités, & une richesse contraire à la simplicité d'un soubassement & à la virilité Dorique.

Hôtel de Toulouse

La lettre D indique la coupe de la porte de cet Hôtel, dont l'ordonnance du côté de la rue, est regardée des Connoisseurs comme un chef-d'œuvre de François Mansard. (Voyez la décoration de cette porte dans le Chapitre suivant, Planche deuxieme, & dans les *Délices de Paris*, Planches 113 & 114.)

L'aîle B du côté du jardin annonce une partie de la façade, qui comprend dans son intérieur, au rez-de-chaussée, le nouvel appartement de Madame la Duchesse de Penthievre, (Voyez la Planche premiere) & au premier étage, la grande gallerie de cet Hôtel, dont nous avons déja parlé. Cette façade est traitée extérieurement d'une maniere relative à son usage primitif. Le rez-de-chaussée est décoré d'arcades, de grands trumeaux, de niches, &c. qui expriment la solidité apparente & nécessaire à une piece qui, dans son origine, étoit destinée à former une orangerie, & qui d'ailleurs a toûjours dû servir de soubassement au premier étage, dont l'intérieur, renfermant une piece décorée de grands tableaux, avoit aussi besoin de trumeaux spacieux pour les y distribuer en dedans d'une maniere convenable. Nous remarquerons cependant, en général, que l'ordonnance de cette façade, dont les massifs sont considérables, est composée de trop petites parties, qu'il falloit au moins continuer les piédestaux des niches du premier étage, pour servir d'appui aux croisées, qui descendant jusques sur la corniche, forment une discontinuité des parties horizontales, qui nuit à l'unisson. D'un autre côté les impostes continues des arcades du rez-de-chaussée divisent avec trop d'égalité la hauteur du soubassement, enfin les tables affectées dans les piédroits & autour des archivoltes, sont un abus qu'on devroit éviter dans une Architecture grave & réguliere.

Tome III.

CHAPITRE VIII.

Description de la Place des Victoires, Quartier Montmartre.

Place des Victoires.

CETTE Place fut consacrée à la mémoire de Louis XIV, par le *Maréchal Duc de la Feuillade*. Ce Seigneur ayant acheté, en 1685, *l'Hôtel de Senneterre*, engagea le Corps de Ville de Paris à acquerir *l'Hôtel d'Emery* & plusieurs autres maisons, afin d'ériger de concert ce monument public à la gloire du plus grand des Monarques que la France ait jamais eû. Jules Hardouin Mansard, dont nous avons parlé Tome II. p. 141. Not. *a*, en donna les desseins. Le sieur *Prédot* fut chargé par le Corps de Ville de l'exécution des bâtimens qui entourent cette Place, & le Maréchal Duc de la Feuillade confia à *Desjardins*, Sculpteur célèbre, celle de la Statue pédestre qui est au milieu, & dont nous parlerons dans son lieu.

Cette Place, une des mieux percées de Paris, est néanmoins d'un diamètre très-peu considérable, en comparaison de celle de Louis le Grand & de la Place Royale ; mais en faveur de ses issues & du quartier vivant où elle est située, elle l'emporte de beaucoup sur celles que nous venons de nommer.

Plan de la Place des Victoires. Planche Premiere.

Cette Place, de forme circulaire pour la plus grande partie, a de diamétre quarante toises ; elle est ouverte par six rues qui viennent y aboutir, dont celle des Fossés Montmartre, celle de la Feuillade & celle des petits-Champs, ont une longueur très-considérable : ces rues qui répondent à différens Quartiers de la Ville, annoncent de fort loin au peuple le magnifique monument qui décore cette Capitale.

L'Hôtel de Toulouse, situé en face de la petite rue de la Vrilliere, qui aligne celle des Fossés Montmartre, contribue aussi beaucoup à l'embellissement de cette Place, aussi-bien que plusieurs autres beaux Hôtels, dont les entrées sont pratiquées sur le mur droit qui conduit de la rue du petit reposoir à la rue vuide-gousset, du nombre desquels est celui de M. de S. Albin, Archevêque de Cambrai (*a*), & dont la porte principale est marquée D dans ce plan.

Au milieu de cette place fut élevé le 18 Mars 1686, la Statue pédestre dont nous venons de parler. Elle porte 13 pieds de haut, & est soûtenue sur un piédestal de 12 pieds d'élévation. Ce piédestal est de marbre blanc veiné, & de forme quadrangulaire, enfermé dans une espace de trente pieds de diamètre, pavé de marbre de couleur à compartiment, & bordé d'une grille de fer d'environ cinq pieds de hauteur.

Cette Statue est couronnée par la Renommée, posée sur un globe. Louis XIV est revêtu de l'habit que portent nos Rois à la cérémonie de leur Sacre, & semble fouler aux pieds le chien Cerbere, dont les trois têtes désignent la triple alliance formée par les ennemis de la France. Tout ce groupe est de métal doré à l'huile : il a été, ainsi que les ornemens du piédestal, composé & exécuté par *Desjardins*, Sculpteur de l'Académie Royale, dont nous avons déja fait mention dans le II. Volume, page 152. Note *a*. La Figure pédestre, la Renommée & ses attributs ont été coulés d'un seul jet, & l'on prétend qu'il y est entré environ 30 milliers de matiere. Sur la plinthe qui soûtient ce groupe, est cette inscription :

(*a*) Cet Hôtel a apartenu autrefois à *François de l'Hôpital du Halier*, Maréchal de France : il fut ensuite acquis par *Simon Arnaud*, Marquis de Pomponne, &c ; après sa mort il passa à son fils, qui, en 1714, le vendit à *Michel Bonnier*, Trésorier Général des Etats de Languedoc. Il passa ensuite à Madame *Chaumont* ; & enfin il a été acheté par M. de *S. Albin*, qui a fort embelli cet Hôtel sur les desseins de Gilles Oppenort, un des plus grands Dessinateurs que nous ayons eu, & dont nous avons parlé Tome II. page 39. &suiv.

VIRO IMMORTALI.

Le piédestal dans ses quatre faces est orné de bas reliefs ; sa corniche est soûtenue par huit consoles, entre lesquelles sont les armes du Roi. Au-dessous de ce piédestal est un soubassement dans les deux principales faces duquel sont aussi deux grands bas réliefs, accompagnés d'inscriptions latines & Françoises ; nous ne rapporterons que celle qui sert de Dédicace, & qui explique le sujet de tout l'ouvrage.

Place des Victoires.

LUDOVICO MAGNO;
PATRI EXERCITUUM,
ET DUCTORI
SEMPER FELICI.

Domitis hostibus. Protectis sociis. Adjectis imperio fortissimis populis. Extructis ad tutelam finium firmissimis arcibus. Oceano et Mediterraneo inter se junctis. Prædari vetitis toto mari Piratis. Emendatis legibus. Deleta Calviniana Impietate. Compulsis ad reverentiam Nominis gentibus remotissimis. Cunctis que summa providentia et virtute domi forisque compositis.

Franciscus Vicecomes d'Aubusson, Dux de la Feuillade, ex Franciæ Paribus, et Tribunis equitum unus, in Allobrogibus Prorex, et Prætorianorum peditum Præfectus.

Ad memoriam posteritatis sempiternam
P. D. C. 1686.

Aux angles du soubassement, sur quatre corps avancés, sont autant d'esclaves de bronze antique, de 12 pieds de proportion. Ces esclaves paroissent enchaînés au piédestal, leurs vêtemens & leurs attributs font connoître les différentes Nations dont la France triompha sous le regne de Louis le Grand.

Tout ce monument est d'une belle exécution & d'une composition très-ingénieuse. Ne pourroit-on pas trouver cependant qu'en général les allégories, les attributs & les inscriptions y sont un peu forcées ? Il semble, & je crois l'avoir dit ailleurs, que les actions d'un Héros désignées par des bas-réliefs significatifs, devroient paroître suffisans pour exprimer les simboles d'un monument élevé dans une Capitale, le centre de la politesse Françoise : & que des inscriptions, lorsqu'elles sont peu mesurées, servent plutôt à montrer l'ostentation ridicule des Citoyens, que les vertus sociales que nous enseigne l'urbanité. Quoiqu'il en soit, ces inscriptions, qui ont été rendues publiques par plusieurs Auteurs, furent composées par *François Seraphin Regnier Desmarêts*, Secrétaire perpétuel de l'Académie Françoise, & préférées (par un zéle indiscret de la part de M. le *Maréchal Duc de la Feuillade*) à celles qu'avoit fait sur le même sujet, le célèbre *Santeuil*.

Ce Maréchal s'étoit aussi chargé de faire élever aux quatre coins de cette Place

Place des Victoires.

autant de (*b*) groupes de colonnes, portant des fanaux de bronze doré, qui ont subsisté jusqu'en 1718, mais qui dès 1699, ne s'allumoient plus, la famille *du Duc de la Feuillade*, qui par une fondation expresse avoit été chargée par le Maréchal de l'entretien de ces fanaux & du groupe qui est au milieu de la Place, ayant obtenue un Arrêt du Conseil d'Etat du Roi qui la dispensa à l'avenir de cet entretien. Dans la suite, elle obtint un autre Arrêt qui lui permit de faire démolir ces quatre fanaux, ce qui fut exécuté. Le Duc de la Feuillade, fils du Maréchal, donna les colonnes qui les soûtenoient, & qui étoient de marbre de rance, aux R R. PP. Théatins de Paris, pour la décoration du chœur de leur Eglise; mais comme elles se sont trouvées trop grandes, ils en ont disposé autrement. Sur les piédestaux de ces colonnes étoient aussi des inscriptions, & dans des médaillons suspendus dans les entrecolonemens, on voyoit des bas-réliefs, qui répondoient aux inscriptions. Nous ne les rapporterons pas ici, on les trouvera toutes dans Piganiol, Tome II. page 480: d'ailleurs elles sont étrangeres à notre objet principal.

Elévation de la Place des Victoires, vûe du côté de l'Hôtel de Toulouse.
Planche II.

L'élévation que nous donnons ici est prise dans le plan sur la ligne EF; elle est élevée géométralement sur son plan circulaire, desorte qu'on voit en racourci une partie de l'ordonnance de son Architecture; mais comme à l'égard des murs de face, cette ordonnance est la même dans tout le pourtour de cette Place, quelques entre-pilastres vûs directement, donnent à connoître les proportions des différentes parties qui composent sa totalité.

Par le moyen de ce racourci, l'on voit le retour des deux rues des Petits-Champs & de de Feuillade, dont la décoration n'a rien de commun avec celle de la Place, mais dont l'aspect fait sentir l'impossibilité qu'il y a eu d'observer une certaine régularité dans ses côtés opposés, puisqu'il ne se trouve à gauche de la petite rue de la Vrilliere, que quatre arcades & autant de croisées, pendant qu'à droite il y en a six, & qu'après ces deux rues, dans la grande portion de cercle, on compte quinze ouvertures d'un côté, & de l'autre treize, (Voyez la Planche I.) sans néamoins que dans l'exécution cette irrégularité paroisse choquer, le lieu étant assez vaste & le nombre des portes & des croisées, en général, assez considérable. Dans le milieu de cette façade, on voit la porte de l'Hôtel de Toulouse, que nous n'avons pas donnée dans le Chap. précédent, ayant averti page 33, qu'on la trouveroit ici.

L'Architecture de cette Place est d'une belle ordonnance, un grand Ordre de pilastres Ioniques, qui embrasse deux rangs de croisées, s'élève sur un soubassement, & est terminé par un comble à la Mansarde, percé de lucarnes, qui vont se reposer sur l'entablement. Cet Ordre a de hauteur 30 pieds, y compris le socle qui le soûtient & son entablement. Ce dernier a le quart de la hauteur du pilastre, le soubassement a les deux tiers de toute la hauteur de l'Ordre dans les endroits les plus élevés de cette Place, dont le sol n'a pû être de niveau, à cause de l'écoulement des eaux des rues adjacentes. De grandes arcades, tant feintes que réelles, décorent le soubassement. Les piédroits sont ornés de réfends, & les claveaux de têtes d'une assez belle exécution. Entre chaque pilastre, au premier étage, est distribuée une grande croisée à plate-bande, surmontée de corniches, soûtenues par des consoles & couronnées d'un congé qui semble porter la croisée de dessus. Le bandeau supérieur de ces derniers vient se terminer sous l'architrave, dont la saillie est rachetée par de petites consoles. En général ces consoles

(*b*) Voyez ces groupes de colonnes marqués C dans la Planche I, & leur élévation, Planche II. de ce Chapitre. Voyez aussi l'élévation perspective de cette Place dans *les Délices de Paris*, Planche 112.

ainsi

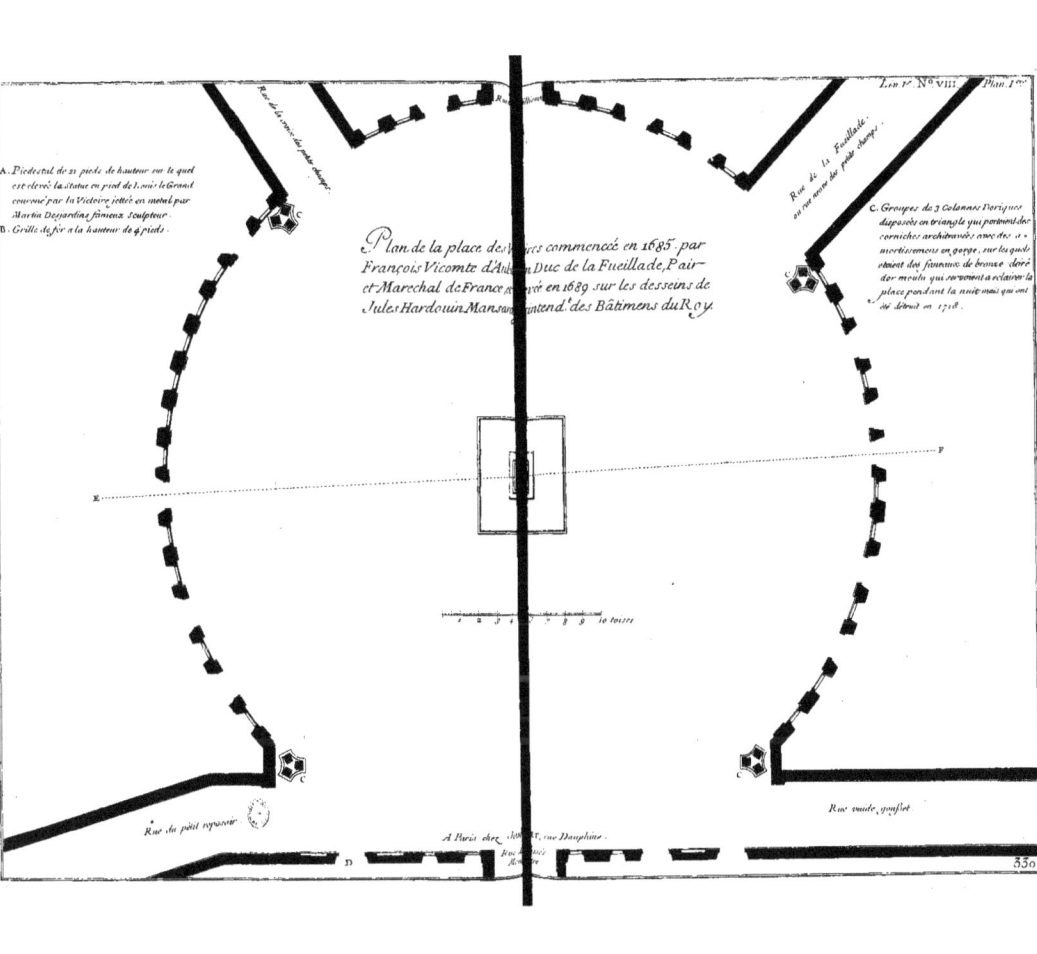

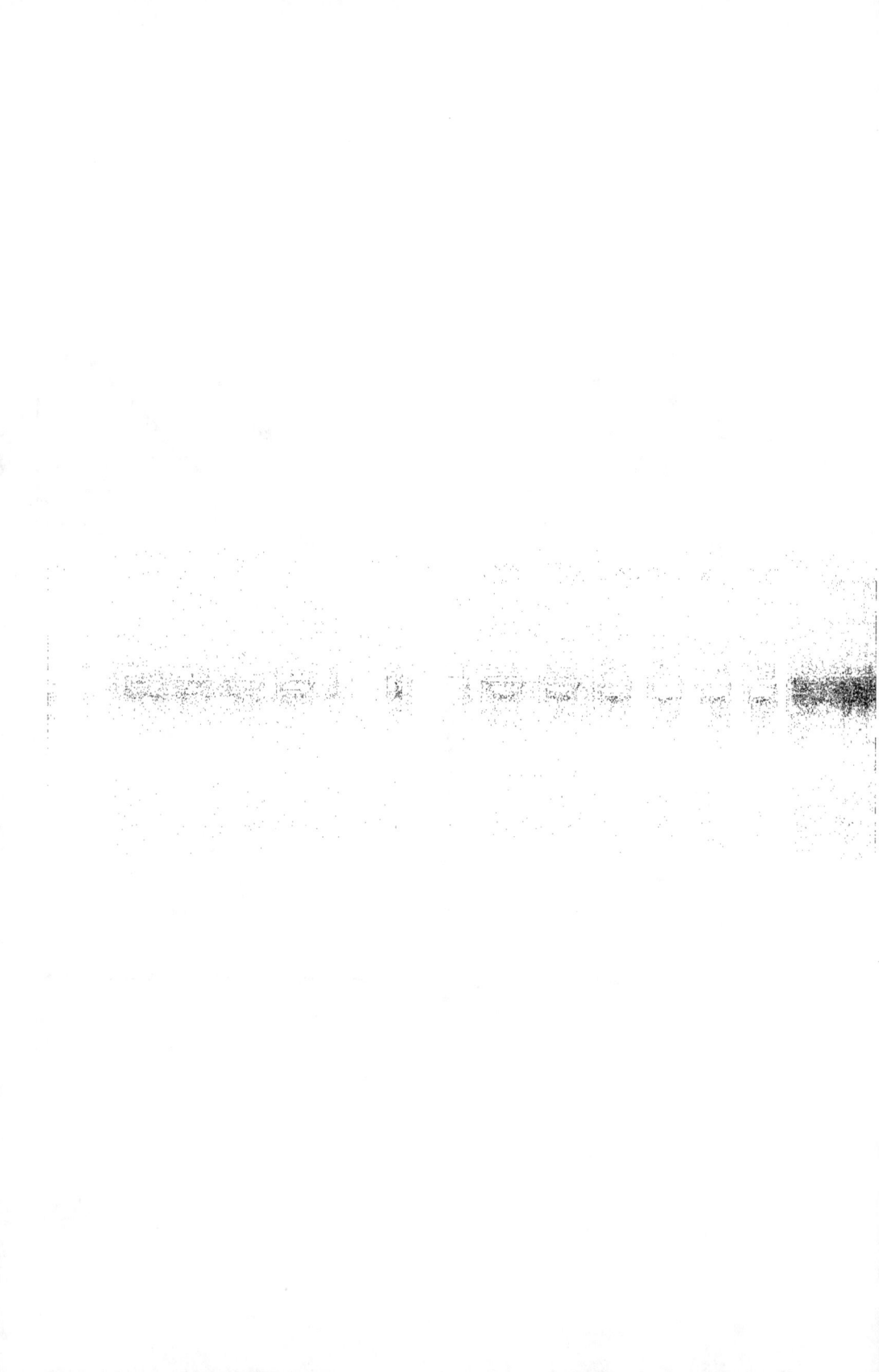

ainsi que celles de dessous, sont ici de trop petites parties, & ne répondent pas à la grandeur de l'Architecture, dont la simplicité louable est très-bien du ressort d'une Place publique ; mais nous rappellerons que pour éviter que le dessus du chambranle ne touche au-dessous de l'architrave, il auroit fallu faire les croisées supérieures plus petites, elles en auroient mieux pyramidé, & elles auroient laissé autour d'elles un champ, qu'il convient toujours d'observer entre deux corps d'Architecture différens. On auroit dû aussi élever le socle qui reçoit les bases, afin de procurer aux croisées, qui posent sur le soubassement, des balustrades au lieu de balcons ; genre d'appui qui ne convient point absolument à la décoration d'un édifice d'importance, malgré l'exemple du Palais du Luxembourg, où les croisées, que l'on a descendu jusques dessus l'entablement Dorique pour y mettre des balcons, font un bien moins bon effet, que celles auxquelles on a conservé les balustrades ou les appuis continus.

<small>Place des Victoires.</small>

Je sçais bien qu'on n'est pas toujours le maître d'employer des balustrades au lieu de balcons, & que le rapport des hauteurs des croisées avec leur largeur gêne très-souvent, mais comme les parties doivent engendrer un beau tout, il est indispensable à un Architecte, avant que de terminer son ordonnance générale, de pressentir si les masses composeront des détails heureux & rélatifs à la convenance de l'édifice. Or ici les croisées d'en haut sont un peu trop grandes, & on a mis à celles de de dessous des balcons au lieu de balustrades, mais ces deux especes de licences peuvent en quelque sorte être autorisées à la faveur des distributions intérieures des bâtimens de cette Place. En effet comme ils sont occupés par différens Propriétaires, il n'est pas naturel d'exiger, comme dans toute autre occasion, une analogie absolument rélative entre l'intérieur & l'extérieur, parce que chaque Locataire a besoin séparement d'une lumiere suffisante, qui reponde à l'usage de l'appartement qu'il occupe.

C'est sans doute pour procurer plus de commodité dans les dedans de ces maisons particulieres, qu'on a introduit au-dessus du grand Ordre des mansardes, au lieu de balustrades, qui auroient beaucoup mieux réussi. Il semble qu'en pareil cas, pour assujettir les distributions intérieures à la décoration de la Place, il faudroit tacher de loger les domestiques dans des corps-de-logis, ou dans des aîles particulieres, afin que la partie supérieure d'une Place publique répondit à l'ordonnance générale, & s'il est permis de faire usage des combles dans un monument de l'espece de celui dont nous parlons, ce ne doit être que dans une Place où, par quelque considération particuliere, on devra faire choix de bâtimens à boutiques, pour un marché, des halles, ou autres maisons destinées au commerce ; encore convient-il de ne pas percer ces combles en mansardes par des lucarnes construites en pierre, mais de les faire en charpente, principalement lorsqu'on fait regner un cheneau de plomb, au lieu de socle de maçonnerie, parce qu'alors le cheneau ne pouvant porter les lucarnes en pierre, il en résulte toujours un défaut de vraisemblance, quoiqu'on sente bien qu'elles sont posées sur un plan plus réculé.

On a exprimé sur cette Planche les anciens groupes de colonnes dont nous avons parlé au commencement de ce Chapitre, & qu'il eut été à propos de ne jamais supprimer.

Tome III.   K

CHAPITRE IX.

Contenant la description du Palais Royal, du Château d'eau, & de la Maison de M. d'Argenson.

DESCRIPTION DU PALAIS ROYAL.

Palais Royal.

CET édifice fut commencé en 1629 pour *Armand Jean du Plessis*, Cardinal de Richelieu, qui le fit élever sur les desseins de *Jacques le Mercier* (*a*), habile Architecte de son tems. Les bâtimens de ce Palais furent d'abord peu considérables ; mais dans la suite ce Cardinal étant devenu premier Ministre, on en augmenta l'étendue, ce qui se fit à différentes reprises, source sans doute de l'irrégularité de ses distributions. Dans son origine, ce Palais fut nommé *Hôtel de Richelieu*, quelque tems après *Palais Cardinal*, & enfin *Palais Royal*, nom qu'on lui donna lorsqu'Anne d'Autriche, Régente du Royaume, Louis XIV, & le Duc d'Anjou, ses fils, en prirent possession, en faveur de la donation que le Cardinal de Richelieu en fit à S. M. en 1639, & qu'il ratifia à Narbonne en 1642. Dans la suite, & par considération pour la Duchesse d'Aiguillon, la Reine consentit que l'inscription de *Palais Cardinal*, qu'on avoit ôtée de dessus la porte, y fut replacée, telle qu'on la voit encore aujourd'hui. On donne toujours cependant à ce Palais, le nom de *Palais Royal*.

Louis XIV, ayant pris les rênes de l'Empire, céda ce Palais à Philippe de France, son frere unique, pour en jouir sa vie durant ; mais en 1692, Sa Majesté le donna en propriété à Philippe d'Orléans, Duc de Chartres son neveu ; de sorte qu'il a toûjours appartenu depuis à la Maison d'Orléans, qui l'habite aujourd'hui, & qui y fait faire actuellement des changemens très-importans, ainsi que nous l'observerons en son lieu.

Plan général des Jardins du Palais Royal. Planche Premiere.

Ce jardin n'a que 166 toises de longueur sur 75 de largeur, cependant, malgré une si petite étendue, il ne laisse pas que de paroître spacieux, & d'être très-fréquenté, étant libre presque partout, & les personnes qui viennent s'y promener, y trouvant un couvert fort agréable ; d'ailleurs la propreté avec laquelle il est entretenu contribue à y attirer nombreuse compagnie, qui procure aux appartemens un coup d'œil satisfaisant.

En 1730, ce jardin fut distribué, tel que nous le voyons aujourd'hui, sur les desseins de M. *Desgots* (*b*), Architecte du Roi, & neveu du fameux le Nautre. Auparavant c'étoit fort peu de chose, & il se ressentoit de l'ignorance où l'on étoit sur cette partie de l'Architecture. Au commencement de ce siecle, deux bassins, dont l'un étoit de quarante toises de diamétre, en occupoient la plus grande partie, aussi-bien qu'un mail, un manege, &c. A présent il ne reste rien de cet ancien jardin, que la grande allée de maroniers marquée A, qui produit un couvert impénétrable aux rayons du Soleil, & qui ne contribue pas peu l'été à rendre cette promenade une des plus riantes de Paris.

Ce jardin est entouré de maisons particulieres, qui ont toutes la liberté d'avoir des jours dessus, & des communications pour la promenade. Ces maisons & les

---

(*a*) Voyez ce que nous avons dit de cet Architecte dans le T. II. en parlant de la Sorbonne, page 76. N. (*b*).

(*b*) Voyez ce que nous avons dit de cet Architecte, T. I. pag. 45. & 238.

ARCHITECTURE FRANÇOISE, Liv. V.   39

Palais Royal.

escaliers qui les dégagent, sont précédées d'un treillage de douze pieds de hauteur marqué F, & isolé des bâtimens d'environ six pieds. Ces treillages, élevés en partie jusqu'à la hauteur des premieres branches, servent à masquer l'irrégularité des bâtimens qui entourent ce jardin, & qui étant assez differens entre eux, nuisent à la simétrie ; néanmoins comme ces bâtimens sont fort élevés, ils jouissent par dessus la tête des arbres de l'aspect du jardin, & du bon air qu'on y respire ; ce qui fait que ces maisons sont fort recherchées. Quelques Statues & quelques Termes en gaine, de pierre, sculptés par *Henri Lerambert* & par *Coisevox* son éleve, font tous les frais de la décoration de ce jardin. Environ vers le milieu est un bassin de 16 toises de diamétre avec jet d'eau, ce bassin est entouré d'un treillage à hauteur d'appui, aussi-bien que les tapis (c) verds, autour desquels sont plantés des ormes en boule, qui dégagent toute l'entrée de cette promenade du côté du Palais. Au pied du treillage marqué B, sont des tilleuls taillés en palissade, afin de procurer plus d'air ; ce qu'on a pratiqué dans toutes les maîtresses allées de ce jardin, à l'exception de la grande allée marquée A, qui forme un berceau naturel.

En face de l'allée du milieu est un portique de treillage d'une heureuse proportion, orné d'une grande niche circulaire, & de deux autres quarrées plus petites, exécuté sur les desseins de M. Desgots. Les deux côtés de cette allée sont occupés par des quinconces. Au milieu sont des salles découvertes, dans lesquelles sont distribués des bancs ; on a eu soin d'en placer aussi dans différens endroits de ce jardin pour la commodité du public (d).

Dans l'un des angles de ce jardin en est un plus petit, entouré de grilles de fer, & destiné à la promenade particuliere du Duc de Chartres. Ce jardin consiste dans un parterre de broderie, à la tête duquel est un bassin ; dans un bosquet particulier, dans différentes plate bandes de fleurs, & dans des allées ; ornées dans la belle saison de vases & de caisses d'orangers placées alternativement (e).

On a exprimé sur cette Planche le massif des bâtimens, la forme des cours, les rues adjacentes & les masses des maisons particulieres qui environnent ce Palais. Il nous reste à faire observer, qu'indépendamment de la principale entrée du côté de la rue S. Honoré, il y en a trois autres ; l'une marquée C, qui donne dans la rue des Bons Enfans, l'autre D, par la rue de Richelieu, la derniere E, dans la rue neuve des Petits Champs ; pour faciliter l'entrée & la sortie du jardin.

(c) Ces tapis verds sont entretenus avec un soin tout particulier. En été on a la précaution de les arroser, ce qui se fait d'une maniere fort ingénieuse. Je ne crois pas hors de propos d'en parler ici en faveur de ceux qui l'ignorent.

Dans le gros tuyau de plomb qui descend du reservoir du Château d'eau, dont nous parlerons dans ce Chapitre, & qui passe sous l'allée du milieu de ce jardin, en sont branchés deux autres, terminés par des robinets. Près de ces robinets est soudée une vis de cuivre, dans laquelle en est introduite une autre attachée fortement à un boyau de cuir de 30 toises de longueur, plus ou moins, & de deux pouces de diamétre, qui s'assemble de 24 en 24 pieds avec des pareilles vis. Au bout de ce boyau s'attache une pomme d'arrosoir de cuivre & vissée, de sorte qu'en ouvrant le robinet dont nous avons parlé, l'eau du tuyau de plomb, qui vient du reservoir placé à 30 pieds d'élévation, est chassée dans ce boyau, qui par sa flexibilité, se repose sur le gason, & obéit au mouvement que lui donne le Jardinier. Celui-ci avec ses deux mains, & aidé d'un homme éloigné de lui d'environ 9 pieds, incline l'arrosoir, & abreuve le gazon à discrétion, & selon le besoin. Cette dépense, qui n'est pas considérable, ne pourroit-elle pas s'employer utilement pour les biens de la terre, singulierement pour les légumes, les potagers, les vergers, &c ?

(d) Depuis quelques années on a permis de louer des chaises dans la grande allée de ce jardin, ce qui attire des différens quartiers de cette Capitale, une foule de personnes des deux sexes, & procure aux Etrangers un coup d'œil qui ne se rencontre point ailleurs, & qui est aussi singulier que riant. Dans les grandes chaleurs, on arrose la grande allée, ce qui rend cette promenade plus accessible.

(e) Voyez le dessein de ce jardin plus en grand dans le plan du rez-de-chaussée, Pl. II. Nous observerons que comme ce jardin ne laisse pas que de contenir un certain nombre d'orangers, & que la serre du Palais Royal est très-peu considérable, on transporte ces arbres vers le milieu de l'Automne dans un jardin particulier, rue Ste. Anne, où est élévée une serre assez spacieuse pour les contenir.

Plan général des bâtimens au rez-de-chauffée du Palais Royal.
Planche II.

<small>Palais Royal.</small>

Les bâtimens de ce Palais font très-confidérables, ils font compofés de plufieurs corps-de-logis féparés par des cours, dont les deux principales font fituées à peu près dans le milieu du terrain qu'occupe ce Palais, mais la dimenfion irréguliere des unes & des autres, prouve affez que la diftribution dans le fiecle dernier n'étoit pas auffi-bien entendue qu'aujourd'hui, & que quelque attention qu'on apporte dans les augmentations d'un édifice commencé pour un Hôtel, il eft difficile dans la fuite d'en faire un Palais exempt de licence capitales. Celui des Thuilleries, le Louvre, Verfailles, Fontainebleau, font autant de preuves de ce que j'avance. En effet, pour réuffir il faut dans le commencement d'un projet concevoir l'idée générale d'un édifice, tout ce qu'on y ajoûte après coup rarement fe lie bien avec le refte; d'ailleurs les Architectes chargés de continuer ces édifices, fe prêtent difficilement à la difpofition des ouvrages commencés, & bâtiffent felon leur goût & leur génie : on peut faire ce reproche à tous nos Architectes, même du fiecle dernier, à l'exception de *François Blondel*, & de *François Manfard*, dont l'un, dans la reftauration de la Porte S. Antoine, l'autre, dans les augmentations de l'Hôtel de Carnavalet, ont fçu, en hommes habiles & qui connoiffoient le beau, conferver toutes les parties eftimables, au préjudice d'une compofition qu'ils auroient fans doute rendue plus convenable, s'ils avoient été les maîtres de traiter à neuf ces deux monumens.

Le Palais dont nous parlons fut commencé par *Jacques le Mercier*, ainfi que nous l'avons déja dit; *Hardouin Manfard* a fait enfuite les grands appartemens de parade & la grande gallerie: *Gilles Oppenor* les a décoré, M^{rs}. *Legrand* & *Cartaud* y ont fucceffivement fait des changemens, M. *Contant* en fait aujourd'hui de confidérables, & cependant, malgré la capacité de ces Architectes, il eft à craindre que cet édifice ne forme jamais un bel enfemble. Il y regne un air de pefanteur dans les façades, & un défaut de fimétrie dans les diftributions, qui révoltera toûjours les Connoiffeurs. Les dedans, à la vérité, font capables de dédommager les amateurs de l'irrégularité & du mauvais goût de l'extérieur, & c'eft en leur faveur, que nous avons cru ne pouvoir nous difpenfer de donner dans ce recueil les deffeins de cet édifice, dont nous ne pouvons raifonnablement faire l'éloge, pour ce qui regarde la difpofition en général, & la décoration extérieure en particulier, auffi n'en ferons-nous pas une defcription très-détaillée. Nous nous contenterons feulement, & pour faire éviter à l'avenir quelques défauts qui fe trouvent dans ce plan, de remarquer que la premiere cour eft trop peu confidérable pour l'étendue des bâtimens qui compofent ce Palais; que la feconde eft d'une proportion trop quarrée, quoique plus fpacieufe, & plus fupportable par le moyen des percés pratiqués dans le mur qui fépare cette cour d'avec les jardins. Je dis plus fupportable, parce que nous avons reconnu ailleurs qu'il eft néceffaire pour donner une belle forme aux cours, qu'elles aient de longueur la diagonale du quarré fait fur leur largeur; confidération qui auroit dû faire préférer une grille de fer à cette muraille, qui mafque d'une part le jardin, & de l'autre les bâtimens.

A l'égard des autres cours qu'on remarque dans ce plan, comme elles ne font pas auffi intéreffantes, leur proportion & leur forme font plus indifférentes; quoiqu'on puiffe dire en général, qu'il eft bon d'obferver, autant qu'il eft poffible, que rien ne foit négligé dans un édifice d'importance; mais, comme nous venons de le remarquer, les cours, le corps-de-logis, les aîles, les pavillons

& les

& les avant-corps de ce Palais ayant été faits pour la plûpart en différens tems   Palais & sous divers Architectes, nous devons nous attendre à des irrégularités frappan- Royal. tes que nous passerons sous silence, notre objet n'étant pas de faire ici la criti- que de ce vaste édifice. D'ailleurs il faut convenir que *Le Mercier*, qui a com- mencé ce bâtiment, entendoit peu la distribution des Palais & même la décoration de leur façade. A en juger par la Sorbonne, il réussissoit mieux dans l'ordon- nance des monumens sacrés ; réfléxion qui nous prouve en quelque sorte, que l'Architecture peut s'envisager sous différens points de vûe ; que tel Architecte, qui montre de la sagacité, de l'intelligence & du génie pour la composition d'une Eglise, d'un arc de triomphe, d'une Place publique, &c. réussit imparfaitement dans la disposition d'un édifice du genre de celui dont nous parlons. Cette con- sidération devroit faire sentir aux grands Seigneurs, combien il leur est important de faire choix, entre plusieurs habiles Maîtres, de celui qui est le plus capable de remplir leur objet, sans avoir égard, ni à la recommendation, ni à la reputation souvent hasardée, qu'un Artiste a sçû se faire à propos d'un joli jardin, d'un belve- der, d'une maison de plaisance, &c. Qu'on y fasse attention, tous les talens ont leurs bornes & leur division. La peinture, la sculpture, la poësie, la musique dans tous les tems ont formé de grands hommes dans des classes différentes. A plus forte raison, l'Architecture, qui est la Reine des beaux Arts, est-elle sus- ceptible de divisions. Il n'est donc point étonnant qu'un Architecte ne soit pas universel ; le grand point est de connoître le dégré de sa capacité, & un Pro- priétaire instruit ne doit pas s'y tromper ; mais, dira-t-on, ceux qui font bâtir, peuvent-ils s'y connoître ? Oui sans doute : je crois l'avoir dit ailleurs, la con- noissance des Arts doit entrer pour beaucoup dans l'éducation des hommes bien nés. Ce sont les grands Seigneurs, qui font fleurir un état, ce sont eux ordi- nairement qui font une dépense digne de leur naissance. Nous ne leur demandons pas à la vérité d'être Artistes, mais de les bien connoître, d'en sçavoir faire choix, de les occuper & de les récompenser. Si ce que nous semblons exiger ici étoit plus ordinaire, on verroit les Arts se soûtenir, prosperer, & moins de bâtimens élevés à l'ignorance & à la cupidité, dans un siecle où le germe des talens sem- ble s'accroître journellement, malgré le peu de cas que la plûpart des Grands semblent faire des Arts & des Artistes.

   Pour revenir à notre objet, nous dirons que depuis *Le Mercier*, la distribution des appartemens du Palais dont nous parlons a presque toute été changée, que les Architectes dont nous avons fait mention plus haut, ont souvent été occu- pés à retourner ces appartemens selon leur différente destination, & selon la dignité des personnes qui ont habité ce Palais, depuis qu'il est élevé ; qu'enfin on en démolit encore aujourd'hui la plus grande partie, ce qui joint à la diffi- culté qu'on a d'entrer commodément dans toutes les pieces de cet édifice, nous empêche d'en donner peut-être le plan avec une sorte d'exactitude. C'est pour cette raison que nous n'entreprendrons de décrire ici que ce qui nous est connu jusqu'à un certain point. A propos de quoi nous remarquerons, que dans l'aîle droite en entrant dans la cour, est pratiquée une salle de spectacle, dans laquelle on représente nos *Opera*, & que le Cardinal de Richelieu, qui avoit un goût décidé pour la Poësie dramatique, avoit fait élever. La place qu'occupe cette salle dans ce plan est marquée A, & désigne une grande partie du dessous du théâtre, où sont distribuées les machines destinées aux décorations des *Divinités infernales*. Le plan détaillé de cette salle de Spectacle est exprimé dans celui du premier étage, Planche II. (Voyez ce que nous avons dit touchant l'origine de ce Spectacle, Tome. II. pag. 14. Note (*c*).)

   Le grand escalier de ce Palais est du dessein de *Desargues*. Il est placé dans

Tome III.   L un lieu affez ignoré dans ce plan, & prouve combien, depuis le tems auquel il a été conftruit, nos Architectes François ont fçu rendre cette partie de la diftribution élégante & commode. Au refte il eft affez vafte & folidement bâti, fa décoration eft même affez bien entendue. Il eft à préfumer que celui qu'on va reconftruire à neuf, fera mieux diftribué, mais il eft craindre que fa décoration ne vaille pas celle qui fubfifte aujourd'hui, quoique fimple & fans ornement.

Après cet efcalier, ce qui eft le plus à remarquer dans le plan dont nous parlons, c'eft le grand appartement, qui donne fur le jardin de propreté, & qui a été long-tems occupé par feue S. A. R. Madame la Ducheffe d'Orléans, grande Mere du Prince qui vit aujourd'hui. Cet appartement eft vafte, & muni de tous les dégagemens qui doivent accompagner des pieces deftinées à la réfidence des perfonnes de la premiere confidération. Il eft occupé à préfent par M. le Duc de Chartres, & par les perfonnes qui font chargées de l'éducation de ce Prince. On voit auffi une Chapelle au rez-de-chauffée, au-deffus de laquelle en eft une autre, qui a été peinte par *Vouet*, & dont nous parlerons dans fon lieu. Les bâtimens B, C pratiqués dans l'une des baffes cours, viennent d'être érigés à neuf, ils étoient auparavant non-feulement fort irréguliers, mais encore trop peu étendus pour le nombre des Officiers attachés à la maifon d'Orléans. Ceux B ont été conftruits en 1751 fur les deffeins & fous la conduite de M. *Cartaud*, & ceux C s'élevent actuellement (*f*) fur les deffeins & fous la conduite de M. *Contant*. On ne voit point dans ce plan, ni d'écuries, ni de remifes, il les falloit confidérables, & le lieu ferré de ce quartier n'a pas permis de les élever dans le terrain du Palais Royal. Ces écuries font fituées dans l'ancien Hôtel *de Colbert*, rue neuve des petits Champs, bâti par *Le Veau*, & dont la Porte d'entrée eft confidérée comme un beau morceau d'Architecture. (Voyez en le deffein dans les *Délices de Paris*, planche 116.) Les bâtimens de ces écuries contiennent une grande quantité de remifes & environ 96 chevaux, des logemens pour les Pages, pour leur Gouverneur, & pour le premier Ecuyer de M. le Duc d'Orléans.

Les écuries de Madame la Ducheffe font fituées rue de Richelieu, où étoient autrefois celles de fon Alteffe Royale; ces bâtimens contiennent environ 40 chevaux, des remifes, & le logement de l'Ecuyer.

Plan du premier étage. Planche III.

La diftribution de ce premier étage, auquel le rez-de-chauffée a été affujetti, compofe ce qu'on appelle communément le Palais Royal. C'eft dans ces appartemens que fe voit cette riche collection de tableaux des plus excellens maîtres, fi connue de toute la France, & qu'on peut dire être la plus complette & la plus curieufe, qu'il y ait en Europe. Nous la devons à M. le *Duc d'Orléans*, *Régent* qui avoit une très-grande connoiffance de la peinture, qui s'occupoit quelque fois lui-même à peindre, & qui fit acheter chez l'étranger ce qu'il y avoit de plus précieux en ce genre. Nous n'entrerons point dans le détail de toutes ces merveilles, elles demandent une defcription particuliere, dont nous laiffons le foin aux Maitres de l'Art. Nous remarquerons feulement en paffant, que M. le Duc d'Orléans d'aujourd'hui connoiffant l'importance de cette fuperbe collec-

---

(*f*) Nous donnons dans ce plan les diftributions de ces nouveaux bâtimens, telles qu'elles nous paroiffent s'exécuter, fans répondre de leur exactitude. Nous avouerons même ingénuement que nous fouhaiterions nous être trompés dans les formes, dans leurs divifions & dans leurs difpofitions; mais ce qu'on voit de fait préfentement, nous fait craindre que nous n'ayons été exacts au-delà de notre efpérance. Dans ce cas nous ofons avancer, que ces augmentations, tant au rez-de-chauffée qu'au premier étage, ne feront jamais un modele d'imitation.

ARCHITECTURE FRANÇOISE, Liv. V.   43

tion, a fait choix de M. *Pierre* (*g*), Peintre du Roi, pour son premier Peintre, persuadé qu'il ne pouvoit confier un dépôt si précieux à un plus habile homme. ^{Palais Royal.}

La plûpart des appartemens qui contiennent ces chefs-d'œuvre, furent élevés par les ordres de Louis XIV, en 1692. Ce fut aussi ce Prince qui, quelque tems après, sur les desseins de Jules Hardouin Mansard, fit construire sur un emplacement qu'occupoit le *Palais Brion* (*h*) une grande gallerie en retour sur la rue de Richelieu. Dans la suite, le Duc d'Orléans, Régent, fit bâtir par *Gilles Oppenor*, son Architecte, le sallon qui la précéde, & il le chargea d'embellir l'intérieur de ces appartemens. Les décorations en sont traitées avec un goût admirable, d'ailleurs le choix des ornemens & l'élégance des formes, composent un tout capable d'inspirer une forte impression aux Artistes qui veulent se faire estimer dans leur profession. Un Ordre de pilastres Corinthiens élevé sur un piédestal, & couronné d'une Corniche composée, forme la principale décoration de la gallerie. Une grande cheminée placée au milieu de l'enfilade, d'un dessein fier & hardi, fait un très-bel effet. Onze croisées en plein ceintre éclairent ce lieu ; elles sont un peu basses pour la hauteur de la gallerie, mais les voussures qu'on a affecté dans leur sommet, procurent à la voute un jour, quoique glissant, qui dédommage de plus grandes ouvertures. Cette gallerie a été peinte par *Antoine Coypel*, premier Peintre du Roi. L'Histoire d'Enée y est représentée en quatorze tableaux ; c'est un ouvrage capable d'illustrer l'Ecole Françoise, aussi est-il fort estimé des Connoisseurs. Le grand sallon qui précéde cette gallerie, est éclairé par en haut ; cette lumiere est très-favorable pour les tableaux, & c'est ce qui nous a fait dire plus d'une fois, qu'il seroit à désirer que les curieux qui forment des cabinets de cette espece, se déterminassent à en user de même.

Les appartemens des deux aîles de la grande cour ont une communication à découvert par la terrasse A, qui est soûtenue par les arcades percées à jour, dont nous avons parlé en expliquant la Planche précédente. Cette terrasse communique aussi extérieurement dans les appartemens de cet étage du côté du jardin par un balcon continu, marqué B ; communication nécessaire dans un édifice de cette importance. Nous observerons seulement, que pour répondre à la dignité du batiment, ce balcon devroit être soûtenu par des colonnes, & non par des consoles de fer ou de pierre, qui, outre qu'elles ont toujours un air postiche & fait après coup, présentent une décoration qui se souffriroit à peine dans une maison particuliere.

L'aîle droite de ce bâtiment doit contenir les appartemens de Madame la Duchesse d'Orléans, on y travaille actuellement ; à la gauche seront ceux du Prince, son époux. Nous les donnons tels qu'ils sont aujourd'hui, mais on se propose d'y faire des embellissemens, de sorte qu'il n'y aura que le grand appartement de parade qui subsistera tel que nous le donnons. Nous observerons aussi que du tems du *Cardinal de Richelieu*, on avoit pratiqué au premier étage de l'aîle à gauche, où se voit la chambre de parade, une fort belle gallerie, dont la voute

---

(*g*) M. Pierre, Ecuyer, un des premiers Peintres d'Histoire de notre école moderne, Professeur dans l'Académie Royale de Peinture & de Sculpture, travaille actuellement au plafond de la Chapelle de la Vierge dans l'Eglise Paroissiale de S. Roch. Tous ceux qui ont vû l'esquisse de ce grand ouvrage, conviennent que c'est un des plus beaux morceaux qu'on puisse imaginer en genre, & qu'il répondra dignement à la haute réputation dont jouit déja cet excellent Artiste. Voyez ce que nous dirons de cet ouvrage dans le Chapitre XXV. de ce Volume en parlant de l'Eglise de S. Roch. Note (*f*).

(*h*) Ce Palais avoit servi de retraite à Louis XIV, dans le tems qu'il demeuroit au Palais Royal. Dans la suite on y établit les Académies de Peinture, de Sculpture & d'Architecture ; mais lorsqu'on se servit de son emplacement pour élever la gallerie dont nous parlons, on transporta ces Académies au Louvre.

Palais Royal.

avoit été peinte par *Philippe Champagne*, mais on la détruifit lorfque la Reine Régente vint faire fon féjour dans ce Palais, & on en fit l'appartement dont nous venons de parler.

La gallerie des hommes illuftres de la France, qui étoit auffi placée au premier étage, a eu le même fort. Comme elle avoit été fort négligée, on fut obligé en 1727 de la détruire, & on fit à fa place des appartemens. Les portraits de ces hommes illuftres au nombre de 25, & dont on voit encore la plus grande partie dans une petite gallerie du même étage, étoient peints par *Philippe Champagne*, *Simon Voüet*, *Jufte d'Egmont*, & *Perfon*. On voit même encore dans cette petite gallerie quelques buftes de marbre blanc, qui ornoient l'ancienne & qui méritent l'attention des Connoiffeurs.

L'on voit dans ce plan la falle de l'Opera dont nous avons parlé, elle eft détaillée autant que la grandeur de l'échelle l'a pû permettre, & a été levée très-exactement, deforte qu'on y remarque la diftribution du théatre, du parterre, de l'amphithéatre, des loges & la communication que cette falle a avec l'intérieur des appartemens du premier étage. Nous obferverons qu'on a pris foin de mettre des lettres de renvoy dans cette Planche, capables de donner quelques éclairciffemens, & de mettre par écrit les noms & l'ufage des pieces les plus intéreffantes, ce qui nous difpenfe d'une defcription plus circonftanciée ; d'ailleurs comme il arrive très-fouvent que la deftination de ces pieces varie, on a crû qu'il étoit fuperflu d'entrer dans un plus grand détail, qui dans peu d'années n'auroit plus rien de commun avec l'édifice.

Elévation du Palais Royal du côté de la rue Saint Honoré. Planche IV.
Figure Premiere.

L'ordonnance de cette façade eft d'Ordre Tofcan, genre d'Architecture peu propre à la décoration d'un Palais, malgré l'exemple de celui du Luxembourg: la rufticité de cet Ordre devroit être réfervée pour les ouvrages militaires, les fontaines, les grottes & les orangeries, où il convient généralement de donner une expreffion de virilité. Au-deffus de cet Ordre eft un Attique, ordonnance encore plus ruftique, qui jointe à la fimplicité des croifées & aux refends continus qui regnent dans toute cette façade, lui donnent un air de péfanteur, qui ne convient point à un édifice deftiné à la réfidence d'un grand Seigneur. Je fçais que quelques Architectes prennent cette expreffion pour une fermeté défirable, néanmoins nous dirons que partout où la convenance ne préfide pas, il eft rare qu'un édifice s'attire le fuffrage des Connoiffeurs, car certainement elle doit être regardée comme le premier objet de l'Architecture ; les Maîtres de l'Art devroient prononcer abfolument & définitivement à cet égard, afin qu'à l'avenir la décoration de nos bâtimens ne fut point confiderée comme purement arbitraire. Peut-être l'ai-je dit ailleurs. Mais qu'on me paffe des répétitions dans un ouvrage dans lequel on revient fouvent fur les mêmes défauts, & qui d'ailleurs ne pouvant être lû de fuite, femblent être autorifées ici.

Si l'ordonnance de cette façade eft contraire aux régles de la convenance, en général fes dimenfions ont des beautés qui méritent quelque eftime ; par exemple la proportion des pavillons eft affez belle, ainfi que celle de la porte cochere ; & quoique cette derniere foit d'une décoration trop péfante pour l'entrée d'un Palais, elle ne laiffe pas néanmoins que d'avoir un caractere expreffif que l'on fent bien partir d'une main habile, & qui feroit bon à imiter dans toute autre occafion.

A la droite de cette façade, on a marqué en A la fortie principale de l'Opera. Au-deffus eft un balcon dont on a imité la décoration en B, depuis que la Ville

qui

qui en a la direction, a acquis un terrain pour faciliter le dégagement de ce spectacle. (Voyez ce dégagement dans le plan, Planche II.) Au reste, quoique cette addition procure à cette salle une issue moins serrée qu'auparavant, il paroît toujours indispensable pour cette Capitale qu'on érige un nouveau théâtre dans un lieu plus vaste, qui annonce par son aspect la magnificence avec laquelle le Corps de Ville a manifesté dans tous les tems son goût pour les édifices publics qu'il a fait élever.

Elévation, coupe & profils du Palais Royal, pris dans les plans sur les lignes DE. Planche IV. Figure II.

Cette Planche donne à connoître la plus grande partie des bâtimens qui composent ce Palais. La lettre A montre la coupe de la porte d'entrée du côté de la rue S. Honoré, au-dessus de laquelle se voit la petite gallerie qui conduit des appartemens aux loges de l'Opera, de plein pied au premier étage. (Voy. la Pl. II.) La lettre B fait voir l'intérieur de la premiere cour dont l'ordonnance consiste dans un rez-de-chaussée, au-dessus duquel sont des mezzanines, & au premier étage un Ordre composé d'après le Toscan, le Dorique & l'Attique, enfant du caprice & de la singularité. On remarque neanmoins dans cet étage des croisées dont la proportion & la forme ont quelque chose de viril & d'assez bien entendu. La lettre C indique un pavillon très-peu saillant à la vérité, mais qui accompagne assez heureusement la façade du principal corps-de-logis, situé en face de la principale entrée. Cependant nous remarquerons qu'une Architecture uniforme dans les façades d'une cour peu spacieuse est préferable à une Architecture trop variée, & dont la diversité occasionne dans l'esprit du spectateur une confusion d'autant plus condamnable, que cette inégalité engendre de petites parties, qui nuisent à la masse générale. La lettre D indique la coupe du principal corps-de-logis, dont le rez-de-chaussée vouté en pierre, sert de porche ou passage pour les équipages. Ce porche est décoré de pilastre Toscans, couronnés d'un entablement qui profile sur le retour des pilastres accouplés, & qui porte des lunettes pour décharger la voute en plein ceintre de ce porche. Cette décoration en général est d'assez bon goût.

Au-dessus de ce porche on voit la partie intérieure des appartemens doubles situés dans le milieu de la premiere cour, & non dans celui de la seconde, ce qui est une faute essentielle contre la simétrie qu'on doit observer dans la distribution générale d'un édifice d'importance. Cette faute est d'autant moins excusable ici, que l'axe de la principale allée du jardin n'aligne pas non plus celui de la premiere cour; desorte qu'aucune des parties essentielles de ce bâtiment ne paroît avoir été faite l'une pour l'autre; car de la porte d'entrée, par la rue S. Honoré, en passant par le porche, & continuant cet alignement au travers d'une des arcades qui séparent la seconde cour d'avec le jardin, on rencontre une file d'arbres au lieu d'une maîtresse allée, ou au moins d'une contre allée, ce qui nuit au coup d'œil général, & fait sentir combien il est important de composer les parties pour le tout & le tout pour les parties. Il ne paroît pas cependant qu'on veuille remédier à cette inadvertance en restaurant ce bâtiment; il est vrai que cela seroit difficile, à moins que de jetter bas une partie des murs de face, que l'on s'est proposé de conserver par une économie assez mal entendue, car il est certain que si l'on continue les augmentations que l'on a commencées, elles coûteront autant que si l'on reconstruisoit à neuf certaines parties essentielles, qui auroient procuré l'avantage de redresser ce bâtiment, & l'auroient rendu digne du Prince qui l'habite, & qui paroît ne rien négliger pour donner des preuves de son goût pour les beaux Arts, & laisser à la postérité des marques de sa grandeur & de sa magnificence.

Palais Royal. Au-dessus des appartemens dont nous venons de parler, sont, dans la hauteur des combles, des chambres pour les principaux Officiers de la Maison. La lettre E fait voir l'élévation d'une des aîles de la seconde cour. Cette aîle doit simétriser avec celle qui lui est opposée. La décoration de cette façade est composée d'une espece de soubassement au rez-de-chaussée, percé d'arcades, de mezzanines & de petites croisées, formant en général une ordonnance plus singuliere que belle, quoiqu'applaudie par quelques Artistes. Néanmoins les coquilles situées sous l'intrados des arcades doivent être regardées comme un ornement déplacé, aussi-bien que les proues de vaisseaux & les ancres qui sont élévées dans les tables chantournées; car quoiqu'allégoriques à la Charge de Chef & Surintendant général de la Navigation de France, que possédoit le *Cardinal de Richelieu*, lorsqu'il fit élever ce bâtiment, ils sont trop réiterés, & d'ailleurs d'une exécution lourde & pésante.

L'Ordre Dorique du premier étage est assez régulier, mais comme il est élevé sur un soubassement d'une assez grande hauteur, il paroît mesquin. Dans les entre-pilastres étoient des niches dont on a percé quelques-unes depuis pour procurer plus de lumiere dans les appartemens, desorte que l'inégalité de ces ouvertures & la variété de leur forme n'est point un exemple à imiter. Au-dessus de cet Ordre étoit un comble à deux égoûts, à la place duquel on vient de substituer un comble brisé, pour pratiquer dans cet étage supérieur des logemens plus commodes. Ce nouveau comble (*i*) est élevé au-dessus d'une balustrade, & est percé alternativement de lucarnes & d'œils de bœuf revêtus de plomb & d'ornemens de même matiere. Sur les balustrades sont placés des vases en pierre, qui tombent à plomb de chaque pilastre. Nous observerons en général que ces ces combles brisés sont ici universellement critiqués : en effet leur forme paroît trop pésante, ils sont trop chargés d'ornemens & percés ridiculement par des ouvertures alternativement en plein ceintre & elliptiques, qui annoncent visiblement dès les déhors un défaut inévitable de simétrie pour l'intérieur des pieces. D'ailleurs il y a de l'indécence à placer ces piéces au-dessus d'un appartement de parade, & il est certain que lorsque la nécessité oblige de pratiquer des mansardes au-dessus d'un logement destiné à la résidence d'une personne de considération, il ne faut pas affecter tant d'ouvertures dans les combles, les toits ne devant paroître extérieurement que pour servir d'exhaussement aux grandes pieces de l'intérieur, & non pour y ménager des chambres subalternes. Enfin les combles à la mansarde ne sont pas faits pour servir d'amortissement à la décoration des Palais des Princes. Ils ne présentent que des greniers dont on ne doit faire parade que dans des monumens publics d'un certain genre, ou dans des maisons à loyer. C'est manquer aux loix de la convenance que d'en user autrement, & quelque considération particuliere qu'on puisse avoir, un Architecte habile doit s'éloigner de tout ce qui est contraire à la bienséance, sans quoi il s'expose à la critique des Connoisseurs & au blâme de la multitude (*k*).

La lettre F indique l'épaisseur du mur qui sépare la seconde cour d'avec le jardin, & qui est percé d'arcades, au-dessus desquelles regne une gallerie découverte, bordée d'un balcon de fer continu. Cette terrasse sert, comme nous l'avons déja remarqué, de communication à l'aîle du bâtiment E, & à celle qui lui est

---

(*i*) Dans l'élévation que nous donnons, ce nouveau comble n'est point encore exécuté, il ne l'est que dans l'élévation qui lui est opposée, mais comme cette mansarde doit regner partout, & que nous avons préféré cette façade à l'autre, à cause qu'elle nous fait voir une partie de la grande gallerie, nous avons introduit ici les combles brisés à la place de ceux qui sont, pour donner à connoître l'effet qu'ils feront, tout le reste de la façade n'étant susceptible d'aucun changement.

(*k*) Voyez ce que nous avons dit ailleurs sur la nécessité de supprimer les combles en général dans les grands édifices, & sur celle d'annoncer par un air de grandeur & de majesté le premier étage d'un bâtiment considérable, lorsque cet étage est destiné pour y fixer le séjour d'un grand Seigneur.

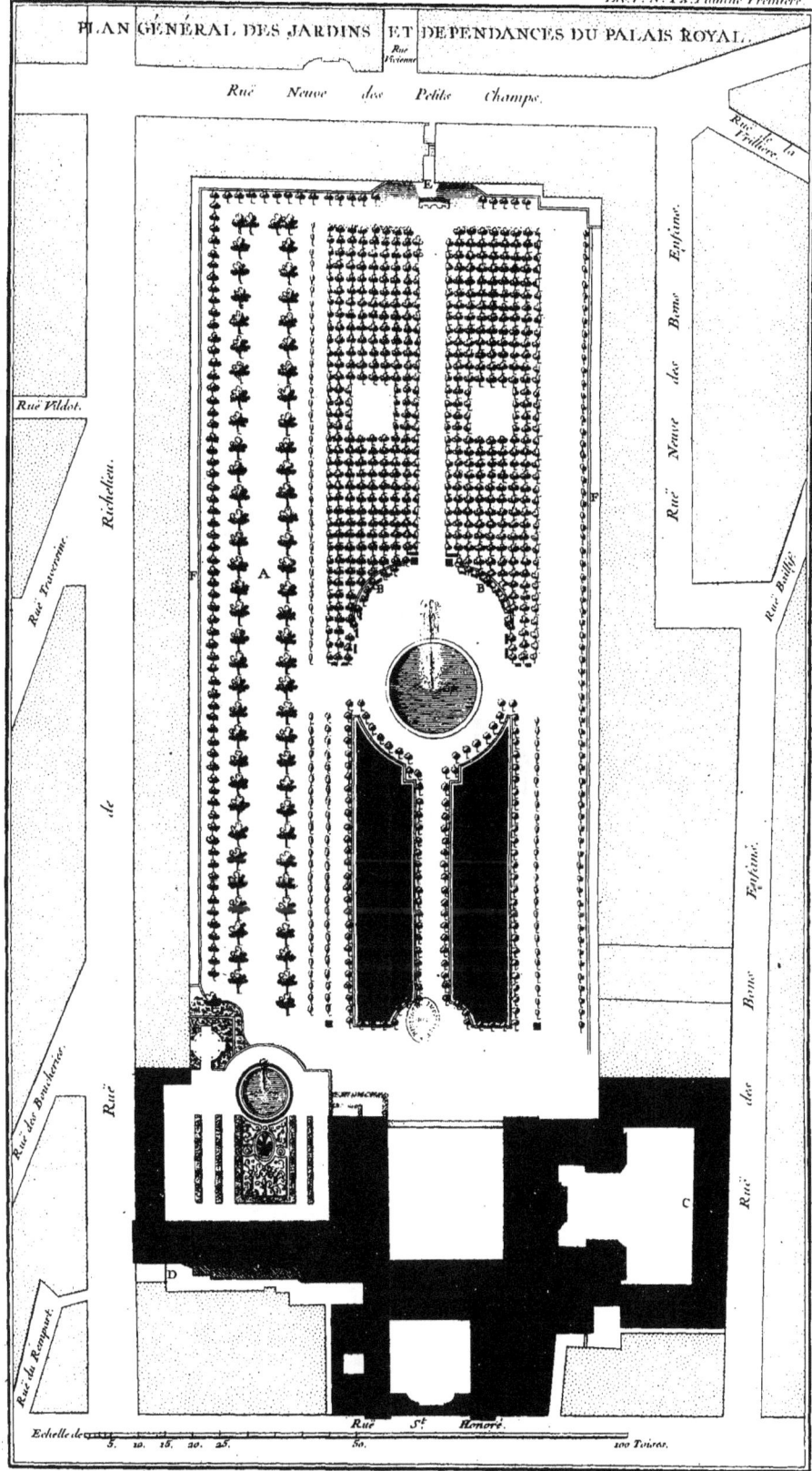

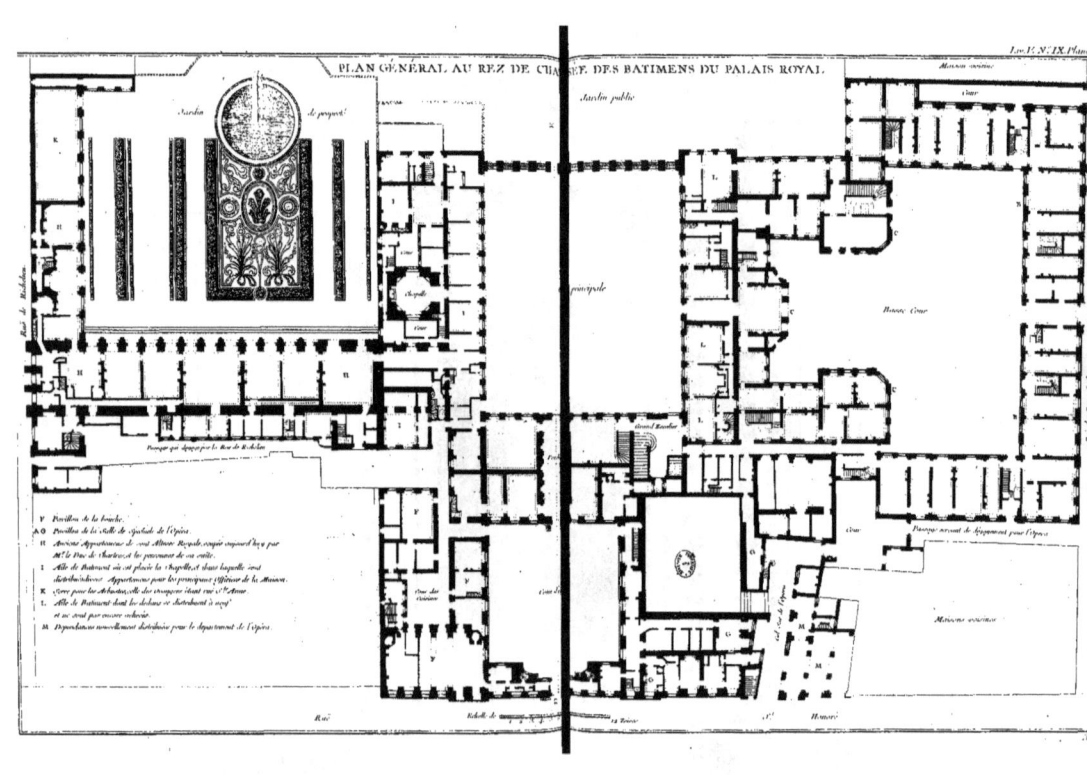

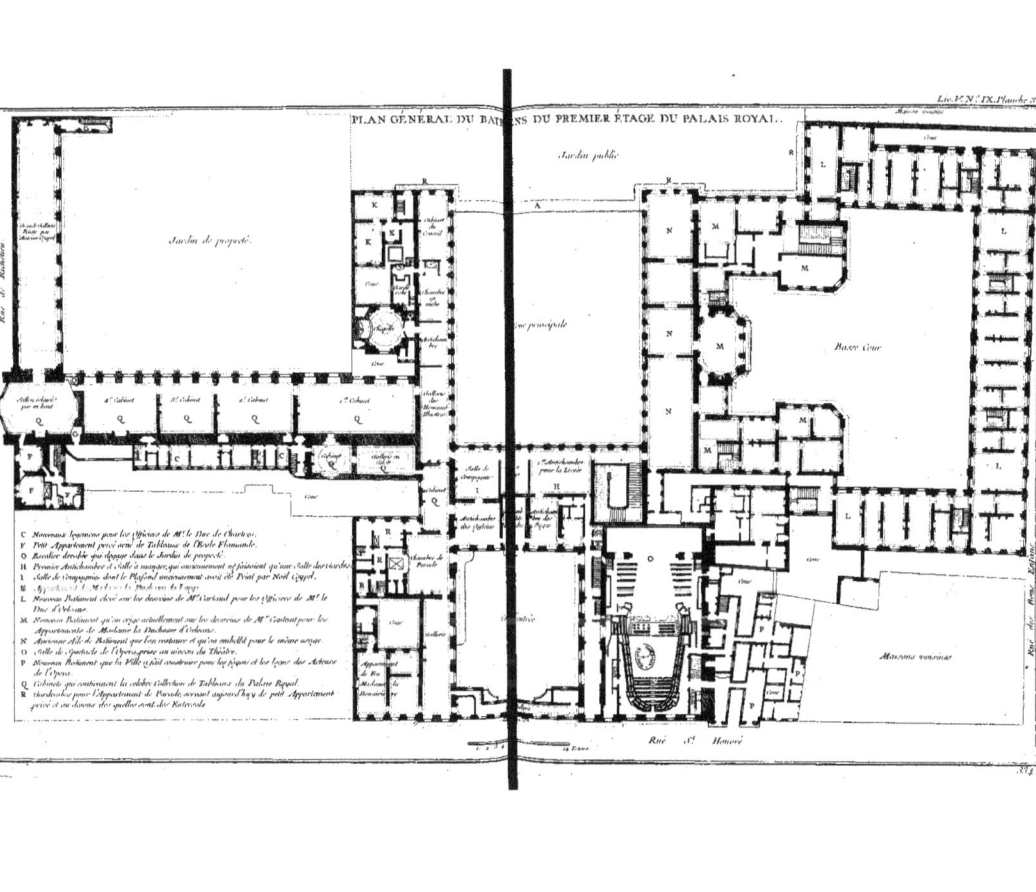

oppofée. On a propofé, dit-on, de fupprimer cette terraffe, & par conféquent les murs qui la foûtiennent, pour y mettre une grille de fer; fans doute la cour principale en acquereroit plus d'efpace, mais lorfque ces murs feroient fupprimés, il feroit à craindre qu'on n'apperçût trop vifiblement l'irrégularité de l'enfilade générale.

L'élévation G eft une partie de celle qui contient au premier étage la grande gallerie. Son ordonnance differe abfolument des précédentes; elle eft compofée au rèz-de-chauffée & au premier étage d'arcades en plein ceintre, & elle eft enrichie d'ornemens & de membres d'Architecture qui ont affez bien réuffi à *Hardouin Manfard*, auffi les a-t-il employé affez volontiers dans les bâtimens qui lui ont été confiés. La faillie des aîles de la feconde cour empêche qu'on ne voye ici la longueur de cette façade; mais comme dans toute fon étendue elle eft la même, nous nous fommes crû difpenfés de la donner féparement. A l'égard de celle qui lui fait retour, & qui eft en face du jardin, fa décoration eft fi médiocre, que nous n'avons pas héfité de n'en point parler ici. Peut-être en aurions-nous ufé de même à l'égard de la plus grande partie des diftributions en général & des élévations de ce Palais, fi d'un côté fon immenfité, de l'autre le nombre prodigieux de merveilles qu'il renferme dans fon intérieur, n'euffent pas été pour nous un motif affez puiffant pour le faire connoître aux étrangers. Au refte ne peut-on pas dire que les inadvertances que nous nous fommes trouvés obligés de relever dans l'examen de ce vafte bâtiment, feront l'effet de l'ombre qui fert dans un tableau à faire valoir la lumiere, rien n'étant plus important pour la recherche du vrai beau, que de s'affurer par une comparaifon refléchie de la fource & du motif des licences dans lefquelles les autres font tombés?

DESCRIPTION

DU CHATEAU D'EAU

Elevé en face du Palais Royal, rue Saint Honoré.

IL n'y eût point d'abord de place vis-à-vis le Palais Royal. La Reine Régente, *Anne d'Autriche*, étant venu faire fon féjour dans ce Palais, fit abattre l'Hôtel de *Silleri*, & en fit conftruire une; mais comme elle étoit bornée & fort irréguliere, *Philippe, Duc d'Orléans*, Régent du Royaume, la fit aggrandir en 1719, lorfqu'il prit poffeffion de ce Palais, ainfi que nous l'avons dit au commencement de ce Chapitre. Il y fit conftruire, fur les deffeins de *Robert de Cotte* (*l*), premier Architecte du Roi, un corps de bâtiment nommé le *Château d'eau*, qui contient deux réfervoirs, l'un d'eau de la Seine, amenée par la machine de la Samaritaine (*m*), l'autre d'eau d'Arcueil, amenée par l'aqueduc de ce nom (*n*). Ces réfervoirs fourniffent de l'eau au Palais Royal, aux Thuileries, au Louvre, &c.

(*l*) Voyez ce que nous avons dit de cet Architecte; Tome I. Page 230. Note (*a*).

(*m*) Voyez ce que nous avons dit de la Samaritaine, T. II. p. 13. Not. (*e*).

(*n*) Cet aqueduc, tel qu'il eft aujourd'hui, (car il y en avoit anciennement un, dont il refte encore quelques veftiges,) fut conftruit par ordre de la Reine Marie de Medicis, fur les deffeins de *Jacques De Broffe*; il fut achevé en 1624. Cet ouvrage égale en magnificence ceque les Romains ont fait élever dans ce genre. Il a 200 toifes de longueur, douze de hauteur, & eft orné de vingt arcades de vingt-quatre pieds d'ouverture, dont neuf font percées à jour: fous l'une de ces arcades paffe la petite riviere de *Bievre*. Cet aqueduc tire fes eaux de *Rungis* par des rigoles qui ont 6600 toifes de longueur. La conduite de ces eaux pour Paris eft au-deffus de la corniche de ce monument; elles paffent dans un canal aux deux côtés duquel font des banquettes. Ce canal eft voûté & percé d'ouvertures pour donner de l'air & du jour dans l'aqueduc.

A propos de cet aqueduc, nous citerons la maifon de plaifance de feu M. le Prince de *Guife* qui eft attenant, & dont les jardins & les bâtimens, quoiqu'à demi ruinés, produifent encore un effet admirable, ils ont même fervi plus d'une fois de modele à nos plus habiles Peintres François & à nos meilleurs Déffinateurs.

Plan au rez-de-chauſſée du Château d'eau. Planche V.

Château d'eau.

Ce bâtiment dans ſon plus grand eſpace a 20 toiſes 4 pouces de profondeur, hors d'œuvre, & 5 toiſes dans le moins profond. Cette inégalité provient de la ſituation des maiſons voiſines qui, appartenant à différens Propriétaires, n'ont point d'alignement direct.

Le rez-de-chauſſée de ce batiment eſt diviſé dans ſa plus grande profondeur par deux murs de refend qui ſervent à ſoûtenir le poids des réſervoirs. Ces murs ſont percés d'arcades pour procurer plus d'eſpace dans le ſol, qui ſert de magaſin pour les démolitions des bâtimens du Roi, & pour ſerrer les pompes publiques & différentes uſtenciles à l'uſage de ces réſervoirs.

Dans la plus petite partie de ce plan eſt pratiqué un eſcalier qui monte au réſervoir. La principale entrée de ce bâtiment eſt du côté de la rue Fromenteau; il y en a une autre dans la rue S. Thomas du Louvre, qui ſert pour entrer & ſortir du magaſin. La garde & l'entretien de ce bâtiment eſt confiée au *Sieur Lucas*, Plombier & Fontainier du Roi, lequel a ſon logement tant dans le rez-de-chauſſée, que dans les entreſols & au premier étage du côté de la rue Fromenteau.

Cet édifice, en général, eſt peu conſidérable, mais il eſt d'une grande utilité pour ce quartier, un des plus peuplés de Paris, non-ſeulement parce qu'il fournit de l'eau aux Palais que nous venons de citer, mais auſſi parce que l'abondance de ſes réſervoirs pourroit remedier promptement aux incendies que l'on a toûjours lieu de craindre dans une ville auſſi fréquentée. Cette conſidération, qui eſt eſſentielle, devroit engager à ne pas s'en tenir à celui dont nous parlons, qui eſt preſque le ſeul qui exiſte dans Paris, ne devant compter au nombre des dépenſes véritablement louables, que celles qui en érigeant des monumens capables de décorer une grande Ville, fourniſſent auſſi aux habitans des commodités qui leur procurent la ſûreté de leur demeure, la ſalubrité de l'air qu'ils reſpirent, & une eau abondante, ſi utile à leurs beſoins en général. Il eſt vrai que dans toutes les fontaines de Paris il y a des réſervoirs & des cuvettes de diſtribution; mais à l'exception de la pompe du Pont Notre-Dame & de celle de la Samaritaine, elles produiſent un ſi petit volume d'eau, qu'elles ſeroient peu propres à préſerver les habitans de cette Ville, (malgré la Seine qui paſſe au milieu d'elle,) d'un accident qui a réduit plus d'une fois des Capitales en cendres.

On a marqué dans ce plan les tuyaux de diſtribution dont on fera mention dans les coupes. Les trois marqués G ſervent à amener de la Croix du Trahoir l'eau d'Arcueil, de décharge au réſervoir, & de conduite pour mener cette eau à la Monnoye des Médailles. Le tuyau H eſt celui qui fournit de l'eau de riviere au-dehors pour le Public, il ſert auſſi de décharge au réſervoir. Le tuyau K mene l'eau aux Thuilleries. Celui L amene l'eau de la riviere par la machine de la Samaritaine, environ la quantité de 20, ou 25 pouces, quoique la *jauge* placée à l'extrêmité de ce réſervoir contienne 60 *ajutages*, qu'on dit avoir tous fournis, lorſque la Samaritaine fut nouvellement conſtruite, & qu'elle étoit entretenue par des perſonnes intelligentes.

Plan du premier étage. Planche VI.

C'eſt dans cet étage ſupérieur que ſont placés les réſervoirs, l'un qui contient 4500 muids d'eau de riviere, l'autre 1800 muids d'eau d'Arcueil. Ces réſervoirs ſont conſtruits de charpente doublée de plomb en table, & entretenue par des
liernes

liernes de fer clavetées & boulonnées d'une maniere aussi ingénieuse que solide. On arrive à ces réservoirs par differens escaliers de charpente, qui atteignent jusqu'à leur superficie ; celui du rez-de-chaussée ne monte que sur le plancher qui soûtient les réservoirs. Château d'Eau.

Elévation de ce Château du côté de la Place du Palais Royal.
Planche VII.

La décoration de cette façade est composée d'un avant-corps & de deux arriere-corps. Aux extrêmités de l'avant-corps sont deux pavillons. Cet avant-corps est décoré de quatre colonnes d'Ordre Dorique engagées & chargées de bossages, couronnées d'un entablement & d'un fronton, dans le timpan duquel sont les armes de France. Au-dessus sont deux figures sculptées par *Coustou* le jeune (*o*) ; l'une représente la Seine, l'autre une Nymphe qui désigne la fontaine d'Arcueil. Au rez-de-chaussée est une niche ornée de congellations, d'une coquille, &, dans sa partie inférieure, d'un dragon de bronze qui jette de l'eau pour le Public. Au-dessus de cette niche est une table de marbre noir, sur laquelle on lit cette inscription.

QUANTOS EFFUNDIT IN USUS.

La proportion de cet avant-corps paroît trop svelte pour être appliquée à un édifice de l'espece de celui dont nous parlons, & pour être composée d'Ordre Dorique, quoiqu'on ait chargé ce dernier de bossages pour lui donner un air de virilité. Ce qui contribue à faire paroître cet avant-corps svelte, c'est d'une part la hauteur du socle sur lequel l'Ordre Dorique est élevé, de l'autre l'interruption de son entablement qui donne un air gigantesque au grand entrecolonnement. Quoique cette licence soit contraire aux préceptes de la bonne Architecture, on n'y tombe cependant que trop souvent aujourd'hui, quelque prévenu qu'on doive être que lorsqu'il s'agit d'élever un monument public, il ne faut faire usage que des formes les plus approuvées, l'esprit de convenance devant regner essentiellement dans toutes les productions d'un Architecte. Autrement, lorsque le caprice tient lieu de génie & de régles, est-il étonnant de voir une multitude de bâtimens d'une ordonnance sans choix, sans goût & sans vraisemblance, qui déshonorent le siecle où nous vivons, les Artistes qui les produisent, & peut être la Nation entiere ?

Ne peut-on pas avancer que les productions dont nous parlons, mises sous les yeux de nos jeunes Architectes, loin de leur inspirer une noble émulation, leur donnent l'idée de ce goût mesquin & frivole, qui ne forme que des sujets médiocres & dont on ne peut se relever qu'en visitant avec exactitude les monumens élévés dans le siecle dernier ; la plûpart de ces édifices sont autant de chefs-d'œuvre qui pourroient tracer une route bien différente de celle qu'ont suivie quelques-uns de nos contemporains, qui bien loin de chercher à porter leur Art au plus haut point de perfection, se contentent d'en faire le plus souvent un état mercenaire qui les avilit.

Les arrieres-corps & les pavillons de cette façade ne sont pas traités avec plus de succès. Un grand soubassement d'une proportion outrée, surmonté d'un Attique fort peu élévé, tous deux le fruit d'une imagination déréglée, en forment la décoration, & comme ces arrieres-corps n'ont aucune analogie avec l'avant-

(*o*) Voyez ce que nous avons dit de cet illustre Artiste à l'occasion du Chœur de l'Eglise Cathédrale de Paris, Tome II. page 110. Note (*f*).

Château d'Eau. corps, ils composent en général des parties qui n'étant pas faites pour être alliées ensemble, présentent une ordonnance aussi vicieuse que mésestimable.

Ce n'est pas que les soubassemens ne puissent trouver leur place dans l'Architecture, mais il faut sçavoir les introduire avec convenance, comme l'ont fait Mansard & Perrault, dans le Château de Versailles & dans le péristile du Louvre. Les Attiques ont aussi leur application ; mais comme ils ne sont faits, ainsi que les soubassemens, que pour faire valoir avec plus de majesté les Ordres réguliers, c'est une ineptie que de composer une façade de bâtiment de ces deux parties, qui ne sont autre chose qu'une imitation imparfaite de ce que l'Architecture a de plus grave & de plus régulier ; desorte que cette ordonnance n'est excusable ici, qu'en supposant que l'Architecte, (qui selon les apparences n'a pas conduit cet édifice,) a voulu dans son projet, par le soubassement exprimer un étage plus mâle, & par l'Attique, un plus racourci, afin que par l'aspect de ces deux étages, on reconnut dès le déhors, l'usage intérieur de ce monument.

Cependant l'élégance des avant-corps, les petites consoles des croisées Attiques, la richesse des claveaux qui sont aux arcades du soubassement, la largeur outrée des travées des balustrades, sont une contradiction qui s'accorde très-mal avec l'expression de ces deux genres d'étages, d'où il est aisé de conclurre que ceux qui furent chargés de l'exécution de cet édifice, saisirent (p) mal l'intention de l'Architecte, & qu'ils ont produit une décoration mal entendue d'après une idée assez bien conçûe dans son origine. Car, par exemple, nous remarquerons d'une part, que les arcades en plein ceintre du soubassement, ornées de refends, & de l'autre les corps d'Architecture chargés de bossages qui montent de fond, annoncent d'une maniere assez intelligible l'expression virile & résistante, qu'il étoit nécessaire de mettre en œuvre dans la façade d'un bâtiment tel que celui-ci. En effet, comme il étoit destiné à recevoir dans son intérieur un poids considérable, par le volume d'eau que les reservoirs contiennent ; aussi bien que par la construction solide de la charpente qui les soûtient, la convenance sembloit exiger que son extérieur se manifestât par un genre d'ordonnance tout particulier ; mais ayant été alterée dans les principales parties, elle ne présente plus qu'une décoration contraire aux loix de la bonne Architecture.

Un dragon de bronze, placé au-dessus d'un parapet continu de trois pieds de hauteur, & qui sert de soubassement à toute cette façade, distribue au Public une petite partie de l'eau de ce réservoir. Nous dirons à propos de ce filet d'eau, qu'un édifice de cette importance devroit s'annoncer au-dehors d'une manière plus frappante, soit par une nappe, une décharge, ou un torrent. Par-là on auroit donné à connoître la magnificence du Prince qui a fait élever ce monument, on auroit décoré la Ville, & donné une idée de l'abondance du Fleuve & de la source qui y fournissent des eaux. Qu'on jette un coup d'œil sur la Samaritaine, du côté du Pont-Neuf : quoique l'eau qu'elle répand soit peu considérable, elle produit néanmoins un bon effet, elle fait spectable, amuse le peuple, & satisfait les étrangers ; motifs qui doivent toûjours entrer pour quelque chose dans la construction d'un édifice de la conséquence de celui dont il s'agit.

(p) Le portail de S. Roch & celui de la Charité, élevés sur les desseins de *Robert de Cotte*, sont sans doute dans le même cas. Erigés depuis la mort de cet Architecte, on en a alteré les proportions, négligé l'ordonnance, & l'on y a placé des ornemens qui n'ayant pas été conçûs par l'Auteur, produisent un effet contraire à sa premiere intention. Ce désordre vient ordinairement de ce que ceux qui sont chargés de la construction d'un ouvrage de quelque importance, au lieu de suivre le dessein de leur predecesseur, préferent d'y mettre du leur. Il vaudroit mieux cependant qu'alors ils ne suivissent point du tout la premiere pensée plutôt que de la défigurer ; parce qu'il en résulte presque toûjours une désunion entre les parties & le tout, qui engendre un ensemble mal concerté.

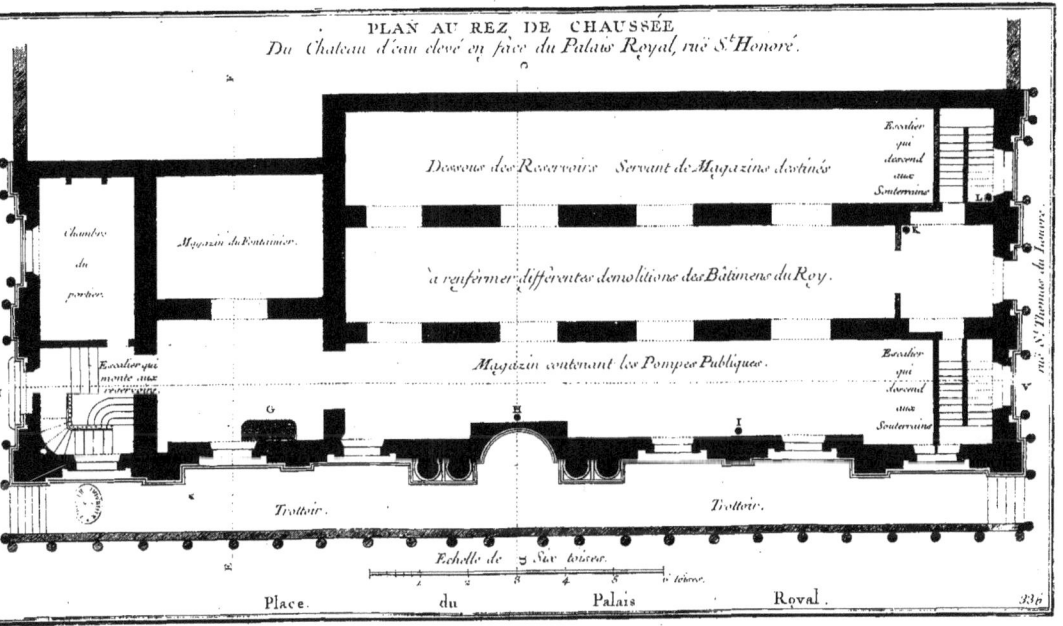

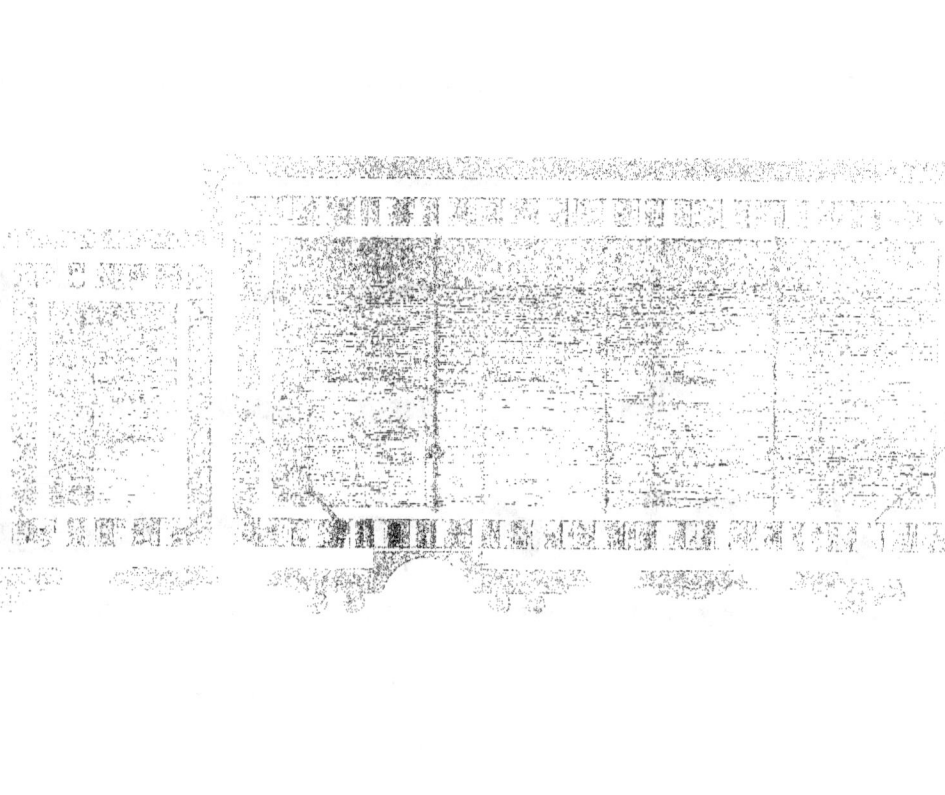

Coupe prise dans le plan sur la ligne A B. **Planche VIII.**

Cette Planche fait voir l'intérieur de ce bâtiment, la coupe des réservoirs, leur développement & la coupe des combles, qui mettent à l'abri les passages qui conduisent aux réservoirs. Ces combles qui ne forment que des appentis, ne sont point apperçûs des dehors, ce qu'il étoit nécessaire d'éviter, la balustrade qui regne sur la partie supérieure des façades, faisant un bien meilleur effet que des combles, qui n'auroient pas donné l'idée d'un lieu destiné naturellement à être découvert, pour conserver à l'eau sa bonne qualité & sa salubrité.

Château d'Eau.

On voit en A trois tuyaux de six pouces, dont nous avons déja parlé, l'un qui monte au réservoir, & qui y apporte l'eau de la fontaine de la Croix du Trahoir, l'autre pour la décharge de fond du réservoir, & enfin le troisieme pour conduire cette eau à la monnoye des Médailles.

L'eau du tuyau de décharge dégorge dans l'intérieur du bâtiment dans une cuvette de plomb placée au-dessous, pour de-là être conduite dans la place ; mais comme cette cuvette est trop peu considérable pour le volume d'eau, qui s'échappe quelquefois abondamment, cette même eau dégrade les voutes qui sont sous ce bâtiment, & produit une humidité nuisible à la solidité de cet édifice. Cette considération, comme nous venons de le remarquer plus haut, auroit dû porter à procurer à cette eau un écoulement plus considérable par les dehors ; ce qui en contribuant à la magnificence publique, auroit conservé l'intérieur de ce bâtiment, pendant qu'au contraire il n'y a que le tuyau B d'un pouce & demi de diamétre qui fournit de l'eau à l'extérieur de ce monument.

Le tuyau de six pouces C sert de décharge de fond pour le réservoir d'eau de la Seine ; dans celui-ci est branché un autre tuyau pour la superficie du même réservoir.

L'escalier D, dont on voit ici la coupe, descend au souterrain pratiqué en trois berceaux, & dont les murs soûtiennent ceux qui sont exprimés dans le plan du rez-de-chaussée, dans lequel se voit aussi le plan de l'escalier dont nous parlons. (Voyez la Planche cinquieme).

De la coupe prise dans les plans sur la ligne CD, & de celle prise sur la ligne EF.
Planche IX.

La Figure premiere exprime la coupe prise dans le milieu de l'avant-corps. Au rez-de-chaussée on voit les murs de refend, qui soûtiennent le grand réservoir dans lequel est contenue l'eau de la Seine, la coupe sur la largeur de ce même réservoir, & la forme des combles, Dans cette coupe on voit aussi les tuyaux marqués H, I, K, L, dans la Planche V.

La Figure deuxieme indique la coupe prise sur la longueur du réservoir contenant l'eau d'Arcueil. Ce réservoir est soûtenu par un mur de refend, qui monte de fond. Nous observerons que ce réservoir, lorsqu'il est trop plein, se décharge dans le grand réservoir qui contient l'eau de la riviere, ainsi qu'on peut l'observer en E, Planche huitieme.

ARCHITECTURE FRANÇOISE, Liv. V.

DESCRIPTION

DE LA MAISON DE M. LE COMTE D'ARGENSON,

Ministre de la Guerre.

Maison de M. d'Argenson.

La maison dont nous parlons, trouve d'autant plus naturellement sa place dans ce Chapitre, qu'elle donne sur le jardin du Palais Royal, & qu'elle est occupée par M. d'Argenson, Ministre de la guerre, & précédemment Chancelier de feu M. le Duc d'Orléans, à qui ce Prince l'a donnée à vie. Elle fut bâtie par ordre de M. le Régent pour Mad.º d'*Argenton*, au nom de M. l'Abbé *Dubois*, depuis Cardinal, sur les desseins de M. *Boffrand* : aussi la trouve-t'on dans les œuvres de ce célébre Architecte, dont nous avons déja parlé, Tome I. page 242. Note *a*.

Plan du rez-de-chaussée. Planche X.

Le principal corps-de-logis de cette maison est bâti entre cour & jardin, sur une terrasse donnant sur la promenade publique du Palais Royal. Elle n'a de largeur que 9 toises & demi dans œuvre, & est double dans sa profondeur, non compris deux petits pavillons du côté de la cour, qui communiquent à deux aîles continues sur la longueur de cette cour, & qui viennent se réunir à un corps-de-logis sur la rue des bons enfans, dans lequel se trouve la principale porte d'entrée. Lorsque M. d'Argenson fut nommé Ministre de la guerre, en 1743, ce bâtiment ayant trop peu de dépendances, il se détermina à louer l'Hôtel de la *Rocheguion*, depuis nommé les écuries de Monseigneur, qui est mitoyen à la maison dont nous parlons, desorte qu'à présent cet Hôtel contient de très-grands appartemens & toutes les commodités qui conviennent à la résidence d'un homme du premier ordre. On a pratiqué dans ce plan deux ouvertures, l'une F qui conduit aux appartemens qu'occupe M. d'Argenson ; l'autre G, qui dégage dans les basses cours de la maison voisine. Comme cette derniere n'a rien de bien intéressant, nous nous dispenserons d'en donner ici les distributions. Le plan du rez-de-chaussée de cet Hôtel consiste principalement dans un corps-de-logis qui contient un appartement assez complet & décoré avec beaucoup de goût. Le plafond du sallon est un des bons ouvrages d'*Antoine Coypel*, qui y a représenté les Dieux désarmés par l'Amour. (Voyez la décoration des lambris de ce sallon dans les œuvres de M. Boffrand, Planche XXXIV.)

Cet appartement est occupé aujourd'hui par Madame d'Argenson. Sa chambre à coucher est à la place du grand cabinet, son cabinet de toilette à la place du cabinet en bibliotheque & de l'arriere cabinet. Au-dessus, en entresol, sont des logemens pour les femmes de chambre. De la salle d'audience on a fait une deuxieme antichambre, qui par la porte F communique à la bibliotheque & à l'appartement de M. d'Argenson, situé dans la maison voisine.

La cour est petite, mais d'une bonne proportion, & la distribution des bâtimens qui l'environnent, quoique renfermés dans un terrain assez borné, contient néanmoins assez de commodité. Comme l'étage supérieur du bâtiment principal n'est qu'un Attique, & que sur les autres il n'y a qu'une mansarde, l'escalier est fort petit ; il est placé à gauche de l'entrée de la cour, dans l'une des aîles, & il n'occupe aucun espace dans le principal corps de logis ; ce qui a donné la liberté de pratiquer au rez-de-chaussée des pieces assez spacieuses, qui donnant sur le Palais Royal, composent un appartement très-agréable.

Plan

Plan du premier étage. Planche XI.

La grandeur du sallon dont nous venons de parler ayant exigé une hauteur de plancher plus considérable que les autres, l'on n'a pratiqué au-dessus qu'une piece basse, prise en partie dans la hauteur des combles, & qui sert de logement subalterne. Les autres pieces de ce premier étage composent l'appartement de Mad.me & de M. le Marquis *de Voyer*, fils de M. d'Argenson, & Maréchal des camps & armées du Roi, Directeur général de tous les haras du Royaume, &c. &c. C'est dans ces appartemens que l'on voit un cabinet de tableaux appartenant à M. de Voyer, qui sont d'un choix exquis, & distribués avec un goût & une magnificence qui accompagnent toûjours les actions de ce protecteur des beaux Arts. Ce cabinet ouvert à la curiosité des Connoisseurs, n'est pas un des moindres de ceux qui se voyent dans cette Capitale, dont nous avons déja parlé, & qui par la nombreuse collection qu'ils renferment, justifient le goût des François, & nous attirent l'estime des étrangers, qui viennent puiser chez nous ce que l'aspect de tant de merveilles dans tous les genres peut leur indiquer de connoissances dans les Arts.

Maison de M. d'Argenson.

Dans les aîles de la cour sont distribués plusieurs bureaux, des chambres de Domestiques, un garde-meuble, &c.

Elévation du côté de la cour. Planche XII.

Cinq grandes portes croisées de forme bombée occupent la plus grande partie du rez-de-chaussée de cette façade. Ces ouvertures, peut-être un peu trop grandes, laissent néanmoins la liberté d'entrer à son choix dans toutes les pieces du côté de la cour par un perron continu. Sans doute qu'on auroit pû entrer dans ce bâtiment par les pavillons, mais comme ils sont fort petits, l'issue des grands appartemens sembloit exiger un abord proportionné à leur destination. Cette considération porte souvent à négliger en apparence quelque partie de la décoration en faveur de la distribution des dedans, principalement lorsqu'on se trouve dans le cas d'ériger la demeure d'un grand Seigneur, dans un lieu trop resserré relativement à son emploi ou à son ministere. Je conviens qu'il n'appartient qu'à un grand maître de risquer de pareilles licences, parce qu'il sçait toûjours donner à ce qu'il fait l'empreinte d'un génie supérieur; mais je ne me crois pas dispensé de les faire remarquer, dans la crainte qu'une personne moins habile ne prenne pour autorité générale ce qui ne peut s'appliquer que dans des occasions particulieres.

Au-dessus de ces portes croisées regne une corniche accompagnée d'un gorgerin & d'un astragale. Cette corniche sépare cet étage d'avec l'Attique, dont les linteaux supérieurs des croisées sont encore bombés & ornés de claveaux. Ces croisées sont aussi d'une ouverture un peu considérable; mais comme elles éclairent des pieces d'une certaine profondeur & d'un assez grand diametre, il semble qu'il étoit nécessaire de la leur donner. Ce surcroit de considération fait voir qu'on ne doit pas s'engager légérement à faire la critique d'un bâtiment par son seul aspect, quoiqu'on puisse avancer que le premier soin d'un Architecte doit être de concilier l'élégance & la proportion des façades, selon les loix de la décoration, mais toûjours rélativement à la distribution des dedans.

Cet Attique est couronné d'une corniche simple, au-dessus de laquelle est un socle servant de cheneau, & qui reçoit les eaux des combles, dont la hauteur est assez bien proportionnée à celle du bâtiment. Aux deux extrémités de cette façade se voyent les coupes des deux aîles du côté de la cour, prises dans le plan (Planche X.) sur la ligne AB.

Tome III.   O

Elévation du côté du jardin du Palais Royal. Planche XIII.

Maiſon de M. d'Argenſon.

Cette élévation eſt compoſée d'un avant-corps & de deux arrieres-corps : le rez-de-chauſſée eſt percé d'arcades en plein ceintre, ornées d'archivoltes & d'impoſtes. Les claveaux ſont décorés de têtes en bas relief. Cet étage eſt couronné de corniches avec gorgerin & aſtragale, comme du côté de la cour. Au-deſſus s'éleve un Attique décoré de pilaſtres dans l'avant-corps qui eſt ſurmonté d'une corniche & d'un ſocle. Ce ſocle eſt orné de poſtes & de mufles de lion : il eſt auſſi couronné de vaſes à plomb de chaque pilaſtre.

Toutes les ouvertures de cet Attique ſont de la même grandeur que celles de la façade précédente. Les arcades de deſſous ſont même un peu plus larges ; mais comme elles ſont en plein ceintre, & que la hauteur eſt diviſée par des impoſtes, les piédroits en paroiſſent moins ſveltes, & compoſent un genre d'Architecture plus analogue à la deſtination du bâtiment.

Au pied de cette élévation eſt une terraſſe bordée d'un balcon avec des rampes & grilles de fer qui défendent l'entrée de ce bâtiment du côté du jardin du Palais Royal.

Elévation d'une des ailes, & coupe du principal corps de logis. Planche XIV.

Cette coupe eſt priſe dans le plan du rez-de-chauſſée ſur la ligne CD. La lettre A indique le porche du côté de la rue, par lequel on communique au logement du Suiſſe par l'eſcalier marqué E, (plan du rez-de-chauſſée) ; ce logement eſt placé en entreſol au-deſſus de la cuiſine.

L'aîle B eſt décorée d'arcades en plein ceintre répétées dans tout le pourtour de la cour, c'eſt-à-dire, depuis un des pavillons du principal corps-de-logis juſqu'à l'autre, la façade du côté de la cour étant décorée de portes bombées. Ces portes auroient dû auſſi être en plein ceintre, alors les arcades auroient procuré une uniformité plus agréable dans tout le pourtour de ce bâtiment, dont l'enceinte étant peu ſpacieuſe, avoit plus beſoin qu'aucune autre d'une ordonnance d'Architecture qui ne fut pas diſſemblable.

La lettre C exprime le retour d'un des pavillons qui unis avec la façade du côté de la cour, caractériſent le principal corps de logis de cet Hôtel. La coupe D, priſe dans le milieu du rez-de-chauſſée & du premier étage, montre l'intérieur de l'appartement. Dans le ſol on voit la décoration d'un des côtés de la ſalle à manger & celle du ſallon, & dans le premier étage la décoration de l'étage Attique, où eſt exprimée l'inégalité de la hauteur des planchers de cet étage. Le ſol de la terraſſe marquée E differe de ſix pieds & demi de celui du jardin du Palais Royal marqué F, où l'on deſcend par un eſcalier à deux rampes dont on voit le plan dans la Planche X.

Nous finirons cette deſcription en faiſant remarquer la ſimplicité qui regne dans la décoration des façades de cet Hôtel, toujours préférable dans un édifice particulier à la richeſſe des Ordres & à l'étalage des ornemens, qui ſemblent devoir être réſervés pour les édifices publics, les monumens ſacrés & les maiſons Royales, malgré l'opinion de ceux qui prétendent que la ſimplicité ne ſert en général qu'à montrer la ſterilité du genie de l'Architecte. Bien loin d'approuver ce ſyſtême, j'oſe au contraire avancer que l'Art conſiſte à faire eſtimer un bâtiment par les proportions de ſon Architecture, & non par la profuſion de la Sculpture dont la prodigalité eſt inutile, & qui pour la plûpart n'eſt employée que par de médiocres Artiſtes. Comme ils ne ſe ſentent, ni aſſez de génie, ni aſſez de connoiſſance des véritables régles de l'Art pour s'attirer le ſuffrage des habiles gens, ils cherchent à éblouir le vulgaire par des compoſitions captieuſes & bizarres, au mépris de la nobleſſe des formes & des loix de la convenance.

Plan au rez de chaussée de la Maison de Mr. d'Argenson Secretaire d'Etat, et Ministre de la guerre, scise rue des Bons enfans, bâtie sur les desseins de Mr. de Boffrand

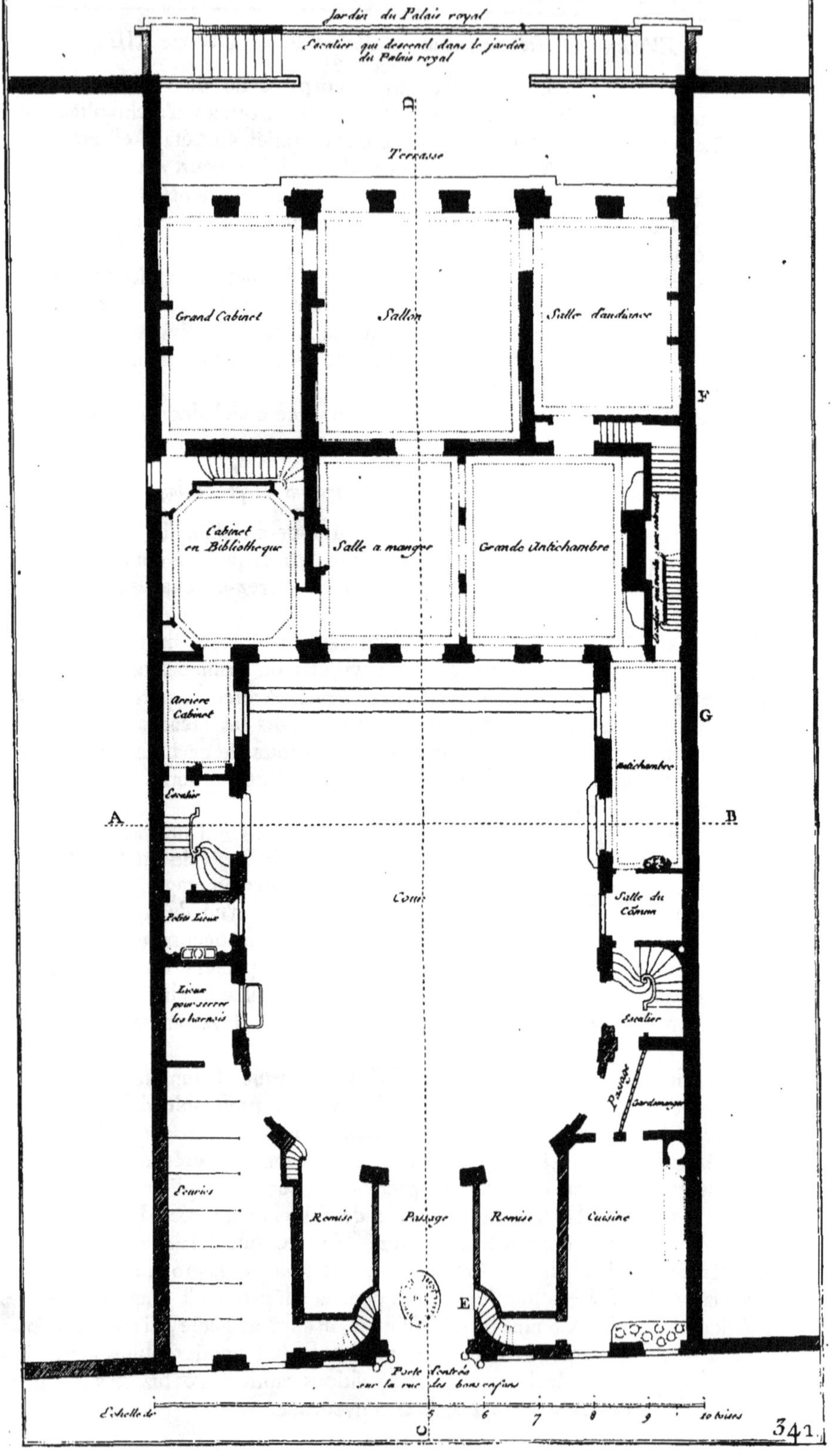
Jardin du Palais royal
Escalier qui descend dans le jardin du Palais royal
D
Terrasse
Grand Cabinet
Sallon
Salle d'audiance
F
Cabinet en Bibliotheque
Salle a manger
Grande Antichambre
Arriere Cabinet
G
Antichambre
Escalier
A
B
Cour
Petits Lieux
Salle du Comm
Lieux pour serrer les harnois
Escalier
Passage
Gardemanger
Ecuries
Remise
Passage
Remise
Cuisine
E
Porte d'entrée sur la rue des bons enfans
Echelle de
5
6
7
8
9
10 toises
C

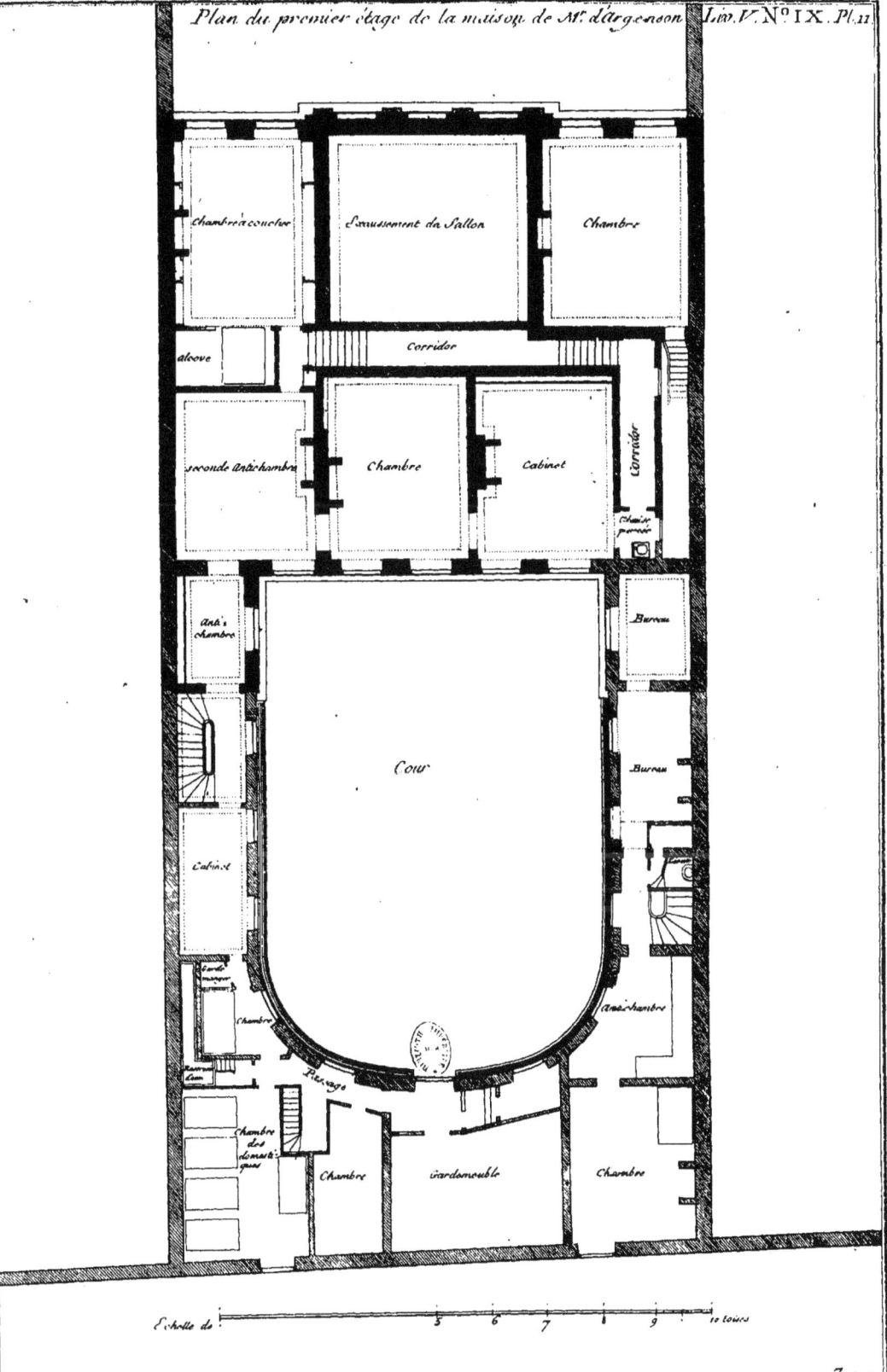

CHAPITRE X.

Description de l'Eglise des Prêtres de l'Oratoire, rue S. Honoré.

CETTE Eglise fut commencée (*a*) en 1616, sur les desseins de *Clement Me-*   Eglise des
teseau (*b*), que le Cardinal *de Berrulle*, Instituteur de la Congrégation de   l'Oratoire.
l'Oratoire, chargea de sa construction. Les fautes qu'il fit engagerent bientôt à lui substituer *Jacques le Mercier* (*c*), pour les corriger & pour continuer l'ouvrage, qui demeura long-tems imparfait ; car ce ne fut qu'en 1745 qu'on éleva le portail, la tribune qui lui est adossée, & le Maître-Autel, & qu'on y fit quelques embellissemens dont nous parlerons dans leur lieu, le tout sur les desseins du Sieur *Caqué*, Architecte & Entrepreneur, homme de beaucoup d'expérience & de capacité.

Plan de l'Eglise. Planche Premiere.

Les changemens faits à cette Eglise depuis plusieurs années, le peu d'étendue & de fidelité du plan que nous en avons dans le recueil de Marot, nous ont engagé à en graver un nouveau que nous donnons ici. Nous aurions bien voulu de même graver une nouvelle coupe sur la longueur, l'ancienne étant fort usée & capable par son peu de correction de donner une toute autre idée de ce monument, qui à bien des égards mérite des éloges, mais la grande quantité de planches que contient ce Volume, & les engagemens du Libraire avec le Public, n'ont pu nous le permettre.

L'Eglise dont nous parlons, est composée d'une grande nef de 32 pieds & demi de largeur, sur 21 toises 2 pieds de longueur. Le fond de cette nef est terminé en rondpoint & contient le rétable d'Autel en baldaquin érigé nouvellement. Ce sanctuaire est fermé par une grille basse qui le sépare d'avec le reste de la nef; derriere & au fond du rond-point est une coupole elliptique, où sont placées les stalles des Prêtres. Aux deux côtés de la nef & dans toute sa longueur sont distribuées des chapelles d'environ 12 pieds de profondeur, & qui sont toutes dégagées par un corridor ou couloir extérieur, de maniere que les Proprietaires de ces chapelles, & les Prêtres qui y disent la Messe, sont dispensés de passer par la nef; ce qui produit plus de recueillement dans l'Eglise en général, & ne détourne point l'attention des Fideles, par l'entrée & la sortie de ces chapelles, ainsi que cela arrive dans toutes nos Eglises Paroissiales. Cette considération doit faire regarder ces especes de corridors comme fort utiles, & devroit nous engager à en faire usage dans la composition de nos temples, la bienséance dans un édifice sacré étant un des points essentiels qu'on doit y observer.

A l'entrée de la nef est pratiqué un porche intérieur qui soutient une tribune, où dans certaines solemnités on place la musique. On monte à cette tribune par

---

(*a*) Nous ne parlons ici que de l'Eglise, & nous ne donnons point les desseins de la maison. Les bâtimens en sont peu spacieux & d'un goût qui tient d'un genre d'Architecture peu reflechi. Une cour de moyenne grandeur, quelques grandes salles, des logemens pour environ quarante Prêtres, des parloirs & les dépendances nécessaires à une maison de cette espece, en font toute la distribution. Cette maison, nommée l'Hôtel du *Bouchage*, fut achetée, en 1616, par le Cardinal de Berrulle de *Catherine-Henriette de Lorraine*. Elle avoit été acquise auparavant par le Cardinal *François de Joyeuse*, & elle se nommoit alors l'Hôtel de *Montpensier*; en 1594, on la nommoit l'Hôtel d'*Estrées*, enfin on assure que ce fut dans une des salles de cette maison qu'Henri IV fut blessé par *Jean Chatel* : c'est du moins ce qu'on lit dans un registre des Archives de l'Hôtel de Ville, quoique plusieurs Historiens prétendent que ce fut au Louvre. Voyez les élévations perspectives de cette maison dans *les Delices de Paris*, Plan. 102 & 103.

(*b*) Cet Architecte a bâti plusieurs édifices d'un genre semi-Gothique, mais assez correct. Nous aurons occasion de parler de lui dans ce recueil en faisant la description de quelques bâtimens qui ont été confiés à ses soins.

(*c*) Voyez ce que nous avons dit de cet Architecte, en parlant de l'Eglise de la Sorbonne, du Palais Royal, &c.

Eglife des Peres de l'Oratoire. par les efcaliers A, qui communiquent, auffi-bien que ceux B, à d'autres tribunes qui regnent au pourtour de la nef, & qui font de plain pied à celle des Muficiens. Ces tribunes placées au-deffus des chapelles, font comprifes dans la hauteur d'un Ordre de pilaftres Corinthiens de trois pieds de diametre, & foûtenues par un plus petit Ordre couronné d'une baluftrade. Nous obferverons que ces tribunes regnent dans la croifée de la nef, de maniere que cette croifée ne s'apperçoit du bas de l'Eglife qu'au-deffus de ces tribunes. (Voyez la coupe de ce monument dans le petit Œuvre de Marot, *in-quarto*, Planche 84.)

La corniche de l'entablement du grand Ordre eft fans cimaife fupérieure, & eft enrichie de modillons dont les galbes & les ornemens font d'un bon goût de deffein, quoique d'une forme un peu fimple pour la richeffe des chapiteaux Corinthiens, qui font compofés de feuilles de perfil d'une affez médiocre exécution. Entre chaque modillon font des caffettes ornées de rofes dans le goût des modillons. Les baluftrades du petit Ordre font bien profilées & analogues à la richeffe de l'Ordre qui les foûtient; les moulures de la corniche & de l'architrave du petit Ordre ont peu de faillie, étant affujetties au relief des pilaftres du grand Ordre: deforte que pour leur donner un caractere plus expreffif, on en a incliné en devant les plattebandes, les larmiers, &c. à l'imitation de la plûpart des profils des Anciens. On ne devroit néanmoins ufer de cet expédient que dans le cas d'une néceffité indifpenfable & abfolue, telle que dans des rotondes, dont les corniches font continues & fans reffaut, autrement les angles aigus que produifent ces inclinaifons, forment toujours un effet défagréable. Au refte on peut regarder les profils de l'intérieur de cette Eglife comme deffinés de main de maître. Au-deffus de ce grand entablement s'éleve une voute en plein ceintre, exhauffée fur une efpece de piédeftal, peut-être un peu trop élevé; mais comme l'Eglife eft étroite, la faillie de l'entablement mafque une affez grande partie de ce piédeftal. Cette voute eft chargée d'arcs doubleaux, entre lefquels les croifées forment des lunettes qui font un affez bon effet; d'ailleurs l'appareil de ce monument eft bien entendu, la conftruction folide, & les ornemens diftribués avec choix & avec difcretion. Enfin cet édifice peut être cité parmi ceux qu'on doit fe propofer pour modeles, & fera dans tous les tems honneur à l'Architecture Françoife. On a marqué dans ce plan par des lignes ponctuées la direction des arcs doubleaux, la forme des lunettes & la voute d'arrefte du milieu de la croifée, autour de laquelle continue l'entablement au-deffus des tribunes, & que l'on s'eft contenté d'exprimer ici par indication.

Les corridors ou couloirs dont nous avons parlé dégagent des Sacrifties dans les déhors par les portes C, deforte que fans entrer dans l'Eglife, on peut communiquer dans l'intérieur de la maifon. Il feroit à fouhaiter néanmoins que ces couloirs fuffent un peu plus larges & mieux éclairés.

La rotonde, appellée le chœur des Prêtres, eft d'une dimenfion heureufe, d'une ordonnance réguliere & décorée de pilaftres accouplés, du même Ordre & du même diametre que ceux qui portent les tribunes. Depuis qu'on a élevé un Maître-Autel dans le rond-point, on y a placé les ftalles & revêtu les arcades de menuiferie. Il s'en faut bien que la fculpture, la forme des ftalles, & les nouveaux lambris répondent à la perfection de l'Architecture de cette coupole; tant il eft vrai que qui fçait bien l'art de conftruire, ne doit pas rifquer de donner des deffeins de décoration. Cette partie de l'Art demande un génie & un goût au-deffus de l'ordinaire. Le nouveau Maître-Autel en baldaquin eft à la vérité d'une compofition moins médiocre, quoique d'une forme fort ordinaire; il eft orné de quatre colonnes de marbre de rance, les bafes & les chapiteaux en font dorés, ainfi que tout l'amortiffement. Deux Anges en adoration & un Chrift, affez mal liés

avec

avec l'Architecture qui les reçoit, décorent ce monument. Ces figures sont de carton peint en marbre blanc, & sont de l'exécution d'un nommé *Pollet*, Sculpteur peu connu. Il semble qu'il seroit de la prudence des personnes qui ont occasion de contribuer à la décoration des édifices publics de choisir parmi les Artistes ceux qui se distinguent le plus dans leur profession. Des jeunes gens peu experimentés, ou des hommes qui n'ont qu'une capacité bornée, ne doivent être employés pour leur coup d'essai que pour la décoration des maisons à loyer, & non pour celle des monumens qui laissent à la postérité des traces de l'ignorance du siecle : ce qui est d'autant plus condamnable, que l'on peut convenir que nous sommes dans un tems où le nombre des hommes de mérite en tout genre, & principalement dans la sculpture, semble être plus abondant que sous aucun autre regne.

Elévation du Portail. Planche II.

Le portail (*d*) que nous donnons ici, a été construit en 1745 par le sieur *Caqué* qui en donna les desseins. Il est composé de deux Ordres d'Architecture, l'un Dorique, & l'autre Corinthien. Son ordonnance en général est assez élégante & d'une belle exécution, l'Ordre Dorique est même assez régulier, à l'exception des angles rentrans que font les arrieres-corps avec l'avant-corps, où la distribution des mutules du plafond de la corniche fait un effet désagréable à l'œil, ce qui n'a pû s'éviter à cause des pilastres pliés qu'on a placés dans ces angles ; aussi ne devroit-on jamais les introduire dans une décoration extérieure, lorsqu'elle n'est pas Dorique denticulaire. Cependant comme une des beautés essentielles de l'entablement Dorique consiste dans ces mutules, c'est une raison pour ne jamais employer les pilastres pliés, parce que toutes les fois qu'on ne pourra soûmettre les parties de détail à l'ensemble des masses, on annoncera plutôt un désordre dans l'Architecture qu'une application judicieuse & réfléchie des régles que nous ont laissé les Anciens. Nous avouerons pourtant qu'à l'exception de ces pilastres pliés, l'Ordre Dorique qui se voit ici est peut-être le plus régulier qu'on ait à Paris. En effet les pilastres accouplés des extrêmités de ce portail sont espacés de maniere que les altérations de sa corniche sont imperceptibles, ce qui certainement marque une étude & une combinaison qui fait honneur à l'Architecte. Nous observerons encore que pour éviter, autant qu'il lui a été possible, ces légeres altérations dans toute son ordonnance, au lieu d'accoupler les colonnes de son avant-corps, il a placé un triglife entre deux, dans le goût des Anciens, desorte que cette composition montre de l'expérience, & mérite de l'applaudissement. Au contraire la hauteur de la porte en plein ceintre, qui a près de deux fois & demi sa largeur, & dont la proportion n'a aucune analogie avec l'Ordre Dorique, n'est pas à imiter. Les pilastres à côté des piédroits de cette porte font aussi un mauvais effet, il en falloit supprimer les bases & les chapiteaux pour les convertir en niches quarrées. On auroit eu par-là occasion de rabaisser l'intrados de la porte, (ce qui lui auroit donné une hauteur convenable,) & d'éviter ces demi pilastres qui se pénétrant dans ceux qui reçoivent les colonnes, forment un assemblage de parties qui s'éloignent des principes de l'Art. Nous observerons encore que les portes collatérales de ce portail sont trop petites, non-seulement eu égard à l'ouverture de celle du milieu, mais aussi par rapport à la hauteur des entre-pilastres, où elles sont placées. Si l'on eut supprimé les demi pilastres des angles rentrans, cela auroit donné le moyen d'agrandir ces deux portes, & on auroit en même tems sauvé l'irrégularité du plafond du sofite de la corniche dont nous avons parlé. Enfin on auroit pu évi-

(*d*) Voyez dans le petit œuvre de Marot *in-quarto*, le dessein de ce portail que le Mercier devoit faire exécuter, & qui y est gravé en petit ; ce portail n'est pas sans mérite, & est digne de quelque attention.

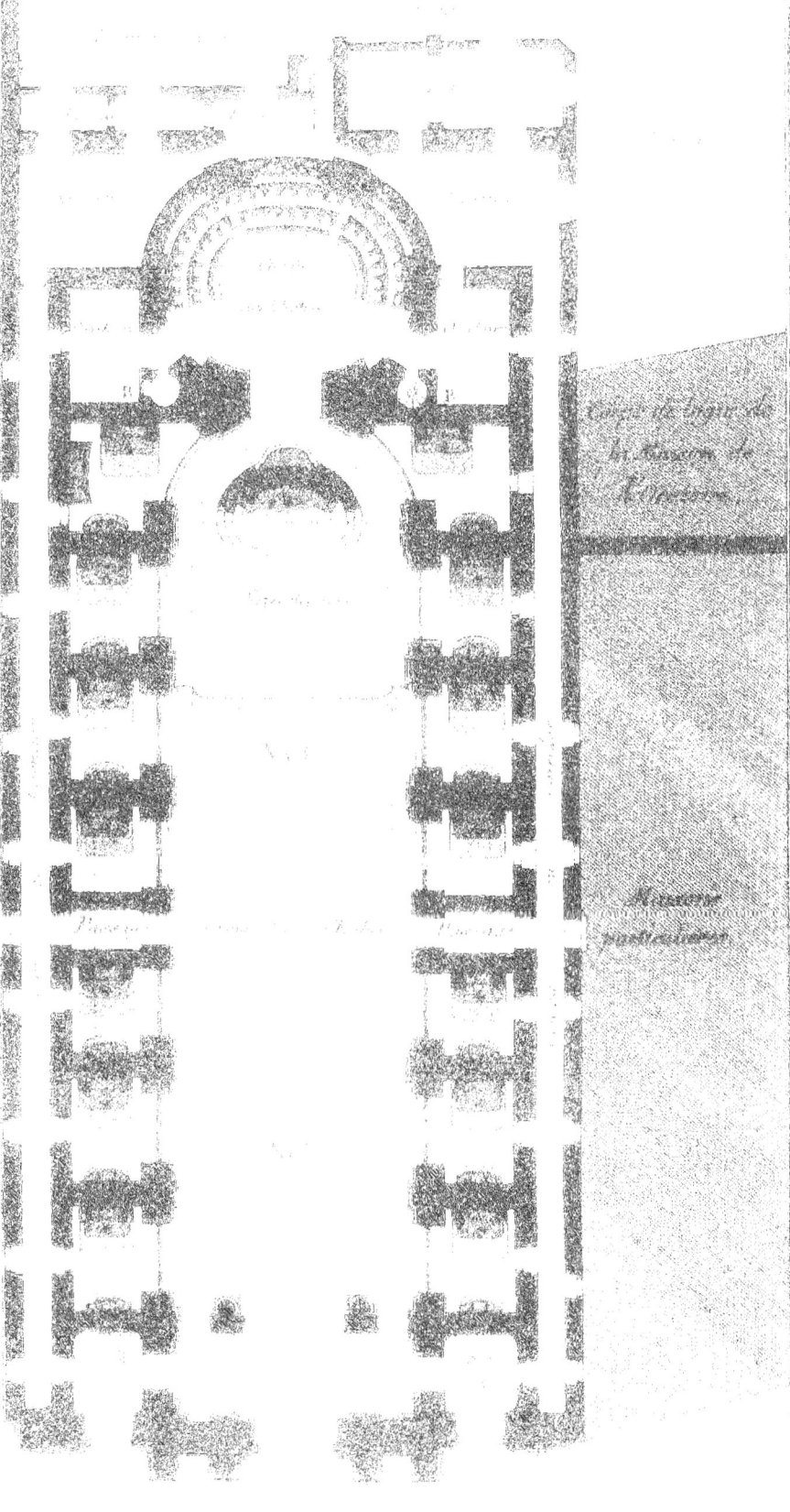

çois Manſard, aux Minimes, & Hardouin ſon neveu, au Château de Clagny, ont employés l'Ordre Compoſite ſur le Dorique, qui a la même dimenſion de dix ſur huit; mais il faut obſerver que l'Ordre Compoſite, dans ſon ordonnance, a quelque choſe de moins fragile que le Corinthien. Son chapiteau eſt plus mâle, & ſi cet Ordre peut être rangé au nombre des bons ouvrages des Romains, on doit préferer de le placer ſur le Dorique, lorſque quelque conſidération particuliere ne permet pas de faire uſage de l'Ordre Ionique.

Egliſe des Peres de l'Oratoire.

Nous avons remarqué ailleurs qu'il n'étoit que trop ordinaire de voir prendre pour modeles des ouvrages élévés de nos jours, quoique ſouvent ils ſoient peu refléchis, & qu'au mépris des monumens érigés dans un ſiecle plus heureux pour l'accroiſſement des Arts, la plûpart de nos Architectes formoient leur étude ſur nos édifices modernes. Sans doute le portail dont nous parlons a été imité d'après celui de S. Roch, dans l'Ordre Corinthien & Dorique, & ce n'eſt pas cependant ce qu'il y a le plus à approuver dans ce frontiſpice, ainſi que nous le remarquerons en ſon lieu.

Les deux demi-pilaſtres Corinthiens du grand entrecolonnement ſont dans le cas de ceux de deſſous, & par la même raiſon ils auroient dû être convertis en niches quarrées; par-là les piédroits de l'arcade auroient pû être moins péſans, au lieu que comparés avec ceux de la porte Dorique, ils préſentent un effet contraire à la delicateſſe de l'Ordre qui les reçoit; attention qu'un Architecte habile ne doit jamais négliger dans ſes productions.

Le fronton triangulaire eſt placé ici ſelon les régles de la convenance, & n'eſt point ſujet à des reſſauts trop ordinaires ailleurs. Les deux demi-pilaſtres qui font arrierecorps dans le retour, auroient pû former la naiſſance des arc-boutans, & ces demi-pilaſtres être ſupprimés; par-là toute la partie ſupérieure de ce frontiſpice auroit été plus pyramidale, & auroit procuré plus de galbe à ces mêmes arc-boutans, qui d'ailleurs ſont préférables dans leur ſimplicité aux conſoles renverſées qu'on remarque dans preſque tous nos portails, & qui ſont auſſi mal imaginées, que peu naturelles.

Toute la ſculpture de ce portail eſt d'une belle exécution; elle eſt de M^{rs}. *Adam le Cadet & Francin*, Sculpteurs du Roi. Cependant il faut obſerver en général que cette ſculpture eſt d'un travail trop recherché, & qu'elle eſt compoſée avec trop de mouvement, rélativement à la ſimplicité & au caractere grave de l'Architecture, auſſi-bien qu'à la convenance des ſujets. Les plus habiles Sculpteurs demandent à être conduits par celui qui doit avoir l'eſprit du tout, je veux dire, par l'Architecte. Sans cela leur ouvrage ſéparement eſt fort eſtimable, mais faute de talens & de connoiſſances de la part du chef du bâtiment, ces beautés de détail n'ont aucune analogie avec l'ouvrage entier; on n'y remarque plus d'uniſſon, & alors il vaudroit mieux que les boſſages, ou pierres d'attente, tinſſent lieu de ſculpture, ou que les Sculpteurs donnaſſent les deſſeins de la totalité, ce qui n'eſt pas ſans exemple.

CHAPITRE XI.

Description de la Maison de M. Rouillé, Ministre & Secrétaire d'Etat de la Marine, rue des Poulies, quartier S. Honoré.

Maison de M. Rouillé.

NOUS ignorons en quel tems cette maison fut bâtie dans son origine; ce qui est certain, c'est qu'elle fut restaurée & augmentée considérablement, vers 1732, sur les desseins de M. *Blondel* (a), Architecte du Roi. Comme le niveau du terrain sur lequel elle est bâtie, est inégal, le premier étage se trouve, à cinq pieds près, de plain pied avec le rez-de-chaussée du jardin, ainsi que nous le remarquerons dans son lieu.

Plan au rez-de-chaussée. Planche Premiere.

Les augmentations faites en 1732 sont ce qu'il y a de plus intéressant dans ce plan; elles consistent en un grand escalier, son vestibule, une salle à manger, des écuries, des remises, une basse cour, & dans quelques restaurations tendant à procurer des commodités pour le service des domestiques. L'escalier est doux, commode, spacieux, bien éclairé, décoré avec goût, & la rampe de fer d'un dessein très-élégant; enfin cet escalier répond à la magnificence des appartemens du premier étage.

Plan du premier étage. Planche II.

Les appartemens du côté du jardin sont distribués avec beaucoup de simétrie & de commodité; toutes les principales enfilades y sont observées avec soin, ce qui contribue à leur donner un air de grandeur & de régularité qui est toujours désirable dans la distribution d'un plan. Nous observerons aussi que la hauteur des planchers est bien en rapport avec le diamètre des pieces, & que toute la décoration intérieure de cet appartement est traitée avec beaucoup d'intelligence. On trouvera dans le septieme Volume la plus grande partie de ces décorations intérieures.

Les appartemens distribués sur les aîles du côté de la cour & sur le principal corps de logis du côté de la rue, sont aussi décorés avec goût. La bibliotheque entr'autres, est une piece intéressante par son plafond, la menuiserie, & la sculpture dont elle est décorée. Les ornemens qui la composent ne se ressentent point de la frivolité d'à présent, qui n'a guere pris faveur que depuis que ce bâtiment est élévé, & qui devroit être bannie pour toûjours, principalement lorsqu'il s'agit de la décoration des appartemens destinés aux personnes qui, par leur emploi & leur dignité, semblent exiger une ordonnance grave & réguliere.

Le jardin, peu considérable par son étendue, peut passer néanmoins pour un des plus agréables qu'on voye à Paris dans nos maisons particulieres. Un treillage circulaire orné de pilastres, accompagné de vases & de tilleuls de Hollande, forme une décoration très-ingénieuse dans la plus grande partie de ce jardin. Au fond est une piece d'eau (b), sur la tablette de laquelle est une statue d'Apollon exécutée par M. *Le Moine*, Sculpteur très-célebre. Plusieurs bosquets artistement distribués, un grand parterre (c) de broderie mêlée de gazon, un autre parterre de fleurs

(a) Voyez ce que nous avons dit de cet Architecte, T. II. pag. 114. Not. *a*.

(b) Le réservoir de cette piece d'eau est marquée A près de la bassecour des écuries. Planche II.

(c) Ce parterre n'est plus tel qu'il se voit dans cette Planche; mais comme cette piece est accessoire, on n'a pas jugé à propos de le donner comme il est aujourd'hui, étant composé de gazons, de tatissée, de mignardise & autres fleurs qui sont fort en usage à présent & préférables à la broderie dont on dessinoit anciennement les parterres.

procurent

procurent dans peu d'espace une très-agréable diversité. Enfin l'irrégularité du terrain y est corrigée d'une manière fort ingénieuse par quelques massifs de bois qui donnent de l'ombre & du couvert à la promenade. Dans l'un des côtés de ce jardin, on a conservé un ancien petit bâtiment détaché du principal corps-de-logis, & qui contient un appartement particulier (d).

Maison de M. Rouillé.

Elévation du côté du jardin. Planche III.

Cette élévation n'a qu'un seul étage ; elle a été construite à neuf dans le tems qu'on fit à ce bâtiment les augmentations dont nous avons parlé. Elle est composée d'un avant-corps percé de cinq portes croisées bombées, qui donnent sur une terrasse élevée de 5 pieds au-dessus du sol du jardin, dans lequel on descend par des perrons placés aux deux extrêmités de cette terrasse, qui est bordée de rampes de fer & soûtenue par des consoles de pierre accouplées formant encorbellement. Trois croisées, ou abajours, placés entre ces consoles, éclairent une partie des soûterrains qui sont pratiqués de niveau au rez-de-chaussée de la cour.

Nous remarquerons que les portes croisées de l'avant-corps sont trop élevées pour leur largeur ; mais comme elles président seules dans cette élévation, cette licence peut être plus permise que lorsque, dans un bâtiment à plusieurs étages, on n'observe pas un rapport direct entre la proportion des croisées supérieures & celle des inférieures ; car il est bon de faire attention que plus il y a d'ouvertures dans un bâtiment, plus on doit avoir de retenue sur leur proportion & de sévérité sur le choix de leur forme. Au reste on peut dire à l'avantage des croisées de cet avant-corps, que ce bâtiment étant couronné d'un entablement Corinthien, leur proportion svelte semble être autorisée ici d'autant plus volontiers que la saillie de la terrasse masque une partie de leur hauteur réelle. Cette considération auroit peut-être dû faire préférer de border cette terrasse d'une balustrade, au lieu d'un balcon de fer ; il est vrai qu'alors il auroit fallu supprimer les consoles en encorbellement, & pratiquer un mur d'échiffre vertical, ce qui auroit rendu cette ordonnance plus grave. Sans doute qu'on n'a pas cherché à donner ce caractere à l'élévation dont nous parlons, parce qu'appartenant à une maison particuliere, & donnant du côté du jardin, elle a paru exiger quelque élégance, plutôt qu'une Architecture plus imposante. Cependant nous ne pouvons nous dispenser de dire en général qu'il faut éviter, autant qu'il est possible, de faire usage des membres d'Architecture qui annoncent quelque fragilité ; que les formes simples & naturelles sont du ressort de tous les genres d'édifices, qu'à tous égards elles doivent être préférées, & qu'il suffit en pareille occasion de ne pas faire choix d'un caractere pésant pour donner l'idée du simple, ni d'une expression massive dans l'intention de composer une ordonnance mâle.

Je ne crains pas de l'avouer : les Anciens ont rencontré plus heureusement que nous cette noble simplicité dans leur Architecture. Leur composition & leurs ornemens n'avoient pour la plûpart rien de frivole & de hasardé ; imitons-les dans nos productions, préférons les formes naïves, souvenons-nous que la pierre veut être traitée avec fierté, que les déhors surtout doivent représenter un caractere de virilité, qui est la premiere condition dans l'art de bâtir. Par-là nous ramenerons insensiblement le vulgaire, & nous établirons des loix constantes & invariables, qui prouveront aux siecles à venir que nous avons sçû nous préserver des écarts dans lequels donne trop inconsidérement la multitude, qui ignorant ordinairement les préceptes, & manquant le plus souvent de jugement & de goût,

(d) Ce petit bâtiment est adossé à une autre maison dont la principale entrée donne dans le cul de sac de l'Oratoire ; cette maison à été cédée par M. Rouillé, à qui elle appartenoit, à M. le Marquis de *Beuvron*, son gendre, qui depuis quelques années la loue au Receveur Général des finances de Bordeaux.

Maison de M. Rouillé.

se laisse entraîner au torrent, sans pouvoir rendre compte de son opinion particuliere, ni des motifs qui la portent à blâmer dans un tems ce qu'elle avoit applaudi dans un autre.

Les croisées des arrieres-corps sont sans chambranles, ni bandeau; il semble qu'étant couronnées par le même entablement, elles auroient dû se ressentir de la richesse de celles de l'avant-corps. Ce prétendu repos nuit ici à l'unité, & auroit peut-être dû déterminer à convertir en plinthe la partie supérieure de la corniche qui continue sur ces arrieres-corps. Par la même raison la balustrade auroit pû aussi ne regner que sur l'avant-corps, ce qui auroit donné à cette façade un air pyramidal, un socle ayant suffi sur le plinthe proposé. Cependant cette refléxion, qui n'est pas sans fondement, nous conduit à une autre observation; c'est qu'alors l'étendue de ce bâtiment, qui est peu considérable, auroit été trop subdivisée, & comme nous avons recommandé ailleurs d'éviter les petites parties dans tous les genres d'édifices, on en peut conclurre que pour avoir conservé une uniformité d'ordonnance nécessaire à cette façade, il auroit fallu que les croisées des arriere-corps eussent la même richesse, ce qui se pouvoit faire sans obstacle en supprimant les corps des extrêmités de ce bâtiment: on auroit procuré par-là un espacement convenable pour la place des chambranles, & cette suppression n'auroit alteré ni la construction des parties anguleuses de l'édifice, ni la simétrie intérieure des appartemens. Voyez la Planche II.

Au reste les profils des corniches, ceux des chambranles, les balustrades, les ornemens, tout annonce dans ce bâtiment, d'une maniere satisfaisante, la capacité de l'Architecte & la route qu'on doit tenir dans ce genre de productions; car nous observerons que l'art de profiler en général, quoique très-essentiel dans l'Architecture, est fort négligé par la plûpart des nôtres. Cependant il doit être regardé comme une partie d'autant plus intéressante dans le bâtiment, qu'elle est presque la seule dans laquelle les Architectes puissent se signaler aujourd'hui où l'on est rarement dans le cas d'élever de grands édifices, qui par leur somptuosité, ayent de quoi dédommager en quelque sorte de la similitude des membres qui les composent. D'ailleurs dans tous les cas la maniere de bien profiler est trop importante pour la négliger, les beautés de détail devant concourir à l'embellissement des parties principales & celles-ci à celui des masses; car enfin c'est par ce parfait accord que les monumens du dernier siecle élévés par les *Mansards*, les *Le Veau*, les *Perrault*, &c. se sont si universellement attirés le suffrage des Connoisseurs & l'admiration de l'Etranger.

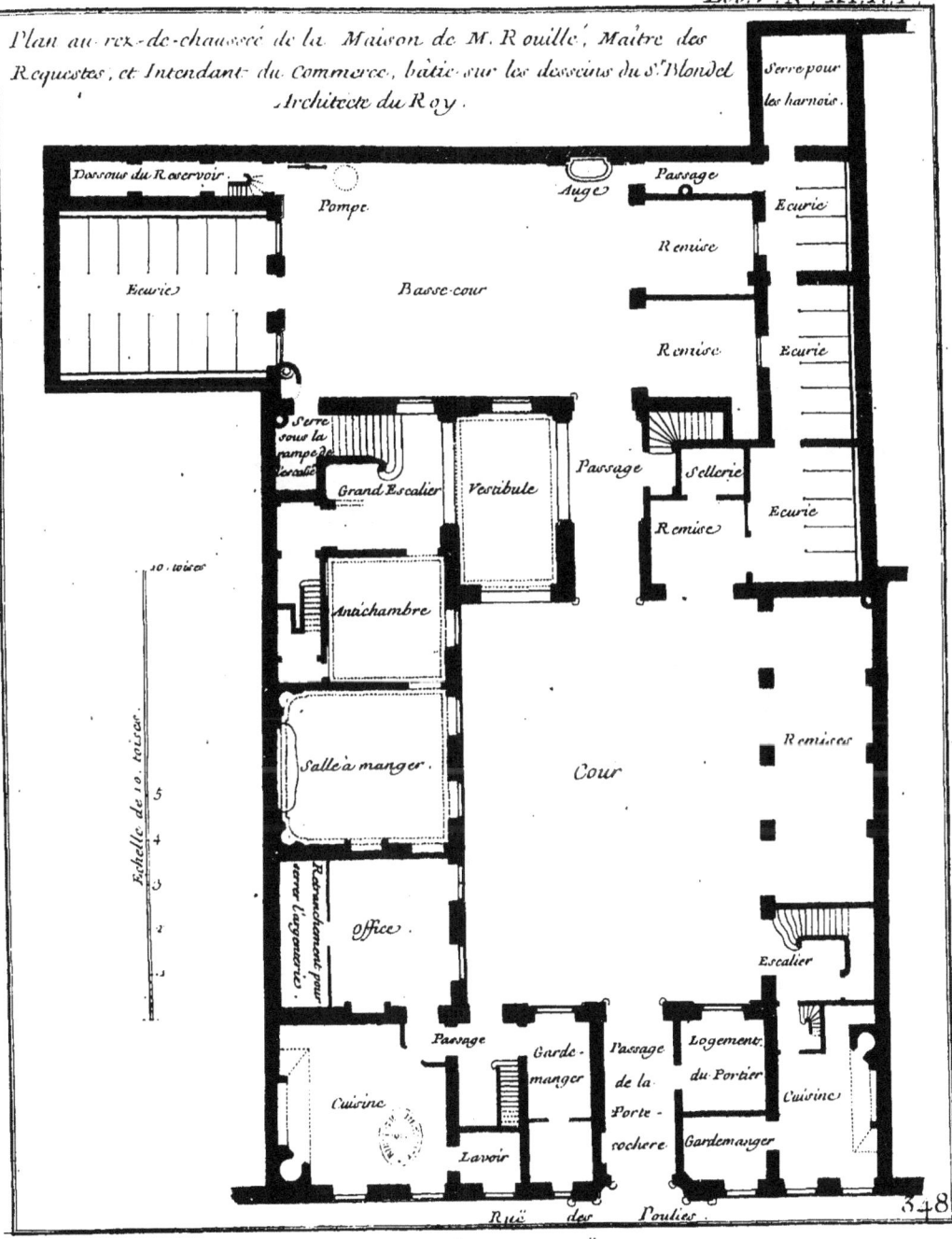

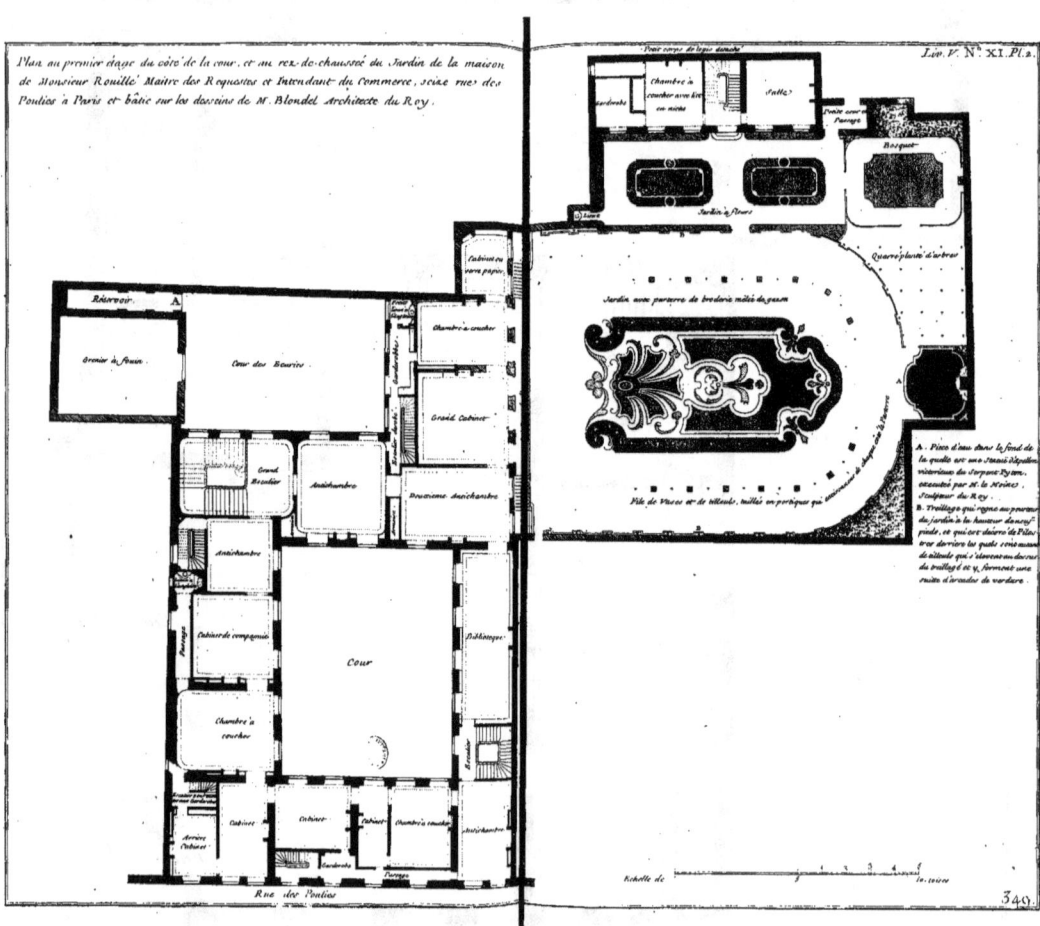

CHAPITRE XII.

Description de l'Eglise de S. Louis du Louvre, située rue S. Thomas du Louvre, quartier du Palais Royal.

CETTE Eglise fut anciennement érigée sous l'invocation de S. Thomas, Archevêque de Cantorbery ; c'est de-là que la rue dans laquelle elle fut élevée, a pris son nom. Elle fut, ainsi que son Chapitre, fondée par *Robert, Comte de Dreux*, l'an 1188. Comme elle menaçoit ruine depuis long-tems, le Roi accorda cinquante mille écus pour la rebâtir ; mais en 1739, (avant qu'on eut commencé à faire usage de la gratification de S. M.) dans le tems que les Chanoines étoient à l'office, l'Eglise écroula, & en ensevelit sept sous ses ruines. Ce funeste accident engagea M. *de Vintimille*, alors Archevêque de Paris, à y réunir le Chapitre de *S. Nicolas* (*a*) *du Louvre*. M. le Cardinal de Fleury chargea M. *Germain*, (*b*) Orfevre du Roi, de faire les desseins d'une nouvelle Eglise, qui vers 1740, fut commencée par les sieurs *Bonneau* & *Convers*, Entrepreneurs des bâtimens de S. M. Malgré les bienfaits du Roi, le Chapitre s'étant beaucoup endetté, M. *de Vintimille* se détermina à lui réunir encore celui *de S. Maur des Fossés*. Cette Eglise, aujourd'hui entièrement finie, & bâtie sous l'invocation de S. Louis, se nomme S. Louis du Louvre, & compose un édifice qui, dans ce genre, n'est pas un des moins intéressans qui se voyent à Paris.

Eglise de S. Louis du Louvre.

Plan du rez-de-chaussée. Planche Premiere.

La composition de cette Eglise en général est fort ingénieuse ; on remarquera peut-être un peu trop de mouvement dans certaines parties, mais M. *Germain*, doué d'un génie fécond, & voulant sortir des formes ordinaires, a préféré une sorte d'élégance à cette retenue du ressort des édifices sacrés, dont il a cru pouvoir s'écarter d'autant plus volontiers que le monument dont nous parlons ne peut guéres être considéré que comme une Chapelle particuliere. En effet toute cette Eglise est composée d'une seule nef de 37 pieds & demi de largeur dans œuvre, sur 59 pieds de longueur, & d'un sanctuaire dans lequel est placé le chœur des Chanoi-

---

(*a*) Cette Eglise eut aussi pour fondateur *Robert, Comte de Dreux*. Ce ne fut d'abord qu'un College, mais, en 1541, l'Evêque de Paris l'érigea en Chapitre. Aujourd'hui cette Eglise n'existe plus, & son terrain est occupé par divers Particuliers.

(*b*) *Thomas Germain*, nâquit à Paris le 15 Août 1673. Il étoit fils de Pierre Germain, Orfevre ordinaire du Roi, un des plus habiles hommes de son siecle. Il n'avoit que onze ans, lorsqu'il perdit son pere. A l'âge de treize ans il gagna une médaille à l'Académie. Ses heureuses dispositions lui méritèrent la protection de M. de Louvois qui l'envoya à Rome, où il resta plusieurs années. Après la mort de ce Ministre, il se mit chez un Orfevre de réputation, & il y devint si habile par l'étude des ouvrages des grands Maîtres qu'il copioit avec avidité, qu'il se vit en état de mettre au concours qui se fit pour la décoration de la Chapelle des Jésuites de Rome, & ses desseins furent agréés. En effet il exécuta les bas réliefs qui se voyent sur les piédestaux, & sur le rétable d'Autel de la même Eglise, & qui passent pour autant de chef-d'œuvres. Au bout de treize ans il quitta Rome, & voyagea pendant environ trois ans dans le reste de l'Italie. Enfin il revint à Paris, où il fut reçu avec distinction de Louis XIV qui l'employa, & lui accorda un logement au Louvre, avec une pension considérable.

Vers le commencement de ce siecle, il avoit bâti à Livourne une Eglise qu'on croit être celle des Arméniens. Il n'y a point de Cour dans l'Europe qui ne possede des ouvrages d'Orfévrerie de ce grand homme. Il portoit si loin la perfection de son Art, qu'il lui est arrivé plus d'une fois de recommencer un ouvrage, parce que les Ouvriers qu'il employoit, quoiqu'il choisît ce qu'il y avoit de plus habile, en avoient négligé quelque partie.

Aux talens qu'il avoit reçu de la nature pour sa profession, M. Germain joignoit une profonde connoissance du Dessein, de la Sculpture, & de l'Architecture. C'est ce qui engagea M. le Cardinal de Fleury & le Chapitre de S. Thomas du Louvre à lui demander des desseins pour l'Eglise qu'on vouloit ériger sur les ruines de l'ancienne. Non-seulement il se prêta à leurs désirs avec son désintéressement ordinaire, & même il en fit les modeles, mais il veilla encore avec un soin infatigable à sa construction, & à en faire exécuter sous ses yeux, par les plus habiles Sculpteurs, les principales parties de sa décoration. Enfin il eut la consolation de voir cette Eglise finie avant sa mort, ce qu'il avoit désiré avec le plus d'ardeur. Il mourut le 14 Août 1748, & fut enterré dans la même Eglise, dans laquelle, par reconnoissance, les Chanoines lui avoient accordé une Chapelle pour lui & pour sa famille.

Eglife de S. Louis du Louvre.
nes. Ce chœur a de largeur 30 pieds & demi fur 43 pieds & demi de profondeur. Au milieu eft placé le Maître-Autel, d'un deffein d'affez bon goût, compofé & exécuté par *Fremin*, premier Sculpteur du Roi d'Efpagne, qui l'avoit fait pour l'Eglife de *S. Maur des Foffés*, avant que fon Chapitre fut réuni à celui de l'Eglife de S. Louis dont nous faifons la defcription. Ce chœur eft fermé d'une grille baffe qui en laiffe découvrir la décoration; aux deux côtés de la nef font diftribuées quatre Chapelles, dont deux font actuellement finies, fçavoir celle E, dédiée à S. Thomas, & enrichie d'un tableau de M. *Pierre*, & celle F dédiée à S. Nicolas, & ornée d'un tableau de M. *Galloche*. La troifieme fera dédiée à S. Maur, & dans la quatrieme feront les fonds baptifmaux. Entre ces Chapelles font pratiqués deux renfoncemens; dans celui G M. *Le Moine* fait une Chapelle de la Vierge, que la famille de M. le Cardinal de Fleury fait décorer à grands frais, & pour laquelle le célebre Artifte dont nous parlons, fait une annonciation en bas-relief de marbre, accompagnée & enrichie d'ornemens de bronze. Dans celui H fera le tombeau du Cardinal de Fleury du cifeau du fçavant *Bouchardon* (c), dont les occupations on fufpendu jufqu'ici l'exécution de ce monument.

Plan pris au-deffus de l'entablement. Planche II.

Ce plan donne à connoître la forme variée du portail, comparé dans fa partie fupérieure avec fa partie inférieure. Il indique les reffauts de l'entablement & le plan des compartimens que forment les arcs doubleaux & les lunettes diftribuées dans la voute intérieure de cette Eglife, dont on verra la décoration dans les Planches fuivantes.

Elévation du portail, & coupe fur la largeur de cette Eglife. Planche III.

La Figure Premiere préfente le frontifpice de cette Eglife; il eft compofé d'un avant-corps en tour ronde, enrichi d'un Ordre de pilaftres Ioniques dont l'entablement eft modillonaire & couronné d'un fronton circulaire. Le milieu de cet avant-corps eft percé d'une porte bombée, furmontée d'une corniche, au-deffus de laquelle eft un bas-relief enfermé dans une niche quarrée qui regne dans toute la hauteur de l'Ordre. De chaque côté de cet avant-corps eft une tour creufe, qui vient racheter aux deux extrêmités de ce portail un pilaftre auffi Ionique, mais dont l'entablement eft denticulaire; fingularité fans doute imitée du portail de l'Eglife de *Sainte Elifabeth* (d), rue & proche le Temple, mais qui ne doit pas fervir d'autorité, parce que ces corniches diffemblables fur un Ordre commun, forment dans une même ordonnance une défunion de parties qui nuit aux maffes, principalement dans un édifice de fi peu d'étendue.

Dans les entre-pilaftres de ces tours creufes font des médaillons évuidés, fervant de croifées pour éclairer les efcaliers qui montent aux tribunes pratiquées dans les murs collatéraux de la nef. Ces médaillons, au nombre de trois de chaque côté, font liés enfemble par des branches de palmier en forme de trophées, qui font un fort bon effet, & qui ont été éxécutés par une main habile, auffi-bien que toute la fculpture de ce portail; le bas-relief du deffus de la porte eft du célebre M. *Pigalle*, & les ornemens font du fieur *Robillon*, qui a exécuté auffi ceux du dedans de l'Eglife, fous la conduite de M. *Germain*; ces ornemens peuvent être regardés comme autant de chefs d'œuvres dans leur genre.

Au-deffus de l'Ordre Ionique de ce portail s'éleve une efpece d'Attique, percé dans le milieu par un œil de bœuf, qui fait un effet affez médiocre dans ce deffein

(c) Voyez ce que nous avons dit de cet habile Sculpteur, Tome I. Chap. VIII.

(d) Voyez l'élévation perfpective de ce Portail, dans les *Delices de Paris*, Planche 89.

géométral

géométral; mais comme le plan de cette partie supérieure est en retraite de deux pieds (Voyez la Planche IV.) & que la rue S. Thomas est fort étroite, le point de distance n'est pas assez éloigné pour que cet œil de bœuf puisse s'appercevoir d'en bas.

Eglise de S. Louis du Louvre.

Dans ce frontispice sont pratiqués deux frontons circulaires; l'un contient un cartel, l'autre est seulement amorti d'une croix. Ces deux frontons dans le même portail ne sont peut-être pas ce qu'il y a de mieux à imiter, nous en avons discuté les raisons en parlant de S. Gervais, des Minimes, du Val-de-Grace, &c. D'ailleurs ces deux frontons circulaires sur un plan en tour ronde, forment un contraste condamnable. M. *Germain* avoit voyagé long-tems en Italie, il y avoit puisé le goût de *Michel-Ange*, du *Cavalier Bernin*, du *Boromini*, tous hommes à la vérité d'un génie rare & excellent, mais qui par la fécondité de leur imagination, sont souvent sortis des régles de l'Art pour produire des monumens d'une composition aussi singuliere que bisarre, entr'autres le Cavalier *Boromini*. Notre Artiste, plein de ces merveilles & d'après ces grands maîtres, s'étoit crû autorisé à les imiter dans ses productions, ce qui lui a quelquefois réussi dans sa profession, sans réfléchir néanmoins que ce qu'il avoit retenu de ces hommes illustres ne pouvoit pas toûjours s'employer dans l'Architecture & principalement dans nos bâtimens françois, ou du moins que les formes pittoresques ne peuvent être hasardées que dans de certaines occasions & dans de très-grands édifices, où la grandeur des masses fait souvent décider de la quantité des parties, aussi-bien que du choix de leur forme & de leur situation. Cette considération nous autorise à croire qu'en général on ne doit pas imiter les Anciens indistinctement, car on ne peut disconvenir qu'ils n'ayent fait usage de plusieurs licences qu'il n'appartenoit qu'à eux de mettre en œuvre, & qu'un homme de goût doit absolument éviter. En effet, quoiqu'il puisse arriver qu'un Architecte ait assez d'art pour rendre ces licences des fautes heureuses dans ses compositions, elles n'en sont pas moins un objet dangereux d'imitation pour ceux qui n'ont qu'une médiocre intelligence; imitation qui tend à les faire écarter insensiblement des régles de l'art & à apporter involontairement un déreglement dans l'Architecture.

La Figure deuxieme offre la coupe intérieure de cette Eglise, prise dans la Planche premiere sur la ligne AB. Cette coupe fait voir le côté du sanctuaire formant une tour creuse, le Maître-Autel, les arcs doubleaux & les deux renfoncemens G, H, dont nous avons parlé.

La voute de cette Eglise est pour la plus grande partie en charpente couverte de maçonnerie, & le reste en pierre, (Voyez la Planche quatrieme.) mais ces deux parties sont si bien accordées l'une avec l'autre, que cet artifice, mis en œuvre par économie, ne s'apperçoit pas d'en bas. Les compartimens qui décorent cette voute, quoiqu'un peu chargés d'ouvrage, peuvent être regardés comme un chef-d'œuvre. C'est ici que M. *Germain* a épuisé toutes les ressources de son Art, tant pour la beauté des formes, que pour l'élégance des contours. Enfin la Sculpture se trouve si bien mariée avec l'Architecture, & le choix des ornemens est si judicieux, que ce morceau seul feroit l'éloge de cet Artiste, si chaque production qui est sortie de ses sçavantes mains, n'étoit déja reconnue pour autant de merveilles.

A l'occasion de cette voute dont l'aspect frappe les moins éclairés, & où l'on peut dire que la sculpture est employée avec fermeté, sans rudesse, & exécutée d'une maniere moelleuse & recherchée, sans sécheresse, nous examinerons ici laquelle des deux, de la Peinture, ou de la Sculpture, doit être employée préférablement avec l'Architecture dans les voutes & les plafonds des édifices, sacrés, publics, ou particuliers.

Me sera-t'il permis d'avancer que la construction d'un édifice, formé d'une matiere solide & dont des voutes en pierre, ou supposées telles, terminent la partie

Tome III. R

66 ARCHITECTURE FRANÇOISE, Liv. V.

Eglife de S. Louis du Louvre. supérieure, semble exiger qu'on employe de la sculpture dans la décoration de leur plafond préférablement à la magie de la Peinture, quelque bien entendue qu'elle soit. Je sens bien que les amateurs de cet Art citeront pour exemples la plûpart des édifices de réputation exécutés en France & en Italie, qui sont tous décorés de peintures, & quelques autres dans lesquels on a employé alternativement la Peinture & la Sculpture ; mais indépendamment de beaucoup d'autres édifices que nous pouvons leur opposer, où la Sculpture seule préside, ne doit-on pas établir pour régle fondamentale que dans la construction des monumens consacrés à la posterité, la convenance doit avoir le pas sur tout ce que l'art a de plus séduisant ? Or la Sculpture, ayant pour base l'Architecture, n'annonce-t-elle pas plus de réalité que la Peinture ? Donc il est plus convenable d'employer l'art du Sculpteur que celui du Peintre, principalement pour l'embellissement des voutes, qui présentant toujours une construction solide, semblent devoir, pour se tenir en équilibre, n'être pas percées indistinctement à jour par des sujets aëriens qu'un Peintre habile affecte de représenter par des attributs célestes, lesquels, quoique estimables séparément, semblent donner une fausse idée du tout ensemble. Au reste cette refléxion proposée ici ne fait pas loi, & quoique dans des conférences publiques, dans lesquelles nous avons plus d'une fois agité cette question, elle ait été goûtée de quelques-uns, nous laissons aux hommes éclairés & impartiaux à la décider, observant néanmoins que la nécessité de n'admettre dans nos productions rien que de vraisemblable, semble exiger qu'on y fasse quelque attention.

Coupe sur la longueur de l'Eglise, prise dans la Planche Premiere sur la ligne CD.
Planche IV.

Cette coupe donne à connoître la décoration intérieure d'un des côtés de l'Eglise vûe sur sa longueur. Un grand Ordre de pilastres Corinthiens, couronné d'un entablement régulier, orne tout le pourtour de ce monument au rez-de-chaussée. Cet Ordre Corinthien est d'une proportion très-régulière, & ses chapiteaux faits à l'imitation de ceux de l'intérieur du Val-de-Graces, que M. Germain a pris pour modeles, comme un des plus parfait dans ce genre. La nef est décorée dans son milieu d'une grande arcade, dans laquelle on érige la chapelle de la Vierge. Cette arcade simétrise avec celle qui lui est opposée, qui contiendra le tombeau du Cardinal de Fleury. A côté de cette grande arcade, dans de plus petits entre-pilastres, sont d'autres arcades renfermant des chapelles particulieres dont nous avons parlé ci-devant, au-dessus desquelles sont des tribunes qui ne laissent pas que de contribuer à contenir un plus grand nombre de personnes, cette Eglise étant peu spacieuse. Le chœur est aussi décoré de pilastres Corinthiens, au bas desquels regne seulement un lambris, où sont adaptées les stalles. Vers le milieu se voit la coupe du Maître-Autel qui est isolé & décoré à la Romaine.

Cette Eglise est fort éclairée, ainsi qu'on peut le remarquer par les vitraux pris dans la voute, & quoique d'une grandeur inégale, ils ne péchent en rien contre la simétrie, leurs opposés étant semblables & paroissant assujettis à l'ordonnance de dessous.

Nous finirons cette description en remarquant qu'à l'exception des formes tourmentées du portail, le plan de ce monument, les décorations intérieures, la distribution des ornemens, l'élégance des contours, les attributs, les allégories & enfin le goût exquis qui regne dans plusieurs de ses parties, sont autant d'exemples à imiter, malgré ce que la jalousie de quelques-uns en a publié jusqu'ici, dans l'opinion où ils sont, qu'il suffit de s'être décoré du titre d'Architecte pour être infailliblement, & que tous ceux qui n'en exercent pas ouvertement la profession, ne peuvent mériter quelque estime.

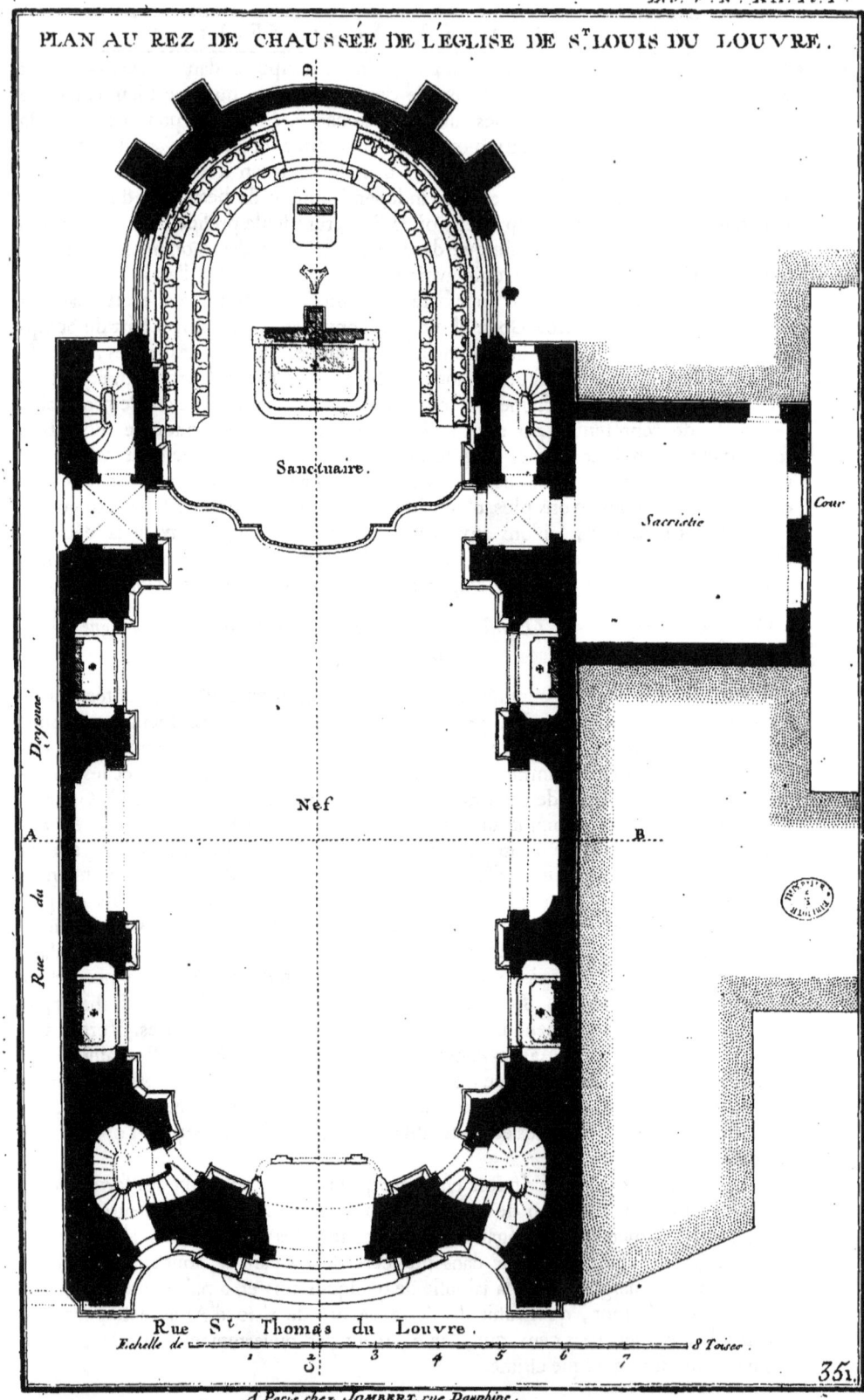

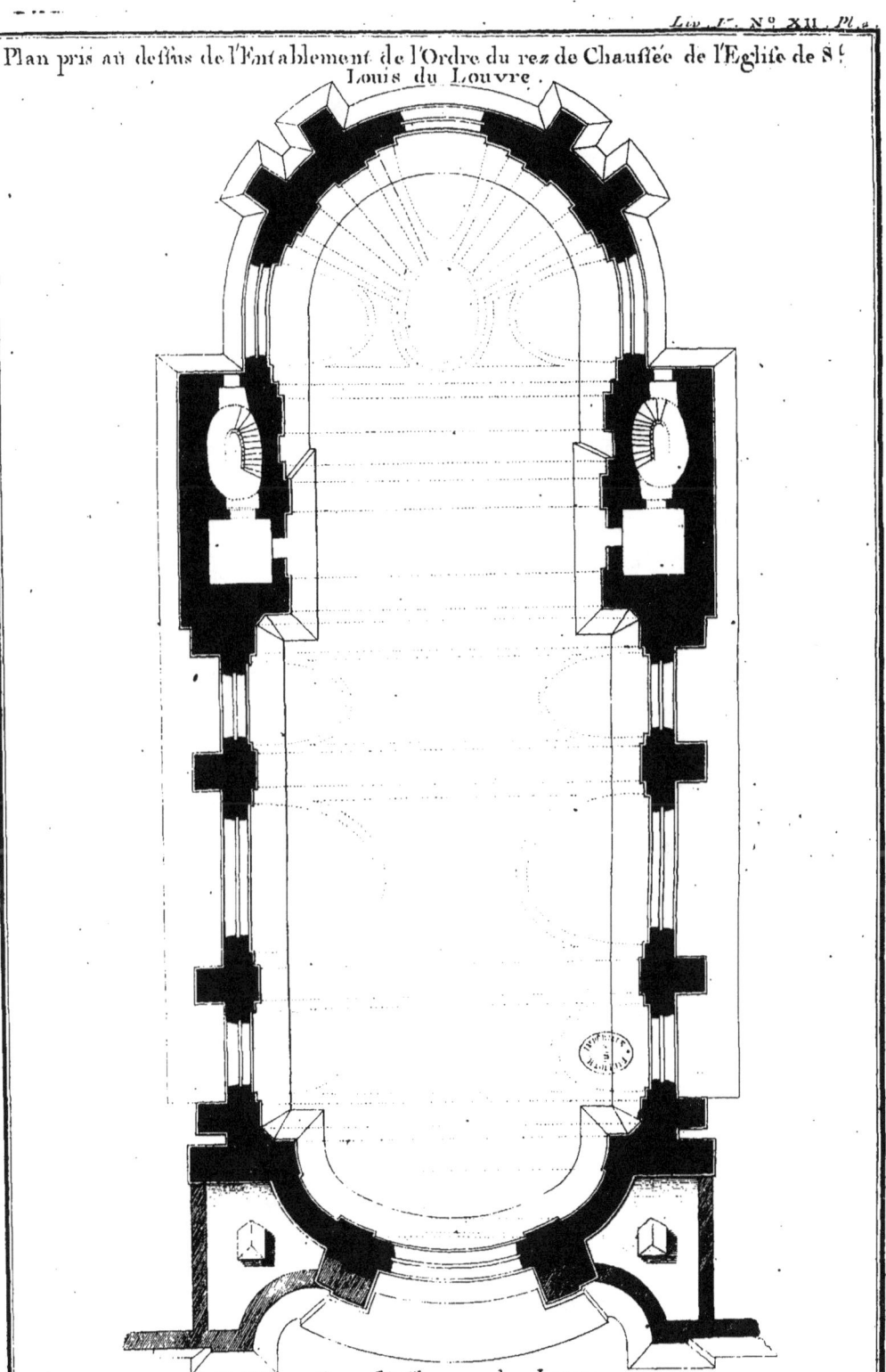

CHAPITRE XIII.

Description des bâtimens de la Bibliotheque du Roi, rue de Richelieu; de la Bourse, rue Vivienne; & de la Compagnie des Indes, rue neuve des Petits-Champs.

OBSERVATIONS GENERALES

SUR CES DIFFERENS BATIMENS.

ON trouvera sans doute plusieurs parties négligées dans la distribution du plan de la Bibliotheque que nous donnons ici, & on sentira sans peine que la communication des différentes pieces qui sont du ressort d'un pareil édifice, auroit pû être mieux entendue, & disposée d'une maniere plus rélative à leurs besoins; mais indépendamment qu'il ne fut pas primitivement érigé pour y placer la Bibliotheque du Roi, il est bon d'observer que les corps-de-logis qui le composent, ont été élévés à différentes reprises & pour divers usages. De-là le peu de rélation qu'on y remarque, quoiqu'on en doive naturellement exiger beaucoup dans un bâtiment de l'espece de celui dont nous parlons, principalement lorsque le projet est composé exprès, & qu'il est confié à la capacité d'un homme intelligent. Cependant, malgré les irrégularités que nous sommes obligés d'avouer dans la disposition générale de cet édifice, nous avons crû devoir l'inférer dans ce recueil dont l'objet est de présenter aux amateurs les différens genres de bâtimens civils élévés dans cette Capitale, avec d'autant plus de raison d'ailleurs, que ce monument contient la plus belle collection de livres, de médailles, & d'estampes qui soit en Europe.

<small>Bibliotheque du Roi.</small>

Ces bâtimens composoient anciennement une partie de l'Hôtel *Mazarin*, échu en partage au *Duc de Nevers*: ils en porterent le nom pendant long-tems. Dans la suite le Roi en fit l'acquisition, & on y plaça la banque. En 1721, Sa Majesté ordonna, par un Arrêt de son Conseil, qu'on transportât sa Bibliotheque (*a*) dans

---

(*a*) Notre objet n'est pas de donner ici l'histoire détaillée de cette Bibliotheque, mais de parler d'une maniere succinte des divers accroissemens qu'elle a reçu sous les différens regnes de nos Rois. Les personnes qui seront curieuses de Mémoires historiques concernant cette immense collection, trouveront de quoi se satisfaire amplement dans la premiere Partie du Catalogue des Livres de la Bibliotheque du Roi, publiée en 1739, & imprimée à Paris à l'Imprimerie Royale. C'est de ce Catalogue, qui aura environ 20 volumes *in-folio*, que j'ai tiré l'extrait que je vais donner, M. *Melot*, l'un des Gardes de cette Bibliotheque, ayant bien voulu m'en communiquer le premier Volume.

Plusieurs Auteurs attribuent l'origine de cette Bibliotheque à *Charlemagne*, mais on croit plus communement qu'elle est dûe au Roi *Jean*, qui laissa à *Charles V.* son fils, un petit nombre de livres, que celui-ci augmenta jusqu'à 910 volumes. Ce qu'il y a de certain, c'est que, vers 1373, cette Bibliotheque fut placée dans une des tours du Louvre, sous la garde de *Gilles Mallet*, Valet de Chambre de ce Prince.

Après la mort de ce Roi elle fut dispersée, & la plus grande partie des livres qui la composoient fut emportée en Angleterre par le Duc de *Betfort*, alors Régent du Royaume pour les Anglois.

Louis XI, vers l'an 1475, forma une nouvelle Bibliotheque, qui à la faveur de l'Imprimerie inventée dans

ce tems s'accrût beaucoup, sous la garde de *Laurent Palmier*.

Charles VIII, son fils, y joignit les livres de la Bibliotheque de Naples qu'il avoit fait apporter en France après la conquête de ce Royaume.

Deux Princes de la Maison d'Orléans, *Charles d'Orléans*, & *Jean*, Comte d'Angoulême, formerent deux Bibliotheques, l'une à Blois, l'autre à Angoulême.

Louis XII réunit ces deux Bibliotheques à Blois, & les augmenta considérablement, desorte que cette collection devint l'admiration de la France & de l'Italie, sous la garde de *Jean de La Barre*.

François I, vers 1544, incorpora cette Bibliotheque à celle qu'il avoit commencé de former à Fontainebleau sous la garde de *Matthieu Labissé*, & qui étoit composée de manuscrits Grecs & Latins & de ceux des Princes de la Maison de Bourbon. Il paroît qu'il négligea d'y inférer les livres imprimés de son tems, car dans les Catalogues que nous avons de cette Bibliotheque, on ne trouve que 200 vol. imprimés, en y comprenant ceux de la Bibliotheque de Blois. *François I* créa en faveur de *Guillaume Budé*, une charge de Bibliothécaire en chef, sous le titre de Maître de la Librairie, nom qui se donne encore dans les provisions à ceux qui sont pourvûs de cette place. Cette garde dans la suite fut confiée à *Pierre Du Châtel*.

Henri II, successeur de *François I*, ordonna, vers

ARCHITECTURE FRANÇOISE, Liv. V.

Bibliotheque du Roi. cet Hôtel, de forte qu'aujourd'hui on le nomme Bibliotheque du Roi, ainsi qu'on le remarque par une inscription sur la porte d'entrée, rue de Richelieu, conçûe en ces termes :

BIBLIOTHEQUE DU ROI.

On a joint dans le plan du rez-de-chauffée de cette Bibliotheque celui des bâ-

1556, aux Libraires de fournir à la Bibliotheque du Roi un exemplaire de tous les livres qu'ils imprimeroient avec privilege, ce qu'on avoit négligé jusques-là. Pierre Du Chatel fut confervé par Henri II. Pierre de Montdoré lui fucceda.

Cette Bibliotheque refta languiffante fous Henri III, & ne fut augmentée que des livres imprimés avec privilege. Après *de Montdoré*, ce fut *Jacques Amiot*, qui fut Maître de la Librairie. Il fe fit un plaifir de procurer aux Sçavans l'entrée de la Bibliotheque. Après fa mort, arrivée en 1593, ce fut *Jacques-Augufte de Thou* fi célébre par l'Hiftoire de fon tems.

Henri IV, vers 1595, fit tranfporter à Paris la Bibliotheque de Fontainebleau, tant à caufe des troubles qui divifoient alors le Royaume, que parce que la plûpart des Sçavans n'étoient pas à portée d'en jouir commodement, & il la fit placer au Collège de Clermont. Vers le même tems on y joignit la Bibliotheque de *Catherine de Médicis* compofée de 800 manufcrits fort rares & la plûpart Grecs, fous la garde du Préfident *de Thou*, qui avoit fuccédé à *Augufte de Thou*, fon pere. En 1604 cette Bibliotheque fut tranfportée dans une grande falle du cloître des Cordeliers, fous la garde d'*Ifaac Cafaubon*, qui en fut chargé jufqu'à la mort de *Henri IV*.

Sous *Louis XIII*, elle fut enrichie de manufcrits Syriaques, Turcs, Arabes, Perfans, &c. fans compter les livres imprimés avec privilege. Elle fut alors, du cloître des Cordeliers, tranfportée rue de la Harpe, au-deffus de Saint Cofme, dans une grande maifon, près de ces Religieux. On y diftribua les livres dans le rez-de-chauffée & dans le premier étage, ce qui la fit appeller la haute & la baffe Librairie.

C'étoit alors *Nicolas Rigault*, qui, fous la minorité de *François de Thou*; fils aîné du Préfident, exerçoit la charge de garde de la Librairie ; mais l'ayant quittée en 1635, il fut remplacé par Mrs. *Pierre & Jacques Dupuis*, parens de M. *de Thou*, qui fut Maître de la Librairie jufqu'en 1642, où il fut décapité.

Sous *Louis XIV*, en 1643, M. *Jerôme Bignon* fucceda à M. *de Thou* ; il conferva Mrs. *Dupuis* dans la place de gardes de la Bibliotheque, & il fit recevoir Jerôme Bignon, fon fils, en furvivance de Maître de la Librairie. Aux Sieurs Dupuis, qui moururent l'un en 1651, & l'autre en 1656, fucceda *Nicolas Colbert*, nommé en 1661 à l'Evêché de Luçon ; il céda fa place à M. *Colbert* fon frere, Sur-Intendant des bâtimens du Roi.

La Bibliotheque étoit toûjours dans la rue de la Harpe, & ne contenoit qu'à peu près 16746 volumes, tant manufcrits qu'imprimés. On y ajoûta dans la fuite & après la mort du *Cardinal Mazarin*, les manufcrits de *Brienne*.

En 1666, M. *Colbert* fit tranfporter cette Bibliotheque de la rue de la Harpe dans la rue Vivienne, & la fit placer dans deux maifons qui lui appartenoient, & qui étoient près de fon Hôtel. En 1667, on y joignit le cabinet des médailles & les livres qui étoient au Louvre, le recueil d'eftampes de l'Abbé *de Marolles* en 224 volumes, que le Roi venoit d'acheter, & qu'il gardoit dans fon cabinet, le tombeau de *Childeric*, les manufcrits du *Cardinal Mazarin*, & une infinité d'autres livres, tant de France que des Pays étrangers ; deforte

que pendant l'efpace de huit années cette Bibliotheque augmenta du double ; car felon une lettre de M. *de Thou*, Ambaffadeur, Petits-fils du Préfident, écrite à M. *Pierre de Carcavi*, garde de la Bibliotheque du Roi, on voit qu'elle contenoit 30000 volumes. (Voyez cette lettre page 33 du Mémoire hiftorique fur la Bibliotheque du Roi, dans la premiere Partie du Catalogue imprimé en 1739, dont nous avons déja parlé.) Nous rapporterons point ici une infinité d'acquifitions qui depuis ce tems ont contribué à l'augmentation de cette Bibliotheque. Nous remarquerons feulement que *Louis XIV*, en 1681, vint la voir accompagné des Seigneurs de fa Cour, & qu'il honora de fa préfence une des affemblées de l'Académie des Sciences, qui fe tenoient alors dans cette Bibliotheque.

Après la mort de M. *Colbert*, arrivée en 1683, M. *de Louvois*, Sur-Intendant des bâtimens, exerça la même autorité que fon prédeceffeur, & l'Abbé *Gallois* fuccéda à M. *Carcavi*. Après M. *Gallois*, ce fut *Nicolas Clement*, enfuite *Melchifedec Thevenot*, qui fut commis à la garde de la Bibliotheque, & M. *Clement* travailla au Catalogue de cette immenfe collection. M. *de Louvois* fongeoit alors à loger cette Bibliotheque à la Place de Vendôme, que l'on bâtiffoit en 1687 (Voyez la Note (a) du Chap. XXI. de ce volume) mais la mort de ce Miniftre arrivée en 1691, fit évanouir ce projet. Ce fut M. l'Abbé *de Louvois*, qui fut nommé à fa place maître de la Librairie, & M. *Clement*, dont nous venons de parler, reprit fa fonction de garde, que *Melchifedec Thevenot* venoit de quitter. Après la mort de M. *Clement*, arrivée en 1712, cette place fut donnée à M. l'Abbé *de Targni*.

La magnificence de *Louis XIV*, la protection qu'il fe fit gloire d'accorder aux beaux Arts & aux Sciences, contribuerent le plus à rendre cette Bibliotheque une des plus nombreufes de l'Europe. A la mort de ce Prince, arrivée en 1715, elle renfermoit 70000 volumes.

Sous la minorité de *Louis XV*, M. le Duc *d'Orléans*, Régent du Royaume, n'épargna rien pour la rendre encore plus complette.

Tant de nouvelles acquifitions firent bientôt connoître que les deux maifons de la rue Vivienne ne fuffifoient plus pour contenir cette Bibliotheque. Du tems de M. l'Abbé *de Louvois*, on s'étoit propofé de la tranfporter dans la grande gallerie du Louvre ; mais l'arrivée de l'Infante d'Efpagne, qui devoit demeurer dans ce Palais, dérangea ce projet. Ce ne fut qu'en 1721 que M. l'Abbé *Bignon*, qui avoit fuccédé à M. l'Abbé *de Louvois*, engagea M. le Duc *d'Orléans* à la placer à l'Hôtel de Nevers, rue de Richelieu, où avoit été la banque, & où elle paroît être fixée d'une maniere ftable. Cette Bibliotheque contient actuellement plus de 150000 volumes, y compris 40000 manufcrits, & comme nous l'avons déja obfervé, elle eft compofée d'une infinité de livres très-rares & d'un très-grand prix, dont néanmoins nous ne parlons point dans cet extrait, le Catalogue de cette fameufe Bibliotheque, qu'on imprime actuellement, en faifant mention, & ce détail ne nous ayant déja mené que trop loin.

C'eft de cette Bibliotheque que nous donnons ici les plans, dans la defcription defquels nous aurons occafion

timens

timens connus sous le nom de la *Compagnie des Indes* & *de la Bourse* (*b*), dont l'un a sa principale entrée dans la rue Neuve des Petits-Champs, l'autre dans la rue Vivienne, parce que ces trois édifices appartiennent au Roi, & sont liés de manière que nous avons crû faire plaisir de les rendre publics ; d'ailleurs la *Compagnie des Indes* & la *Bourse* ont formé long-tems l'autre partie du Palais Mazarin.

Ces deux derniers bâtimens, quant à leur distribution, sont dans le cas du précédent, c'est-à-dire, que n'ayant pas été originairement érigés pour les usages auxquels ils sont destinés aujourd'hui, il leur manque beaucoup de commodités, & ils ne présentent que très-imparfaitement l'idée qu'on doit se former de pareils édifices, dont l'objet principal est d'être spacieux, d'avoir de grandes cours aërées, & dont les bâtimens soient peu élevés, des issues aisées, des dégagemens, des magasins, des bureaux, des galleries pour les différentes communications & pour le service public, enfin une décoration extérieure qui annonce des monumens dignes de la Capitale qui les renferme. Nous remarquerons, à propos de ceux-ci, qu'il semble qu'en France on n'apporte pas assez d'attention à l'édification des bâtimens publics. Presque tous ceux qui se voyent à Paris méritent le même reproche ; la Monnoie, le Grand Conseil, l'Arsenal, l'Hôtel de Ville, nos Jurisdictions, sont autant d'édifices à ériger à neuf. Nous n'avons point de bains publics, si utiles dans une grande ville, & si faciles à pratiquer à la faveur de la riviere qui passe au milieu. Nos théatres sont petits, leurs issues trop serrées ; point d'Hôpital pour les malades, qui soit situé d'une manière convenable ; point de greniers publics pour la provision d'une ville si peuplée : point de carrefours : la plûpart des ruës trop étroites, aucune sévérité pour leur alignement, très-peu de belles fontaines, des marchés mal percés, des halles, des ports la plûpart fort négligés, un grenier à sel trop peu spacieux, nos écoles, nos Académies mal distribuées. Enfin, si l'on excepte quelques Eglises, deux ou trois Places publiques, quelques grands Palais, la promenade des Thuilleries, celle du Luxembourg, & un assez grand nombre d'Hôtels, cette Capitale, la rivale des plus grandes & des plus belles villes de l'Europe, ne se manifeste guéres par la magnificence de ses monumens. D'ailleurs ceux qu'elle renferme n'étant pas annoncés par des avenues directes qui en présentent le coup d'œil aux Etrangers ; ils leur échappent en quelque sorte, & sont presqu'autant d'édifices en pure perte pour qui n'est pas citoyen ; de maniere que toutes les Nations qui voyagent parmi nous, n'emportent le plus souvent qu'une idée très-imparfaite de notre Architecture & de l'opulence de nos bâtimens.

Il est vrai qu'on se dispose à décorer cette grande Ville de plusieurs beaux

---

de parler du cabinet des estampes, de celui des médailles, des globes, &c. ainsi nous finirons cette légère description, en disant que c'est aujourd'hui M. *Bignon*, Maître des Requêtes, de l'Académie Françoise, & Honoraire de celle des Inscriptions & Belles Lettres, Neveu de M. l'Abbé *Bignon*, qui en est Bibliothécaire.

Il a sous lui plusieurs Sçavans chargés des différens départemens de cette Bibliotheque. Feu M. *de Boze*, l'un des Quarante de l'Académie Françoise, & de celle des Inscriptions & Belles Lettres, avoit la Garde du cabinet des médailles & des antiques ; elle est aujourd'hui confiée à M. l'Abbé *Barthelemi*, qui lui a succédé dans cette place. M. l'Abbé *Sallier*, Professeur Royal en Hébreu, de l'Académie des Inscriptions & Belles-Lettres, l'un des Quarante de l'Académie Françoise, & M. *Melot* de l'Académie des Inscriptions & Belles Lettres, ont la garde des manuscrits & des livres imprimés. M. l'Abbé *Joly*, celle du cabinet des estampes, planches gravées, poinçons, matrices, caracteres, papiers, &c. Il y a de plus des personnes de Lettres attachées à cette Bibliotheque,

sçavoir, M. l'Abbé *Alary*, Mrs. *Crebillon* & *Duclos* ; M. l'Abbé *de la Bleterie*, &c. Les Interpretes des Langues Orientales sont Mrs *Armain*, *Fourmont*, *le Roux des Hauterayes*, *de Guignes*, & *Bernard*. Pour les Langues Allemande, Suedoise & Danoise, M. *Winslow*, & pour les Langues Italienne & Espagnole, M. l'Abbé *Blanchet*.

(*b*). On a pris soin dans cette planche de graver par trois différentes tailles, les diverses distributions de ces bâtimens ; tout ce qui est rempli à deux tailles, compose les bâtimens au rez-de-chaussée de la Bibliotheque. Tout ce qui est gravé à une seule taille, comprend les bâtimens de la Compagnie des Indes, & tout ce qui n'est rempli que par une taille très-légere, indique la distribution du plan de la Bourse, non compris ce que tous ces differens genres de bâtimens contiennent au premier étage, dont on n'a pas donné les distributions sur la Planche II, à l'exception du plan de la Bibliotheque, qui fait l'objet le plus intéressant de ce Chapitre.

édifices. On éléve actuellement une Ecole Militaire, l'Hôpital des Quinze-Vingt se continue, on se propose d'ériger une nouvelle place publique, on va construire un Hôtel de Ville, on projette une place devant S. Sulpice, une grande rue & de vastes bâtimens sont commencés devant Notre-Dame; tous ces monumens embelliront Paris considérablement, & seront sans doute dans la suite autant de raisons pour déterminer à faire élever les édifices qui nous manquent. Mais je crois devoir faire observer qu'avant que de les entreprendre, il faut absolument élargir la plus grande partie des rues, procéder à leur alignement avec plus de circonspection, & ne pas regarder comme une chose indifférente de laisser à certains Propriétaires la liberté d'élever des façades d'une décoration triviale, telles qu'il s'en construit tous les jours dans les plus beaux quartiers de cette Ville, où à côté d'un édifice considérable, on bâtit des maisons, dont la plûpart de nos Provinces ne souffriroient pas l'exécution hors des portes de leurs bourgades.

Plan du rez-de-chaussée. Planche Premiere.

Comme cette planche contient trois genres d'édifices réunis ensemble, ainsi que nous venons de l'observer, nous allons en parler séparement pour ne pas confondre leur différente destination.

Distribution au rez-de-chaussée des bâtimens de la Compagnie des Indes.

Tout ce qui regarde la Compagnie des Indes est exprimé ici par une seule taille un peu forte, & ne contient que le rez-de-chaussée, composé d'une cour principale, de deux cours particulieres & d'un jardin peu spacieux. Le Directeur des bureaux de la Compagnie a son logement dans les bâtimens de la cour marquée O, tant au rez-de-chaussée, qu'au premier étage. Cette cour a son issue principale par la rue Neuve des Petits-Champs, aussi-bien que la cour P, qui lui sert de communication avec la cour principale, laquelle a aussi sa porte d'entrée par la même rue. Cette porte est en tour creuse, décorée d'un Ordre Dorique avec des colonnes engagées. Son ordonnance, d'assez bon goût & ornée d'une sculpture intéressante, est du dessein de M. *Molet*, Architecte, qui a bâti l'Hôtel d'Evreux, que nous donnons, Chapitre XXXII.

L'intérieur de cette cour principale est entouré de bâtimens à plusieurs étages, à l'exception du côté de la rue qui n'en a qu'un seul. La décoration extérieure de ces bâtimens est d'une Architecture fort indifférente, quoique cet Hôtel fut anciennement la demeure du Cardinal Mazarin; les appartemens du rez-de-chaussée sont occupés par des bureaux d'escompte du comptant & du dividend, par le trésor, par la caisse, quelques magazins, un vestibule, deux grands escaliers & un corridor qui dégage de part & d'autre dans le bâtiment de la Bourse. Le premier étage, que nous ne donnons point ici, s'étend & communique dans les appartemens qui environnent les cours O, P, & est composé de plusieurs bureaux, de quelques grandes salles d'assemblée, de cabinets, de dépôts & de logemens pour les chefs des differens départemens de cette Compagnie.

Comme ces distributions n'ont pas été faites à l'usage d'un bâtiment de l'espece de celui dont nous parlons, on n'y trouvera pas ces commodités, cette élégance & cet espace qu'il semble exiger. Cependant, ainsi que nous l'avons remarqué plus haut, il nous a paru qu'il n'étoit pas inutile de donner cet édifice tel qu'il est à présent, surtout ayant eu soin d'écrire sur cette planche le nom des principales pieces, pour en indiquer l'usage & la destination; desorte qu'avec le local qu'on trouve ici, on peut, en se soumettant aux régles de l'Art & à la

partie de la distribution qui fait aujourd'hui un des mérites essentiels de notre ma- Bibliothe-
niere de bâtir, composer un édifice dans le même genre, mais plus convenable que du Roi.
à ses besoins & plus conforme aux principes de la bonne Architecture.

Distribution au rez-de-chaussée des bâtimens de la Bourse.

Ces bâtimens consistent principalement en un grand préau ou jardin, pratiqué dans une cour assez spacieuse. Ce préau est planté d'arbres, sablé & garni de bancs de pierre. Dans une partie des bâtimens qui environnent ce préau, est distribué un péristile à un seul étage, couvert en terrasse & percé d'arcades toutes ouvertes au rez-de-chaussée, afin de s'y mettre à couvert en cas de pluye. Ces galleries sont interrompues dans un des angles de cette cour, la Compagnie des Indes, qui est logée fort à l'étroit, ayant eu besoin de cette partie de gallerie à laquelle elle communique, aussi-bien que dans le préau, par la porte marquée Q, pour y faire un magasin ou dépôt pour le castor.

Ces galleries qui semblent avoir été érigées depuis peu d'années, sont d'une décoration assez bien entendue ; mais je remarquerai que pour avoir voulu éviter la dépense des colonnes, & procurer cependant beaucoup d'air à ces péristiles, on a pratiqué des arcades en plein ceintre de huit pieds de largeur ; séparées & soutenues par des piédroits de 25 pouces de largeur sur 18 d'épaisseur qui paroissent trop fragiles, malgré leur solidité réelle ; tant il est vrai que la vraisemblance est d'une nécessité indispensable dans la construction des édifices. Cependant, malgré cette considération, j'ai crû devoir faire observer cet exemple, non comme une autorité à suivre indistinctement, mais comme une construction la plus légere qu'il soit possible de mettre en œuvre dans ce genre, eù égard au poids des balustrades, des planchers & des combles en terrasse que ces portiques soutiennent, & qui tendant à pousser au vuide, ne se démentent point depuis qu'ils sont élevés ; desorte que si d'un côté l'ordonnance paroît contraire aux principes de la décoration, de l'autre cette hardiesse rélative à la nécessité & à l'œconomie, fait honneur à l'industrie de l'Entrepreneur.

A l'une des extrêmités de ce péristile est un perron marqué R, par lequel on entre à découvert dans une premiere piece servant de bureau, & dans la gallerie de la Bourse, qui anciennement étoit une des galleries du Cardinal Mazarin. Cette gallerie a été interrompue sur sa longueur pour procurer quelques bureaux à la Compagnie des Indes, qui par ce moyen a une issue libre dans cette Bourse par une antichambre commune à ces bureaux & à la gallerie. La décoration de cette derniere consiste en une ordonnance d'Architecture & de Sculpture de rélief, accompagnée de peintures à fresque faites par *Grimaldi Bolognese*. On remarque de la pureté dans les profils de l'Architecture de cette gallerie, du choix dans les compartimens, & une assez grande quantité de figures de marbre, dont quelques-unes sont antiques, mais la plûpart si mutilées qu'elles n'intéressent que foiblement. On voit dans le bureau qui occupe une des extrêmités de cette grande piece, aussi-bien que dans l'antichambre, la même décoration dont nous venons de parler, d'où il est aisé de concevoir la dégradation de ce monument, qui à bien des égards, meritoit d'être conservé.

L'entrée principale de la Bourse donne du côté de la rue Vivienne ; elle s'ouvre le matin certains jours de la semaine, aux Marchands & aux Banquiers, pour le commerce de l'argent & des billets. Cette espece de bâtiment s'appelle assez communément *Place*, à Lion *Loge* ou *Change*, à Londres, à Anvers, à Amsterdam, *Bourse*, mais par ces différens noms on entend toûjours des édifices destinés aux mêmes usages. Ces bâtimens, comme nous l'avons déja remarqué, doivent être situés avan-

Bibliotheque du Roi. tageufement, avoir des iſſues libres & commodes pour le dégagement des équipages, des cours d'une certaine grandeur, des veſtibules ou des périſtiles couverts, des galleries, des bureaux, enfin une promenade particuliere, s'il eſt poſſible, en obſervant que ſi l'on bâtit dans un lieu vaſte, ces bâtimens ſoient, autant que faire ſe peut, tous pratiqués au rez-de-chauſſée, pour procurer un accès plus facile aux différentes perſonnes que le commerce met en liaiſon les unes avec les autres.

Diſtribution au rez-de-chauſſée des bâtimens de la Bibliotheque du Roi.

La cour de cet édifice eſt aſſez conſidérable, mais ſa proportion vicieuſe & le peu de ſimétrie de ſes bâtimens ne peuvent être autoriſés. Les piédroits marqués A annoncent cependant qu'on avoit voulu continuer un mur de ſéparation pour diviſer ſa grande longueur, & faire un jardin de la plus grande partie, & une cour principale de la plus petite ; mais la décoration diſſemblable de ſes murs de face eſt un défaut qui ne peut ſe tolerer dans un édifice d'importance, à moins que, comme nous l'avons déja obſervé, la néceſſité de faire de cette maiſon un bâtiment public, en attendant une occaſion plus favorable, ne puiſſe ici ſervir d'excuſe. Auſſi ſans avoir égard aux défauts que nous ſerions obligé de remarquer dans ce bâtiment, par rapport à l'ordonnance, la ſimétrie, la proportion & la diſtribution, nous nous attacherons ſeulement à donner une idée des differens départemens qui ſont néceſſaires à une Bibliotheque, & dont la plus grande partie ſe trouve dans ce bâtiment avec beaucoup de grandeur & de magnificence.

Tout ce rez-de-chauſſée eſt deſtiné à différentes piéces ſervant à des bureaux, magaſins, atteliers, & à d'autres uſages du reſſort d'un bâtiment de cette eſpece. Deux grands eſcaliers marqués B, C, précédés de veſtibules, montent au premier étage & ſont ſitués de maniere que chacun communique à l'extrêmité des galleries, dans leſquelles ſont placés les livres, au premier étage. Les pieces D renfermoient ci-devant les cabinets des eſtampes, mais ils viennent d'être diſtribués en entreſols (c) au-deſſus des pieces marquées E, & l'on y monte par l'eſcalier F. Ces pieces D contiennent aujourd'hui les preſſes, les papiers d'impreſſion, les doubles des épreuves, &c.

(c) Voyez la diſtribution de ces cabinets donnée ſéparément Figure II. ſur la planche dont nous parlons, & leur développement intérieur dans la planche IV, coupe F, où ces pieces ſont marquées A. Ces cabinets, comme nous l'avons déja obſervé, ſont ſous la garde de M. l'Abbé Joly, homme de beaucoup de mérite & d'une affabilité dont il ſeroit à ſouhaiter que toutes les perſonnes chargées de dépôts ſemblables fuſſent honorées. Ils contiennent 4000 volumes diviſés en 12 claſſes, dans leſquelles ſont compris les eſtampes du cabinet de M. de Marolles, acquiſes par le Roi en 1667, celles du cabinet de M. le Marquis de Beringhen, acquiſes par le Roi en 1730, celles du cabinet de M. de Guigneres, léguées au Roi en 17.. Ces claſſes ſont déſignées par autant de lettres de l'Alphabet.

La premiere claſſe, ou lettre A, comprend les œuvres des Peintres, Sculpteurs, Architectes, Ingénieurs, Graveurs, & des recueils d'eſtampes en livres, ou en portefeuilles rélatifs aux œuvres.

La ſeconde claſſe, ou lettre B, contient des livres d'eſtampes de piété, de morale, emblêmes & deviſes ſacrées.

La troiſieme claſſe, ou lettre C, contient des livres qui traitent de la fable & des antiquités Grecques & Romaines, &c.

La quatrieme claſſe, ou lettre D, renferme des livres qui traitent de la généalogie, chronologie, blaſon & armoiries, médailles & monnoyes.

La cinquieme claſſe, ou lettre E, comprend des fêtes publiques, entrées de villes, cavalcades, tournois & carouſels qui ſe ſont donnés en divers pays.

La ſixieme claſſe, ou lettre F, contient des pieces qui traitent de la Géométrie, des machines, des Mathématiques, des exercices militaires de terre & de mer, & d'autres pieces touchant les arts & métiers.

La ſeptieme claſſe, ou lettre G, contient quelques romans & porte-feuilles de facéties, plaiſanteries & bouffoneries.

La huitieme claſſe, ou lettre H, contient des livres d'Anatomie & autres parties de l'Hiſtoire naturelle. *On a fait un Catalogue à part, ſuivant le ſyſtême de Tournefort, des volumes de plantes peintes en mignature, attendu qu'ils augmentent d'année en année.*

La neuvieme claſſe, ou lettre I, eſt formée par une ſuite de porte-feuilles de Géographie.

La dixieme claſſe, ou lettre K, contient une ſuite de porte-feuilles remplis de pieces Topographiques gravées ou deſſinées à la main.

La onzieme claſſe, ou lettre L, comprend une collection de portraits, diviſée par pays.

La douzieme & derniere claſſe, ou lettre M, contient un recueil de modes, ou d'habillemens de la Monarchie Françoiſe depuis Clovis.

Les

Les pieces marquées G, H, font les atteliers occupés ci-devant par M^rs. *Nattoire* & *Boucher*, & aujourd'hui par M^rs. *Pierre* & *Restout*, Peintres de S. M. & de l'Académie Royale de Peinture & de Sculpture. Les pieces I servent de bureaux, c'est où l'on compose les Catalogues, où se tiennent les Commis, Scribes, &c.

Dans l'une de ces pieces on a vû pendant long-tems les modeles des differens bâtimens faisant l'objet de l'Architecture Navale(*d*), exécutés sous la conduite de M. *Duhamel*, & qui actuellement sont transportés au Louvre, attenant l'Académie des Sciences.

La piece K est une Chapelle où l'on dit la Messe seulement les Dimanches & les Fêtes. Sa décoration est fort simple, elle est, ainsi que toute cette aîle de bâtiment, voutée en ceintre surbaissé avec des arcs doubleaux, soûtenus à leur naissance par de fort grosses corniches d'un profil très pésant, mais correct. (Voyez la coupe d'une de ces pieces marquée B dans la Planche III.) La piece qui précede cette Chapelle est une antichambre qui a sa principale issue par le passage L, qui donne entrée à tout cet édifice, & dont la porte, qui est d'une assez belle ordonnance, est placée rue de Richelieu.

La piece marquée M fut construite en 1731, pour y placer deux globes composés & exécutés par le Pere *Coronelli*, qu'on a vûs long-tems à Marly, & qui furent consacrés à *Louis le Grand* par le *Cardinal d'Estrées*. Ces globes, qui ont 11 pieds 11 pouces & demi de diamétre, seront placés de maniere que les pieds & un des hemispheres doivent être vûs dans la hauteur de la piece dont nous parlons, & l'autre hemisphere dans la piece de dessus, les planchers étant percés circulairement & horizontalement (*e*), afin que ceux qui voudront examiner ces globes, puissent les voir commodement; mais depuis qu'on les a apportés de Marly, ils sont restés encaissés, & ne sont point encore exposés à la vûe des Connoisseurs, quoique *Butterfield* ait construit de grands cercles de bronze de 13 pieds de diamétre, qui en sont les horizons & les méridiens, lesquels sont déposés séparement dans la piece marquée S, attenant la Chapelle. Sans doute on ne privera pas encore longtems le public d'une curiosité si peu commune, & qui ayant coûté tant de dépense, mérite bien qu'on en rende l'accès facile. Cette piece est éclairée aux deux extrêmités par des croisées qui donnent sur des cours particulieres, dont les murs peu élevés procureront une lumiere favorable à l'étude qu'exige cet examen important.

Les bâtimens dont nous venons de parler, sont terminés à gauche par la rue Colbert, qui traverse de la rue de Richelieu dans la rue Vivienne. De l'autre côté de cette rue, est un bâtiment particulier appartenant à S. M. dans le premier étage duquel est placé le cabinet des médailles, auquel on monte par l'escalier N. Nous parlerons de ce cabinet en expliquant la planche suivante; nous dirons seulement ici que pour rendre ce cabinet de plain-pied avec la Bibliotheque, au premier étage, on a voûté un grand arc en plein ceintre dans la rue Colbert. Cet arc procure une communication de niveau à ces deux bâtimens. Dans la même rue, & à côté de ce petit bâtiment en est un autre servant de logement pour M. l'Abbé *Joly*, garde du cabinet des estampes, pour M. l'Abbé *Barthelemi*, garde du cabinet des médailles, & pour M. *de la Cour*, Trésorier de la Bibliotheque du Roi.

Le logement de M. *Bignon*, Maître des Requêtes & Bibliotequaire de S. M. est compris dans les bâtimens qui environnent la cour T. Cette cour a sa principale entrée par la rue Neuve des Petits-Champs, & une communication avec la cour V, qui dégage par l'escalier F, servant à monter au cabinet des estampes, & qui donne dans le vestibule du grand escalier B, qui conduit à la Bibliotheque.

(*d*) Nous parlerons de ces modeles dans le Chapitre I. du Quatrieme Volume, en décrivant le Louvre.

(*e*) Voyez l'intérieur de ces pieces marqué A dans la coupe, Planche III.

Bibliotheque du Roi. Ces bâtimens contiennent auſſi des appartemens pour M. l'Abbé *Sallier* & M. *Melot*, gardes de la Bibliotheque du Roi, pour M. *Le Febvre*, qui en eſt le Sécrétaire, &c.

Plan du premier étage de la Bibliotheque du Roi. Planche II.

On arrive au premier étage par le grand eſcalier A (marqué B dans le plan du rez-de-chauſſée). Cet eſcalier eſt ſpacieux, commode & bien éclairé. Le plafond a été peint, a ce qu'on m'a aſſuré, par M. *Dullin*, Peintre, frere de l'Architecte, dont nous avons parlé, Tome I. pag. 215, note *b*. Ce qu'il y a de certain, c'eſt que cet ouvrage de peinture eſt d'une grande maniere ; mais on en a ſi peu de ſoin, qu'à peine y voit-on les beautés de détail qu'il contient. Au reſte la décoration des murs de cet eſcalier eſt aſſez bien entendue, quoique ſimple, elle eſt entiérement de maçonnerie. Cette conſidération, comme nous l'avons déja remarqué plus d'une fois, auroit dû faire ſupprimer les ſujets coloriés dans ſon plafond pour y ſubſtituer des griſailles, ou de la Sculpture, parce qu'ordinairement les ſujets peints & coloriés font tache & ſe découpent trop ſur des murs d'une matiere blanche ; il faudroit alors les peindre en marbre de couleur, ou les conſtruire réellement de cette matiere, ce qui coûteroit conſidérablement & rendroit ces ſortes de pieces d'une magnificence qui exigeroit dans les appartemens une richeſſe prodigieuſe, qui ne convient que dans les Palais des Rois & rarement dans les édifices publics.

De cet eſcalier on entre dans une premiere grande gallerie de neuf croiſées de face, de-là dans un ſallon de quatre croiſées, & enfin dans une autre gallerie formant deux retours d'équerre, & qui eſt éclairée par trente-trois croiſées. Toutes ces ouvertures donnent ſur la cour, & ſur les murs oppoſés ſont diſtribués des corps d'armoires dans toute la hauteur du plancher. Cette hauteur eſt diviſée par un balcon en ſaillie, qui continue horizontalement dans toute la longueur de cette Bibliotheque ; deſorte que par de petits eſcaliers marqués *, on eſt à portée de tous les livres qui y ſont arrangés avec beaucoup d'ordre, & qui ſont communiqués au Public avec une politeſſe & une complaiſance qui fait honneur à la Nation Françoiſe (*f*).

A l'égard de l'ordre des matieres, les livres de Théologie occupent la premiere piece marquée B ; ceux de Juriſprudence, les deux pieces C, D ; ceux d'Hiſtoire, le retour E : ceux des ſciences & arts, la moitié de la gallerie F : dans l'autre partie ſont diſtribués les livres concernant les belles lettres.

La porte G donne entrée au cabinet des médailles ; mais, comme le ſoin de ce riche dépôt regarde M. l'Abbé *Barthelemi*, on y entre communément par l'eſcalier N, qui donne dans le bâtiment particulier dont nous avons parlé en expliquant la Planche précédente. Ce cabinet, qui en 1684 avoit été tranſporté à Verſailles, & qui en 1748 fut rapporté ici, fait aujourd'hui une des principales curioſités de la Bibliotheque du Roi (*g*). Cette piece eſt très-bien décorée par

---

(*f*) Nous avons déja dit que c'étoit M. l'Abbé *Sallier* qui avoit la garde des livres imprimés & des manuſcrits. Nous remarquerons ici que c'eſt lui qui a l'attention de ſe trouver les Mardis & les Vendredis à la Bibliotheque, & qui ſecondé par Mrs. *Capronier*, *Boudot*, *Mallin*, &c. y fait diſtribuer au public, par des perſonnes qui lui ſont ſubordonnées, tous les livres qu'on demande, ſoit pour les lire, ſoit pour en prendre par écrit ; deſorte que par le bon ordre & la décence qui regnent dans cette Bibliotheque, (qui à plus d'un titre peut être appellée le Temple des Sciences, des Arts & du goût,) on a la liberté d'y étudier avec recueillement ces deux jours de la ſemaine, depuis neuf heures du matin juſqu'à midi.

(*g*) Pour donner une légere idée de ce cabinet, nous rapporterons ici ce que M. l'Abbé *Barthelemi*, garde du cabinet des médailles, a bien voulu nous communiquer ſur ſon origine, ſon accroiſſement, &c.

Gaſton, Duc d'Orleans, avoit donné au feu Roi une ſuite de médailles Imperiales en or, & comme M. Colbert s'apperçût que S. M. ſe plaiſoit à conſulter ces reſtes de l'antiquité ſçavante, il n'oublia rien pour ſatisfaire un goût ſi honorable aux lettres. Par ſes ordres & ſous ſes

un lambris enrichi de Sculpture, dont les principaux ornemens sont dorés. Cette menuiserie renferme des tableaux peints par M^{rs}. *Vanloo, Natoire* & *Boucher*. Dans les trumeaux de cette piece sont distribuées des tables de marbre d'un plan chantourné qui soûtiennent des médailliers de menuiserie dorée, dans lesquels sont arrangées & distribuées dans des tiroirs les différentes suites des médailles d'or, d'argent, & de bronze, qui composent cette riche collection.

Les portes H doivent donner entrée au cabinet des globes, lorsqu'ils seront en état d'être rendus publics. Celle I donne sur un second grand escalier marqué O, dont nous avons parlé, pour le dégagement de la Bibliotheque, mais dont la communication n'est libre, sans doute, que lorsque quelque personne de la premiere considération vient visiter ce vaste édifice, & qu'on ne veut pas lui donner la peine de retourner par l'escalier A. Cet escalier O est assez bien éclairé, doux, commode & terminé avantageusement dans sa partie supérieure par une belle corniche ornée de Sculpture, & par une calotte en voute surbaissée.

La gallerie marquée K, de 23 toises deux pieds sur trois toises quatre pieds, est destinée aux manuscrits; on l'appelle communément *Gallerie Mazarine*, parce qu'elle faisoit anciennement partie de l'Hôtel Mazarin, étant placée au-dessus de celle dont nous avons parlé, en décrivant le plan du rez-de-chaussée de la Bourse. Cette gallerie est éclairée par huit croisées en voussure, lesquelles sont ornées de coquilles dorées. En face de chaque croisée est une niche aussi ornée de coquilles, & dont la surface est peinte de païsages par *Grimaldi Bolognese*, mais qui sont masqués aujourd'hui par les corps de tablettes qui reçoivent les manuscrits. Le plafond de cette gallerie est de la plus grande beauté; il fut peint à fresque, vers 1651, par *Romanelli*, qui y a représenté divers sujets de la fable, avec un goût de dessein exquis & une vigueur peu commune. Ces sujets coloriés sont distribués dans differens compartimens très-bien entendus, mêlés de médaillons ornés de camayeux & soûtenus par des figures & des ornemens feints de stuc, d'une beauté, d'une entente & d'une vérité qui n'ont de rivales que le plafond du Château de Vincennes, que l'on prétend même avoir été peint par *Romanelli*. En un mot on ne peut trop

auspices, M. *Vaillant* parcourut plusieurs fois l'Italie & la Grece, & en rapporta une infinité de médailles singulieres. On reunit plusieurs cabinets à celui du Roi: & des Particuliers, par un sacrifice dont des curieux seuls peuvent connoître l'étendue, consacrerent volontairement dans ce dépôt ce qu'ils avoient de plus prétieux en ce genre. Ces recherches ont été continuées dans la suite avec le même zele & le même succès. Le cabinet du Roi a reçu des accroissemens successifs, & l'on pourroit dire à present qu'il est au-dessus de tous ceux qu'on connoit en Europe, s'il ne jouissoit depuis long-tems d'une réputation si bien meritée.

Cette immense collection est divisée en deux classes principales: l'Antique, & la Moderne. La premiere comprend plusieurs suites particulieres, celle des Rois, celle des Villes Grecques, celle des familles Romaines, celle des Empereurs, & quelques-unes de ces suites se subdivisent en d'autres relativement à la grandeur des médailles & au métal. C'est ainsi que des medailles des Empereurs, on a formé deux suites de medaillons & de médailles en or; deux autres de medaillons & de médailles en argent; une cinquieme de medaillons en bronze; une sixieme de médailles de grand bronze; une septieme de celles de moyen bronze; une huitieme enfin de médailles de petit bronze. La moderne est distribuée en trois classes, l'une contient les médailles frappées dans les differens Etats de l'Europe, l'autre les monnoyes qui ont cours dans presque tous les pays du monde, & la troisieme les jettons. Chacune de ces suites, soit dans le moderne, soit dans l'antique, est par le nombre, la conservation & la rareté des pieces qu'elle contient, digne de la magnificence du Roi & de la curiosité des Amateurs.

Au-dessus du cabinet des medailles, on trouve celui des Antiques. C'est-la qu'on voit le tombeau de *Childeric Premier*, Roi de France, découvert à Tournai, l'an 1653, & deux grands boucliers d'argent destinés à être suspendus dans des temples. Le premier, du poids de 42 marcs, fut trouvé en 1656 dans le Rhone, & represente l'action memorable de la continence du jeune Scipion. Le second, qui pese un marc de plus, fut decouvert en 1714 sous terre dans le Dauphiné, & l'on croit avec beaucoup de probabilité qu'il appartenoit à Annibal: le cabinet des Antiques renferme encore un très-grand nombre de figures, de bustes, de vases, d'instrumens des sacrifices, de marbres chargés d'inscriptions, & enfin tous les monumens de cette espece qu'on a pû rassembler avec choix & avec goût.

M. le Comte de Caylus vient tout recemment d'enrichir ce cabinet de nombre d'antiquités Egyptiennes, Etrusques, Grecques & Romaines en bronze, qu'il avoit rassemblées avec beaucoup de soin, & dont il a donné au public un recueil contenant 26 planches, sans les vignettes & les culs de lampes. Ce recueil est accompagné de dissertations & de notes d'un stile clair, développé & plein d'une très-profonde érudition. Nous n'entreprendrons point l'éloge de cet illustre amateur, ses lumieres, son amour pour les Arts & pour le bien public, étant au-dessus de tout ce que nous pourrions dire ici.

inviter les Connoisseurs à visiter ce chef-d'œuvre de peinture, & quoiqu'il y ait environ un siecle qu'il est exécuté, & que son entretien soit assez négligé, il conserve encore toute sa fraicheur, & nous donne la plus haute idée du peintre célébre à qui nous le devons. Cette gallerie, comme nous l'avons dit, ne contient que des manuscrits, & n'est pas publique ; mais l'affabilité de M. *Melot*, qui en a particuliérement la garde, & qui en fait actuellement le Catalogue, laisse voir aux amateurs ce chef-d'œuvre avec une complaisance digne de l'amour qu'il porte aux beaux Arts.

La piece L appartient à la Bourse : on y arrive par l'escalier M qui n'a aucune communication avec le bâtiment que nous décrivons. Les pieces N servent aussi de dépôt pour les manuscrits, lesquels, comme nous l'avons observé, se montant à quarante mille volumes, ne peuvent tous être contenus dans la grande gallerie. Les plus grandes de ces pieces sont voutées en maçonnerie, & ces voutes sont ornées de peintures dans le genre de celles qu'on remarque au grand escalier A. Enfin celles du côté de la grande cour servent de passage pour parvenir à la gallerie, qui auroit dû naturellement avoir son issue par l'escalier O, & dans la grande Bibliotheque par deux portes qui auroient pû être percées vers *a b*, si la piece L ne faisoit pas partie des départemens de la Bourse.

La distribution des bâtimens que nous venons de décrire dans leur état actuel, prouve assez ce que nous avons dit au commencement de ce Chapitre, en remarquant que cet édifice n'étoit recommandable que par le local & par la nombreuse collection qu'il renferme ; car à le considérer du côté des dégagemens, des issues & des communications, il s'en faut bien que cette distribution puisse servir d'autorité pour un bâtiment de l'espece de celui dont nous parlons ; mais certainement on ne peut disconvenir qu'au moins, avec les préceptes de la bonne Architecture & les indications que nous avons données ici, cet édifice ne puisse amener à une composition plus heureusement entendue.

La décoration extérieure des bâtimens dont nous venons de donner les plans, n'est pas traitée avec plus de succès que la distribution. L'ordonnance de la plus grande partie des façades est irréguliere, elles n'ont pour la plûpart aucune analogie entre elles ; c'est pourquoi nous n'en donnerons que deux élévations dans ce Chapitre, encore avertirons-nous que c'est moins dans l'idée de présenter aux yeux des Artistes une Architecture bonne à imiter, que pour donner à connoître l'étendue de ce monument, qui par son immensité a dequoi étonner ceux qui ignorant les régles de l'Architecture, sont naturellement portés à l'admiration en voyant un édifice d'une grandeur extraordinaire.

Elévation du fond de la cour, avec les coupes des deux grandes aîles de bâtiment, prises dans le plan du rez-de-chaussée sur la ligne X Y. Planche III, Figure Premiere.

L'ordonnance de cette façade est composée de deux arriere-corps & d'un avant-corps ; celui-ci est décoré de deux Ordres de pilastres, l'un Ionique, l'autre Composé. Cet avant-corps a trop peu de rélief, ses extrêmités sur sa largeur sont trop maigres, n'ayant qu'un pilastre, au lieu qu'on pouvoit l'accoupler sans relargir la dimension de cet avant-corps ; car n'ayant aucune sujettion par rapport aux dedans, il pouvoit être disposé plus heureusement. D'ailleurs on peut observer que l'Ordre Ionique est trop court par rapport à celui de dessus. Nous avons remarqué dans bien des occasions que les Ordres supérieurs devoient avoir un demi-diamétre de moins que les inférieurs, ici au contraire, l'Ordre Composé a un module de plus. Cette irrégularité vient sans doute de ce que la hauteur de ces étages a été assujettie à d'anciens bâtimens qui n'étoient pas destinés extérieurement à recevoir des Ordres ;

car il eſt aiſé de remarquer par les murs de face de la coupe B du côté de la cour, que le rez-de-chauſſée ayant la proportion d'un ſoubaſſement, il ne devoit pas comprendre dans ſa hauteur un Ordre Ionique, qui comparé avec l'Ordre de deſſus, ne pouvoit avoir avec lui aucune analogie.

Bibliotheque du Roi.

La forme des croiſées du premier étage, ornées de bandeaux & accompagnées de larges piédroits, préſente une Architecture vicieuſe. Ces piédroits diſputent de largeur avec les pilaſtres, & les formes en plein ceintre doivent être deſtinées aux portes & non aux croiſées. D'ailleurs il faut préférer en général aux ouvertures en plein ceintre les impoſtes, les chambranles, ou les bandeaux. On peut encore remarquer que la proportion de ces croiſées eſt trop ſvelte, le ſocle, ou la retraite, qui ſoûtient l'Ordre Compoſé étant trop peu élevé. Cette retraite, qui doit avoir une hauteur d'appui dans tous les cas, auroit nourri l'ordonnance de cet étage, racourci l'Ordre que nous avons trouvé trop élevé, & procuré une meilleure proportion aux ouvertures de cet étage. Le rez-de-chauſſée de cet avant-corps, pris ſéparement, eſt mieux entendu, à l'exception des piédroits, qui ſont beaucoup trop larges comparés au diamétre des pilaſtres Ioniques.

Les arcades des arrieres-corps de ce rez-de-chauſſée, accompagnées de petits piédroits poſtiches, ne font pas non plus un bon effet. Le peu d'ouverture de ces arcades, ſéparées par des trumeaux immenſes, compoſe une Architecture péſante, qui ne va point avec la petiteſſe des Ordres de l'avant-corps. Les croiſées du premier étage des arrieres-corps ſont d'une aſſez belle proportion; mais leurs trumeaux ſemblables à ceux de deſſous rendent l'élégance de ces croiſées chetive. D'ailleurs il ſeroit à ſouhaiter que dans toute ordonnance on s'éloignât de la prévention des frontons, partout où ils ne paroiſſent pas néceſſaires. La friſe de l'entablement qui couronne cette façade eſt ornée de conſoles qui ſoutiennent la corniche. Cet ornement & les profils de ce couronnement ſont d'une aſſez belle exécution & analogues à la compoſition du chapiteau, qui n'étant aſſujetti à aucun Ordre régulier, demandoit un entablement peu ſévere. D'ailleurs cet entablement étoit anciennement exécuté, & il étoit d'une ſorte de néceſſité de s'y aſſujettir dans tout le pourtour de ce bâtiment.

On voit dans les coupes B, C, l'intérieur des deux aîles en retour de ce vaſte édifice. Dans ces aîles ſont compriſes, au premier étage, les galleries, dans leſquelles eſt placée la Bibliotheque. La gallerie de la coupe B eſt plafonnée en ceintre ſurbaiſſé. En 1720, lorſqu'on plaça la Banque dans cet Hôtel, *Pellegrini*, Peintre Vénitien, qui avoit beaucoup travaillé en Italie, en Allemagne, & en Angleterre, fut chargé de repréſenter dans ce plafond, par divers tableaux allégoriques, les differens ſuccès de cette Banque & de la Compagnie des Indes; mais cet ouvrage ne fut que commencé. Comme dans la ſuite cette gallerie fut deſtinée à un autre uſage, & qu'elle n'avoit que huit croiſées, on fut obligé de l'aggrandir, alors on blanchit le tout, & les Peintures allégoriques furent effacées.

La gallerie de la coupe C eſt terminée par un plafond horizontal, ainſi que toutes les autres pieces de ce premier étage. On a exprimé ici dans ces deux coupes la décoration que forment les tablettes qui reçoivent les livres, le balcon dont nous avons parlé, & les conſoles qui le ſoutiennent; quoique cette décoration ſoit aſſez bien entendue, elle ne nous a pas paru néanmoins exiger un deſſein plus en grand. A propos de ces galleries deſtinées à contenir des livres, je rappellerai ce que j'ai dit ailleurs touchant la maniere d'éclairer (*h*) ces ſortes de pieces, car, il me ſemble qu'une pareille gallerie ne devroit recevoir le jour que par en haut, dans le goût des deux cabinets qui ſe voyent au Pa-

(*h*) Voyez ce que nous avons dit à ce ſujet dans l'Introduction, Tome I. pag. 35, 37, &c.

Tome III.

Bibliothe-
que du Roi. lais Royal. L'avantage qui en réfulte, eft de procurer plus de furface aux murs qui reçoivent les livres, d'apporter plus de fimétrie dans la décoration, & de produire plus de recueillement aux perfonnes qui y viennent étudier. Je conviens que ce genre d'ordonnance exige une décoration extérieure qui réponde à l'intérieure ; mais, comme nous l'avons déja remarqué, un édifice public doit annoncer par fon afpect fa deftination : conféquemment la principale attention d'un Architecte eft d'imaginer des moyens de conciliation, qui en offrant une diftribution convenable, préfentent en même tems une ordonnance, qui, fans s'écarter des préceptes de l'Art, peut néanmoins fortir des formes ordinaires, & toûjours faire un bon effet. Les différentes études, les projets, & les recherches que j'ai faites à cet égard, me font avancer qu'il eft poffible de réunir ces différentes parties, & fi on paroît content de la plûpart des obfervations que je fais dans cet ouvrage, je n'héfiterai pas de rendre publics un jour (i) les différens moyens dont j'ai ufé pour parvenir à donner à chaque bâtiment l'expreffion & le caractere qui leur conviennent felon mon opinion.

La coupe A fait voir le cabinet des globes ; fa décoration eft fimple, mais cette fimplicité, en général, eft néceffaire dans une piece confacrée à l'étude, la richeffe & la profufion des ornemens devant être réfervées pour les appartemens de parade deftinés à la réfidence des grands Seigneurs. J'eftime que rien d'étranger ne doit diftraire dans les lieux publics : c'eft une des parties effentielles de la convenance, de décorer les bâtimens rélativement à leurs ufages. Un édifice facré, ainfi que ceux où l'on rend la juftice, à la vérité, peuvent être fufceptibles de décoration ; mais il faut qu'elle foit grande, noble & grave. Les galleries de peinture, à mon avis, ne doivent avoir que des tableaux, les Bibliotheques que des livres, les cabinets d'Hiftoire naturelle que des productions de la nature. En un mot il n'y a que les fallons, ou quelques pieces femblables chez un particulier, qui puiffent raffembler différens genres de beautés, parce que n'étant pas affez opulens, & leur demeure n'étant pas publique, un Propriétaire connoiffeur & intelligent peut recueillir diverfes curiofités, telles que des bronzes, des porcelaines, des tableaux, des livres, des bijoux, &c. ainfi qu'on en voit dans les cabinets de nos amateurs, dont nous avons parlé ailleurs, & qui en petit mettent fous les yeux des Curieux ce que nos édifices publics étalent féparement avec magnificence. De ce nombre font, à Paris, la gallerie des Antiques, au vieux Louvre : le cabinet d'Hiftoire naturelle, au Jardin du Roi : la Bibliotheque dont nous parlons, le cabinet des médailles & des eftampes, au même lieu : le cabinet des deffeins des grands Maîtres, aux galleries du Louvre : les tableaux du Roi, au Luxembourg, &c. Car il eft certain que l'étude demande de l'ordre, qu'il faut éloigner de l'efprit tout ce qui peut le diftraire, & qu'il n'appartient qu'à un homme verfé dans les fciences & les arts, de confidérer tout à la fois ces différens genres de productions. Une trop grande multiplicité nuit, & fe grave moins facilement dans la mémoire. J'ai éprouvé plus d'une fois l'effet de cette diftraction dans l'efprit des perfonnes que j'ai accompagné dans ces différens monumens. C'eft d'après l'expérience que je parle ici, & je ne doute point que la plûpart des vrais amateurs ne foient de mon avis.

(i) Ces nouvelles productions trouveront leur place dans la fuite du Traité *de la Décoration des Edifices*, que je mis au jour en 1737, en deux volumes, qui devoient être fuivis de deux autres volumes promis depuis long-tems, & que mes occupations ont fufpendus juf- qu'à préfent. D'ailleurs l'accueil favorable que le Public a bien voulu faire à ce premier fruit de mes veilles, m'a femblé une raifon puiffante pour tâcher à l'avenir de mériter le fuffrage des Connoiffeurs par une étude réfléchie & foûtenue d'une expérience de 20 années.

Elévation d'une des aîles des bâtimens de la Bibliotheque du Roi, prise sur les lignes Z &.
Planche III. Figure II.

Il est aisé de se rappeller, à l'aspect de cette Planche, ce que nous avons déja dit, en observant que ces bâtimens n'ayant pas été faits ensemble, ni élévés par le même Architecte, il en résultoit un défaut de simétrie nuisible dans un édifice devenu dans la suite un monument d'importance. Sans doute si, pour rémedier à ces défauts, à la place du piédroit B, on eut pratiqué un mur d'une certaine élévation, cette diversité d'ordonnance auroit été plus supportable, & auroit, comme nous l'avons déja remarqué page 72, donné une meilleure forme à la proportion de la cour. (Voyez la Planche Premiere.) Il est vrai que cet expédient n'auroit satisfait qu'imparfaitement à ce que nous désirons ici ; car il est bon d'observer que l'aîle opposée à la façade marquée C n'étant pas la même, cet édifice auroit toûjours péché contre la simétrie, puisque l'avant-corps décoré d'Ordres d'Architecture ne se trouve pas répété dans l'aîle en face, ainsi qu'on peut le remarquer dans les plans. Au reste nous ne relevons pas cette irrégularité pour en faire la critique : nous avons dit ailleurs les raisons de cette diversité, & il ne paroît pas qu'il en résulte aucun inconvenient pour la décoration intérieure, ces différentes aîles étant distribuées & apperçûes séparement.

L'élévation de la façade marquée C est à peu près la même que la précédente. Un avant-corps de pareille dimension en occupe le milieu, & ne différe que dans les croisées du premier étage, dont celle de l'axe est de même forme que celle des aîles, qui alternativement sont couronnées d'une table & d'un fronton. Les arcades du rez-de-chauffée sont absolument semblables à celles dont nous avons parlé à l'occasion de la Fig. I. de la Pl. III, ce qui pourroit faire croire que ces deux façades sont du même Architecte. Du moins est-il certain que ce fut M. *Law* qui ordonna ce bâtiment, lorsque dans le tems du système on y établit la Banque.

Nous avons fait plusieurs recherches pour connoître les noms des différens Architectes qui ont travaillé à ces édifices, mais elles ont été inutiles. Il paroîtra sans doute étonnant que dans le même siecle, au milieu des Sciences & des Arts, & vivant avec la plûpart des contemporains de ces Artistes, nous n'ayons pû découvrir le nom de ceux qui ont été chargés de ces bâtimens. Il est vrai que nos recherches ont eu des limites à l'égard de cet édifice, la négligence qui se remarque dans l'Architecture de ses façades ne nous ayant pas excité à pénétrer jusques dans les archives des bâtimens du Roi ; mais ce qui est de certain, c'est que dans les mémoires de la Bibliotheque, il n'en est fait aucune mention, & que la plûpart des personnes qui y sont attachées, ignorent le nom de ces Architectes, ou ce qu'ils nous en ont appris est si incertain, que nous avons crû ne devoir rien avancer à cet égard qui ne parût positif.

La coupe D fait voir la partie en retour de l'intérieur de la Bibliotheque, au premier étage ; & au rez-de-chaussée, un des atteliers destinés aux Peintres de Sa Majesté, occupé aujourd'hui par M. *Pierre*, premier Peintre de M. le Duc d'Orléans, de l'Académie Royale de Peinture, &c.

L'élévation E donne à connoître les anciens bâtimens de l'Hôtel de Nevers. Cette élévation est semblable à celle qui lui est opposée. Nous n'avons rien de bien intéressant à remarquer sur sa décoration, la proportion des arcades étant trop courte, l'espece de balustrade qui est au-dessus, postiche, le premier étage traité avec trop de simplicité, & l'amortissement du cadran, sans goût & d'une exécution fort médiocre.

La coupe F fait voir le développement intérieur du corps-de-logis situé en face de la Bibliotheque, dans lequel sont placés en entresols les cabinets des estampes marqués A, dont nous avons parlé, & au-dessus les pieces contenant une partie des manuscrits, dont nous avons aussi fait mention plus haut.

CHAPITRE XIV.

Description de la Maison de M. le Président de Senozan, située rue de Richelieu.

Maison de M. de Senozan.

CETTE maison fut bâtie, vers 1650, sur les desseins de *François Mansard*, pour *François de Rochechouart de Jars*, Chevalier de l'Ordre de S. Jean de Jerusalem & Commandeur de Lagny. Elle a appartenu depuis au Cardinal de *Coislin*, Premier Aumonier du Roi, ensuite au Duc de *Coislin*, Evêque de Metz, qui la vendit, en 1714, à M. *Olivier de Senozan*, Receveur Général du Clergé de France. Elle appartient aujourd'hui à M. son fils, Président au Parlement de Paris.

Les Planches de cette maison sont tirées des Œuvres de *Marot*, & se trouvent par conséquent dans le cas de celles dont on nous a plus d'une fois fait reproche de les avoir insérées dans ce Recueil, par la raison qu'elles sont mal gravées pour la plûpart, & qu'elles n'offrent que des maisons particulieres. Cette remarque, qui ne peut venir que de personnes qui ne s'intéressent que légèrement aux progrès de l'Architecture, & qui se contentent d'une lecture superficielle de ce livre, ou tout au plus d'en examiner les Planches pour en faire la critique, ne nous a pas paru d'un assez grand poids pour nous empêcher de mettre sous les yeux des amateurs une des plus belles maisons de Paris pour certaines parties de la décoration des façades, la richesse des dedans & la magnificence des ameublemens. Peut-être nous dira-t'on que dans ce cas, il falloit faire graver de nouvelles Planches; mais indépendamment de ce que la gravure n'auroit rendu qu'imparfaitement les beautés de détail de cette maison, c'est que tels ont été les engagemens du Libraire avec le Public, & que les frais immenses dans lesquels jette une pareille entreprise, n'ont pas permis de faire de nouvelles dépenses. Pour ce qui me regarde, j'ai crû qu'il valloit mieux faire connoître une belle maison, quoique gravée avec une sorte de négligence & fort en petit, que de laisser ignorer un de nos édifices qui portant le nom de *François Mansard*, pouvoit seul exciter l'attention des Connoisseurs, & indiquer une nouvelle occasion d'étude pour nos jeunes Architectes.

Plan au rez-de-chaussée, & élévation du corps-de-logis donnant sur la rue de Richelieu.
Planche Premiere.

La Figure premiere donne en petit le plan de tous les bâtimens de cette maison, au rez-de-chaussée, tel que *François Mansard* l'avoit fait exécuter. En 1738, M. Olivier de Sénozan y fit faire quelques changemens dans la distribution. La salle à manger A a été aggrandie, elle est éclairée par deux croisées. La salle de compagnie B est réduite au même nombre de croisées, de maniere qu'on a pratiqué une chambre C, avec des garderobes derriere, qui dégagent par le grand escalier. Ce dernier peut être considéré comme une des plus belles parties de cette maison; il est spacieux, commode & décoré d'une maniere très-convenable, quoiqu'avec

peu

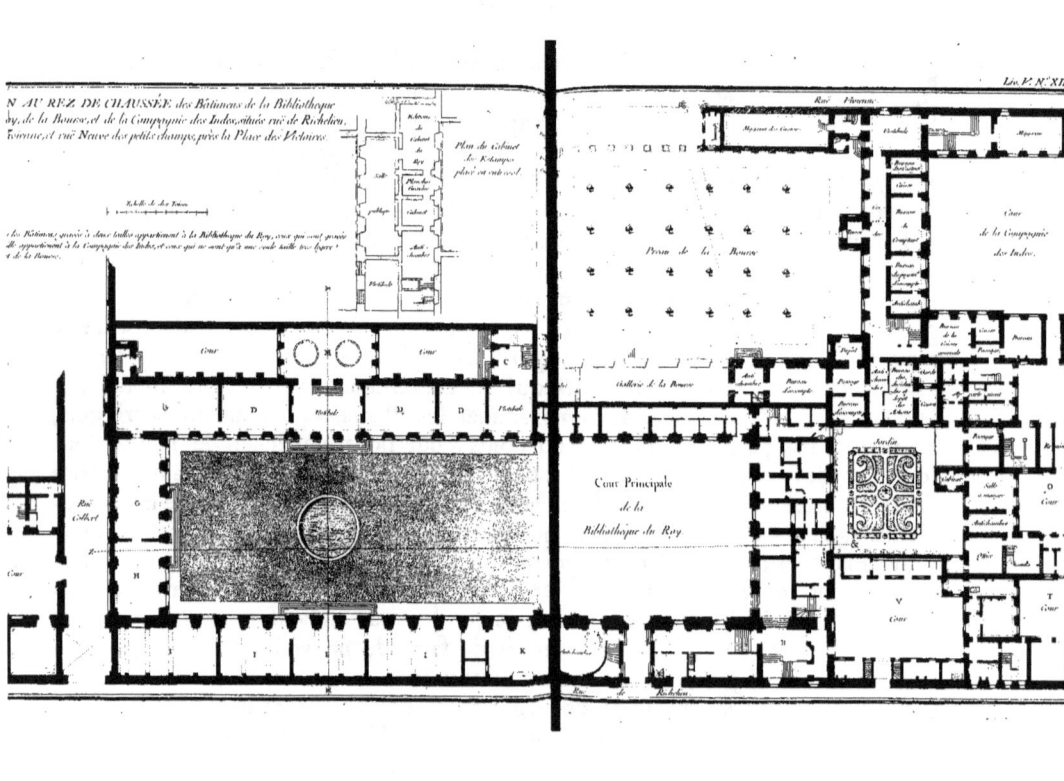

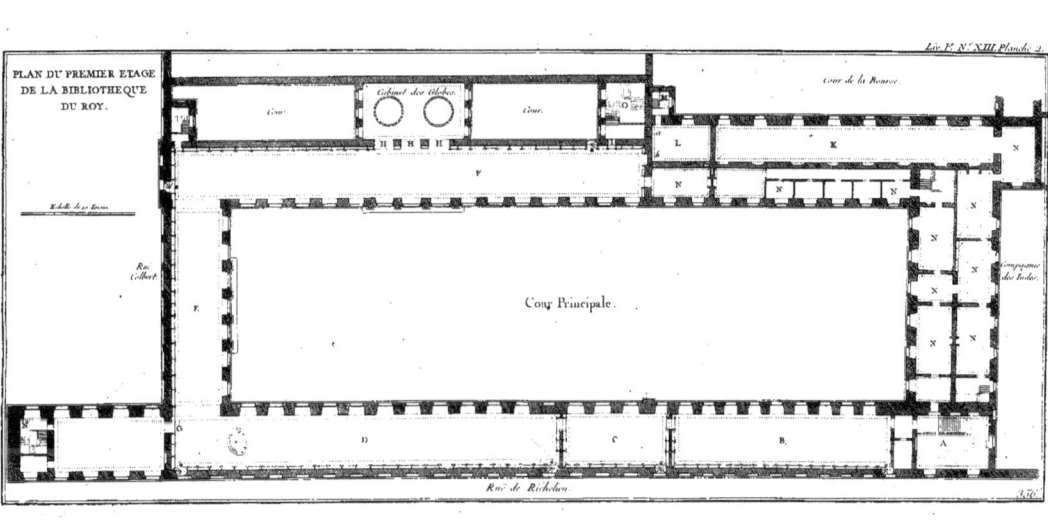

d'Architecture, mais elle est grande, elle monte de fond, & est distribuée avec noblesse. Cet escalier est terminé par une calotte formant lunette. Les pannaches de cette calotte sont soûtenues sur des pans coupés qui descendent jusqu'au rez-de-chaussée, & qui donnent une grande idée de l'esprit de convenance que Mansard sçavoit répandre dans toutes ses productions.

Maison de M. de Senozan.

La piece D est une chambre à coucher : celle E, un très-beau cabinet decoré avec goût & magnifiquement meublé. Toutes ces pieces ont des garderobes & des dégagemens ingénieusement distribués, qui concourent à former de cette maison une des plus commodes & des plus intéressantes du quartier de Richelieu.

On a supprimé les colonnes pratiquées devant les pavillons marqués F, G ; elles formoient de trop petites parties dans les déhors, & obscurcissoient l'intérieur des appartemens, & au lieu du perron H, on a fait en face de tout le bâtiment regner un grand pallier, qui conduit à cinq marches, par lesquelles on descend dans le jardin. Ce jardin a de longueur 31 toises. Il est terminé par une grande allée de maroniers qui procure du couvert. Entre cette allée & la façade est un grand parterre de broderie entouré de platebandes de fleurs, &c.

Le premier étage de ce bâtiment, que nous ne donnons point ici, est distribué dans le même goût que le rez-de-chaussée : l'un & l'autre sont fort ornés & enrichis de sculptures, de dorures & de peintures d'une assez grande beauté. Enfin cette maison, quoiqu'on n'y trouve pas une multiplicité de commodités & cette prodigalité d'ornemens si fort en regne aujourd'hui, est peut-être une de celles qui mérite le plus d'être examinée avec soin par nos Architectes, pour apprendre à décorer avec bienséance la maison des personnes consacrées au bien public, qui veulent qu'on observe dans la décoration du lieu de leur résidence cet esprit de convenance & cette retenue qu'exigent leur dignité & l'importance de leur emploi.

La Figure II. offre l'élévation du côté de la rue. Voyez les desseins de la porte beaucoup plus en grand, Planche III, & le développement de ses principaux membres d'Architecture, Planche IV.

La Figure III. présente l'élévation du côté de la cour du corps-de-logis donnant sur la rue, avec la coupe du bâtiment en aîle. Cette élévation consiste en deux petits avant-corps & dans un grand arriere-corps percé de trois arcades, dont l'une sert d'entrée à la grande cour & les deux autres de remises, au-dessus desquelles sont des entresols ; sur ces derniers sont pratiqués des greniers.

Elévation du côté de la cour, du côté du jardin, & coupe sur la longueur de tout le bâtiment.
Planche II.

La Figure premiere fait voir l'élévation du principal corps-de-logis du côté de la cour, dans lequel il n'y a point de changemens, à l'exception des combles, où l'on a fait des lucarnes plus considérables, & où l'on a supprimé les lanternes marquées A, B.

La Figure II. présente la façade du côté du jardin, dans laquelle on a supprimé, comme nous l'avons déja remarqué, les colonnades placées au rez-de-chaussée, en avant-corps, devant les deux pavillons, & au-devant desquels on a fait regner dans toute la longueur un grand perron continu. On a fait aussi de nouvelles lucarnes aux mansardes, & détruit les lanternes marquées A, B : à leur place on a pratiqué, dans toute la longueur, un faux comble. Il auroit été facile d'exprimer ici ces changemens, mais on a crû qu'il étoit mieux de laisser ce bâtiment tel que Mansard l'avoit élévé dans son origine, ayant d'ailleurs assez d'occasions dans ce Recueil de présenter les bâtimens de nos Architectes modernes, qui souvent, sans avoir égard au rang des Propriétaires, semblent les ériger tous pour la même fin.

Tome III.

Maison de M. de Senozan.

La Figure III. indique la coupe du corps-de-logis sur la rue, marquée A, l'élévation de l'aîle en retour sur la cour, marquée B, & enfin la coupe du principal corps-de-logis entre cour & jardin, marquée C. La décoration intérieure de ce corps-de-logis a été toute changée, c'est de la nouvelle dont nous avons fait l'éloge, avec d'autant plus de raison, qu'elle tient un juste milieu entre la pésanteur des membres qu'on affectoit aux lambris du siecle passé, & la trop grande légéreté de ceux qui sont en usage aujourd'hui.

Elévation & Profils en grand de la Porte d'entrée. Planches III & IV.

L'extérieur du bâtiment dont nous venons de parler, est décoré avec beaucoup de sagesse, les proportions des croisées sont belles, & les profils excellens, enfin on y reconnoît partout la main d'un grand maître; aussi François Mansard peut-il être regardé comme le plus habile Architecte que la France ait possedé. Il est aisé de remarquer cette pureté & cette sévérité qui accompagnoient toutes les productions de cet homme illustre, dans les Planches III & IV, dans lesquelles on voit en grand l'élévation de la porte du côté de la rue avec les développemens particuliers. Peu d'Artistes à la vérité sont frappés de ce genre de perfection; n'étant point dans l'habitude d'approuver les formes naïves, ils regardent même pour la plûpart avec une sorte d'indifférence ce beau simple & ce repos si ingénieusement mis en œuvre par nos grands Architectes, & paroissent peu touchés en général de cette correction qui fixe notre raison, satisfait notre intelligence, & nous inspire une vénération raisonnable & refléchie pour tout ce qui porte le caractere du beau.

Qu'on y prenne garde: on cherche peut-être un peu trop aujourd'hui l'effet général d'un bâtiment dans des dissonances & dans des ornemens mal entendus, desorte que ce qui s'éloigne le plus de la vraisemblance, nous paroît le plus agréable. On envisage comme un effort de génie, une variété infinie dans les formes & une frivolité passagere qu'on appelle un beau désordre. Sans doute notre vanité ne trouve pas son compte à avouer le beau, parce qu'il est simple & naturel. On préfere le difficile, le singulier, l'extraordinaire: on prétend par là se donner un air de Sçavant. Quel abus! L'Architecture n'est-elle pas de tous les Arts le moins susceptible de variété? La solidité des bâtimens, dont le propre est d'être durables, ne doit-elle pas présenter dans son ordonnance des beautés constantes & immuables? C'est donc la source du vrai beau qu'on doit chercher, & il faut se ressouvenir que les bâtimens anciens ne se sont acquis l'immortalité que parce qu'on y a reconnu des beautés universelles, qui seront estimées dans tous les âges par les personnes d'un vrai mérite & qui sçauront se préserver de toute prévention.

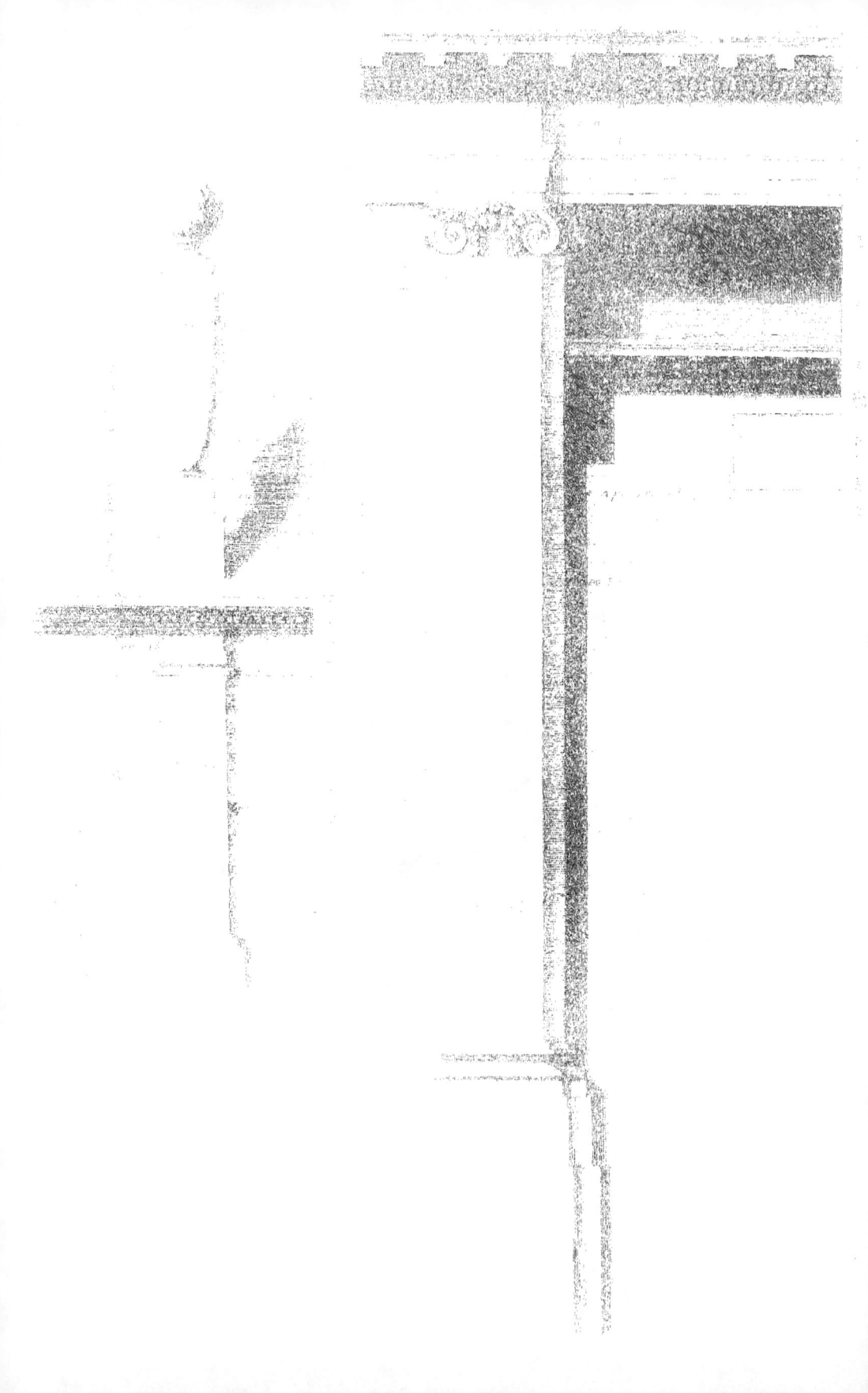

CHAPITRE XV.

Description de l'Hôtel de Louvois, situé rue de Richelieu.

L'HOTEL dont nous allons parler est contigu avec celui du Chapitre précédent. Il fut bâti vers 1680, sur les desseins & sous la conduite du sieur *Chamois*, Architecte, pour *François-Michel Le Tellier*, Marquis de Louvois, Ministre, Sur-Intendant & Ordonnateur Général des bâtimens, jardins, Art & manufactures de France, &c. Il est occupé aujourd'hui par M. le Marquis de *Courtenvaux*, Colonel des cent Suisses, l'un des Descendans de ce Ministre : par Madame & M. le Comte d'*Estrées*, Lieutenant général des Armées du Roi : par Madame de *Mancini*, & par M. le Marquis de *Montmirel*.

Hôtel de Louvois.

Cet Hôtel est peut-être un des plus considérables de Paris par l'étendue & la hauteur de ses batimens & par l'emplacement dans lequel il est contenu. Un jardin d'environ 40 toises de profondeur, orné de bosquets, de parterres & de palissades, procure beaucoup d'agrément aux appartemens qui jouissent de sa vue. Au reste cet Hôtel n'a rien de fort intéressant que son immensité. Je m'étois formé une toute autre idée d'un édifice élevé pour un Ministre, qui pouvoit employer ce qu'il y avoit de plus habile dans les Arts. La décoration des façades est sans beauté & les distributions sont fort ordinaires, l'intérieur des appartemens est décoré d'une maniere très-simple, la sculpture en général est médiocre, il n'y a pas un excellent tableau, enfin, excepté quelques emmeublemens d'un certain prix, rien ne peut y attirer l'attention des Connoisseurs que l'affabilité des Proprietaires.

Peut-être dira-t'on que puisque nous n'avons rien trouvé de satisfaisant dans cet Hôtel, il étoit inutile de l'inférer dans ce Recueil ; mais comme les Planches en ont été gravées long-tems avant qu'on eut formé le dessein de faire un livre des principaux édifices de cette Capitale & de ses environs, & que ces planches sont dans les mains de tout le monde, ayant été débitées séparement, nous avons crû que c'étoit une raison suffisante pour prendre occasion de relever les licences répandues dans ce bâtiment, persuadés que quelques observations sévéres sont souvent intéressantes pour le progrès des Arts. En effet combien d'édifices jouissent aujourd'hui chez le plus grand nombre d'une réputation qu'ils n'ont jamais méritée, que parce que quelques parties hazardées y font un genre de beauté, auquel le vulgaire applaudit, & que les gens de goût ne se donnent pas la peine de relever ! Or il s'agit ici de se rendre compte du vrai beau, par opposition au médiocre. Pour y parvenir il n'est guéres que trois moyens, la comparaison des parties avec le tout, le parallele d'un édifice avec un autre du même genre, & la discussion des préceptes. La comparaison, il est vrai, demande beaucoup d'expérience : le parallele, une grande impartialité : la discussion des préceptes, une profonde théorie ; mais quiconque veut s'instruire, ne doit pas se rebuter, les principes des excellens Maîtres peuvent mener loin un homme intelligent & le conduire au moins à des préceptes généraux & à une théorie particuliere qui lui donne l'esprit de combinaison. Je conviens que ces connoissances coutent à acquérir, & qu'il est plus commode pour la plûpart d'apprecier leurs observations par l'effet qu'elles produisent sur eux, sans se rendre raison de la cause. Oui sans doute : par-là on est plutôt quitte de ses études, & la paresse y trouve

Hôtel de Louvois. fon compte. Mais de cette négligence naît la honte qui réjaillit fur l'Architecte & fur le Propriétaire ; fur le premier pour avoir abufé de la confiance publique, fur celui-ci pour avoir dépenfé des fommes immenfes fans précaution & fans difcernement. Afin donc de remedier à ces abus, il eft à propos qu'un Recueil tel que celui-ci, contienne un petit nombre de bâtimens qui s'éloignent des préceptes de l'Art, puifque les obfervations que nous y joignons tendent à rélever les écarts où font tombés les Architectes qui les ont fait ériger, & qu'ils feront autant de leçons qui apprendront à nos jeunes Artiftes à les éviter; je fuis même perfuadé que les perfonnes de goût me fçauront quelque gré de mon entreprife, & applaudiront à la droiture de mes intentions.

Plan du rez-de-chauffée. Planche Premiere.

Ce plan ne préfente que la plus grande partie des bâtimens de cet Hôtel. Une aîle affez confidérable, donnant fur le jardin, & faifant retour d'équerre avec le mur de face vers A, contient de fort grands appartemens. Au bout de cette aîle en retour en eft une autre de la même longueur, en face de l'arriere-corps AB. Nous ne donnons point ces aîles de bâtiment, elles font décorées avec tant de négligence & diftribuées de maniere que nous avons crû qu'il n'étoit pas intéreffant d'ajoûter ce fupplément aux anciennes Planches, qui font déja affez indifférentes d'elles-mêmes.

Le principal corps-de-logis eft fitué entre le jardin & une cour de moyenne grandeur. L'entrée des appartemens du rez-de-chauffée eft à la droite & à la gauche de cette cour. Le grand efcalier eft ce qu'il y a de plus intéreffant dans ce bâtiment. Les appartemens en général font fans commodité, d'ailleurs les proportions des pieces n'ont aucun rapport entre elles, ni avec la hauteur du plancher qui leur eft commun. Les baffe-cours font trop fubdivifées & trop petites, l'air y eft étouffé, toutes ces différentes parties femblent avoir été faites à plufieurs reprifes ; cependant depuis que cet Hôtel a été bâti, on n'y a rien ajouté que quelques garderobes, & l'on n'a reftauré que quelques pieces dans l'intérieur. Il eft donc évident qu'on pouvoit faire un meilleur ufage de ce terrain, & fi l'on compare les Hôtels du préfident Lambert, de Matignon, de Noirmontier, &c. avec celui-ci, on s'appercevra aifément que, quoique conftruits dans un terrain moins vafte, ces Hôtels font diftribués avec plus de grandeur & de commodité ; tant il eft vrai qu'il importe beaucoup de faire choix d'un Architecte intelligent, la dépenfe étant toûjours la même, & le fuccès bien différent.

Plan du premier étage. Planche II.

Ce plan a le même défaut du précédent, il manque par les garderobes. Chez les grands Seigneurs, qui ont beaucoup d'Officiers & de domeftiques, un Architecte doit infifter fur la néceffité de pratiquer un certain nombre de pieces deftinées aux perfonnes qui font au fervice du Maître. Dût-on en facrifier une ou deux principales du côté des cours, il faut des chambres fubalternes, fans quoi le Propriétaire eft bien logé, à la vérité, mais faute des dégagemens néceffaires pour fes gens, il eft fervi avec trop de lenteur : enfin il faut fçavoir que la commodité dans un bâtiment eft la premiere loi de la diftribution.

Elévation

ARCHITECTURE FRANÇOISE, Liv. V.

Elévation du côté de la rue. Planche III.

Cette Planche nous donne la façade de cet Hôtel, du côté de la rue de Richelieu. C'eſt-là que ſe trouve placée la porte d'entrée ; l'ordonnance de cette porte eſt tout à fait à rejetter. Un fronton circulaire ſoutenu par un corps d'Architecture trop délié, de petites conſoles, auſſi inutiles que de mauvaiſe forme, enfin une ouverture à platte-bande, enfermée dans une porte en plein ceintre, accompagnée d'un bandeau ſans proportion, compoſent la décoration de ce frontiſpice ; deſorte qu'il annonce plutôt l'entrée d'un Monaſtere, élevé dans un Bourg à trente lieuës de Paris, que l'Hôtel d'un grand Seigneur.

Hôtel de Louvois.

Elévation du principal corps-de-logis du côté de la cour.
Planche IV.

Nous n'entrerons pas dans un long détail ſur la décoration de cette façade ; le peu de proportion qu'on remarque entre ſes maſſes & ſes parties, ſon exécution négligée, le mauvais choix de ſes profils, enfin une Architecture ſans relief, ſans goût, ſans génie & ſans invention, eſt la ſeule choſe que nous puiſſions faire obſerver ici. En effet un petit Ordre Ionique placé ſur un grand ſoubaſſement, & couronné d'un entablement meſquin, forment les parties eſſentielles de cette ordonnance. Que ſignifie d'ailleurs la proportion élancée de l'avant-corps qui diſpute de largeur avec les arriere-corps, & qui étant terminé par un fronton triangulaire élevé ſur un Attique, compoſe un tout mal entendu ? Nous conviendrons cependant que les croiſées de l'Ordre Ionique ſont d'une aſſez belle proportion, excepté celles de l'avant-corps, qui ſont mal imaginées, tant dans cet étage, qu'au rez-de-chauſſée, auſſi-bien que dans l'Attique, & dont les grandeurs & les formes diſſemblables préſentent toûjours un effet contraire aux régles de l'Art.

Les pavillons des extrêmités de cette façade ſont encore moins tolérables ; ils ont un caractere de péſanteur dans les maſſes, qui s'accorde mal avec la maigreur de leurs encoignures, principalement lorſqu'on compare ces dernieres avec les trumeaux qui ſont d'une trop grande largeur, ſans aucune néceſſité pour la diſtribution intérieure. Ajoûtons à cela les frontons circulaires qui couronnent ces avant-corps d'une maniere vicieuſe, & les combles extravagans qui terminent toute la partie ſupérieure de ce corps-de-logis, & l'on ſentira ſans peine, combien il eſt eſſentiel d'éviter un pareil déſordre dans l'Architecture, ſurtout lorſqu'il s'agit de l'édification d'un bâtiment de quelque importance.

Elévation du côté du jardin. Planche V.

Cette façade differe de la précédente en ce que l'Ordre Ionique embraſſe les deux étages ſupérieurs, ce qui contribue peut-être à rendre les trumeaux de cette élévation trop ſveltes, & ſemble mettre tout à jour ce mur de face, vû la grande ouverture des croiſées, défaut encore moins tolérable, que d'admettre trop de plein dans une décoration extérieure ; car, ſelon la convenance du bâtiment, les grands trumeaux expriment ſouvent une virilité eſtimable. Nous remarquerons auſſi que la proportion des pavillons eſt trop élancée, que les trumeaux du milieu ſont abſolument condamnables, & que la ſaillie de ces avant-corps eſt trop peu reſſentie, qu'enfin les chaînes de refends des encoignures ſont auſſi de beaucoup trop maigres, deſorte que toutes ces inadvertances nous por-

Tome III. Y

Hôtel de Louvois. tent à croire que l'Architecte étoit peu inſtruit des régles de ſon Art, d'où nous concluons que quiconque s'annonce pour tel, doit ſçavoir que pour s'attirer le ſufſrage des Connoiſſeurs, il faut être pourvû d'une profonde théorie & d'une expérience qui ne s'acquiert que par une longue ſuite d'années.

Elévation d'une des aîles, & coupe du principal corps de logis.
Planche VI.

Après avoir trouvé ſi juſtement à rédire à la compoſition en général de cet Hôtel, nous obſerverons néanmoins que la décoration de la porte d'entrée du côté de la cour, eſt beaucoup moins vicieuſe que celle du côté de la rue. Son ordonnance, ſes profils & les ſculptures qu'on y remarque, paroiſſent même être d'une main habile. On n'en voit ici que la coupe marquée A; mais il eſt certain que ſi tout ce bâtiment avoit été traité de la même maniere, nous n'aurions eu qu'à applaudir. Nous n'en pouvons dire autant de la décoration du mur B, ni du pavillon en retour du côté de la cour, marqué C. A l'égard de la coupe D, non-ſeulement les décorations intérieures en ſont fort négligées, mais il eſt aiſé de s'appercevoir du mauvais effet que produit la grandeur des combles élévés ſur l'Attique, & combien ils paroiſſent anéantir la hauteur de cet étage, auſſi-bien que toute celle du bâtiment.

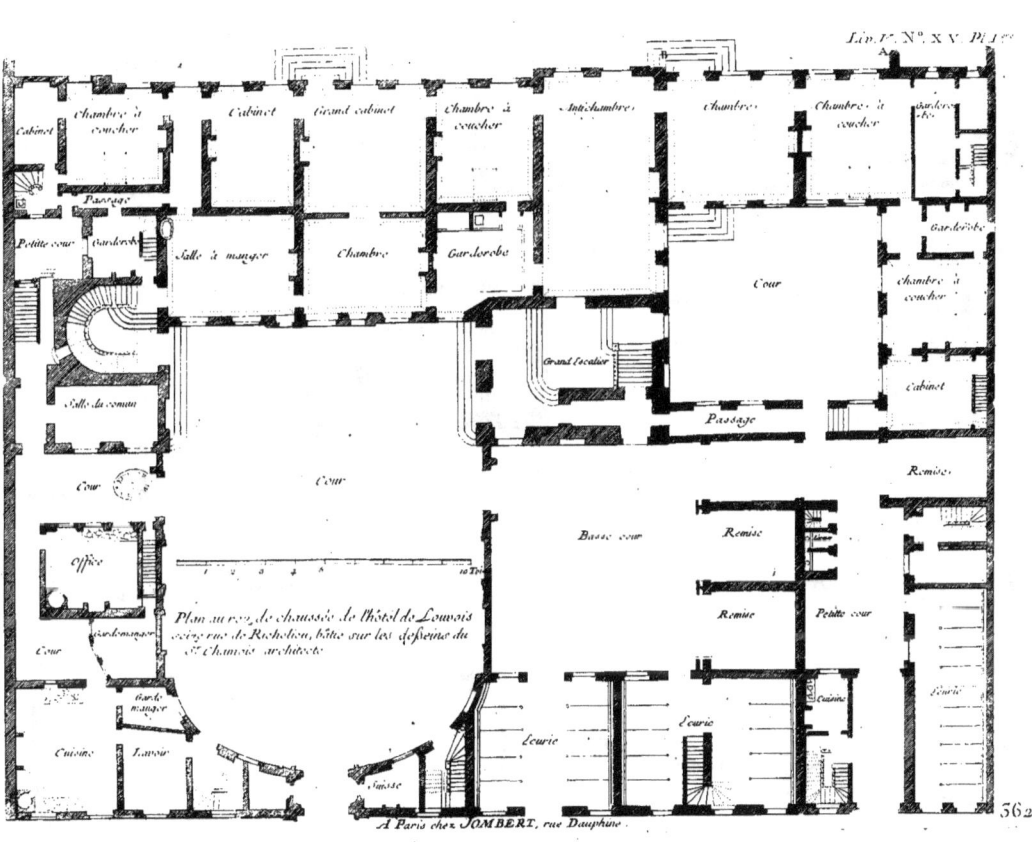

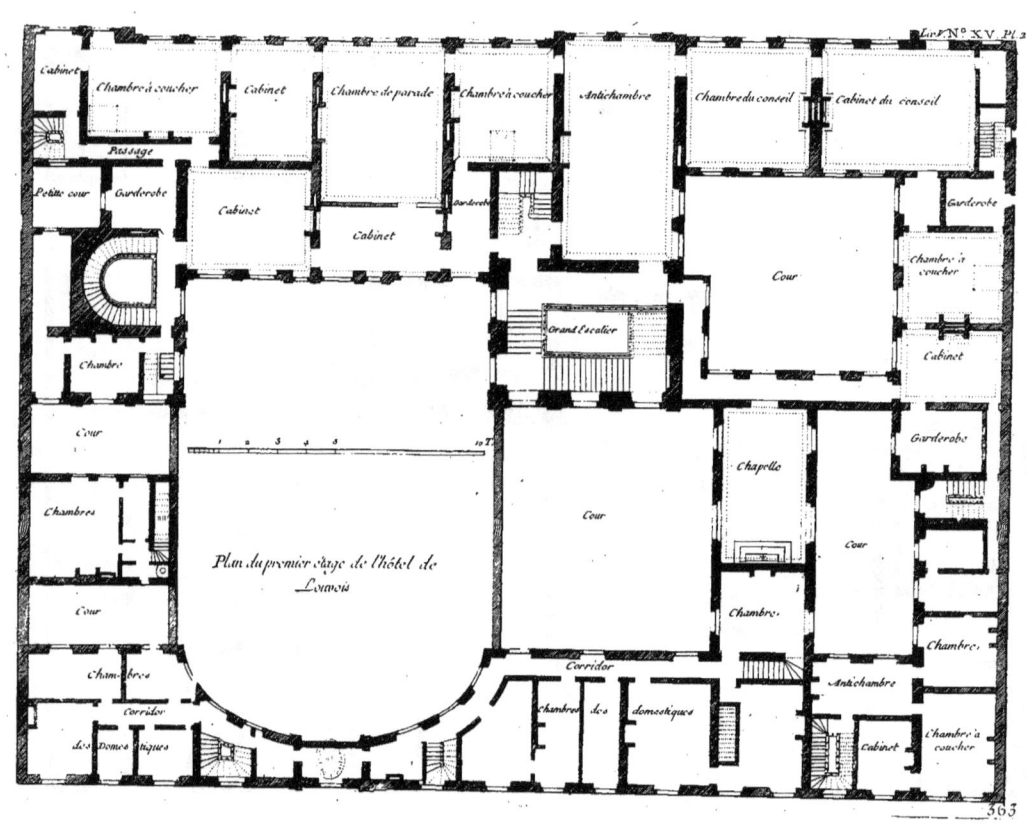

CHAPITRE XVI.

Description de la Maison de M. Sonning, rue de Richelieu.

CETTE maison fût bâtie vers 1704, sur les desseins de M. *Dullin* (a); Maison de M. Sonning, Receveur des Finances de la Généralité de Paris. M. *Rolland de Fonferriere*, Fermier Général, l'acheta en 1740, & y fit faire quelques augmentations, sur les desseins & sous la conduite de M. *Tannevot*, dont nous parlerons dans le Chapitre XXIV de ce Volume.

Plan au rez-de-chaussée. Planche Premiere.

La distribution de ce plan est bien entendue. Le péristile & le vestibule sont disposés d'une maniere ingénieuse, ainsi que le grand escalier placé au fond de la cour, & qui fait partie du principal corps-de-logis : mais nous remarquerons que pour une maison particuliere, cet escalier occupe trop de terrain. D'ailleurs il est situé à gauche, ce qui n'est sans doute tolérable que parce qu'on a voulu procurer une exposition convenable à l'aîle droite qui donne sur le jardin, & dont M. Rolland de Fonferriere a sçu tirer parti. Précédemment l'endroit marqué A étoit un portique ouvert de toute part & servant d'abri; on en a fait une gallerie en bibliotheque, précédée de l'arriere cabinet qu'on a aggrandi & décoré d'un lit en niche accompagné de garderobes commodes & bien dégagées, placées vers B. Cette augmentation compose un appartement très-logeable, bien distribué, artistement décoré & meublé avec assez de goût.

A la place de la chambre C, on a fait un office qui manquoit dans cette maison. La cuisine n'a pû être aggrandie, non plus que ses dépendances; nous avons cependant remarqué ailleurs combien il étoit important dans un bâtiment de pourvoir aux pieces destinées au service des domestiques. Faute de cette prévoyance, combien de maisons, en changeant de Maîtres, exigent des réparations considérables! Combien en voit-on, qui par leur peu de commodité, restent sans locataires, la dépense qu'on seroit obligé de faire pour s'y loger rébutant les plus opulens! On veut aujourd'hui des distributions commodes, & certainement toutes les maisons en sont plus ou moins susceptibles, il en faut seulement user avec prudence ; par exemple, dans une maison particuliere, il n'est pas à propos de mettre tout son terrain en basse-cours, ou en pieces perdues, la convenance doit guider dans ces occasions, elle est la base de l'art de bâtir ; sans elle les bienséances sont négligées, les maisons bourgeoises, les Hôtels, les Palais, les édifices publics sont distribués sans choix. On donne aux uns ce qui convient aux autres, de-là, sans contredit, l'origine du désordre & l'oubli des principes de la bonne Architecture.

A ces observations nous ajoûterons qu'il ne faut pas donner un trop grand diamétre aux pieces d'un petit bâtiment. Cette grandeur exige une élévation de plancher qui nuit à l'économie. Un seul sallon suffit ordinairement, on tâche alors de le placer de maniere que son diamétre n'exige pas que le niveau de tous les planchers des autres pieces soit commun avec lui. Des pavillons en retour qui ne montent pas de fond, le sallon situé au premier étage, enfin d'autres moyens que fournit le terrain, procurent les expédiens nécessaires pour ne mettre qu'une seule piece spacieuse dans une maison particuliere, sans être obligé de donner au hasard une grandeur inconsidérée à toutes les pieces d'un appartement. Si donc on a soin

---

(a) Voyez ce que nous avons dit de cet Architecte, Tome I. Page 215. Note (b).

Maison de M. Sonning.

d'employer les formes convenables à l'usage de chaque piece : si on les distribue de maniere que celles qui sont destinées à la résidence du Maître l'emportent en grandeur sur celles qui leur servent d'entrée ; si l'on évite de placer alternativement de petites pieces avec des grandes, dans une même enfilade, on est sûr de réussir dans la distribution d'un plan. Au contraire, pour avoir négligé la plus grande partie de ces régles, lors de la construction de la maison dont nous parlons, elle occupe beaucoup de terrain, & ne contient que fort peu de logement.

En 1740, lorsqu'on restaura cet Hôtel, on augmenta la petite cour à fumier, marquée D, & le logement E du Portier, ainsi que l'expriment les lignes ponctuées. Enfin on fit aussi quelques autres légers changemens dans ce qui regarde le logement des Domestiques, mais comme ils sont peu considérables, & qu'ils n'ont rien qui puisse servir d'autorité, nous ne les rapportons point ici.

Plan du premier étage. Planche II.

Les pieces qui composent ce premier étage sont un peu trop vastes pour une maison particuliere, étant encore plus grandes que dans le plan précédent. Nous observerons à cette occasion que les bâtimens simples ont cela d'incommode qu'il n'est guéres possible d'y menager des garderobes & des dégagemens, qui ordinairement gâtent les murs de face, & nuisent à la forme des piéces, à cause des escaliers dérobés qu'on est obligé de pratiquer pour la communication du premier étage avec le rez-de-chaussée. D'ailleurs ce moyen réussit beaucoup plus difficilement que les corridors, les couloirs, ou les petites pieces que procurent les bâtimens semi-doubles, lorsqu'on ne veut pas faire la dépense d'un logis double, ce qui demande néanmoins à être discuté avant l'édification d'un bâtiment. En effet les murs de face sont ordinairement ce qui coûte le plus dans la maçonnerie. Les cloisons de refend d'un semi-double coutent peu, & procurent une commodité qui doit les faire estimer. Ce n'est donc que dans le cas d'un terrain borné qu'on doit se déterminer à employer les bâtimens simples, de même qu'il n'y a que quelques considérations particulieres qui doivent empêcher qu'on n'éléve plusieurs étages les uns au-dessus des autres, la dépense des couvertures étant la même pour tous les genres d'édifices en particulier. A l'égard de la maison dont nous parlons, le terrain étant peu spacieux, on a préféré avec raison les bâtimens simples, autrement le jardin, qui n'a que 12 toises de profondeur, auroit été trop diminué, ou la cour seroit devenue trop petite ; cependant, cette maison pouvant être considérée comme particuliere, cette cour auroit pû être réduite à sept toises sur dix, & alors les basses cours auroient été plus spacieuses, le corps-de-logis plus commode, & le logement des Domestiques plus abondant.

Elévation du côté de la cour. Planche III.

La décoration extérieure des façades de cette maison est en général d'une richesse assez analogue à l'espece du bâtiment. La proportion des croisées, celle des arcades, les profils des entablemens & les rapports des pleins avec les vuides, prouvent l'expérience de l'Architecte qui en a donné les desseins. Cinq arcades en plein ceintre, dont trois sont réelles, & des trumeaux chargés de refends, décorent le rez-de-chaussée du principal corps-de-logis. Ces arcades, qui regnent sur l'aîle de la cour & sur le mur qui est opposé, rassemblent les parties du pourtour de cette cour, & concourent à former une masse totale qui fait toûjours bien, & qui, comme nous nous l'avons dit ailleurs, est le seul moyen de réussir dans un édifice de peu d'étendue.

Le pavillon qui donne sur la basse cour, est tenu plus simple. Cette économie étoit

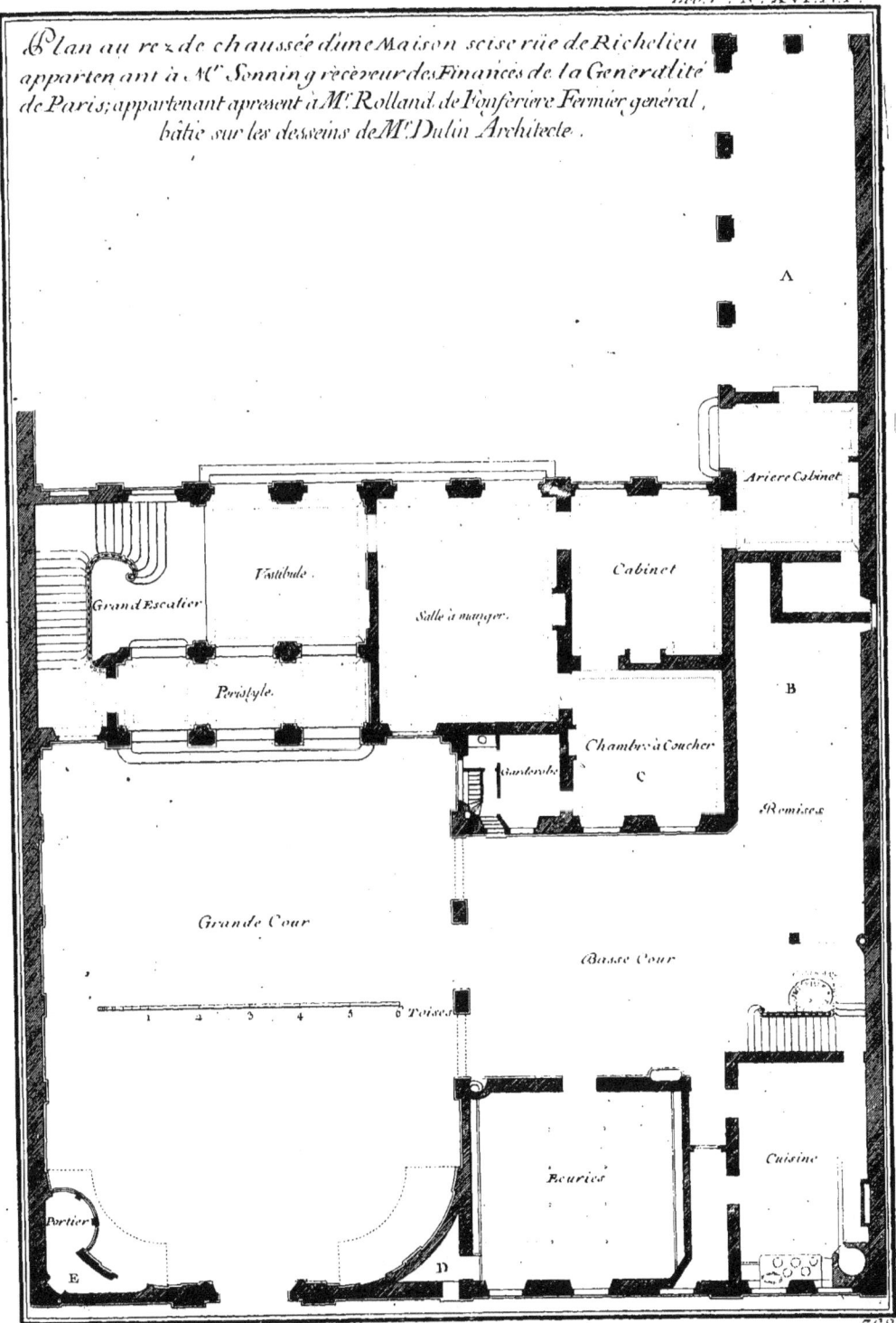

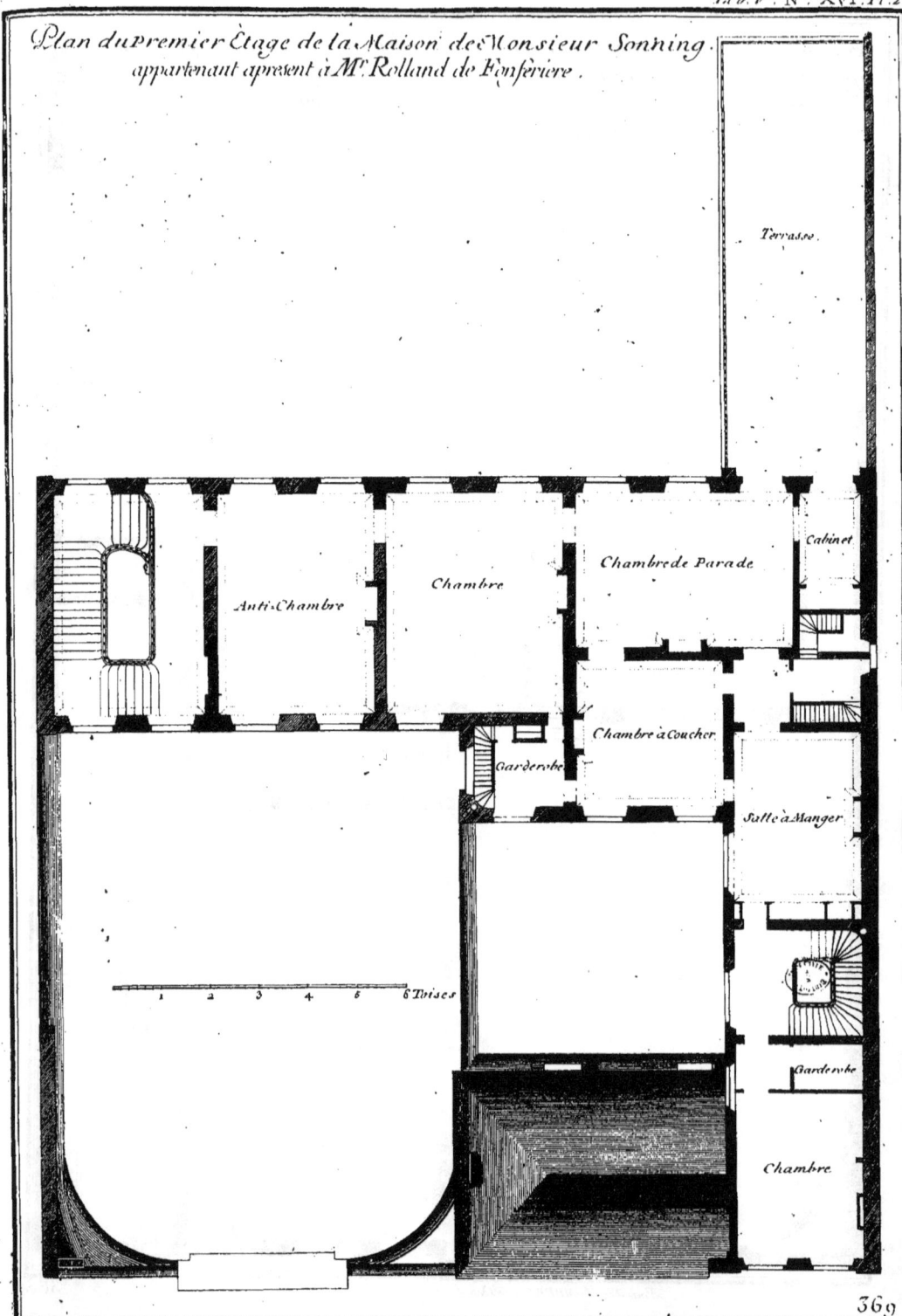

ARCHITECTURE FRANÇOISE, Liv. V. 89

étoit nécessaire, non-seulement pour éviter la dépense, mais pour donner à connoître que cette partie du bâtiment n'avoit rien de commun avec la principale façade du côté de la cour.

Maison de M. Sonning.

Elévation du côté du jardin. Planche IV.

Cette élévation est percée de huit ouvertures à chaque étage. Le rez-de-chaussée est orné d'arcades en plein ceintre feintes, dans lesquelles sont des portes, ou des croisées, suivant le besoin des distributions. Les quatres arcades donnant sur le perron, auroient dû être toutes ouvertes, ce qui auroit donné une autorité à toutes celles de ce soubassement. Les croisées du premier étage sont les mêmes que celles du côté de la cour, & d'une bonne proportion. L'Attique qui les couronne est d'une belle simplicité. La décoration du pavillon au-dessus de la terrasse est beaucoup moins estimable; il semble avoir été fait après coup & par un autre Architecte. Un trumeau dans le milieu, de trop petits corps de refends, une platebande lourde & massive, sont toûjours des choses à éviter, quand on veut mettre en œuvre les loix du bon goût, & faire usage des principes de la bonne Architecture.

Coupe & profil du principal corps-de-logis. Planche V.

Cette Planche nous fait voir le développement du principal corps-de-logis A, & les deux aîles de bâtiment placées à la droite de la cour & du jardin, marquées B, C. Ces deux aîles sont ornées d'arcades en plein ceintre, & leurs piédroits sont chargés de refends. Ces piédroits en général sont un peu trop svcltes, mais depuis que du côté du jardin on a pratiqué, en B, une gallerie à la place des portiques qui se voyent ici, & depuis qu'on a rempli ces arcades par des croisées, ils paroissent moins légers, & semblent porter avec plus de solidité la terrasse qui est au-dessus. Les piédroits des arcades du côté de la cour paroissent aussi moins grêles qu'ils ne le sont dans cette Planche, depuis qu'on a bouché ces arcades pour ne les faire que feintes, à l'exception de celle marquée C, qui est réelle, & qui sert d'entrée à la basse cour.

La coupe du principal corps-de-logis A exprime avec assez de justesse la décoration intérieure de ce bâtiment qui, pris en général, indique l'esprit de convenance qui doit présider dans l'édification d'une maison particuliere, principalement par la retenue qu'on a observée dans ses élévations. Nous remarquerons même, qu'à l'exception de la grandeur de la plûpart des pieces qui composent ce bâtiment, sa distribution est fort ingénieuse, & qu'elle peut servir de modele dans un édifice de quelque importance, où le terrain & la dépense sont ordinairement moins limités.

CHAPITRE XVII.

Description de la Maison de M. du Chatel, rue de Richelieu.

Maison de M. du Châtel.

CETTE maison fut bâtie en 1704, sur les desseins de M. *Cartaud* (a), Architecte du Roi, pour M. *Crozat le Jeune* : elle a ensuite appartenu à feu M. le Marquis *du Châtel*, Lieutenant Général des Armées du Roi, qui y fit faire des augmentations & des embellissemens assez considérables, par M. *Le Carpentier* (b), Architecte. Elle est occupée aujourd'hui par Madame *du Châtel* & par M. *de Gontaud*, son gendre, Lieutenant Général des Armées du Roi.

Plan général des jardins, bâtimens & dépendances. Planche Premiere.

Cette Planche présente le plan des jardins de cette maison ; la diversité de ses formes nous a porté à en donner les desseins. Le jardin de propreté est séparé du potager par le boulevard, par dessous lequel on passe pour communiquer de l'un à l'autre, & qui étant plus élevé que le rez-de-chaussée de ce bâtiment, procure à son premier étage un aspect d'autant plus riant, que cette promenade est aujourd'hui très-frequentée.

Ces deux jardins contiennent environ huit arpens, terrain assez considérable pour une maison particuliere, surtout dans un quartier aussi habité. Le potager est comparti par neuf triangles, composés de planches pour les légumes & entourés de plate-bandes qui contiennent des arbres fruitiers. Au milieu d'une étoile que forment ces triangles, il y a un bassin qui fournit de l'eau à ce jardin. Les lignes ponctuées, marquées A, indiquent le chemin couvert qui passe sous le rempart. Ce chemin donne dans une serre B construite & voutée en pierre, qui tient lieu d'orangerie. Le jardin de propreté est divisé en un très-beau boulingrin C de forme variée & placé en face du bâtiment, en un massif de bois de haute futaye, au milieu duquel est un bosquet de verdure D, & en deux parterres à l'Angloise de gazon découpé E, entourés de plate-bandes de fleurs. Les taluds F servent à racheter les différentes inégalités du terrain de ce jardin. Ces inégalités font un très-bon effet par la diversité des pentes & des points de vûes d'où cette verdure est apperçûe. Vers G, en face de la Maison, est un frontispice d'Architecture réelle qui semble annoncer l'entrée d'un sallon, mais qui est seulement adossé à un mur qui sépare ce jardin d'avec celui de l'Hôtel de Grammont. Le pavillon marqué H est le logement du Jardinier, avoisiné de deux cours qui dégagent par le cul-de-sac de la Grange-Bateliere. Les bâtimens du principal corps-de-logis & ses dépendances sont marqués ici par masses, on en va voir les distributions dans les Planches suivantes.

(a) Voyez ce que nous avons dit de ce célèbre Architecte, T. I. page 222. note (a).

(b) M. *le Carpentier* est un des Architectes modernes qui est le plus occupé aujourd'hui à Paris. Sa capacité lui a acquis la confiance d'une grande quantité de personnes de la premiere considération. On peut dire de cet Artiste, que non-seulement il est habile Architecte & de beaucoup d'expérience, mais qu'il entend très-bien la distribution & la décoration des appartemens ; ce qu'il a fait executer dans ce genre à l'Hôtel de *Luxembourg*, est une preuve de ce que j'avance. Il vient de faire aussi élever un Hôtel, rue du Regard, pour Madame la *Comtesse de Lassai*. Cet Hôtel est très-bien entendu, & lui fait beaucoup d'honneur auprès des Connoisseurs & des personnes impartiales. Il bâtit actuellement pour M. *Bouret* une maison, dont la terrasse donne sur les jardins potagers de celle que nous décrivons ; enfin il a fait une jolie maison de plaisance près Montmartre, pour M. *de la Boissiere*, laquelle est peut-être une des plus ingénieuses qui se voyent à Paris & aux environs. Nous passons sous silence une infinité d'autres ouvrages d'importance, tels que l'Hôtel de Ville de *Rouen*, dont il vient de faire le projet, l'Abbaye de *Clairvaux* qu'il a fait bâtir, le College de *Bourgogne* & son Eglise, à Paris, &c.

ARCHITECTURE FRANÇOISE, Liv. V.

Plan du rez-de-chauffée. Planche II.

La Figure Premiere donne le plan du rez-de-chauffée. Le corps-de-logis de ce bâtiment est triple sur sa largeur, & quadruple sur sa profondeur ; comme il est isolé de toutes parts, cela a donné occasion à cette distribution, aussi ingénieuse que nouvelle. Une cour quarrée de 17 pieds, au milieu du massif de ce bâtiment, éclaire avec succès le grand escalier & les garderobes qui sont comprises dans le corps-de-logis. Cette cour, qui ailleurs seroit blâmable, est ici un coup de génie, non-seulement parce que les bâtimens étant fort peu élévés, elle est assez éclairée, mais parce qu'elle dégage avec beaucoup d'industrie les petits corridors & les escaliers des entresols. Aux deux côtés du vestibule sont deux antichambres qui conduisent chacune à une chambre à coucher & à deux cabinets. Ces deux pieces donnent entrée à une gallerie qui a de longueur toute la façade du bâtiment & de largeur environ le tiers de sa longueur. De grandes glaces placées en face des croisées y répètent le spectacle du jardin ; sur sa longueur, vis-à-vis de la porte, est une cheminée de marbre ornée d'enfans de bronze doré d'or moulu, portant des girandoles. La voute de cette gallerie est peinte par *La Fosse* : il y a représenté la naissance de Minerve sortant du cerveau de Jupiter, &c. Cet ouvrage est très-estimé des Connoisseurs.

Maison de M. du Châtel.

La salle à manger est située du côté du jardin, dans l'aîle de bâtiment placée à la droite de la cour. Cette salle, depuis quelques années, a été augmentée de douze pieds, comme on le voit par les lignes ponctuées A. On entre dans cette salle par l'antichambre, au lieu qu'auparavant on y entroit par le tambour circulaire B qui se voit ici. Cette augmentation regne dans toute la hauteur du bâtiment, de maniere qu'au premier étage au-dessus de cette salle, on a pratiqué un fort beau sallon (*c*) vers l'endroit marqué A, Figure II. Ce sallon communique au principal corps-de-logis par la porte B, même Figure. Le rez-de-chaussée de cette aîle est occupé par différentes pieces pour le service de la maison. Au-dessus de ces pièces sont des entresols auxquels on monte par l'escalier C ; on en a construit un nouveau (*d*) vers D, pour monter au premier étage de cette aîle, dans laquelle sont distribués des appartemens qui répondent à la magnificence du sallon dont nous venons de parler. Dans l'enclave E on a ménagé de nouvelles commodités à l'usage des basses cours, mais comme ces augmentations sont peu intéressantes & que ce plan a été anciennement gravé, on ne les a pas ajoutées ici.

Elévation des façades du côté de la cour & du côté du jardin. Planche III.

La Figure Premiere donne la façade de ce bâtiment du côté de la cour. L'avant-corps est décoré au rez-de-chaussée de pilastres Ioniques & d'un Ordre Attique au-dessus, couronné d'un fronton. Nous avons remarqué ailleurs combien il étoit important de ne pas faire usage d'Ordres d'Architecture dans un petit bâtiment, dans la crainte que la division de leurs parties ne produisît un mauvais effet : on les a cependant risqué ici, quoiqu'il soit aisé de se convaincre que l'élévation représentée par la Fig. III, fait un meilleur effet sans cette richesse indiscrete qu'on remarque dans celle dont nous parlons, la simplicité étant préférable à tous les membres d'Architecture qu'occasionnent les Ordres, qui n'ont été imaginés dans leur origine que pour les grands édifices, & non pour les maisons des particuliers.

(*c*) Voyez la décoration de ce sallon dans le septieme Volume de ce Recueil.

(*d*) Toutes ces nouvelles augmentations ont été faites sur les desseins & sous la conduite de M. *le Carpentier*.

Maison de M. du Châtel.

L'élévation principale du côté du jardin (Figure II.) n'a point d'Ordres d'Architecture, mais elle n'en est pas plus estimable. Un petit fronton triangulaire enfermant une niche circulaire, sans autre néceffité que de recevoir une coquille, laquelle produit un ornement déplacé, termine un avant-corps fort étroit pour sa hauteur. Cet avant-corps est flanqué de chaines de refends qui paroissent postiches, quoiqu'elles simétrifent avec celles des extrêmités de la façade tenues trop élancées, & qui n'ont aucune analogie avec la péfanteur des trumeaux, tandis que ceux-ci par un contraste outré font surchargés de tables à oreilles, qui ne devroient jamais trouver place dans une décoration en pierre, ni dans les façades extérieures d'un bâtiment.

La Figure III est, comme nous l'avons déja remarqué, d'une ordonnance plus réguliere & mieux entendue. Si les chaînes de refends des extrêmités des avant-corps étoient plus nourries, les portes qui defcendent fur les perrons moins fveltes, & les trumeaux de fes pavillons moins larges, il n'y a point de doute que cette élévation ne fut un modele à fuivre dans toutes les ordonnances des bâtimens de peu d'importance.]

Coupe du principal corps-de-logis & élévation de l'aîle fur la cour. Planche IV.

Cette coupe montre le développement intérieur du principal corps-de-logis; au milieu duquel fe voit la cour marquée A, dont nous avons parlé, Planche I. Lors de la restauration de cette maison, pour rendre cette cour plus fpacieufe & la préferver de toute humidité, on a fupprimé les petits corridors du rez-de-chauffée qui la rétreciffoient; par ce moyen elle est très-falubre & d'une grande commodité. Sous l'efcalier à droite, marqué B, on a pratiqué une pompe & un réfervoir qui contribuent à la propreté de cette cour, & fournissent de l'eau aux garderobes qui lui font adjacentes. Le vestibule C est revêtu de maçonnerie & décoré d'affez bon goût. Les pieces D font des entrefols pour les garderobes, qui ont leur dégagement par la cour & par le grand efcalier. Enfin la piece E est la gallerie dont nous avons parlé avec éloge, tant en faveur de fa décoration, que de fa fituation avantageufe.

L'aîle de bâtiment F a été élévée d'un étage, auquel on monte par un nouvel efcalier fitué à la place marquée D, dans le plan du rez-de-chauffée, Planche Premiere. C'eft dans ce premier étage qu'on a diftribué l'appartement & le fallon dont nous avons fait mention ; mais comme la décoration extérieure de ce premier étage eft d'une ordonnance affez fimple & d'une exécution médiocre, nous ne l'avons point donnée. L'extrêmité de cette façade, marquée G, indique le mur de la cour principale qui la fépare d'avec l'avant-cour, & dont on n'a pas continué la décoration dans cette Planche, parce qu'elle eft peu intéreffante.

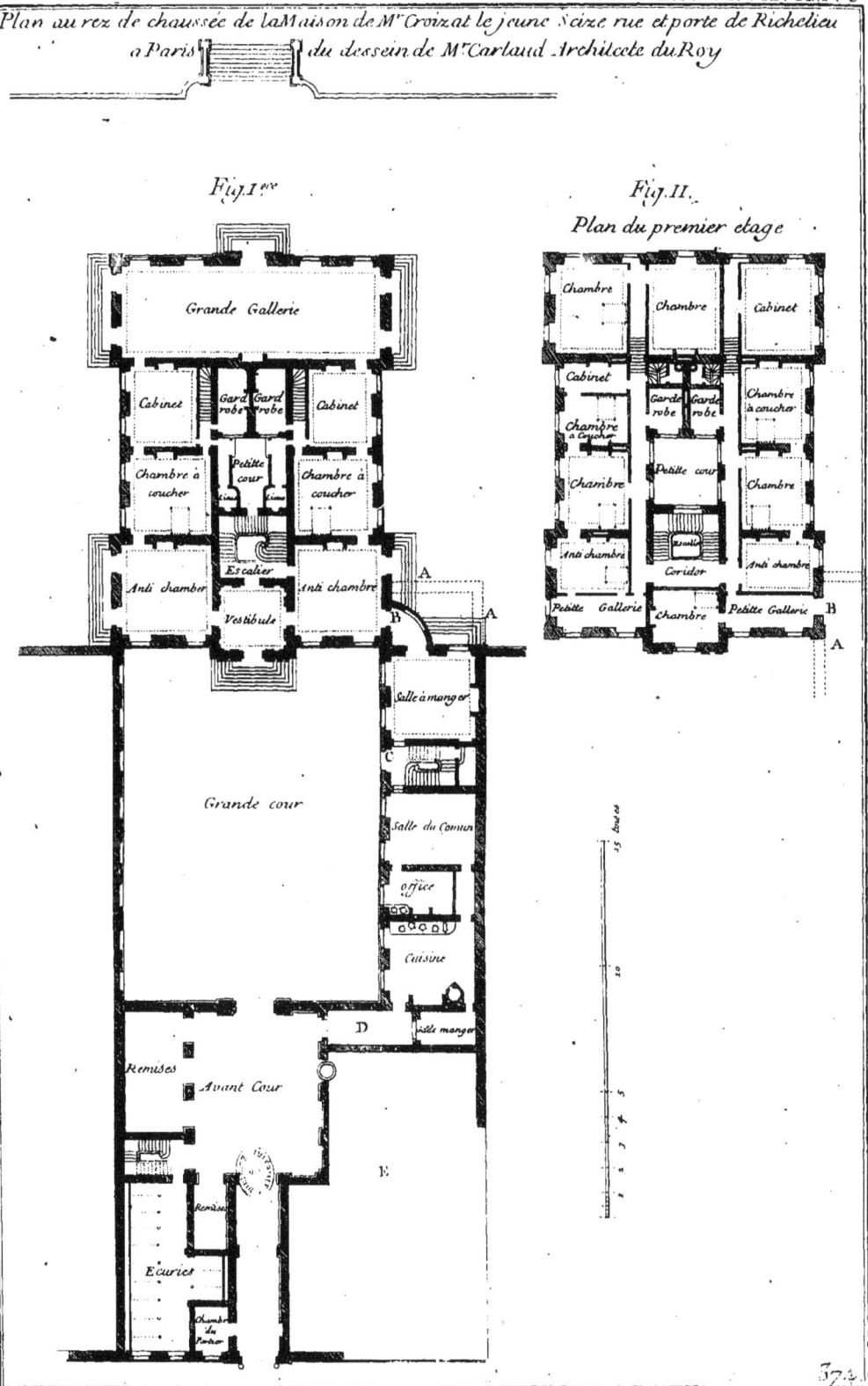

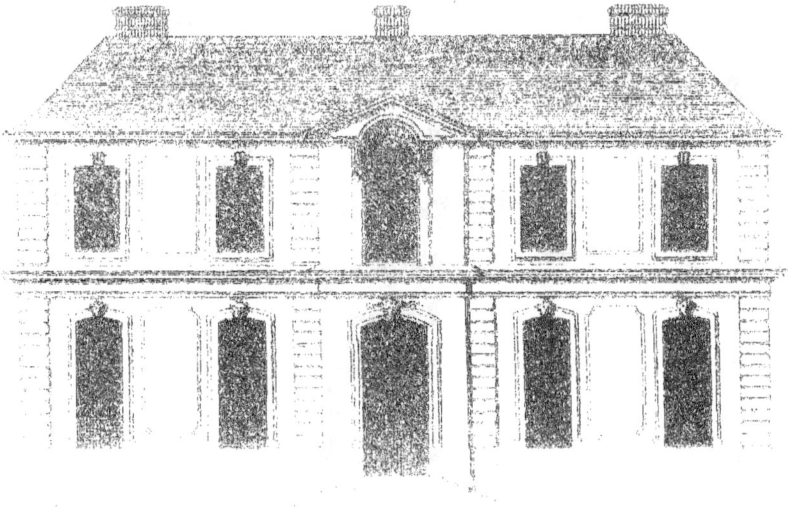

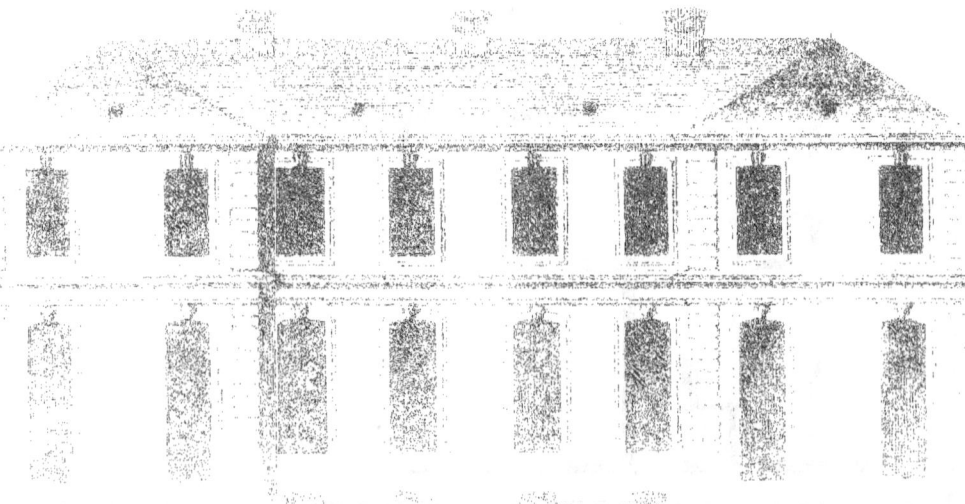

CHAPITRE XVIII.

Description d'une Maison sise rue de Richelieu, près le Boulevard.

CETTE maison a été connue long-tems sous le nom d'Hôtel *Des Chiens*; elle fut bâtie vers 1710, sur les desseins du sieur *Levé* (a), Architecte. Elle appartient aujourd'hui à M. le Marquis *de Creil*, Gouverneur de Thionville, en Flandres, qui l'a louée depuis environ neuf ans pour en faire les écuries de Madame la Dauphine. Le principal corps-de-logis au rez-de-chaussée est occupé par M. le Comte *de Mailly*, Premier Ecuyer de cette Princesse, & Lieutenant Général des Armées du Roi : au premier étage, est l'appartement de Madame la Comtesse, son Epouse.

Maison rue de Richelieu.

Plan du rez-de-chaussée. Planche Premiere.

Cette Planche ne donne que le plan du principal corps-de-logis, celui de la grande cour & quelques dépendances : les basse-cours qui sont à gauche ne sont point exprimées ici, étant bâties assez irrégulierement ; nous dirons seulement qu'elles contiennent environ douze remises & des écuries pour 40 chevaux, y compris celles qui se remarquent dans cette Planche.

Les appartemens du principal corps-de-logis sont distribués doubles, entre cour & jardin, & décorés avec quelque magnificence. Le grand escalier, placé à gauche, est vaste & bien terminé dans sa partie supérieure. Ce corps-de-logis a deux étages & une mansarde, les aîles de la cour n'en ont qu'un formant terrasse, & sont décorées d'arcades couronnées d'une balustrade d'une composition qui n'est pas sans mérite.

On n'avoit point gravé le plan du premier étage, & comme il est distribué sur les mêmes murs de refends que le principal corps-de-logis au rez-de-chaussée, nous n'avons pas crû devoir le donner ici, non plus que les jardins, qui d'ailleurs sont fort peu de chose & mal entretenus.

Elévations du côté de la cour & du côté du jardin.
Planche II.

Les décorations des façades sont fort simples : deux étages & une mansarde en déterminent la hauteur. Les croisées pêchent contre les régles de la proportion, dont il n'est pas permis de s'écarter dans quelque espece de bâtiment que ce soit, ainsi que nous nous l'avons déja observé ; d'ailleurs les tables affectées dans les trumeaux, les corps de refend trop sveltes, & les parties anguleuses des avant-corps qui terminent l'élévation du côté de l'entrée, présentent une Archi-

---

(a) Cet Architecte est peu connu, nous le croyons éléve de M. *Dullin*. Il a bâti à Paris plusieurs maisons assez considérables, entr'autres, vers 1707, l'Hôtel du Duc *d'Antin*, pour *François Mauricet de la Cour*, connu sous le nom de *De la Cour des Chiens*, fameux Traitant. Cet Hôtel est vaste, mais situé de maniere qu'il a porté long-tems le nom d'*Hôtel de Travers*. En 1710, le Roi, créancier de *Mauricet*, prit cet Hôtel en payement, & en 1712, il le céda à M. le Comte de Toulouse. Ce Prince le vendit en 1713, à *Louis Antoine Pardaillan de Gondrin*, Duc *d'Antin*, qui y fit faire des augmentations considérables. C'est aujourd'hui M. *Paris de Montmartel* qui occupe cet Hôtel. Nous n'en donnons point les desseins dans ce Recueil, à cause de son irrégularité ; les jardins cependant ont des beautés qui méritent quelque attention.

Maison rue de Richelieu.

tecture peu refléchie. Nous remarquerons cependant que les profils de ces façades paroissent d'assez bon goût sur le lieu, ce qui suppose quelque théorie dans l'Architecte ; mais l'exécution de ce bâtiment en général est si médiocre, qu'elle annonce peu d'expérience, & sa construction, quoique solide, laisse entrevoir la négligence de l'appareil.

L'élévation représentée par la Figure II, quoique de la même ordonnance que celle du côté de la cour, a quelque chose de moins mesquin, par rapport à la largeur de ses trumeaux, mais sa simplicité est trop outrée pour une façade du côté des jardins, surtout appartenant à un bâtiment, qui dans son origine fut érigé pour un Hôtel. En effet, quoique nous ayons plus d'une fois recommandé la simplicité dans l'Architecture, il n'est pas moins vrai que c'est s'éloigner de l'esprit de convenance que de préférer une ordonnance triviale à une décoration susceptible de quelque agrément, lorsqu'il s'agit d'ériger un édifice pour la demeure d'une personne au-dessus du vulgaire. Cependant comme ces Planches étoient gravées anciennement, que d'ailleurs la distribution de cet Hôtel a quelques parties intéressantes, & qu'enfin ce Recueil doit naturellement contenir des bâtimens de tous les genres, celui-ci, quoique trop simple dans ses façades, servira à prouver combien il est essentiel d'éviter les reproches que nous nous sommes trouvé forcés de faire à l'Architecte qui en a donné les desseins.

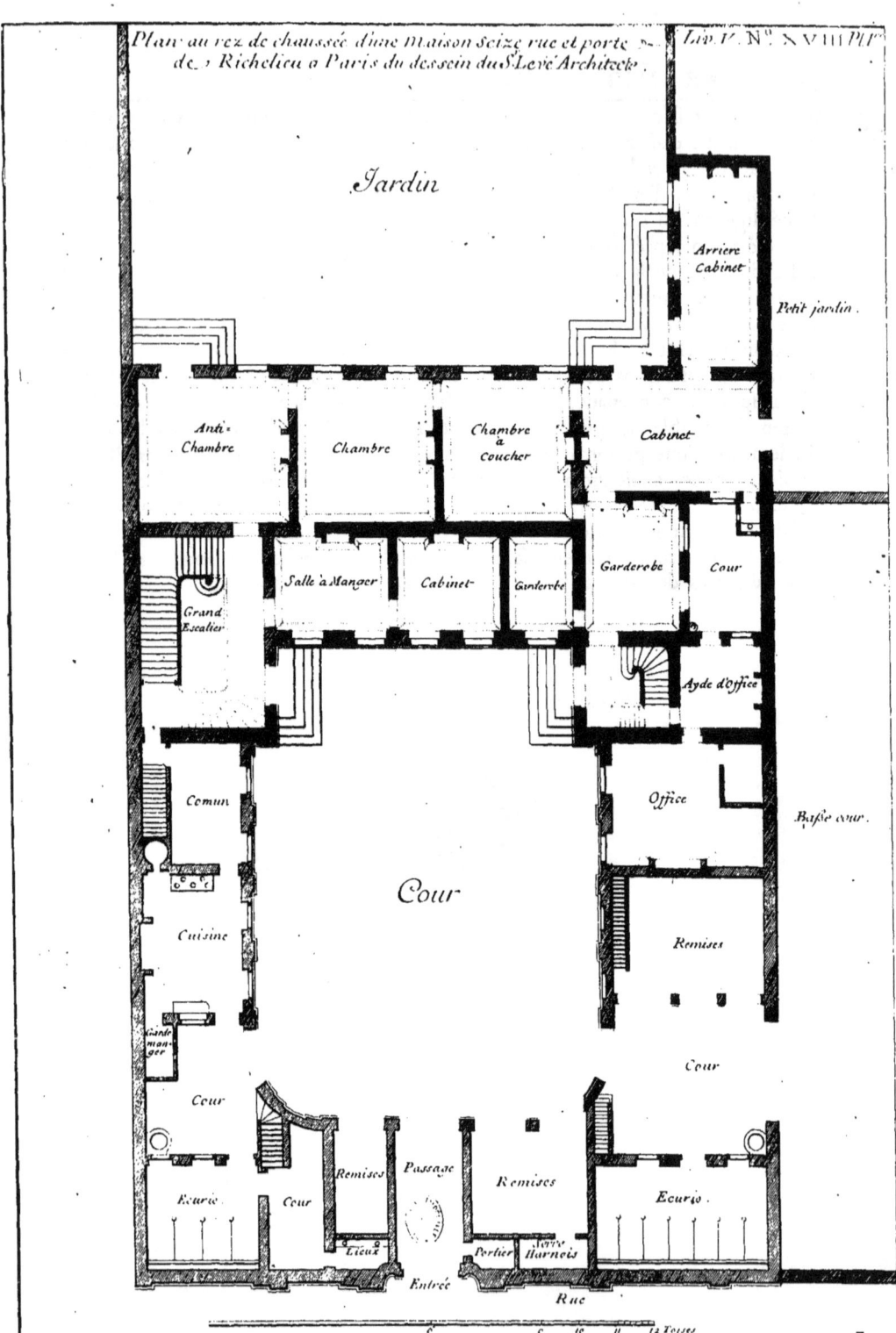

CHAPITRE XIX.
Description de l'Hôtel Desmarets, rue S. Marc.

CET Hôtel fut bâti en 1704, sur les desseins de M. *De Lassurance*, Architecte, Controlleur des Bâtimens de Sa Majesté (*a*), pour M. *Rivié*, Sécrétaire du Roi, qui en 1711, le céda à M. *Nicolas Desmarets*, Contrôleur Général des Finances. Après sa mort, il fut vendu à M. le *Duc de Luxembourg* : il appartient aujourd'hui à M. le *Duc de Luxembourg*, son fils, Chevalier des Ordres du Roi, Capitaine de ses Gardes, Lieutenant Général de ses Armées, & Gouverneur de la Province de Normandie. En 1749, ce Seigneur y fit faire des augmentations considérables sur les desseins & sous la conduite de M. *Le Carpentier*, Architecte (*b*).

Hôtel Desmarets.

Les jardins de cet Hôtel sont assez spacieux ; ils se terminent au boulevard, dont les allées semblent se réunir à celles de ce jardin, ce qui lui procure un coup d'œil fort agréable. Nous n'en donnons point ici les plans ; ce genre de beauté est peu touchant dans la plûpart des desseins, & l'aspect des lieux peut presque seul inspirer & fertiliser le génie dans cette partie de l'Architecture. Un grand parterre, de belles pallissades, des terrasses de forme variée, des boulingrins, des bosquets, &c. veulent être examinés de près ; comme la nature fait la plus grande partie des frais du jardinage, c'est elle qu'il faut consulter, l'Art vient ensuite, & alors l'homme de génie sçait tirer avantage du terrain le plus ingrat. Cependant pour satisfaire les amateurs, nous avons inféré dans ce Recueil les jardins qui nous ont paru plus compliqués que celui dont nous parlons, & qui appartiennent d'avantage à l'Art.

Plan du rez-de-chaussée. Planche Premiere.

Sans avoir égard aux augmentations qui ont été faites à cet Hôtel, comme supplement, ni à quelques changemens arrivés dans ce plan, dont nous parlerons ci-après ; nous observerons que sa distribution, telle que M. *De Lassurance* l'a fait exécuter, est assez ingénieuse. Il seroit cependant à désirer que la forme du sallon fut au moins quarrée, encore est-il mieux en général qu'il se présente sur sa profondeur. On ne sçauroit être trop scrupuleux sur la proportion d'une pareille piece, c'est ordinairement le lieu le plus orné du bâtiment, & l'on ne doit rien négliger pour lui donner le pas sur toutes les autres parties de la distribution ; aussi cette piece, dont la cage est ancienne, a-t'elle été magnifiquement décorée en 1749, sur les desseins de M. *Le Carpentier*. Comme ces desseins se trouveront dans l'*Encyclopédie*, nous ne les donnons point dans ce Recueil.

Le grand escalier est placé à droite de l'entrée du bâtiment, & ne semble faire qu'un tout avec le vestibule, ce qui le rend spacieux, & procure une entrée magnifique à tous les appartemens.

La cour est d'une assez belle proportion ; elle auroit néanmoins acquis une meilleure forme, si les pavillons du principal corps-de-logis, marqués A, B, n'eussent pas été aussi saillans. Ils resserrent trop l'élévation du côté de la cour, nuisent à la lumiere du grand escalier & de la salle à manger ; & rendent la cour difforme par des ressauts trop marqués. Voyez la Figure Premiere de la Planche Troisieme.

(*a*) Voyez ce que nous avons dit de cet Architecte ; Tome I. page 232. note *a*.

(*b*) Voyez ce que nous avons dit de cet Architecte ; Chap. XVII. de ce Volume.

Hôtel Desmarets.

Les changemens faits dans la distribution du principal corps-de-logis consistent principalement dans une porte qu'on a percée à la place de la cheminée; dans la salle à manger, dont on a fait une antichambre : de la chambre à coucher, on a fait une salle d'assemblée, & d'un cabinet à gauche, une chambre à coucher pour M. le Duc de Luxembourg, avec les dégagemens & les garderobes qui conviennent à un appartement de Maître. Le grand cabinet à droite est aujourd'hui la chambre de Madame la Duchesse, & l'arriere-cabinet est une toilette, derriere laquelle sont des garderobes qui dégagent dans de très-grandes basse-cours placées en C, que M. le Duc de Luxembourg, pere de celui d'aujourd'hui, fit construire, quand il eût acquis des héritiers de M. Desmarets cet Hôtel tel que nous le donnons.

A ces augmentations considérables, qui font tout le mérite des dépendances de cet Hôtel, on a ajoûté en 1749, sur les desseins de M. *Le Carpentier*, un nouveau pavillon du côté du jardin, de 12 toises de face sur cinq de profondeur, y compris un avant-corps à pans. Ce pavillon renferme une salle à manger de forme elliptique, décorée avec beaucoup de goût & accompagnée d'un buffet, précédée d'un petit antichambre qui communique à la toilette par une porte à côté de la cheminée, vers D. Le mur latéral de ce pavillon commence en E, & saille dans cet endroit de 19 pieds sur le jardin. De l'autre côté de la salle à manger, on a pratiqué une salle des bains à deux baignoires, avec un lit en niche au milieu & des garderobes décorées & meublées avec beaucoup de goût & d'intelligence.

Le reste de ce bâtiment n'a pas souffert de grands changemens, à l'exception des cuisines, que l'on a aggrandies & qui étoient renfermées dans un trop petit espace.

Elévation du côté de la rue, & plan du premier étage de cet Hôtel.
Planche II.

Le premier étage (Figure I.) est occupé par M. le Duc de Montmorenci. Le diamétre des pieces, étant assujetti aux murs de refend du plan précédent, n'a pas souffert de grands changemens, & à l'exception de quelques portes qu'on a percées & de quelques commodités formées par des cloisons, ce plan est resté tel que nous le donnons. Nous observerons seulement en général que la forme des chambres à coucher n'est pas à imiter, leur proportion n'étant pas indifférente à cause de la place du lit, qui exige que ces sortes de pieces ayent une profondeur convenable. Voyez ce que nous avons dit à ce sujet dans notre *Introduction*, Tome I. page 34.

La Figure deuxieme donne la façade de cet Hôtel du côté de la rue. Au milieu est la principale porte d'entrée; cette porte est en voussure, & est ornée de colonnes accouplées d'Ordre Composite : ces colonnes sont engagées dans le mur, élévées sur un socle, & couronnées d'un entablement terminé en plein ceintre. Nous avons déja blâmé ce genre de corniche circulaire; sa pésanteur & son diametre anéantissent toûjours l'Ordre qui la soutient. D'ailleurs la suppression de la frise & de l'architrave, dans cette corniche en plein ceintre, compose une Architecture vicieuse, qu'on ne doit point imiter; l'espece de comble à la mansarde qui couronne cette porte, produit dans cet amortissement une obliquité qui ne fait pas un bon effet, non plus que les couvertures interrompues de cette façade; elles composent autant de parties séparées, qui nuisent à l'unité, si nécessaire à observer dans la décoration d'un édifice. Ce même défaut se remarque dans les combles de cet Hôtel, & loin de faire un genre de décoration convenable, dans un bâtiment de quelque importance ils devroient toujours être masqués, ou lorsque la nécessité

les

les amene naturellement, du moins faut-il les faire continus, à moins qu'il ne soit de quelque utilité de faire pyramider, par un dôme quarré ou circulaire, la partie du milieu, comme on l'a observé au Château de Clagny, au Palais des Thuilleries, &c. Enfin les arriere-corps & les pavillons de cette façade sont décorés d'une maniere mesquine, les croisées sont sans proportion, & les profils très-négligés.

Elévations du côté de la cour & du côté du jardin. Planche III.

La Figure Premiere donne l'élévation du côté de la cour, prise, dans le plan du rez-de-chauffée, au-devant des pavillons A, B, contre lesquels viennent se terminer les aîles de la cour dont on voit ici les coupes. Entre ces pavillons s'éleve la façade du principal corps-de-logis percée de sept ouvertures, au rez-de-chauffée, ainsi qu'au premier étage. Au milieu est un petit avant-corps orné de colonnes Ioniques, avec un Ordre de pilastres Corinthiens au-dessus, le tout couronné d'un fronton. Cet avant-corps est trop étroit, les croisées du premier étage sont trop élevées, celles du rez-de-chauffée trop bombées, en général l'ordonnance de cette façade est sans grace, & ne se ressent point de cette fermeté si désirable & que nous avons remarquée ailleurs dans les productions de M. *De Lassurance*. Trop occupé sans doute, il s'est déchargé de la conduite de cet édifice sur quelque Inspecteur ou Contrôleur peu versé dans sa profession. De-là les défauts qui se remarquent ici, ce qui n'est pas sans exemple. Un Architecte habile conçoit d'abord l'idée générale de son bâtiment, il se réserve de revenir sur ses pas lors de l'exécution, le tems lui manque, il s'en rapporte à un tiers, qui n'étant pas suffisamment instruit du local, de l'esprit de l'Architecte, & des loix de la convenance, hazarde des parties vicieuses, surcharge ces mêmes parties d'ornemens mal-entendus, abuse enfin de la confiance du Propriétaire, révolte les Connoisseurs & déshonore l'Architecte.

La Figure II. présente la façade du côté du jardin, dont l'avant-corps est orné d'Ordres d'Architecture, & domine sur tout le reste de l'élévation. Cette maniere de faire pyramider un bâtiment, réussit toujours bien (*d*) ; mais nous ne pouvons nous dispenser de remarquer que cet avant-corps est peut-être la seule chose qui mérite quelque estime dans cette façade ; encore n'en faut-il considérer que les masses séparément. Car non-seulement sa dimension anéantit tout le reste de l'étendue de ce bâtiment ; mais les parties qui la composent, tiennent du déréglement & du désordre que nous avons blâmés plus d'une fois dans nos bâtimens François. En effet l'architrave & la frise de l'entablement Corinthien interrompus par une arcade d'une hauteur extravagante, qui n'a aucune rélation avec les deux aîles de l'avant-corps, & qui nuit à la simétrie intérieure : des pilastres maigres, sans relief & exécutés sans art & sans correction, forment l'ordonnance de cette Architecture, qui auroit eu une expression plus convenable, si l'on avoit supprimé ces Ordres, d'autant plus qu'ils ne devroient jamais entrer pour quelque chose dans la décoration des bâtimens particuliers, lorsqu'ils ne peuvent avoir un certain diametre.

Les pavillons de cette façade, dont la largeur dispute avec les arrieres-corps, auroient dû être supprimés en faveur de la dimension de l'avant-corps du milieu. Un bâtiment de 19 à 20 toises de face ne doit jamais être subdivisé dans son étendue par trois avant-corps & deux arrieres-corps ; cette division compose trop de petites parties, & détruit l'effet général, qui est la premiere considération qu'on doit observer dans un bâtiment. D'ailleurs ces pavillons sont si mal composés &

(*d*) M. Boffrand est peut-être le seul Architecte qui ait rencontré le plus heureusement les formes pyramidales, ainsi que nous l'avons observé dans le Tome I. en décrivant les bâtimens élevés par cet habile homme.

Hôtel Defmarets. d'une Architecture si médiocre, qu'il n'est guéres possible d'imaginer rien de si mesquin. L'entablement Ionique est aussi sans correction & enrichi de moulures sans choix, sans pureté & sans goût.

Ma sincerité me suscitera peut-être des contradicteurs & des ennemis; on me fera sans doute un crime de m'éléver contre le préjugé dominant. Cependant rassuré sur l'équité de mes observations, & sans avoir égard à la jalousie des gens du métier, je crois ne devoir pas passer sous silence des inadvertances qui pourroient servir d'autorité, si elles n'étoient pas rélévées, & qui ne manqueroient point d'être très-préjudiciables dans la suite aux progrès de l'Architecture.

Je le répéte, je voudrois avoir autant de lumieres que de zele pour donner à nos jeunes Artistes un juste mépris pour le médiocre, & pouvoir leur indiquer où ils doivent puiser le beau. Il est vrai que la comparaison fait beaucoup ; mais j'ajoûterai qu'outre cet esprit de comparaison, il est nécessaire de concilier les régles avec le génie, les préceptes servant certainement de frein au feu déréglé d'une imagination bouillante. Mais, me dira-t-on, les régles produisent-elles des beautés réelles ? Oui sans doute, quand elles sont fondées sur la nature & dirigées par un Artiste dont le travail & l'étude sçavent embellir toutes les productions; en un mot il faut tout voir, tout examiner, approfondir tout, se rendre compte de tout, après cela ne pas imiter les ouvrages défectueux, se modeler sur ceux qui sont les plus universellement approuvés, ne pas prendre les écarts de l'imagination pour l'Art même, l'Artisan pour l'Artiste, & le métier pour la science. Avec cette retenue, si l'on n'arrive pas à l'excellent, on parviendra du moins à composer du bon, du passable, qui ne révoltera pas les Connoisseurs, & l'on rencontrera moins de piéges, où se perdent tous les jours ceux qui dans leur début prennent l'ombre pour la réalité, & produisent des compositions monstrueuses, qui annoncent en même tems, & leur ignorance & l'aveuglement des personnes qui les mettent en œuvre.

Plan au Rez de chaussée de l'Hôtel Desmarests à Paris du dessein de M.rs Lassurance & Dorbay.

Liv. V. N.o XIX. Pl. I.ere

Jardin

Cabinet
Chambre à Coucher
Sallon
Grand Cabinet
Ariere Cabinet

Garderobe
Garderobe

Cour
Salle à manger
Vestibule
Grand Escalier
Garderobe
Cour

Escalier

Comun
Chambre à Coucher

Office

Cuisine
Remises

Garde manger
Garde manger

Cour
Cour d'entrée
Cour

Harnois
Harnois

Ecuries
Passage
Chambre du Portier
Ecuries

Rue S.t Marc

7 8 9 10 11 12 Toises

379

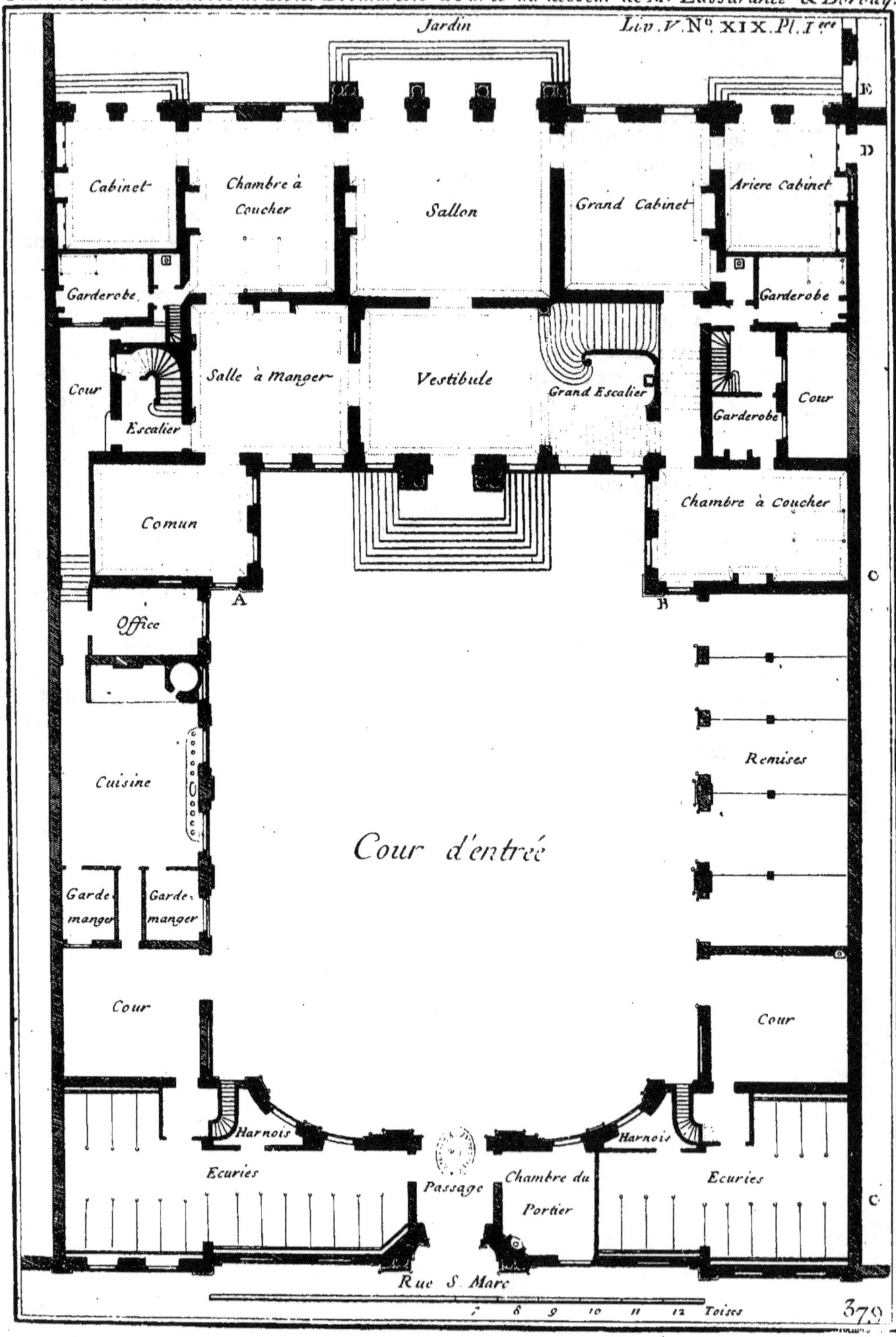

CHAPITRE XX.

Description du Portail de l'Eglife des Feuillans, rue S. Honoré, près la Place de Louis le Grand; & de celui de l'Eglife des Capucines, rue Neuve des Petits-Champs, en face de la même Place.

DESCRIPTION

Du Portail de l'Eglise des Feuillans.

Planche Premiere.

LOUIS XIII donna une fomme affez confidérable pour la conftruction du Portail de cette Eglife (*a*). Il fut élevé en 1629, fur les deffeins de Fran-çois Manfard (*b*), & ce fut, dit-on, le coup d'effai de cet Architecte, qui dans la fuite devint fi célébre qu'il peut être regardé comme le plus habile de tous nos Architectes François. Ce Portail eft compofé de deux Ordres de colonnes, l'un Ionique, l'autre Corinthien. Celles de l'avant-corps du milieu font ifolées, & celles des extrêmités de ce frontifpice font engagées; l'entablement de ces Ordres retourne fur chaque accouplement de colonnes, fans doute pour donner à l'or-donnance de ce Portail un caractere de légéreté; mais l'on peut obferver que ces retours trop réiterés produifent de petites parties qui nuifent à l'effet gé-néral de ce frontifpice.

L'Ordre Ionique eft d'une belle exécution, les chapiteaux & les ornemens du fût de ces colonnes ont même de très-grandes beautés de détail, mais ces détails paroiffent trop recherchés, lorfqu'on les compare avec ceux de l'Ordre fupérieur. *Manfard* a voulu imiter en cela ce que *Philibert Delorme* a fait au Palais des Thuilleries; mais un pareil exemple ne peut fervir d'autorité, non-feulement parcequ'on doit réferver la prodigalité des ornemens pour l'Ordre Corinthien, mais auffi parce que tout Ordre qui porte doit avoir dans fon ordonnance un caractere plus mâle que celui qui eft porté.

Cet Ordre Ionique eft élevé fur un piédeftal qui a de hauteur les deux feptie-mes de la colonne, & eft couronné d'un entablement qui en a environ un quart. Cet entablement eft denticulaire, & fa frife eft bombée. L'Ordre fupérieur eft d'une proportion trop courte rélativement à celui de deffous. Ordinairement on ne lui don-ne qu'un module de moins de hauteur, ou autrement on prend le diamétre du fût fu-périeur de l'Ordre d'en bas pour conftater le diamétre inférieur de l'Ordre de def-fus. Ici la colonne Corinthienne a deux modules un tiers de moins, ce qui rend cet Ordre chétif & contraire à la progreffion qu'on doit obferver entre les Or-dres qu'on veut élever les uns au-deffus des autres. Nous nous réfervons de parler des moyens les plus certains d'arriver à cette progreffion dans le huitieme Vo-lume, en faifant la comparaifon des Ordres de tous les édifices d'un même genre, & en donnant en particulier le développement de chacune de leurs parties.

(*a*) Cette Eglife fut commencée en 1601. Henri IV. en pofa la premiere pierre : elle fut achevée en 1608. Marie de Médicis contribua à fon embelliffement, & fit faire le rétable du Maître-Autel, qui eft orné d'un ta-bleau repréfentant une Affomption, peint par *Jacob Bunel*, & de deux Anges en adoration peints par *Lafoffe*. Dans cette Eglife on voit auffi plufieurs bons tableaux de *Vouet*, de *Michel Corneille*, &c. Dans la nef à gauche on remar-que le tombeau vuide du Comte de *Harcourt*, fculpté par *Nicolas Renard*, de Nanci, qui mérite quelque eftime auf-fi-bien que les peintures fur verre du cloître de cette Egli-fe qui font d'une affez grande beauté : elles font faites par *Sempi*, Flamand, fur les deffeins d'*Elie*.

(*b*) Voyez ce que nous avons dit de cet Architecte, T. II. p. 62. n.(*a*).

Portail des Feuillans.

Le piédestal de l'Ordre supérieur a le tiers de l'Ordre, & l'entablement en a le quart. Cet Ordre supérieur est couronné d'un fronton circulaire dont la forme pésante est élégie en apparence par une voussure aussi circulaire. Sur ce fronton sont deux figures assises d'une proportion trop forte ; défaut qui se remarque au Palais du Luxembourg, & au Portail de S. Gervais, dont nous avons parlé dans le Volume précédent.

En général on peut observer que les pyramides, l'amortissement au-dessus du fronton, les consoles renversées, ou arcboutans, les cartels du dessus des portes, &c. se ressentent un peu dans leur composition du goût Gothique & de l'ignorance où l'on étoit au commencement du siecle dernier à l'égard de la Sculpture. Les figures de ce Portail sont même d'une médiocre éxécution, quoique de la main de *Guillin*, qui depuis a fait dans nos édifices François quelques ouvrages passables.

Developement du Portail des Feuillans. Planche II.

Cette Planche donne plus en grand les principaux membres d'Architecture du Portail de l'Eglise des Feuillans ; nous en rapporterons certains détails dans le huitieme Volume, particulierement le chapiteau Ionique, dont la composition n'est pas sans mérite, & que nous comparerons avec celui du Château des Thuilleries, lequel est regardé par les Connoisseurs comme un chef-d'œuvre dans son genre.

Au bas de cette Planche se trouve le plan du Portail que nous venons de décrire, & les échelles propres à vérifier les mesures qui se voyent ici & que nous avons trouvées assez exactes, quoique levées & gravées anciennement.

Description de la Porte d'entrée du Monastere des Feuillans, en face de la Place de Louis le Grand. Planche III.

Ce Frontispice, qui fut élevé en 1676, nous a paru d'une si belle proportion, que nous avons crû devoir lui donner place dans ce Recueil, d'autant plus qu'il n'a jamais été gravé. On prétend que François Mansard, qui avoit reconnu lui-même quelques défauts dans l'exécution de celui dont nous venons de parler, voulut les éviter dans celui-ci par une ordonnance plus simple, plus grave, & plus réguliere. En effet, malgré son peu d'étendue & le nombre considérable d'édifices élevés dans le même genre en France, cette Porte m'a toujours fait un plaisir que je ne me suis point lassé de faire ressentir à ceux que mon état m'a obligé de conduire à nos plus beaux monumens, pour y puiser les principes de la bonne Architecture.

Les hommes peu versés dans l'Art auront sans doute de la peine à concevoir qu'une porte quarrée, quatre colonnes & un fronton, (composition en apparence assez ordinaire) puissent mériter l'éloge qu'on fait ici de ce frontispice. Quelle différence cependant entre un ouvrage d'Architecture élevé par un homme d'un vrai mérite, & un autre du même genre érigé par certains Architectes ! Combien n'en remarque-t'on pas même entre une colonne & une autre colonne, dont la beauté ne consiste pas toûjours, comme quelques-uns se l'imaginent, à observer les dimensions générales prescrites par les Anciens, mais à lui donner un air d'élégance ou de virilité, (il n'importe de quel Ordre) selon que le caractere de l'édifice semble l'éxiger ; à l'enrichir plus ou moins d'ornemens, & enfin à donner à son fust cette fléxion, ce galbe & cette grace naive, qui fixent l'attention, attachent les regards, & procurent une vraie satisfaction aux Artistes du premier Ordre. Qu'on y prenne garde & l'on verra que certainement il n'est pas d'autre

moyen

moyen de plaire dans la décoration d'un édifice qui n'a pas une grande étendue ; j'avance même que dans cette occasion il y a peut-être plus d'art à s'écarter des régles ordinaires, sans néanmoins blesser la vraisemblance, que de les suivre exactement dans toutes ses compositions, par le seul motif d'une imitation servile. Il faut cependant convenir qu'on doit être muni d'une très-grande expérience pour oser prendre sur soi ces altérations qui ne peuvent devenir des fautes heureuses qu'entre les mains d'un homme du premier mérite.

Au reste cette digression n'a rien de commun avec l'ordonnance de la Porte dont nous parlons, qui est exactement régulière ; elle n'a trouvé sa place ici que pour faire remarquer que très-souvent il n'y a point de comparaison à faire entre deux édifices du même genre, élevés pour la même fin & de la même dimension, lorsque l'un aura été ordonné par un grand Maître, & l'autre par un homme d'un mérite subalterne ; celui-ci sans doute doit suivre aveuglément la route qui lui est prescrite, l'autre peut à son gré ajoûter & soustraire, parce que certainement il aura pour objet dans ces innovations l'aspect de l'édifice, son immensité, son point de distance, & que guidé par les régles de son Art, toutes ses différentes productions annonceront son génie & sa capacité.

Au-dessus de cette porte à platte-bande est un bas-rélief enfermé dans une table quarrée qui fait un bon effet. Ce bas-rélief, d'une assez belle exécution, représente Henri III qui reçoit l'Abbé Dom *Jean de La Barriere* & ses compagnons, dont la vie est peinte sur verre dans le cloître, par *Sempi*, Peintre Flamand, dont nous avons parlé au commencement de ce Chapitre, Note *a*.

Dans le timpan du fronton sont les Armes de France & de Navarre, qui indiquent que cette Maison est de fondation Royale. A chaque côté de ce frontispice est une porte ; l'une & l'autre donnent entrée à des maisons particulieres appartenant aux Feuillans.

Au bas de cette Planche on a marqué le plan de cette Porte : on peut y observer que les colonnes isolées du nud du mur n'ont point de pilastres, parce que sans doute on n'a pas voulu trop embarrasser la voye publique ; moyen moins vicieux que d'avoir engagé les colonnes dans les murs de face, ou bien d'avoir employé des colonnes ovales, comme on le remarque à la Merci, à la culture Sainte Catherine, &c ; ce qui doit toûjours s'éviter dans une ordonnance régulière, principalement lorsqu'on fait usage de l'Ordre Corinthien.

Dans l'intérieur de la Cour & en face du frontispice dont nous venons de parler, est une porte en voussure & ornée de refends d'un dessein assez élégant.

DESCRIPTION

DU PORTAIL DE L'EGLISE DES CAPUCINES,

Situé en face de la Place de Louis le Grand. Planche IV.

Comme nous ne donnons que le Portail de cette Eglise (*a*), & qu'il est en face des deux que nous venons de décrire, nous avons crû devoir comprendre cette Planche dans le même Chapitre. Ce Portail, d'un genre bien inférieur en beauté aux précédens, fut érigé en 1722, on ignore sur les desseins de quel Architecte ; car ceux à qui nos descriptions de Paris l'ont donné jusqu'ici, le désavouent. Ce qu'il y a de cer-

---

(*a*) Cette Eglise fut bâtie en 1686, sur les desseins de *François Dorbay*, Architecte du Roi ; elle est peu spacieuse, mais les chapelles qu'elle contient, sont d'une grande magnificence & ornées de tombeaux d'une belle exécution : elles sont aussi enrichies de tableaux de prix. Il y en a un, sur le Maître-Autel, qui est de *Jouvenet*, & qui est fort estimé, quoique bien endommagé.

CHAPITRE XXI.

Description de la Place de Louis le Grand, près la Porte Saint Honoré.

<small>Place de Louis le Grand.</small>

CETTE Place (*a*) a de diamétre 75 toises sur 70; elle fut bâtie par la Ville de Paris, vers l'an 1699, sur les desseins de *Jules Hardouin Mansard* (*b*). Quoique vaste & d'une assez belle ordonnance, elle a le défaut d'être mal percée, ainsi que la Place Royale, dont nous avons parlé dans le deuxieme Volume, Liv. IV. Chap. XIII.

Nous observerons cependant que le principal objet qu'on doit se proposer dans une Place publique, est qu'elle soit munie d'issues qui la fassent découvrir de très-loin, & qu'elle soit située de maniere qu'on puisse la traverser fréquemment pour aller d'un quartier de la Ville à l'autre. Telle est la Place des Victoires, qui a tous ces avantages, au lieu qu'il faut venir exprès, dans celle dont nous parlons, pour l'appercevoir, ou bien passer dans la rue S. Honoré, ou dans celle des Petits-Champs.

Le motif de reconnoissance qui détermine ordinairement le Corps de Ville à éléver au Prince un monument de cette espece, devroit naturellement indiquer la situation d'une Place, qui outre l'agrément qu'elle procure, quand elle est dans un lieu fréquenté, forme toûjours un objet de décoration si intéressant, qu'on ne doit rien épargner pour la mettre à la portée des Citoyens & des Etrangers. Nous avons vû nos Architectes, depuis qu'on se propose d'ériger à Louis XV une Place qui réponde à l'amour du Peuple pour ce Monarque, mettre tout en usage pour trouver dans cette Capitale une situation avantageuse. Le nombre des projets qui ont été faits à ce sujet, est prodigieux, & l'on peut dire que la plûpart font sentir ce que peuvent les Artistes de notre siecle, lorsqu'il s'agit de manifester leur zele pour les beaux Arts & pour la gloire d'un Prince si chéri des François & si estimé des Nations Etrangeres.

La Planche que nous donnons ici en trois parties qui se collent ensemble pour ne faire qu'une seule estampe, montre toute l'étendue d'un des côtés de la Place de Louis le Grand (*c*) & la décoration des deux rues qui y aboutissent. Un grand Ordre Corinthien élévé sur un soubassement, qui a de hauteur les cinq huitiemes de cet Ordre, forme la décoration des façades; au-dessus de l'entablement Corinthien sont des lucarnes en pierre de forme alternativement variée.

Cette Place, de la dimension de laquelle nous avons parlé, est à pans dans les angles. Ces pans coupés sont composés d'un avant-corps de trois arcades & de deux

---

(*a*) Du tems de M. de Louvois, Sur-Intendant des bâtimens & Ministre de la guerre, vers l'an 1687, on commença au haut de la rue S. Honoré, une Place sur le terrain de l'Hôtel de Vendôme & des Capucines, dont le Couvent fut rebâti dans la rue Neuve des Petits-Champs, où il est aujourd'hui. Cette Place devoit avoir 86 toises sur 78, & être toute ouverte du côté de la rue S. Honoré. On avoit projetté d'y construire une Bibliotheque Royale, un Hôtel pour y rassembler toutes les Académies, un pour la Monnoye, & un pour les Ambassadeurs Extraordinaires. La mort de M. de Louvois, arrivée en 1691, fit discontinuer ce projet. On démolit les bâtimens commencés. Le Roi céda les matériaux & l'emplacement à la Ville de Paris, à condition de faire construire au Fauxbourg S. Antoine un Hôtel pour la seconde Compagnie des Mousquetaires, & au Quartier S. Honoré une Place publique, qui est celle dont nous parlons.

(*b*) Voyez ce que nous avons dit de cet Architecte, T. II. page 141. not. *a*.

(*c*) Cette Place, nommée de Louis le Grand, à cause des principales conquêtes de Louis XIV, représentées en bas-relief sur le piédestal qui soûtient la figure de ce Monarque, est appellée vulgairement *Place de Vendôme*, par l'habitude qu'a eu le peuple de nommer ainsi la premiere place dont nous avons parlé, & qui fut érigée en 1687, à cause que ces bâtimens furent élévés pour la plus grande partie sur le terrain de l'Hôtel de ce Nom.

arriere-corps qui en ont chacun une. Ces avant-corps, auſſi-bien que les pans, comparés avec le diametre de la Place, ſont trop petits; d'ailleurs les pans coupés font un effet déſagréable, & devroient toûjours être exclus des grands édifices, ou du moins faudroit-il les faire précéder de corps qui formaſſent des angles droits; autrement les angles obtus rentrans rendent camus les profils des entablemens & des corniches, ce qui ôte à l'Architecture ce caractere fier, toûjours déſirable, & que les plus grands Maîtres ont affecté dans leurs édifices.

Au milieu de cette façade s'éleve un grand corps d'Architecture qui fait un aſſez bel effet. Il comprend cinq ouvertures, une de chaque côté en arriere-corps & trois en avant-corps. Celui-ci eſt couronné d'un fronton de même grandeur que ceux des pans coupés. Il eſt orné de colonnes engagées, & elles auroient dû être iſolées: 1°. parce qu'on n'étoit pas gêné par l'eſpace du lieu; 2°. parce qu'elles font un meilleur effet, & que c'eſt le propre d'une colonne d'être telle; 3°. parce que ſi quelque conſidération particuliere ne permet pas d'iſoler les colonnes, les pilaſtres, aſſez univerſellement reçus dans l'Architecture, doivent en tenir lieu. Un défaut d'ailleurs qui n'eſt pas pardonnable dans la décoration dont nous parlons, eſt d'avoir introduit des colonnes jumelles, qui par leur pénétration & celle de leur chapiteau, préſentent une idée monſtrueuſe, ce qu'il faut toûjours éviter, malgré l'exemple que nous en avons dans la cour du Vieux Louvre, & dont nous parlerons dans ſon lieu.

Les combles qui couronnent ces bâtimens, & les lucarnes qui en éclairent l'intérieur, ſont dans le même genre, & produiſent le même défaut que nous avons remarqué en parlant de la Place des Victoires, Chapitre VIII de ce Volume, page 37, avec cette différence cependant, qu'ici il n'y a point de cheneaux, & que les lucarnes ſortent de l'égoût fait d'ardoiſes, qui paſſe deſſous, ce qui eſt d'autant plus condamnable, que l'entablement Corinthien diviſé de moulures & orné de modillons, ſembloit exiger pour amortiſſement un ſocle de pierre, ou du moins un cheneau de plomb.

Deux étages ſont auſſi compris dans la hauteur de l'Ordre, comme à la place des Victoires. Les croiſées, les corniches & les ornemens (d) ſont à peu près les mêmes. C'eſt pourquoi nous renvoyons aux obſervations que nous avons faites ci-devant à l'occaſion de cette Place.

Au milieu de la Place dont nous donnons la deſcription, eſt la ſtatue équeſtre de Louis le Grand. Cette ſtatue a 21 pieds de haut, elle a été faite par *François Girardon*, (e) célebre Sculpteur, & fondue d'un ſeul jet le premier Decembre 1692, ſous la conduite de *Jean Balthazar Keller*, Suiſſe de Nation, & fort expérimenté dans les ouvrages de fonte (f).

(d) Ces ornemens ont été éxecutés & conduits par *Jean-Baptiſte Poultier*, Sculpteur, de l'Académie Royale, mort en 1719.

(e) *François Girardon*, Sculpteur, nâquit à Troyes en Champagne, en 1627. Après avoir appris les premiers élémens de ſon Art de Laurent Magnier & de François Anguier, il fut envoyé en Italie, par ordre de S. M. avec une penſion de mille écus pour s'y perfectionner dans la Sculpture. A ſon retour il fut extrêmement occupé par les ouvrages que le Roi faiſoit faire alors pour l'embelliſſement de ſes Palais. Après la mort de M. Le Brun, arrivée en 1690, Louis XIV, qui faiſoit un cas particulier des talens de ce grand homme, le nomma Inſpecteur général de tous ſes ouvrages de Sculpture, & il n'y eut que le célebre Puget, qui ne voulant point dépendre de lui, ſe retira à Marſeille. En 1695, il fut choiſi pour remplir la place de Chancelier de l'Académie Royale de Peinture & de Sculpture, vacante par la décès de M. Mignard. Ses ouvrages qui ſont en très-grand nombre, ſont admirables ſurtout pour la beauté de l'ordonnance & la correction du deſſein. Pour s'en convaincre, il ſuffit d'en citer deux, ſçavoir le magnifique mauſolée du Cardinal de Richelieu, érigé dans l'Egliſe du College de Sorbonne, dont il eſt parlé dans le II. Volume de cet Ouvrage, page 77, & la Statue équeſtre élevée dans la Place de Louis le Grand, dont il eſt actuellement queſtion dans ce Chapitre. Girardon mourut à Paris, en 1715, âgé de 88 ans.

(f) Voyez dans les Œuvres de M. Boffrand, imprimés en 1742, la deſcription des opérations de ce célebre Ouvrage.

Cette

Cette statue pese environ 60 milliers; pour la faire on a fondu 83753 livres de matiere : Place de Louis le Grand.

Sçavoir, en lingots provenant de l'épreuve du fourneau, composée moitié de cuivre rouge & moitié de cuivre jaune . . . 15714 liv.
En culasses de vieilles pieces de canon . . . . 6189.
En lingots composés de deux tiers de cuivre rouge & d'un tiers de cuivre jaune . . . . 4860.
En lingots, moitié cuivre rouge & moitié cuivre jaune. . 45129.
En métal rouge . . . . 3539.
En métal jaune. . . . . 3500.
En lingots provenans de la fonte de Sextus Marius, faite à l'Arsenal de Paris. . . . . 2820.
Et en étain fin d'Angleterre. . . . . . 2002.

TOTAL. . . . . 83753.

Ce monument fut posé le 13 Août 1699, sur un piédestal de marbre blanc de 30 pieds de haut (g) sur 24 de long & 13 de large. Ce piédestal est orné de cartels, de bas-réliefs & de trophées de bronze doré. Sur ses faces sont des inscriptions (h) latines, de la composition de l'Académie Royale des Inscriptions & Belles-Lettres. Elles donnent à connoître ce que fit Louis le Grand pour l'Eglise, pour la France, en général, & pour la Ville de Paris en particulier.

(g) Le piédestal de la Statue pédestre qui est au milieu de la Place des Victoires a 21 pieds de hauteur, y compris le socle d'en bas & l'amortissement supérieur, quoiqu'il soit dit ci-devant, page 34, qu'il n'en a que 12; c'est une faute d'impression qu'il faut corriger.
(h) Voyez ces Inscriptions dans Piganiol, Tome II. pag. 405.

CHAPITRE XXII.

Description de la Maison de feu M. le Président de Tunis, & de celle de M. le Baron de Thiers, Maréchal Général des Logis & Brigadier des Armées du Roi, situées Place de Louis le Grand.

DESCRIPTION

DE LA MAISON DE FEU M. LE PRÉSIDENT DE TUNIS.

Maison de M. de Tunis.

CETTE Maison, bâtie sur les desseins de *Bullet* (a), Architecte, est une des premieres qui ait été élevée dans la Place de Louis le Grand : elle fut achevée en 1702, & habitée par *Antoine Crozat*. En 1724, elle fut presque changée totalement, & a été encore augmentée & embellie considérablement en 1747, par M. le Président de Tunis qui l'occupoit alors, & qui choisit M. *Contant* (b), Architecte du Roi, pour donner les desseins de ces embellissemens. Aujourd'hui cette maison est occupée par M. le *Duc de Broglie*, gendre de M. le Baron de Thiers, à qui elle appartient par la succession de M. le Président de Tunis, son frere.

Plan du rez-de-chaussée. Planches Premiere & deuxieme.

Cette maison, située dans l'un des angles de la Place de Louis le Grand, contenoit, comme on le voit dans la Planche Premiere, un principal corps-de-logis & deux aîles, dans lesquelles étoient distribuées des écuries & des remises. En 1724, à leur place, on pratiqua des appartemens tels qu'on les voit dans la Planche II. Les basses cours furent transportées alors au fond du jardin, que l'on traverse sur une chaussée de pavé pour y arriver. Les bâtimens de ces nouvelles basses cours donnant sur la rue Neuve de Luxembourg, sont du dessein de M. *Tanevot*, Architecte du Roi, qui les fit pour M. de Tunis, aux frais de M. de Castanier, celui-ci ayant échangé avec le Propriétaire de la maison dont nous parlons, un terrain qui étoit contigu à sa maison, & où étoient placées les basses cours de l'Hôtel de Tunis. M. de Castanier par le moyen de cet échange, a fait bâtir un nouveau corps-de-logis à la place de ces anciennes basses cours, ainsi que nous le remarquerons dans le Chapitre suivant.

Nous ne donnons pas le plan des changemens faits en 1747, ni celui des nouvelles basses-cours, ils nous auroient conduit à une multiplicité de Planches déja assez réiterées pour cet Hôtel, nous remarquerons seulement que dans le nombre des maisons particulieres inférées dans ce Recueil, celle-ci est peut-être une des plus intéressantes qui se voyent à Paris, non-seulement en faveur de sa situation, mais encore par la richesse de sa décoration intérieure, l'élégance des ornemens, la magnificence des meubles, & la collection des tableaux de prix que ses appartemens renferment.

Les escaliers de cette maison, ainsi qu'on peut le remarquer dans les plans que nous donnons, ont toûjours été assez considérables. Celui d'aujourd'hui, tout-à-fait différent & d'une composition singuliere, mérite néanmoins quelque attention. Il est du dessein de M. *Contant*, ainsi que les autres changemens des appartemens faits en 1747.

(a) Voyez ce que nous avons dit de cet Architecte, Tome II. pag. 93. Note *a*.
(b) Voyez dans ce Recueil les différens bâtimens élevés sur les desseins de cet Architecte, dont nous avons fait mention plus d'une fois. Voyez aussi ce que nous avons dit dans le Chapitre IX. de ce Volume au sujet des travaux considérables qu'il fait faire actuellement au Palais Royal.

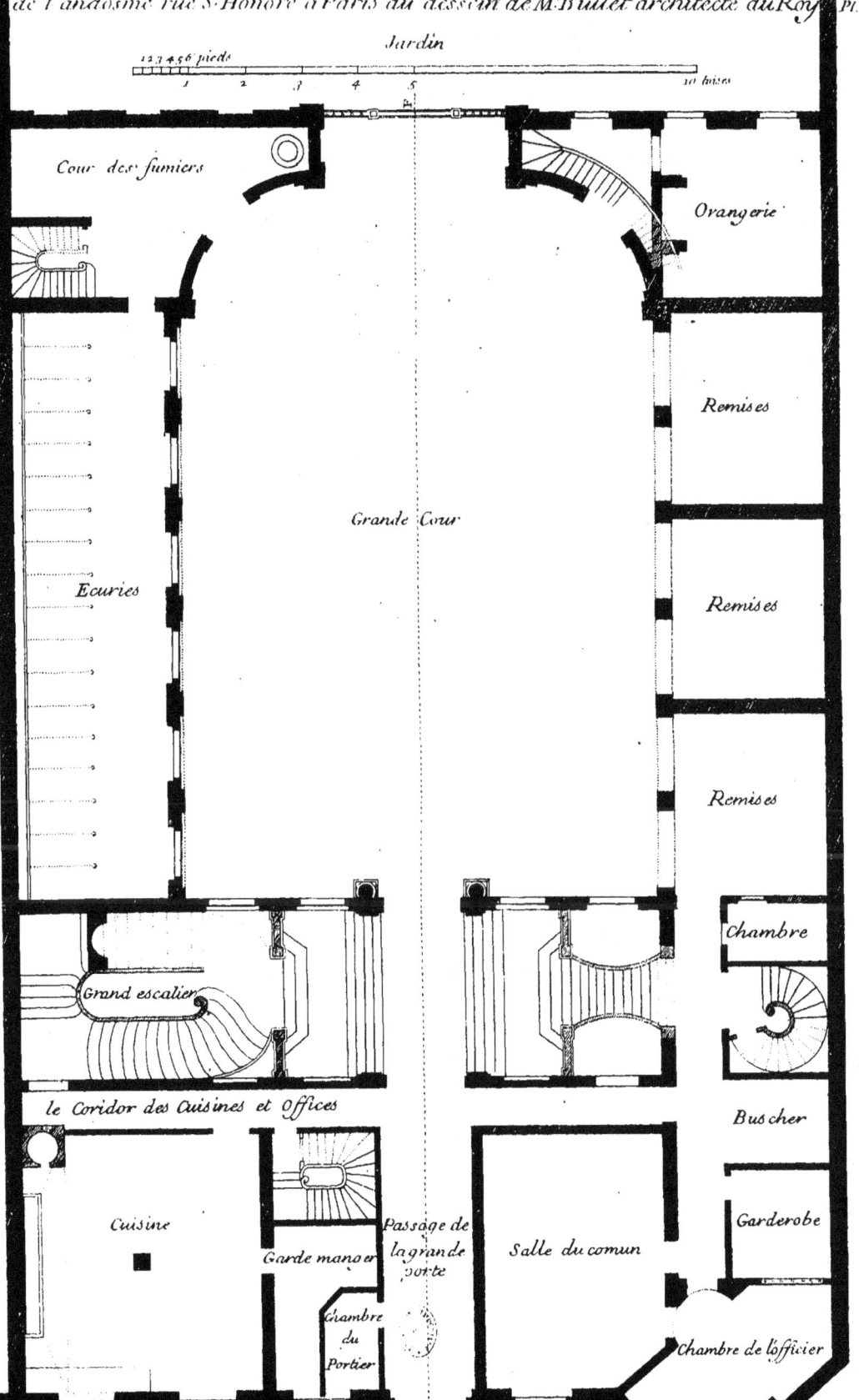

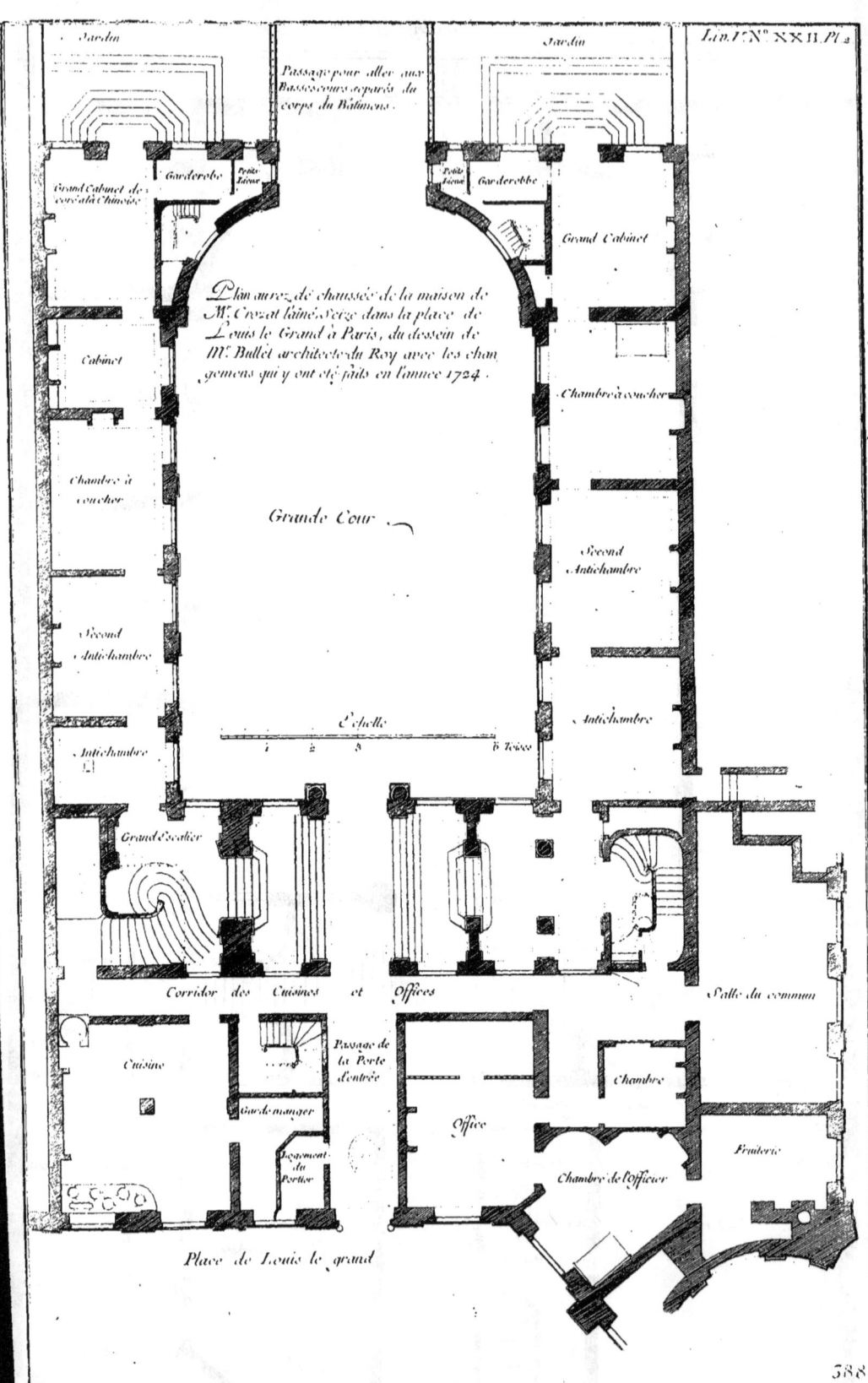

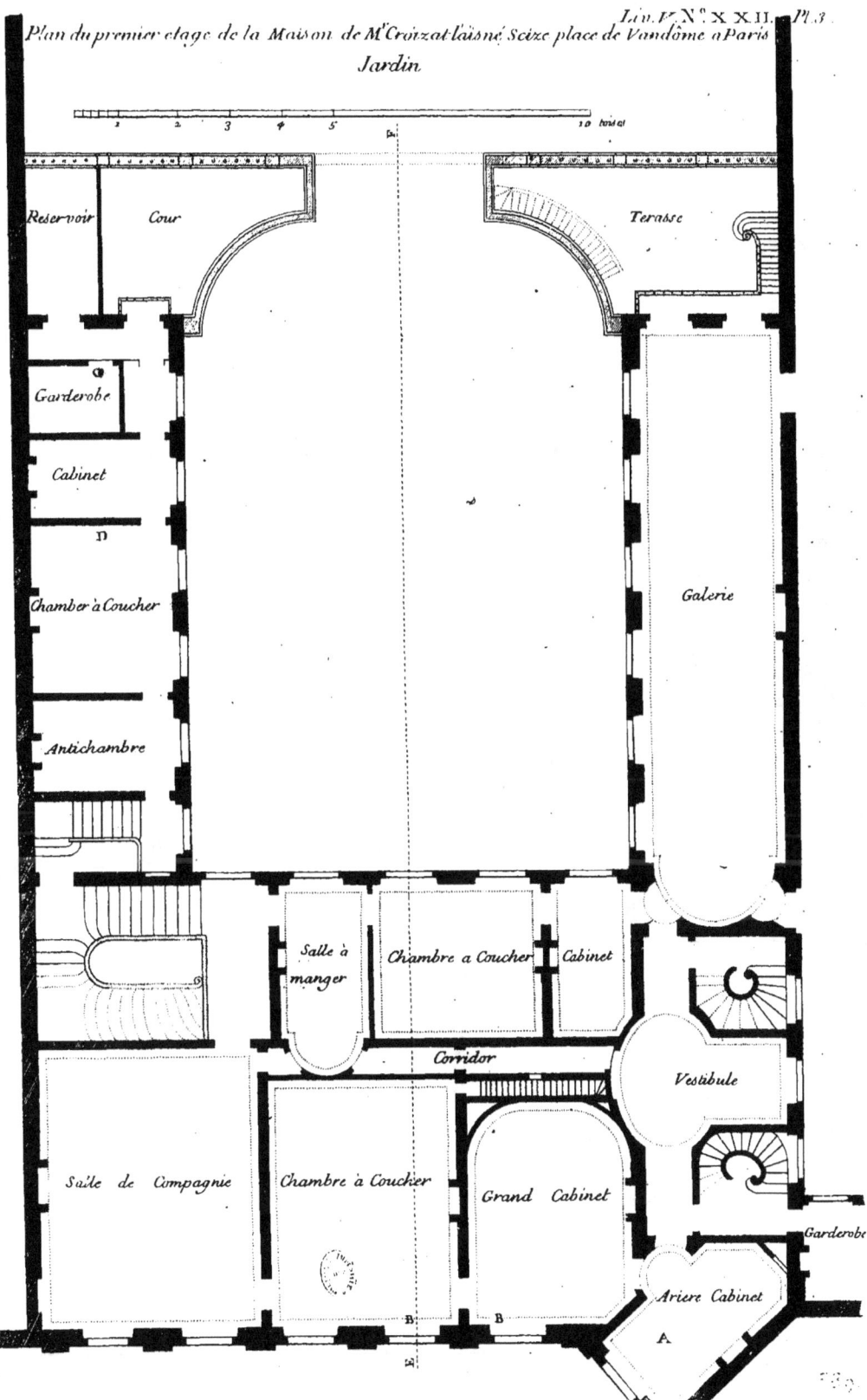

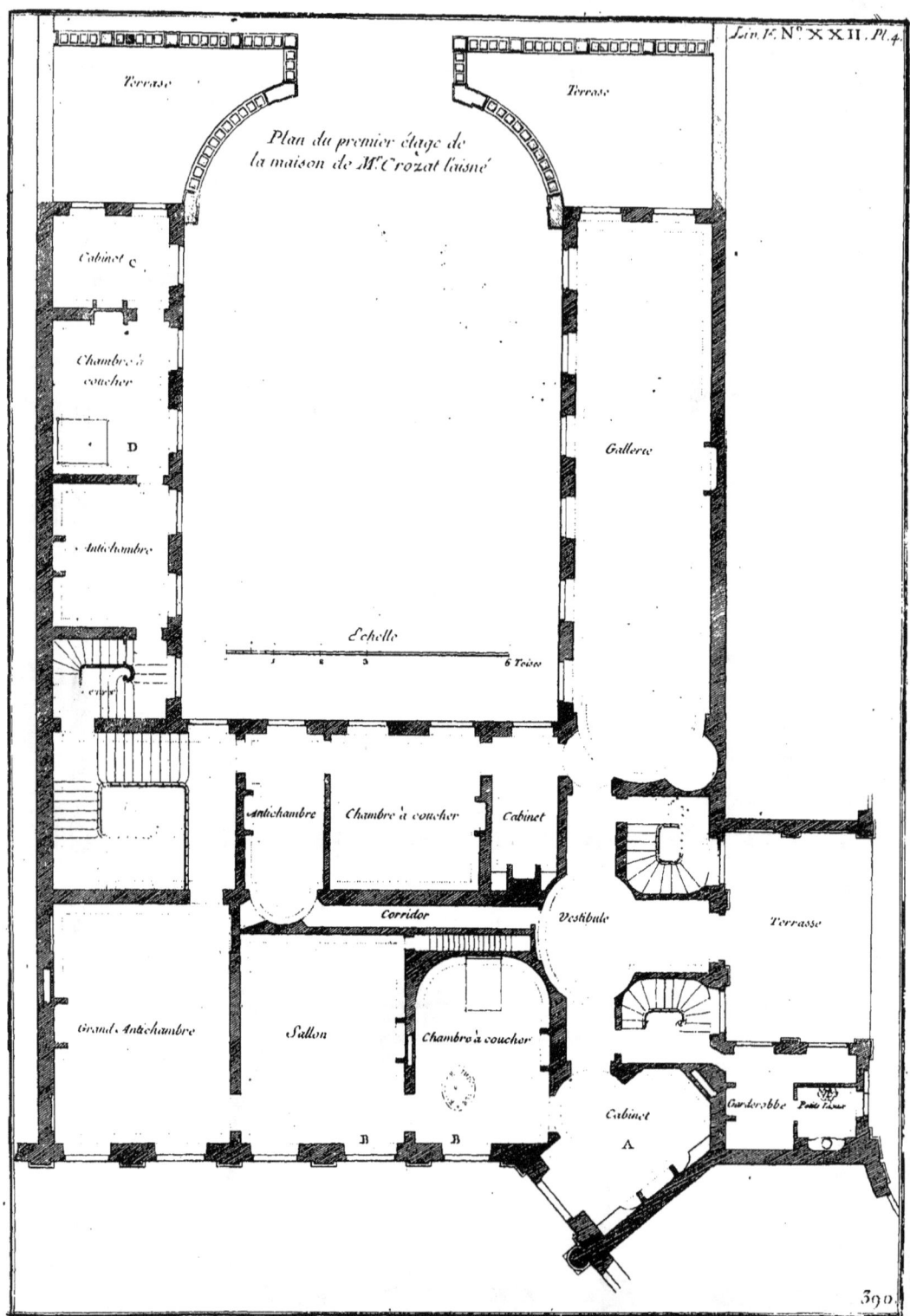

Plan du premier étage. Planches III & IV.

Ces deux plans font dans le cas des précédens, c'est-à-dire que quoique diffé- *Maison* rens entre eux, ils ne ressemblent presqu'en rien à la distribution d'aujourd'hui, *Tunis.* à l'exception du mur de face.

La gallerie qui se voit dans ces Planches, & qui a été peinte en 1723 par *Paul Mattei*, a été racourcie de deux croisées & convertie en bibliotheque. Toutes les autres pieces, à l'exception de celle A, sont absolument changées & décorées avec une magnificence extraordinaire, particuliérement un sallon éclairé par les croisées marquées B, & dont les angles sont à pans & ornés de glaces, aussi-bien que les cheminées, les trumeaux, les portes & les croisées ; ces glaces, en répétant les objets, procurent plus de grandeur à ce sallon, & forment un effet surprenant qui mérite la plus grande admiration.

La Chapelle est placée en C, la salle à manger en D, &c. Quoique la plus grande partie des meubles & des tableaux dont on a parlé, ne se voyent plus dans cette maison, la décoration des lambris de ces appartemens doit exciter la curiosité des Connoisseurs, par le choix & la richesse des ornemens que l'on y remarque ; partie de l'Architecture que M. *Contant* entend supérieurement.

Elévation du côté de la cour. Planche V.

Nous n'entrerons pas dans le détail de la décoration extérieure du principal corps-de-logis de cette maison ; elle ne trouve place dans cet Ouvrage, ainsi que ses anciennes distributions, que parce que ces Planches faisoient partie de l'Architecture Françoise, avant qu'on se fut proposé d'en faire un livre ; autrement, comme nous l'avons dit plus haut, nous en aurions donné les plans, tels qu'ils sont exécutés aujourd'hui, avec celui des basses cours & l'élévation de leurs bâtimens, qui faisant partie du coup d'œil des appartemens des Maîtres, sont traités avec une sorte de magnificence & disposés d'une maniere très-ingénieuse. Nous remarquerons seulement ici que l'élévation dont nous parlons, n'offre rien de satisfaisant ; les deux colonnes du rez-de-chaussée, ainsi que le fronton du premier étage, présentant de petites parties, qui se trouvent anéanties dans la totalité de cette façade ; d'ailleurs ces deux colonnes, d'un beaucoup trop petit diamétre, sont imperceptibles du point de distance d'où l'on doit appercevoir cette façade.

Coupe & élévation d'une des aîles. Planche VI.

Tous les dedans de cette maison ayant été changés, cette coupe nous donne une idée assez imparfaite du développement de l'intérieur du principal corps-de-logis, pris dans les Planches I & III sur la ligne E, F ; mais comme nous nous proposons d'inférer dans le septieme Volume quelques-unes des décorations du dedans de ce bâtiment, nous n'avons pas crû devoir les exprimer ici en petit, d'autant plus que cette coupe alors n'auroit eu aucune analogie avec les plans que nous donnons.

On voit sur la même planche l'élévation d'une des aîles du côté de la cour : la décoration de cette aîle est assez bien entendue, cependant nous remarquerons que les arcades feintes du rez-de-chaussée sont d'une proportion trop svelte, & que le socle de dessus la corniche est trop bas. On auroit dû élever ce socle au premier étage sans rien changer à la proportion des croisées, les bandeaux seroient venus alors se reposer dessus, & cette élévation auroit acquis par là plus d'élégance.

DESCRIPTION
DE LA MAISON DE M. LE BARON DE THIERS.

Maison de M. de Thiers.

Cette maison fut commencée en 1707, & bâtie auſſi ſur les deſſeins & ſous la conduite de *Bullet*. M. *Antoine Crozat* la fit achever pour M. le Comte d'Evreux, ſon gendre : enſuite cette maiſon, ou plutôt cet Hôtel, fut occupée par différentes perſonnes de conſidération, enfin elle eſt habitée aujourd'hui par M. de *Thiers*, à qui elle appartient, & qui y a fait faire des augmentations & des embelliſſemens conſidérables, en 1747, ſur les deſſeins & ſous la conduite de M. *Contant*, Architecte du Roi.

Plan du rez-de-chauſſée. Planche VII.

Cette Planche offre la diſtribution d'après les deſſeins de *Bullet*, & telle qu'elle a ſubſiſté pendant quarante ans. Nous ne donnons point ici les changemens qui y ont été faits, quoiqu'aſſez conſidérables, nous nous contenterons d'engager les perſonnes qui s'intéreſſent aux beaux Arts à aller viſiter cette maiſon, une des plus belles qui ſoit à Paris, & peut-être une de celles qui renferment, après le Palais Royal, la plus riche collection de tableaux des différentes écoles, ſans compter un grand nombre de curioſités d'un très-grand prix, diſtribuées & arrangées avec un goût digne du Propriétaire à qui appartiennent ces différentes merveilles.

Dans l'enclave marquée A, qui précédemment dépendoit de la maiſon dont nous venons de parler, on a conſtruit une nouvelle gallerie ornée de tableaux & de glaces qui répétant les chef-d'œuvres qu'elle renferme, ſervent à faire paroître ce lieu beaucoup plus ſpacieux. La petite pièce marquée B, eſt devenue un cabinet rempli de mignatures, de bronzes, de deſſeins, &c. Au bout de la gallerie, vers la lettre C, eſt une chambre en niche, contenant des tableaux de *Teniers*, de *Wauvermens*, &c. Vers D eſt un cabinet à pans coupés, orné de tableaux & contenant une très-belle ſphere ſelon le ſyſtême de *Copernic*. Enſuite eſt un petit veſtibule qui conduit dans le périſtile donnant ſur la cour & au nouvel eſcalier qui a été reconſtruit tout à neuf à la place de celui E. La forme de cet eſcalier aujourd'hui eſt une demie ellipſe : il eſt à deux rampes, décoré de membres d'Architure, partie réels, partie feints, exécutés par M. *Pietre*, Peintre de réputation pour ces ſortes d'ouvrages. Cet eſcalier eſt peu éclairé, ne recevant que de faux jours, il eſt d'ailleurs d'une compoſition très-ingénieuſe.

Les quatre pieces qui donnent ſur le jardin, contiennent la plus grande partie de la collection de tableaux dont on vient de parler, & qui proviennent pour la plûpart du cabinet de M. Crozat.

Plan des entreſols. Planche VIII.

Il n'y a d'autre changement conſidérable dans ces entreſols qu'un petit appartement vers l'endroit marqué A, & qui donne ſur la Place de Louis le Grand ; il a été diſtribué & décoré à neuf, ſur les deſſeins de M. *Varrin*, Architecte. Cet appartement eſt auſſi rempli d'excellens tableaux & meublé avec beaucoup de goût. Au-deſſous, au rez-de-chauſſée, eſt une petite ſalle des bains & une garderobe qui procure à ce petit appartement toutes les commodités déſirables, ce qui, joint à ſon expoſition, en fait un lieu de préférence pour la retraite du Maître de la maiſon.

Plan du premier étage. Planche IX.

Le principal corps-de-logis de ce bâtiment, situé entre cour & jardin, n'a pas laissé que de recevoir aussi quelques changemens au premier étage. Dans le vestibule en gallerie, on a pratiqué une salle à manger & un cabinet : à la place de l'ancienne salle à manger, est une chambre à coucher, aussi-bien qu'à la place de l'antichambre du côté du jardin, avec une garderobe entre deux. On entre de cette derniere chambre, par une porte percée dans le mur mitoyen, dans la gallerie en Bibliotheque de la maison voisine, occupée par M. le Duc de Broglie, que M. de Thiers s'est réservée. Les trois pieces donnant sur le jardin sont restées à peu près les mêmes, à l'exception de la transposition des portes & des cheminées, & de la décoration qui a été faite à neuf sur les desseins de M. *Contant*, & qui est traitée avec beaucoup de noblesse & de magnificence.

Maison de M. de Thiers.

Elévation du côté de la cour. Planche X.

Cette élévation, prise dans le plan du rez-de-chaussée sur la ligne FG, nous fait voir la décoration extérieure du péristile en colonnade. Cette décoration, d'un assez bon goût de dessein, est d'Ordre Dorique, couronnée d'une corniche architravée. Au-dessus s'éléve un Ordre de pilastres Ioniques. Entre ces pilastres sont des croisées à platte-bande, qui ont pour claveaux des médaillons & des trophées. Cet Ordre est terminé par un entablement, au-dessus duquel est un socle orné de postes, de mufles de lion, & couronné de vases qui lui servent d'amortissement. Nous observerons que les piédroits des croisées qui répondent sur le vuide des entrecolonnemens sont des porte-à-faux qu'il faudroit toujours éviter dans l'Architecture, ce qui auroit été facile ici en substituant aux colonnes du rez-de-chaussée des piédroits qui, obviant à ce porte-à-faux, auroient simétrisé avec ceux des ailes de la cour, ainsi que nous le remarquerons en parlant de la Planche suivante.

On voit aux deux extrémités de cette élévation la coupe des deux aîles de bâtiment, qui regnent sur la longueur de la cour. A droite est le développement intérieur de l'ancien escalier qui étoit éclairé en lanterne : façon d'éclairer que nous avons désiré plus d'une fois que l'on pût imiter dans ces sortes de pieces. Cependant on a supprimé cette lanterne en construisant le nouvel escalier, qui auroit eu d'autant plus besoin de ce genre de lumiere, que nous avons déja remarqué qu'il étoit obscur, & qu'il ne recevoit que de faux jours.

A gauche est la coupe de l'aîle opposée, dont les décorations intérieures, aussi-bien que les distributions, ont été changées, ainsi que nous venons de le remarquer.

Coupe du principal corps-de-logis, & élévation des aîles du côté de la cour. Planche XI.

Cette Planche fait voir la coupe du principal corps-de-logis, dans laquelle se remarque celle du péristile au rez-de-chaussée, le vestibule en gallerie au-dessus, & la décoration des pieces du côté du jardin, avant qu'on eut fait dans ce bâtiment les changemens dont nous avons parlé. Attenant cette coupe, on voit la décoration extérieure d'une des aîles du côté de la cour, prise dans la Planche VII, sur la ligne HI. Cette aîle est composée au rez-de-chaussée d'arcades feintes en plein ceintre, dans lesquelles sont renfermées des croisées. Ces arcades sont trop élevées, & les piédroits trop foibles. D'ailleurs la hauteur de cet étage rend trop chétif l'Ordre Ionique de dessus.

Dans ce cas il falloit préférer des croisées, qui auroient produit une bien moins

Maison de M. de Thiers.

grande Architecture, & auroient laissé dominer celle du premier étage ; ce qui se pouvoit d'autant mieux, que la colonnade du fond de la cour étant sans arcades, n'exigeoit aucune rélation avec le reste de son pourtour. Sans doute l'arcade réelle du porche & celle qui donne entrée dans la basse-cour, ont fait loi ; mais alors on devoit se retourner différemment pour éviter ce défaut d'union, ayant démontré ailleurs, comme un principe reconnu nécessaire, qu'il falloit que les masses produisissent nécessairement de belles parties pour former un beau tout.

Elévation du côté du jardin. Planche XII.

Cette élévation est d'une ordonnance bien plus simple que les précédentes. Elle est composée d'un avant-corps, de deux arrieres-corps & d'un seul pavillon. Ce dernier, qui est un défaut de simétrie, doit être corrigé un jour, & l'on se propose de construire une gallerie de tableaux dans le jardin, qui occupera la largeur de ce pavillon. Les arrieres-corps sont d'une inégale largeur, & l'on remarque des trumeaux partout où il faudroit des vuides ; négligence impardonnable dans un édifice, tel qu'il puisse être. Cependant l'on peut convenir en général que la décoration extérieure & la distribution de cette maison est supérieure, à bien des égards, à celle de la précédente, quoique toutes deux bâties sur les desseins du même Architecte. En effet, l'ordonnance des façades est mieux composée & les dédans sont bien mieux entendus ; le porche entr'autres, la forme de la cour, le péristile & les pieces du principal corps-de-logis sont disposés avec beaucoup plus d'intelligence.

L'élévation de la principale entrée de ce bâtiment étant la même que celle de la Place de Louis le Grand, nous ne la donnons point ici. Voyez le Chapitre précédent, où l'on a eu soin de marquer dans le plan, par la lettre A, la porte de cette maison qui fait partie de celles du soubassement de cette place, comme on a marqué B celle de la maison voisine.

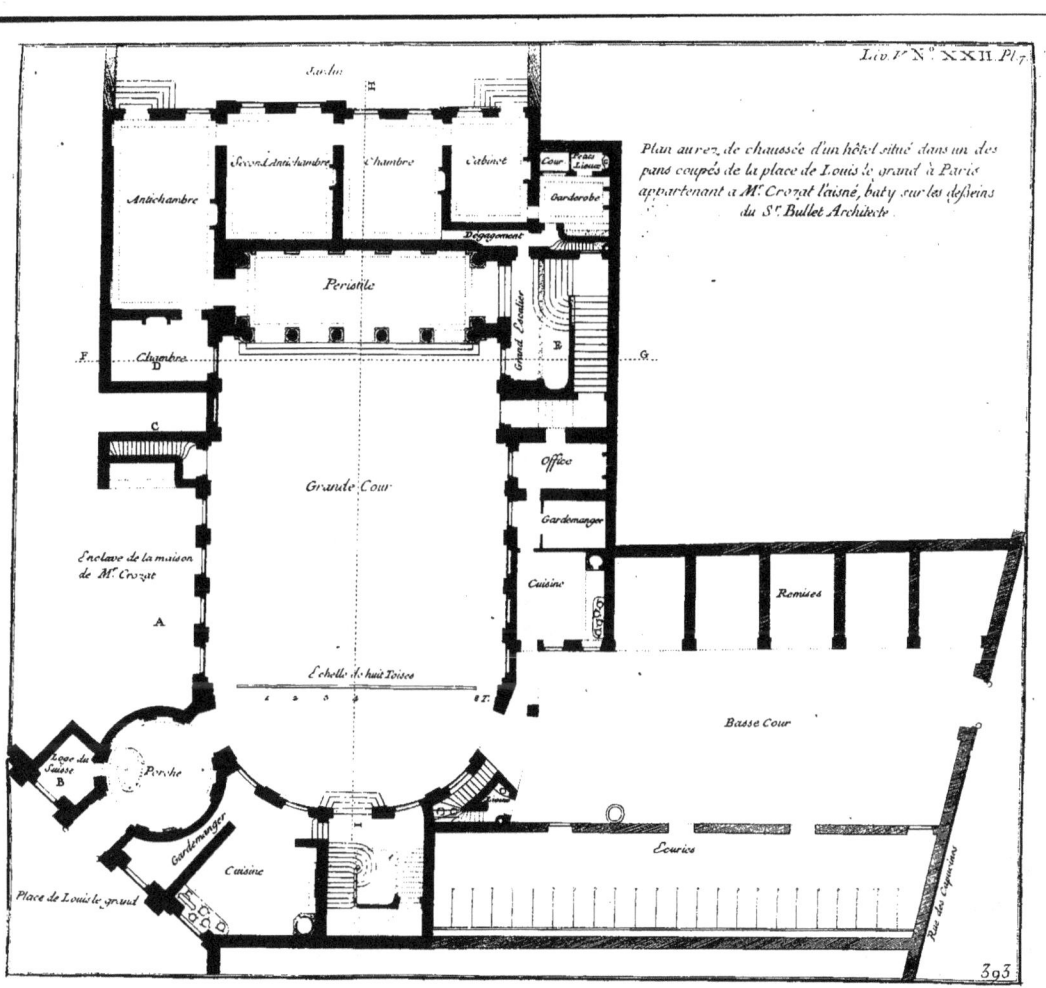

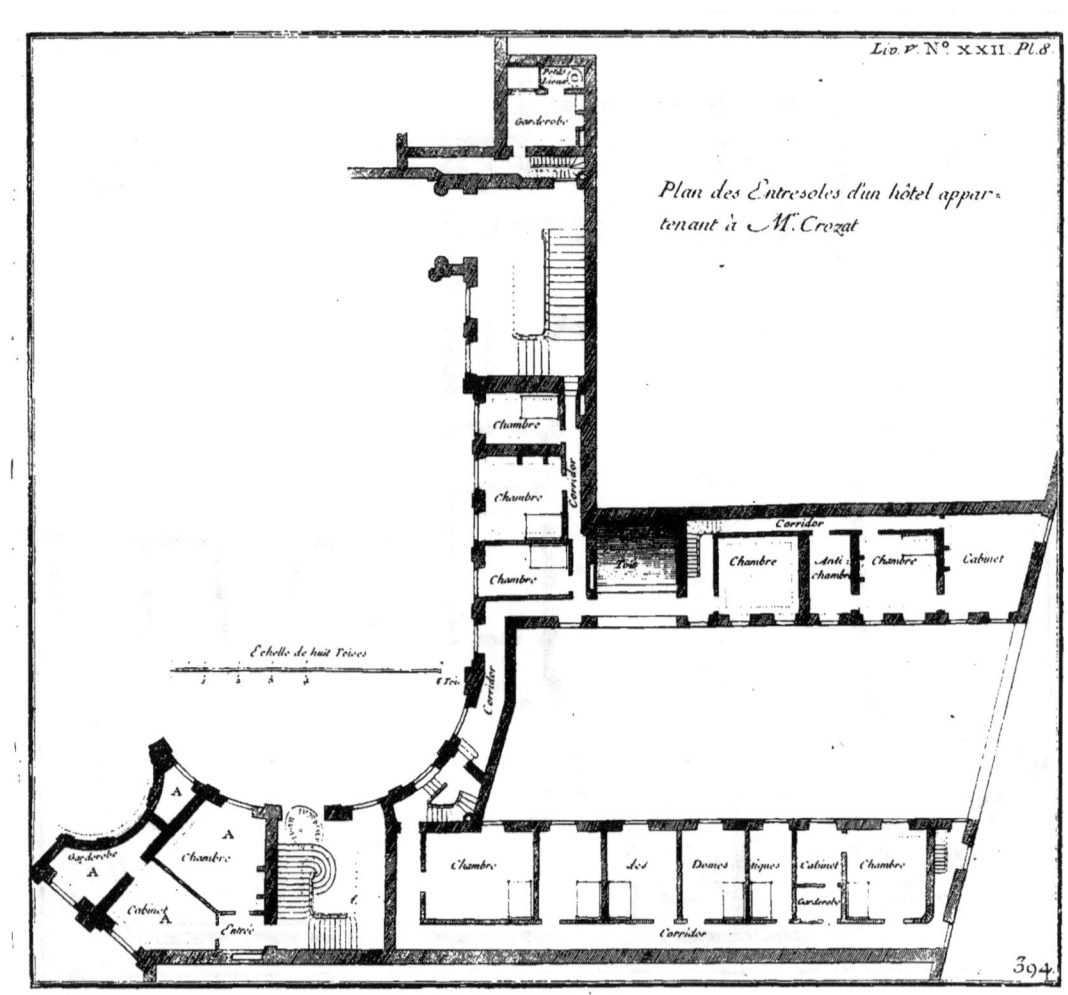

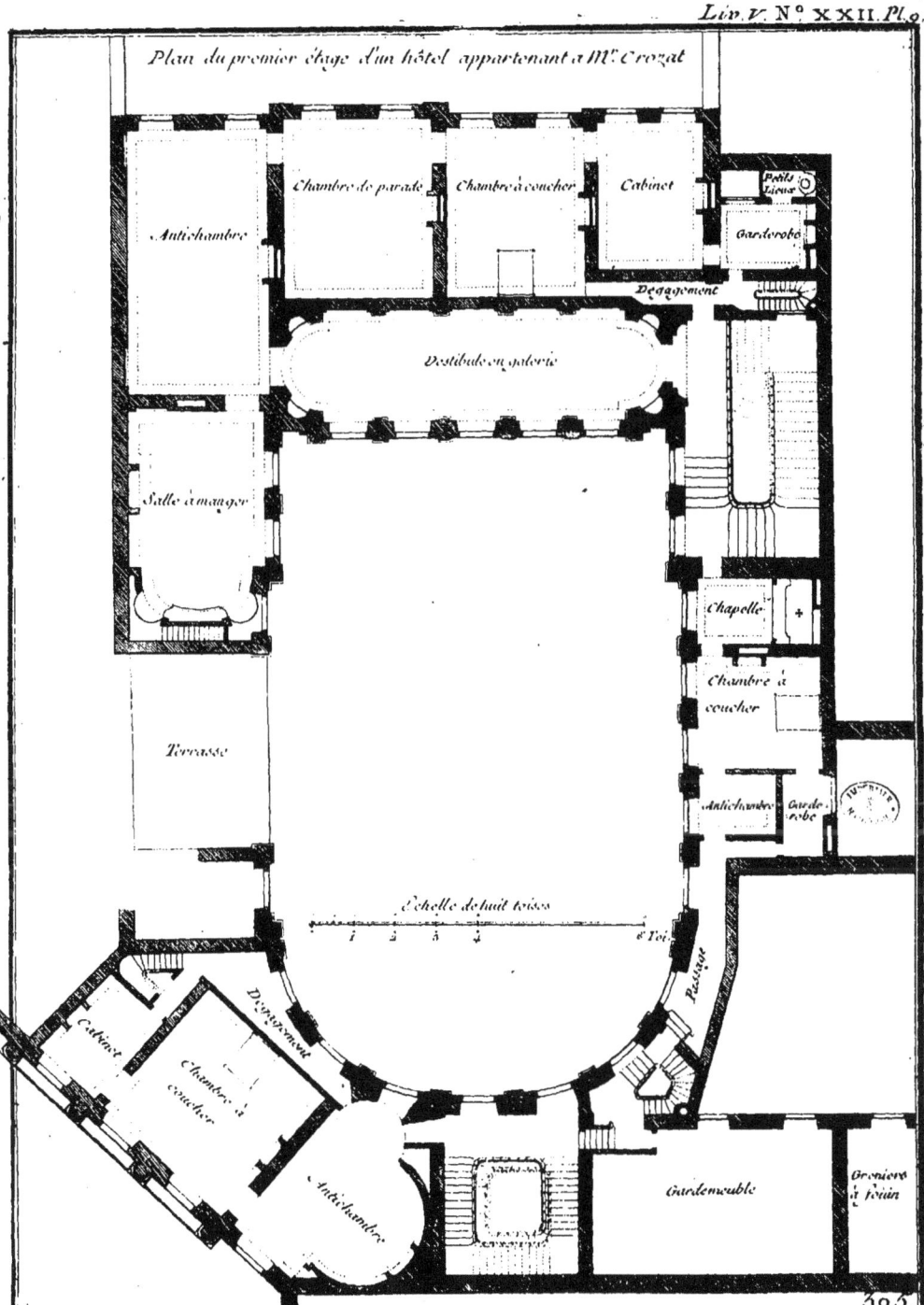

CHAPITRE XXIII.

Description de deux Maisons, situées rue des Capucines, près la Place de Louis le Grand, l'une appartenant à M. Des Vieux, Fermier Général, l'autre à M. de Castanier, Directeur de la Compagnie des Indes.

MAISON DE M. DES VIEUX.

CETTE Maison, ainsi que celle de M. de *Castanier*, fut bâtie vers l'an 1726, sur les desseins de M. *Tannevot* (a), Architecte du Roi, desorte qu'on a affecté les mêmes décorations dans les déhors du côté du jardin de ces deux maisons. Celle dont nous parlons, est occupée aujourd'hui par Madame *Des Vieux*, veuve du Fermier Général de ce nom, qui l'a fait bâtir.

Maison de M. Des Vieux.

Plan au rez-de-chaussée, Planche Premiere.

Les bâtimens marqués sur ce plan sont simples : le principal corps-de-logis est entre cour & jardin, & contient un appartement à coucher, accompagné de toutes les commodités qui lui conviennent. La cour est très-peu spacieuse ; mais la nécessité de pratiquer des pieces un peu vastes dans un terrain fort borné, n'a pû permettre de la faire plus grande. D'ailleurs il faut considérer que nous parlons ici d'une maison particuliere, & qu'en pareil cas on ne doit pas, comme quelques-uns l'ont fait, donner tout aux déhors, & rendre les dedans si peu commodes, que tout le bâtiment semble ne consister que dans des murs de face. Les pans coupés qu'on remarque dans cette cour, sont autant de ressources pour éclairer d'une part les escaliers, de l'autre les dégagemens nécessaires pour le service des appartemens. Nous observerons cependant, en général, qu'il n'en faut pas faire un trop fréquent usage, qu'ils réussissent mal dans un grand édifice, & qu'ils forment de trop petites parties dans une maison peu considérable. D'ailleurs ces ouvertures dans l'angle d'un escalier l'éclairent imparfaitement, & rendent les palliers obscurs, à moins que la cage de cet escalier ne soit circulaire & ses rampes en face des croisées. Le pan coupé du côté du jardin n'est pas plus tolérable pour les déhors ; mais la salle à manger qu'il éclaire étant aussi à pans, une seule croisée semble lui suffire. Au reste il faut convenir que la nécessité de tirer parti d'une infinité de commodités dans une maison de peu d'étendue, porte souvent un Architecte habile à hazarder des licences qu'il ne se permettroit pas dans toute autre occasion, & si nous relevons celles qui se remarquent ici, c'est pour donner à connoître qu'on ne doit pas les employer indistinctement, lorsqu'on n'y est pas forcé par les mêmes considérations.

(a) M. Tannevot, Architecte du Roi, & de la premiere classe de son Académie, est un de nos Architectes qui a poussé le plus loin l'art de la distribution. Nous avons de cet habile homme une grande quantité de maisons particulieres bâties avec beaucoup de goût, & qui réunissent toutes les commodités possibles. La décoration intérieure lui doit aussi beaucoup. Son amour pour le travail, son zele infatigable, & son activité peuvent servir d'exemple à nos jeunes Architectes, & leur donner de l'émulation. Ils apprendront en le suivant dans ses différentes opérations, combien il est essentiel que le chef du bâtiment suive de près les entrepreneurs dans leurs travaux, prenne soin du détail, & se rende compte des plus petites parties pour se distinguer avec honneur dans la profession d'Architecte, & s'attirer le suffrage des Connoisseurs.

Plan du premier étage. Planche II.

Maison de M. Des Vieux.

La diſtribution de ce premier étage contient trois appartemens à coucher & pluſieurs pieces de ſociété, toutes d'une belle proportion, d'une hauteur de plancher convenable & décorées avec goût. Pluſieurs eſcaliers de dégagement donnent différentes iſſues à ces appartemens, & communiquent aux manſardes & aux entreſols, dans leſquels on a pratiqué des garderobes qui procurent un ſervice facile aux domeſtiques, corrigent la trop grande hauteur des plus petites pieces, & ſervent quelquefois de ſerre-papiers aux Maîtres, de ſalles des bains, de chambres privées, &c.

Elévations du côté de l'entrée & du côté du jardin. Planche III.

La Figure Premiere nous fait voir la façade du côté de la rue, où eſt placée la porte d'entrée, & au-deſſus de laquelle ſe remarque l'élévation du principal corps-de-logis dans le fond de la cour. Nous obſerverons en général, qu'il n'y a pas aſſez de ſévérité dans l'ordonnance de ce bâtiment. En effet, le ceintre de la porte dont nous parlons, ſa corniche circulaire ſoutenue par de petites conſoles, le fronton au ſommet de l'avant-corps de la façade du côté de la cour, dont la corniche horizontale eſt interrompue, la croiſée gigantesque de deſſous, enfin les ornemens répandus dans cette élévation, ſont autant d'exemples à éviter. Ce peu de ſévérité vient ſans doute de ce que la plûpart de nos Architectes, quoique habiles d'ailleurs, ſacrifient la décoration des déhors en faveur des dédans, & qu'ils regardent comme indifférent de ſoumettre aux régles de l'Art les façades des maiſons particulieres. Mais en ſuppoſant qu'on ſe puiſſe permettre quelques libertés en pareille occaſion, du moins ne doit-on pas alors faire parade d'ornemens dans ces genres de bâtiment, & il faut au contraire y affecter une grande ſimplicité; car autrement c'eſt mal ſe rendre compte de l'eſprit de convenance qui doit ſe faire ſentir au premier aſpect d'un édifice. Nous avons cité dans le premier Chapitre de ce Volume, page 3, une maiſon bourgeoiſe ſituée rue S. Martin, fort au-deſſous en apparence de celle dont nous parlons, néanmoins tout y eſt ſoumis aux loix du bon goût; cette autorité eſt d'un poids conſidérable, parcequ'on ne ſçauroit concevoir combien il eſt important de ne rien offrir aux yeux de nos jeunes Artiſtes qui ait l'apparence du vice. Le déſordre gagne inſenſiblement, on s'accoutume aux licences, le chemin paroît facile, on n'a plus de retenue, aucune bienſéance n'eſt gardée, & enfin il eſt à craindre, ſi l'on continue, qu'avant trente ans on ne méconnoiſſe la route du vrai beau. Le déréglement de l'imagination & l'oubli des régles fondamentales de l'Art ſe remarquent juſques dans nos Sanctuaires, où des décorations triviales & des formes chimériques & bizarres tiennent déja lieu de la nobleſſe, de la majeſté, & du grand qui y devroient être obſervés, & dont nos anciens Architectes nous ont laiſſé des exemples ſi admirables.

Qu'on ne me ſçache pas mauvais gré, ſi l'amour du bien public m'emporte quelquefois, ce n'eſt jamais ſur les Architectes que portent mes obſervations. Je les eſtime tous, il n'en eſt pas de même de la plûpart de leurs Ouvrages. D'ailleurs je loue le vrai beau, & j'applaudis à l'excellent avec autant de chaleur que je me récrie ouvertement ſur les médiocrités, & principalement ſur celles qui tendent à détruire le goût, & à donner une mauvaiſe idée de notre Nation: autrement il eut été mieux que je ne me fuſſe pas chargé de cette entrepriſe. Maintenant que la carriere eſt ouverte, je ne puis ſans manquer au Public, me ſervir de modifications, qui non-ſeulement ſont contraires à ma façon de penſer, mais qui

ſerviroient

ferviroient à perpétuer l'erreur. J'avouerai que j'ai quelquefois une forte de cha- Maifon grin de convenir de notre négligence à bien des égards, mais en bon citoyen je rou- Vieux. gis fouvent auffi d'être obligé d'offrir aux yeux de l'Europe des bâtimens qui ne font pas à beaucoup près auffi réguliers qu'ils devroient l'être, furtout dans un tems où il ne nous femble pas permis de faire du mefquin, après les exemples célèbres que nous a laiffé le fiecle précédent.

 L'élévation du côté du jardin, repréfentée par la Fig. II, n'eft pas traitée avec plus de fuccès. Un avant-corps élancé, terminé par un fronton corrompu, & foutenu, comme le précédent, par de petites confoles, dont le tympan eft chargé d'ornemens frivoles & fans choix, préfentent une ordonnance blamable. D'ailleurs quelle néceffité d'avoir élevé la croifée du premier étage plus que les autres ? 1°. C'eft cette élévation outrée qui a contraint d'interrompre l'entablement horifontal. 2°. Cette croifée en plein ceintre & beaucoup plus élevée que celles des arrieres-corps qui font bombées, caufe un défaut de fimétrie dans la décoration intérieure de la chambre à coucher du premier étage ; défaut qu'il faut toûjours éviter, parce qu'en général, on ne doit jamais fe permettre aucune licence dans les dehors qu'elle ne produife un très-grand bien dans la diftribution des dedans, ou que la néceffité de la folidité n'y contraigne ; encore cela ne peut-il être autorifé que dans des occafions de peu d'importance. Ce même défaut fe remarque du côté de la cour, Figure Premiere, & nuit confidérablement à la décoration du fallon.

 Les pans coupés qui fe remarquent dans ces deux élévations, & que nous avons déja dit que l'on doit éviter autant qu'il eft poffible, font ornés de croifées au premier étage & de portes au rez-de-chauffée. Toutes ces ouvertures font en plein ceintre, cependant il convient de diftinguer d'une maniere fenfible l'ufage d'une porte d'avec celui d'une croifée. Cet ufage doit être annoncé diverfement, à moins qu'une grande quantité de portes dans un bâtiment ne donne le ton à quelques croifées pour empêcher la défunion des parties d'avec le tout. Nous remarquerons auffi que lorfqu'on fe trouve obligé de faire des arcades en plein ceintre, il faut préférer les impoftes & les archivoltes aux chambranles continus, parce que les impoftes féparent la rétombée de l'arc d'avec le piédroit, & empêchent le jarret prefqu'inévitable dans l'autre cas. Une des raifons effentielles qui nous porte à confeiller d'éviter les pans coupés dans un mur de face, vient de ce que les entablemens fe profilent toûjours camus dans la rencontre des angles ; deforte qu'à moins qu'il ne foit poffible d'accompagner ces pans coupés de reffauts formant des angles droits, il faut s'éloigner de ce genre d'ordonnance qui exprime une Architecture effeminée, ce qu'on doit toujours éviter lorfqu'on a fait choix d'une expreffion fimple & virile ; feul caractere dont on devroit faire ufage dans la décoration des façades d'un bâtiment particulier.

Coupe & élévation des aîles. Planche IV.

 La décoration de l'aîle marquée A, eft de beaucoup trop fimple, eû égard à celle du principal corps-de-logis du côté de la cour : comme les pans coupés femblent les unir l'une avec l'autre, il falloit du moins un avant-corps pour autorifer cette différence, encore ne devroit-elle avoir lieu qu'en fuppofant que ces aîles renferment des pieces fubalternes ; mais comme le premier étage eft occupé par des pieces de Maître, il falloit faire ufage de la même richeffe, ces bâtimens, qui ont peu d'étendue, en auroient paru plus confidérables. D'ailleurs il faut remarquer que la face oppofée à cette aîle, eft occupée au rez-de-chauffée par de grandes ouvertures fervant aux remifes, & que ces ouvertures n'ayant aucune rélation avec la décoration de ce bâtiment, il en résulte une confusion de parties qui n'annonce rien de régulier & de réfléchi au premier aspect de ce bâtiment, & qui nuit à l'idée qu'on doit prendre de sa distribution intérieure, qui certainement n'est pas sans mérite.

L'aîle B du côté du jardin est plus analogue à la façade du principal corps-de-logis, pour ce qui regarde la forme & la proportion des croisées ; mais la différence de largeur des trumeaux de cette aîle avec celle des trumeaux de la principale façade (Voyez le plan, Planche Premiere) est choquante. Regardera-t-on toûjours comme indifférent de mettre si peu de rélation entre l'ordonnance des aîles & les façades d'un bâtiment érigées sous une hauteur commune ? Suffit-il de convenir qu'on n'a pû faire autrement ? N'est-ce pas renoncer à la profession d'Architecte pour n'exercer qu'un art mécanique, que de ne pas se servir de tous les moyens possibles pour concilier d'une maniere louable la décoration extérieure avec les dedans, & ces deux parties avec la construction ? Je suis fâché que ces réfléxions tombent sur un bâtiment qui d'ailleurs a des beautés de détail, & qui a été élevé par un homme de mérite ; mais d'un autre côté, si nos Architectes qui à la connoissance des principes de leur Art joignent une expérience consommée, tombent dans des inadvertances aussi blâmables, que pouvons-nous exiger de nos jeunes Artistes, surtout si on leur met continuellement sous les yeux des exemples si contraires au progrès des Arts ? Dira-t-on, comme quelques-uns le publient, que les bâtimens particuliers ne sont pas faits pour servir de régle, ni d'autorité ? On se trompe : une maison neuve, quelle qu'elle soit, attire l'attention de la multitude, souvent même au préjudice des anciens édifices de réputation. En la voyant on se forme involontairement une idée d'imitation, de là la source du déréglement dans l'Architecture ; source d'autant plus dangereuse, encore une fois, qu'elle remonte à des hommes qui ont une réputation acquise, & de qui nous devrions attendre beaucoup plus de retenue & de circonspection que des autres, parce qu'ils servent en quelque sorte de modeles, & qu'ils donnent le ton au plus grand nombre.

MAISON DE M. DE CASTANIER.

Cette maison a été aussi bâtie par M. *Tannevot* ; les dedans se ressentent de la perfection que cet habile homme sçait donner à toutes ses distributions. Nous en exposons ici les plans comme la partie la plus intéressante, & dans l'état qu'elle fut érigée en 1726, quoique M. de Castanier y ait fait faire depuis peu des augmentations considérables sur les desseins & sous la conduite du même Architecte ; mais comme ces additions sont dans le même genre que les distributions précédentes, nous nous contenterons d'en dire quelque chose sans en donner les plans. On n'en trouvera point non plus les élévations, étant les mêmes que celles de la maison de M. Des Vieux & susceptibles des mêmes observations.

Plan du rez-de-chaussée. Planche V.

La cour de cette maison est petite pour l'étendue des bâtimens, mais comme elle est accompagnée de deux basses cours, l'une pour le département des écuries & des remises, l'autre pour celui des cuisines, elle paroît suffisante. Au reste, comme nous l'avons remarqué plus haut, il faut éviter de faire les cours trop spacieuses dans des maisons particulieres, elles resserrent trop les bâtimens, & occupent un terrein qui souvent pourroit être mieux employé.

Dans un grand vestibule placé à droite & au fond de la cour, est un assez bel

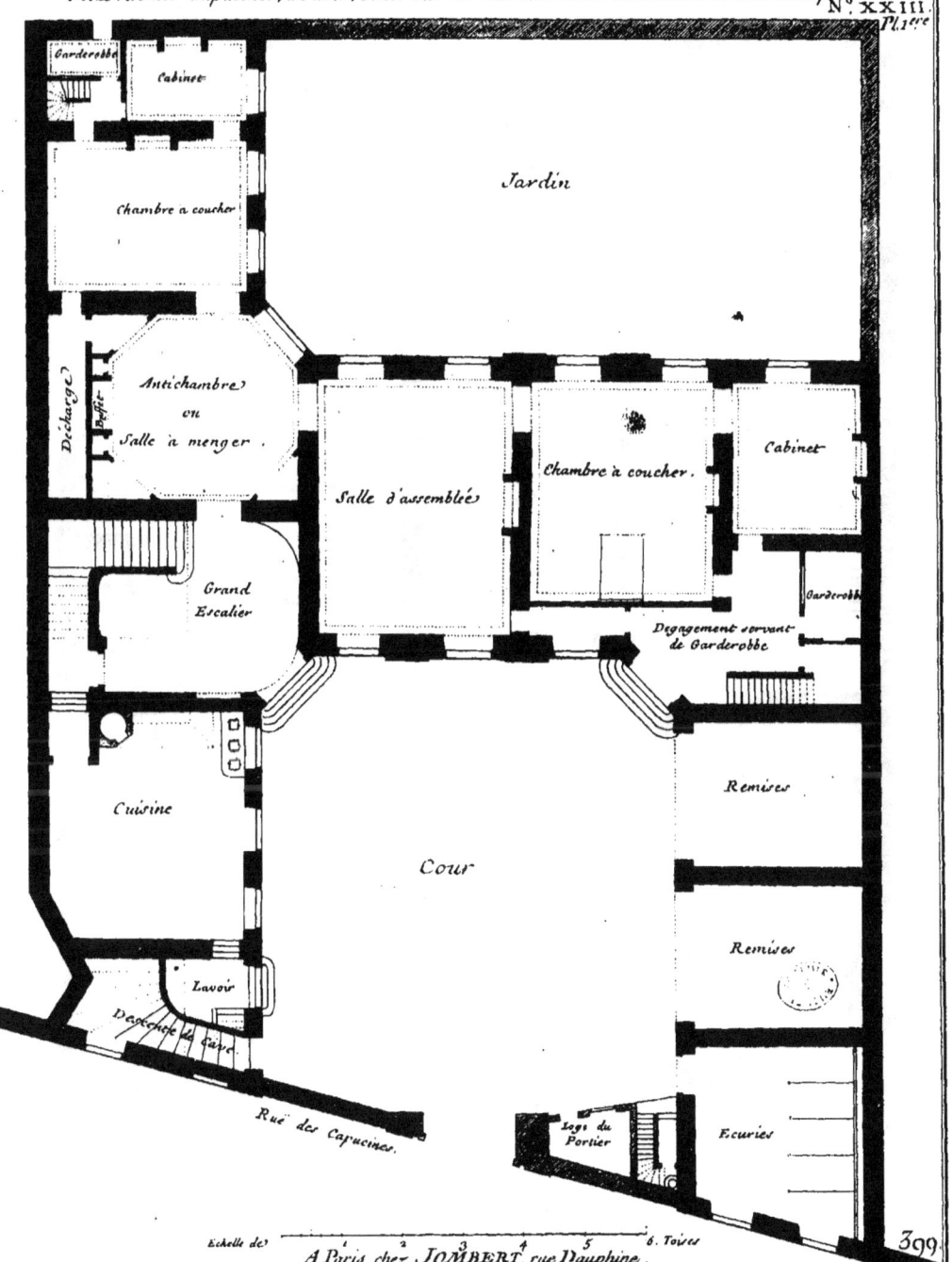

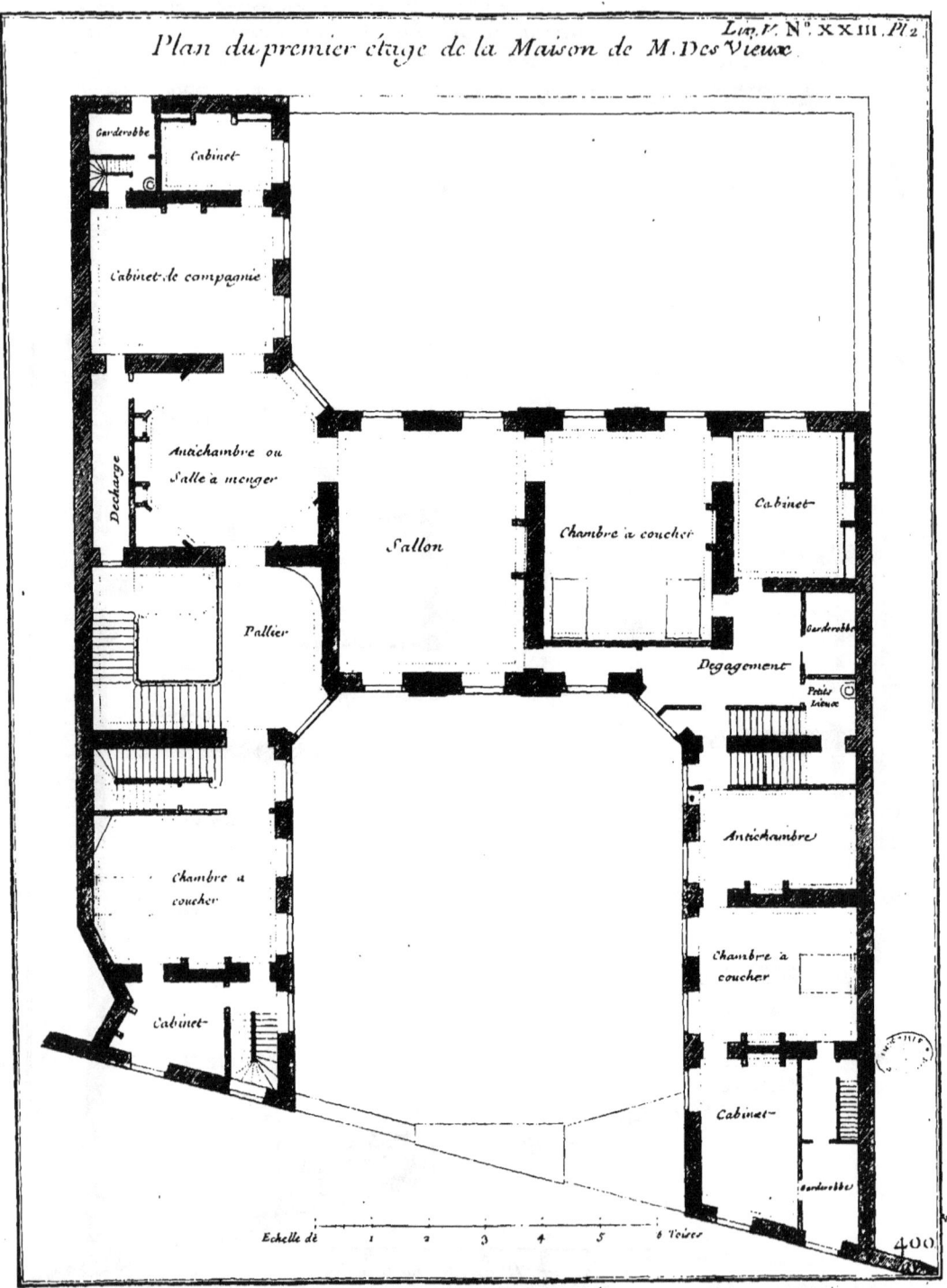

Elevation de la façade du côté de l'entrée

escalier qui monte au premier étage. Ce vestibule a deux principales ouvertures, l'une du côté de la cour, l'autre par le passage A, où l'on arrive à couvert: commodité essentielle dans un bâtiment, & qu'on ne devroit jamais négliger. Cette piece donne entrée à un appartement double, compris dans le principal corps-de-logis, & à un autre en aîle, donnant sur le jardin. Cette aîle est simple ici, elle vient d'être augmentée dans la partie du terrain marquée B, par un nouveau bâtiment de onze croisées de face, d'alignement au mur C, desorte que la salle à manger qui se voit ici, est à present à la place du cabinet ; & au lieu de la Bibliotheque & du petit escalier qui la suit, on a pratiqué un sallon fort orné, dont le plafond est peint par M. le *Lorrain* (*a*). Ce sallon forme un angle droit avec la nouvelle aîle, & s'enfile avec elle par une porte vers D, le mur de face E ayant été prolongé jusqu'en F. On a pratiqué derriere cette nouvelle aîle de bâtiment une cuisine belle & spacieuse, accompagnée de toutes les commodités nécessaires, & d'une cour qui a une issue par la basse cour de ce plan & une entrée de dégagement dans la rue Neuve de Luxembourg, pour les provisions des cuisines & offices. Cette nouvelle cour, les cuisines, l'aîle de bâtiment dont nous venons de parler, & l'aggrandissement du jardin de cette maison se trouvent placés aujourd'hui dans le terrain où étoit autrefois la basse-cour de la maison de M. le Baron de Thiers, & qui a été échangé avec M. de Castanier, à condition par celui-ci de faire bâtir les basses cours dont nous avons parlé dans le Chapitre précédent.

Maison de M. De Castanier.

Dans la basse-cour à gauche, du côté de la rue, sont encore pratiquées des cuisines pour les Domestiques, lorsque les Maîtres sont à la campagne. Attenant le principal corps-de-logis est un second escalier, précédé d'un vestibule. Cet escalier qui est assez spacieux, étoit nécessaire pour arriver commodement aux appartemens du premier étage. Le cabinet marqué G, est absolument trop petit pour être placé dans l'enfilade du côté du jardin. Il semble qu'on auroit pû supprimer la cour qui est derriere, son extrême petitesse ne peut que causer une humidité considérable aux pieces qui l'environnent, étant entourée de batimens d'une grande élévation. Il auroit été plus à propos de ne donner que des jours louches dans les dégagemens, les aisances & les garderobes ; car il est certain que cette cour ne procure pas plus de lumiere dans ces petites pieces, que n'en auroient donnés de faux jours, pris par le dessus des portes & au travers des cloisons. Par ce moyen on auroit procuré plus d'espace au cabinet, plus de grandeur aux dégagemens & plus de salubrité en général aux pieces attenantes. Au reste les principales enfilades des appartemens sont bien observées, la proportion des pieces & leur simétrie est exacte, & l'on peut dire que leur décoration intérieure, sans être riche, est traitée avec goût & avec élégance. Dans la grande salle de compagnie l'on voit de fort bons tableaux de M^{rs}. *Carle Vanloo*, *Natoire* & *Boucher*. Les lambris sont vernis dans la couleur naturelle du bois, ce qui rend ces appartemens un peu tristes, principalement quand on les compare avec ceux qu'on a nouvellement construits en aîle au rez-de-chaussée & au premier étage, & qui sont imprimés de diverses couleurs, rechampis ou dorés, & ornés de tableaux peints par M^{rs}. *Vien* (*b*), *Challes* (*c*), & *Le Lorrain*, Peintres, de l'Académie Royale de Peinture & de Sculpture.

(*a*) Louis *Le Lorrain*, Peintre, né à Paris en 1715 ; apprit de M. *Dumons* les premiers élémens de son Art. Après son retour de Rome il fut agréé à l'Académie Royale de Peinture & de Sculpture, en Janvier 1752. Outre le genie & l'invention qu'on remarque dans les sujets d'Histoire de la composition de cet Artiste, il excelle aussi dans l'Architecture & les Perspectives propres aux Décorations des Théatres, Fêtes publiques, &c.

(*b*) *Joseph-Marie Vien*, Peintre, né à Nismes en 1718. fut éléve de M. *Natoire*, & agréé en 1751, à l'Académie Royale de Peinture & de Sculpture. Les tableaux de sa composition qui ont été vûs cette année (1753) au sallon, ont réuni généralement en sa faveur le suffrage des Connoisseurs, qui tous conviennent qu'on a lieu de fonder les plus grandes espérances sur cet Artiste, soit pour la fecondité de son genie, soit pour la correction du dessein, soit enfin pour la beauté de l'exécution.

(*c*) *Michel-Ange-Charles Challes*, Peintre, éléve de M. *Boucher*, fut reçû cette année (1753) à l'Académie Royale de Peinture. Son morceau de reception est un pla-

116 ARCHITECTURE FRANÇOISE, Liv. V.

Plan du premier étage. Planche VI.

Maison de M. De Castanier.
La diftribution de cet étage, eft affujettie aux mêmes murs de face & de refend que le rez-de-chauffée. C'eft dans ce plan que l'on fent la néceffité d'avoir pratiqué deux grands efcaliers dans ce bâtiment, qui procurent une entrée libre & particuliere aux deux principaux appartemens diftribués ici, & qui femblent féparés par le petit arriere cabinet, fans néanmoins que l'enfilade continue du côté du jardin foit interrompue. Ces appartemens font d'une belle proportion, bien percés, & chaque piece eft affez régulierement diftribuée. L'on voit trois petites cours dans ce plan, il eft aifé de remarquer leur peu d'utilité, & combien il auroit été facile de les fupprimer, fans nuire aux commodités néceffaires aux pieces des Maîtres.

L'aîle du côté du jardin communique auffi avec les nouveaux bâtimens. Ces derniers contiennent autant de pieces qu'au rez-de-chauffée, & font même décorés avec encore plus de magnificence, ainfi qu'une bibliotheque affez confidérable qu'on y prépare. Toutes ces pieces donnent fur les jardins, qui font fort agréables, quoique peu fpacieux; ils font ornés de berceaux de treillage d'un goût élégant, de parterres de fleurs, de terraffes, &c. & contribuent à rendre cette maifon une des plus belles qui foit dans tout le quartier de la Place de Louis le Grand.

Nous ne parlerons point du pan coupé qui éclaire la feconde antichambre. Nous en avons blâmé l'ufage au commencement de ce Chapitre. Nous remarquerons feulement qu'il a été pratiqué pour donner du jour à cette piece, & en même tems pour fimétrifer avec celui qui fe trouve dans l'angle de la maifon voifine; comme elle n'eft féparée de celle-ci que par un mur de cloture d'une moyenne élévation, ces deux maifons femblent n'en faire qu'une feule.

fond de forme circulaire, placé dans une des falles de l'Académie, & qui repréfente l'union des Arts de Peinture & de Sculpture par le génie du Deffein. Ce tableau, qui eft compofé d'une maniere fçavante & ingénieufe, a fait une grande réputation à cet Artifte; il fe diftingue auffi dans divers genres d'Architecture & de Perfpective, qui prouvent l'étendue de fon génie & la fertilité de fon imagination.

CHAPITRE

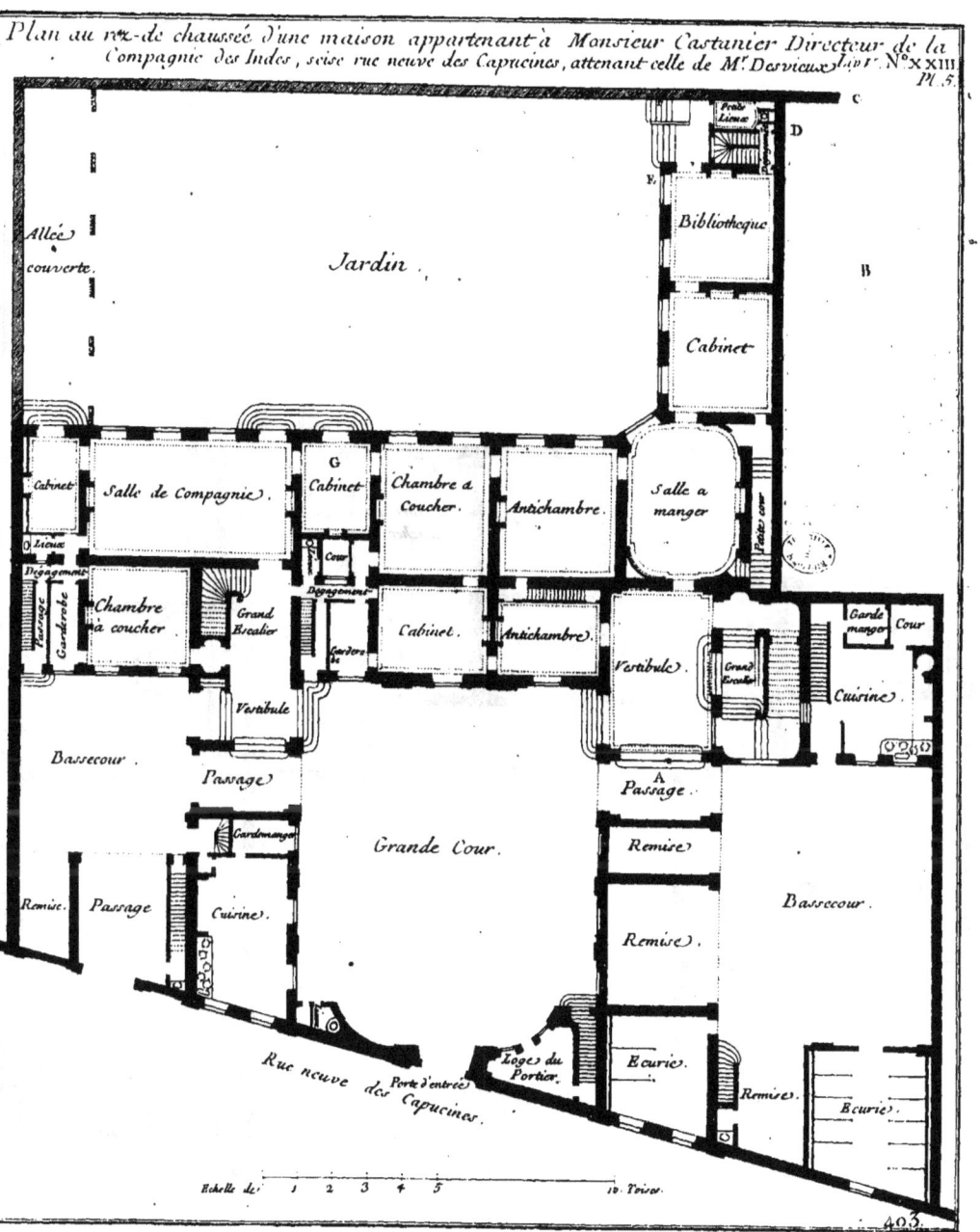

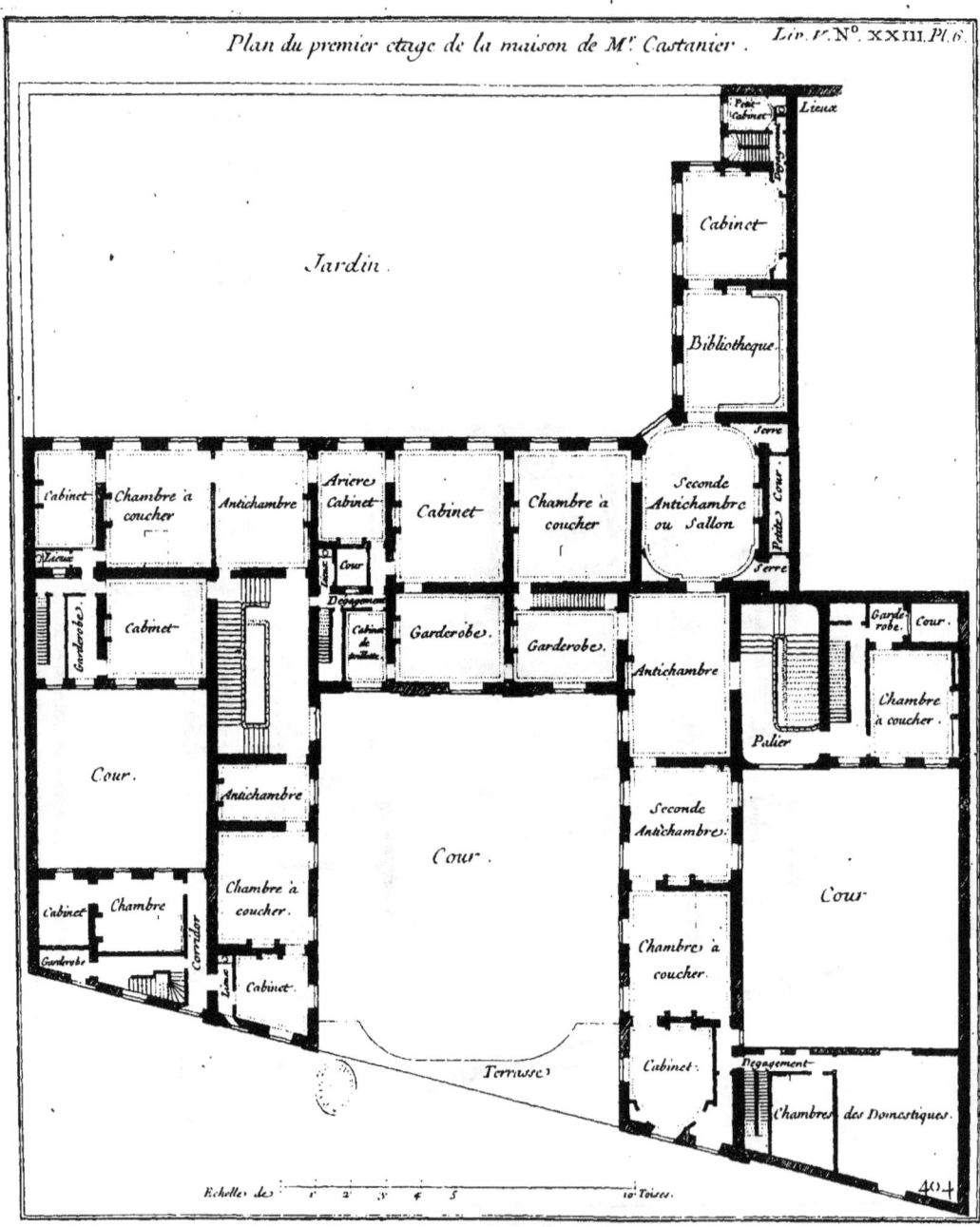

ARCHITECTURE FRANÇOISE, Liv. V.

CHAPITRE XXIV.

Description de la Maison de M. Le Gendre d'Armini, rue des Capucines, proche la Place de Louis le Grand.

CETTE maison fut bâtie, en 1713, sur les desseins de M. de Cotte (a), pour M. *Le Gendre d'Armini*, Ecuyer du Roi. En 1740, elle fut acquise par M. le Marquis d'Antin, & en 1748, M. *de Meulan*, Receveur Général des Finances, l'acheta de Madame la Comtesse de Toulouse, comme héritiere de M. le Marquis d'Antin, son fils. C'est toûjours M. *de Meulan* qui l'occupe aujourd'hui, & qui, en 1749, y fit faire des augmentations considérables, sur les desseins & sous la conduite de M. *Rousset*, (b) Architecte.

Maison de M. Le Gendre.

Plan au rez-de-chaussée. Planches I, II & III.

La distribution que nous offrons ici, Planches Premiere & seconde, est telle que M. *Le Gendre d'Armini* l'a fait exécuter, sur les desseins de M. *de Cotte*. M. *de Meulan*, lorsqu'il fit l'acquisition de cette maison, l'augmenta si considérablement, comme nous venons de le remarquer, que cela nous a engagé à en donner les nouvelles distributions, Planche III; mais avant que de parler de celles-ci, nous allons examiner les premieres.

La Planche Premiere comprend une avant-cour, six remises, deux écuries, deux cours à fumier, une cuisine, un garde-manger & différens escaliers pour monter aux chambres des Domestiques placées sur ces divers bâtimens; commodités essentielles & distribuées d'une maniere convenable dans un terrain qui, sur une largeur de 10 toises 2 pieds dans œuvre, a beaucoup de profondeur. Au-bas de cette premiere Planche, se voit la décoration de la porte d'entrée de cette maison, dont l'ordonnance & la proportion sont assez bien entendues. Cette porte se trouve renfoncée dans une tour creuse qui rachete l'obliquité de la rue, & rend son axe perpendiculaire avec la direction du principal corps-de-logis; précaution dont on use ordinairement dans cette circonstance, quoiqu'elle soit contraire à la régularité des façades des bâtimens formant la décoration des rues d'une Capitale. On a mis en œuvre le même expédient aux Hôtels de Soubise, de Rohan, &c; mais il y est plus tolérable en quelque sorte qu'ici, parce que le plan de ces tours creuses se trouve parallele à l'alignement des rues. Cette porte a été démolie

---

(a) Voyez ce que nous avons dit de cet Architecte, T. I. page 230. Note (a).

(b) *Pierre Noel Rousset*, Architecte, des Académies de Florence & de Bologne, né à Paris en 1712, est peut-être un des Architectes de nos jours le plus laborieux & le plus rempli du génie de sa profession.

Indépendamment de la maison que nous donnons ici, Planche III, cet Architecte en a fait bâtir une autre, rue Vivienne, pour M. *Boucher*, Secrétaire du Roi. Ce bâtiment est distribué très-commodement & décoré de fort bon goût, quoique simple; c'est aussi lui qui a fait construire les cuisines du Château de Livry: ouvrage très-important par la coupe des pierres, l'ordonnance de sa décoration & la commodité de ses distributions. Il travaille actuellement à la décoration intérieure de l'Eglise de la Sainte Chapelle à Paris, qui s'exécute sous ses ordres; sans parler d'une infinité d'autres projets pour differens Particuliers, dont j'ai vû les desseins, qui annoncent le feu & l'invention de cet Artiste. Mais ce qui lui fait le plus d'honneur, à mon avis, ce sont les projets des Places publiques, qu'il a faits par ordre de M. le Prevôt des Marchands dans les divers quartiers de cette Capitale, lorsque le Roi ordonna un concours pour se décider sur la situation la plus avantageuse de ce monument, & dans le nombre desquels deux pour le Carrefour de Bussi, & deux pour la Place de Grève, ont été présentés à Sa Majesté par M. de Maurepas & par M. le Prévôt des Marchands, & ont reçus dans leur tems les applaudissemens de la Cour & de la Ville, étant composés d'une grande maniere, dessinés avec goût, & distribués avec une convenance rélative à ce genre d'édifice. Nous aurions désiré pouvoir donner ici une légere description de ces magnifiques projets; mais la loi que nous nous sommes prescrite de ne parler que des édifices qui sont exécutés, ne nous permet pas de nous étendre sur les diverses productions de nos Architectes François. Nous nous contentons seulement d'indiquer leurs principaux ouvrages, lorsqu'ils parviennent à notre connoissance.

Tome III. Gg

Maifon de M. LeGendre.

& reconftruite à neuf, fuivant la direction du mur de face. Son ordonnance actuelle eft d'une Architecture plus ferme & d'une proportion moins fvelte. (Voyez le plan de cette porte, Planche III.)

La Planche feconde comprend la grande cour qui eft d'une forme prefque quarrée, contre toute idée des régles de l'Art, & eft fuivie d'une autre cour à pans. Cette feconde eft incommode en ce que les équipages ne peuvent arriver au pied des bâtimens, à caufe des deux marches qui en interrompent les fols. Le pavillon B, qui fe trouve feul au rez-de-chauffée, fait ici un mauvais effet. Au refte la diftribution du principal corps-de-logis eft affez bien entendue; mais les pieces font trop fpacieufes, & le percé du milieu, qui eft mafqué par la cheminée placée fur le mur de refend qui fépare la falle à manger d'avec la chambre, eft un défaut dans la difpofition d'un plan; défaut que nous avons blamé au Palais Bourbon, à l'Hôtel de Touloufe, &c. Les petits pans coupés du côté de la cour doivent auffi être rejettés par les raifons dont nous avons parlé dans le Chapitre précédent.

La Planche III donne les nouvelles diftributions de cette maifon. Nous venons de remarquer à l'occafion de la Planche précédente que la grande cour étoit d'une forme peu approuvée, fe trouvant prefque quarrée; celle-ci a le défaut d'être trop longue pour fa largeur, mais du moins eft-elle réguliere, & l'on peut arriver en voiture jufqu'au pied de l'édifice. On a pris foin de marquer fur cette Planche, par une feule taille, toutes les nouvelles diftributions, deforte qu'il fera facile de connoître ce qu'on a confervé de l'ancien bâtiment par ce qui eft gravé à deux tailles. Nous n'avons point donné les plans des étages fupérieurs, ayant voulu feulement faire connoître la grandeur du terrain que cette maifon occupe aujourd'hui, en comparaifon de ce qu'elle en occupoit précédemment. On rencontre affez fouvent de pareilles additions dans les bâtimens dont nous parlons, mais nous ne les donnons que lorfque nous les croyons affez importantes pour mériter une place dans ce Recueil, ainfi que nous en avons averti ailleurs.

Elévations du côté de la cour & du côté du jardin. Planche IV.

La Figure Premiere donne l'ancienne élévation du côté de la cour, prife dans la Planche II fur la ligne EF. On y voit la façade du principal corps-de-logis, les pans coupés & le retour des pavillons B, C. Ce dernier eft flanqué d'une aîle de bâtiment, dans laquelle font compris les offices, & dont la hauteur mafque le pavillon auquel elle eft adoffée, deforte que celui B paroît feul au rez-de-chauffée, ce qui produit un défaut de fimétrie dont nous avons parlé plus haut. Ce bâtiment a deux étages terminés par une manfarde. Sa décoration en général eft fimple, mais d'une proportion convenable & profilée d'affez bon goût.

La Figure feconde préfente l'ancienne élévation du côté du jardin, compofée d'un avant-corps couronné d'un fronton, & de deux arriere-corps qui fe trouvent affez en rapport avec l'avant-corps & avec l'étendue & la hauteur du bâtiment. La fimplicité de cette façade eft louable, bien entendue & très-bonne à imiter dans une maifon du genre de celle dont nous parlons. La proportion des croifées, la largeur des trumeaux, la dimenfion & la forme de l'avant-corps fe reffentent de la capacité de l'Architecte qui en a donné les deffeins, & qui agiffant à cet égard comme M^{rs}. Boffrand & Cartaud, n'a pas dédaigné de donner fes foins dans plus d'une occafion pour l'édification des maifons des particuliers; cette confidération doit faire fentir à la plûpart des Propriétaires la néceffité d'avoir recours aux hommes du premier mérite, lorfqu'il s'agit de mettre la main à l'œuvre dans quelque occafion que ce puiffe être.

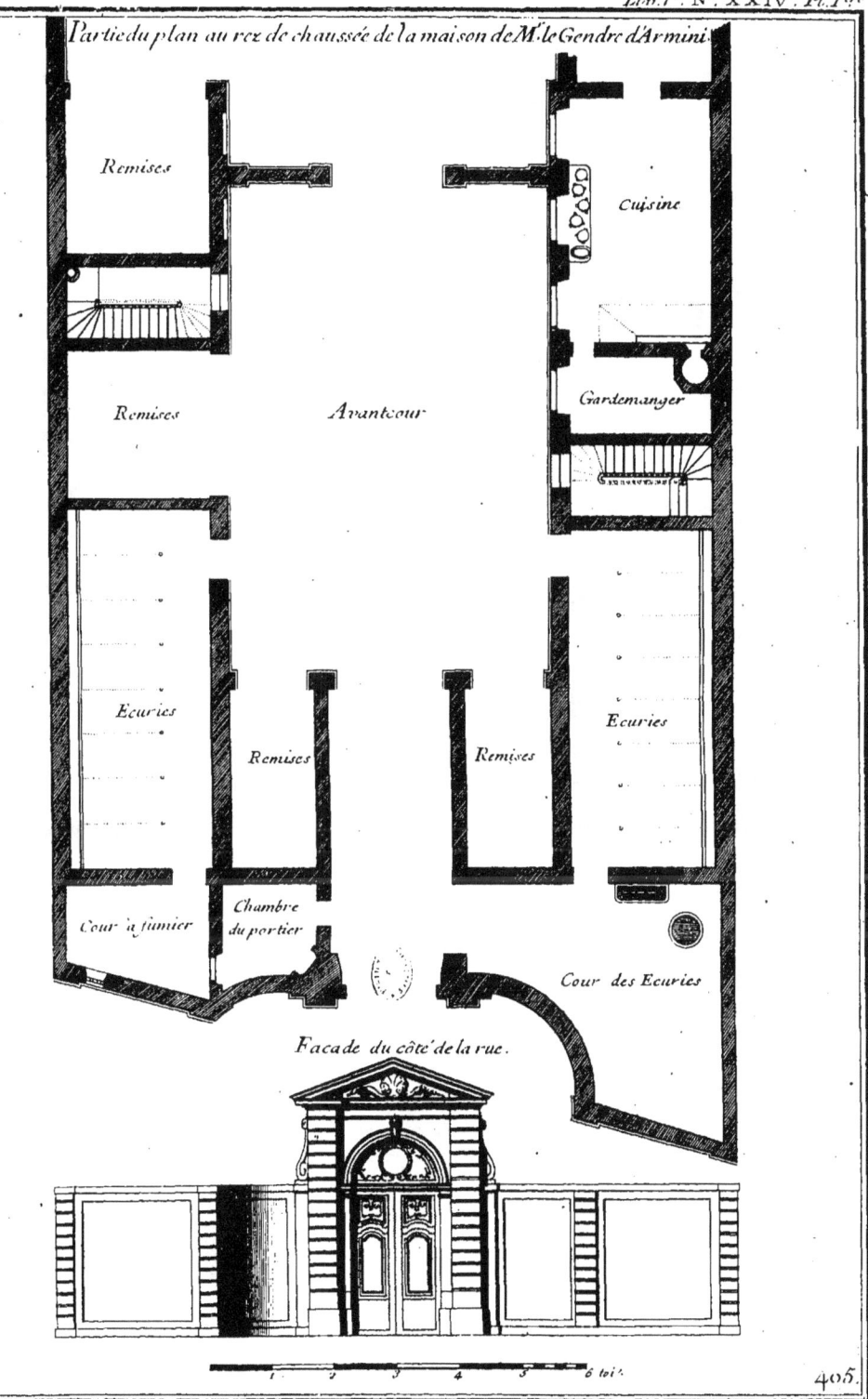

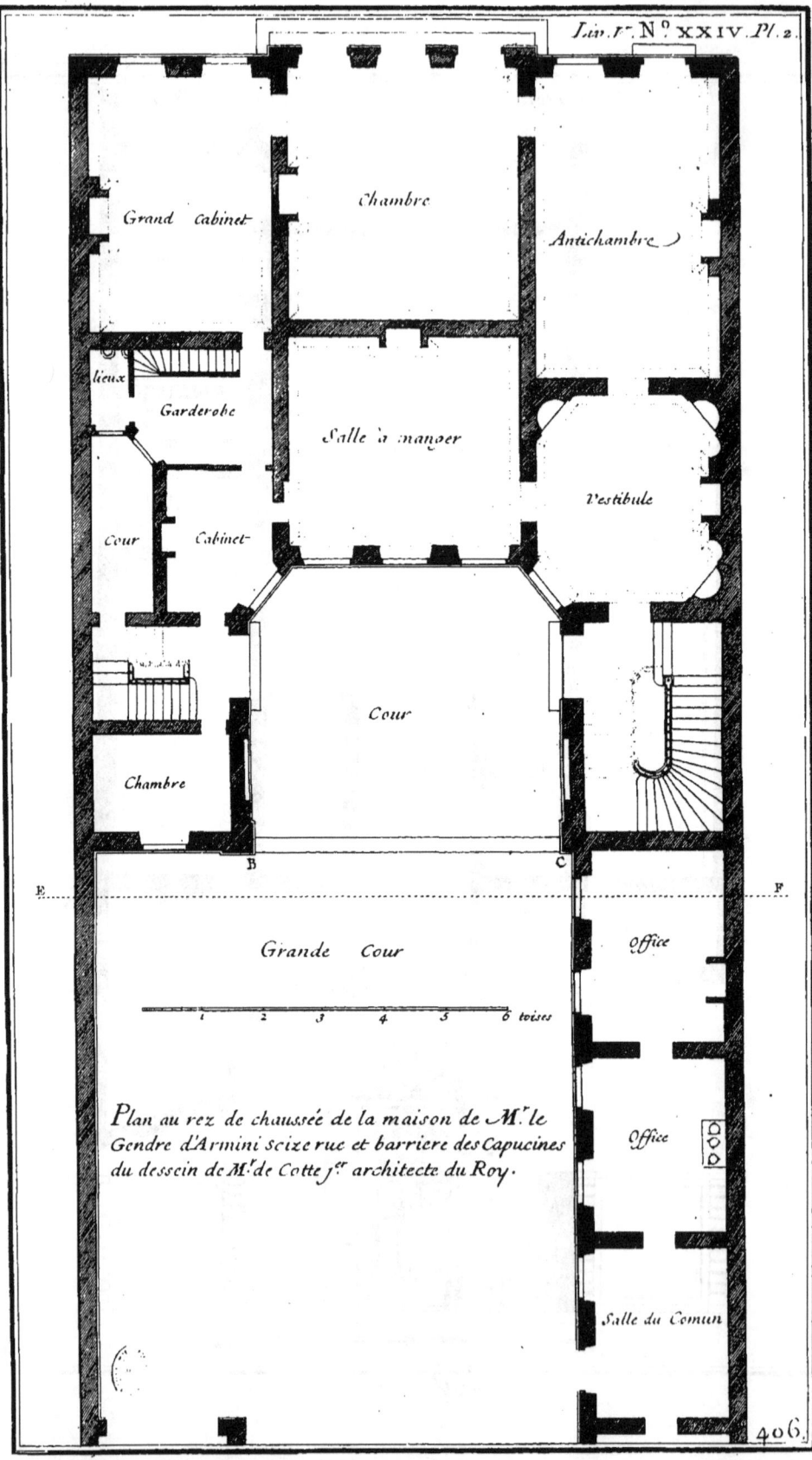

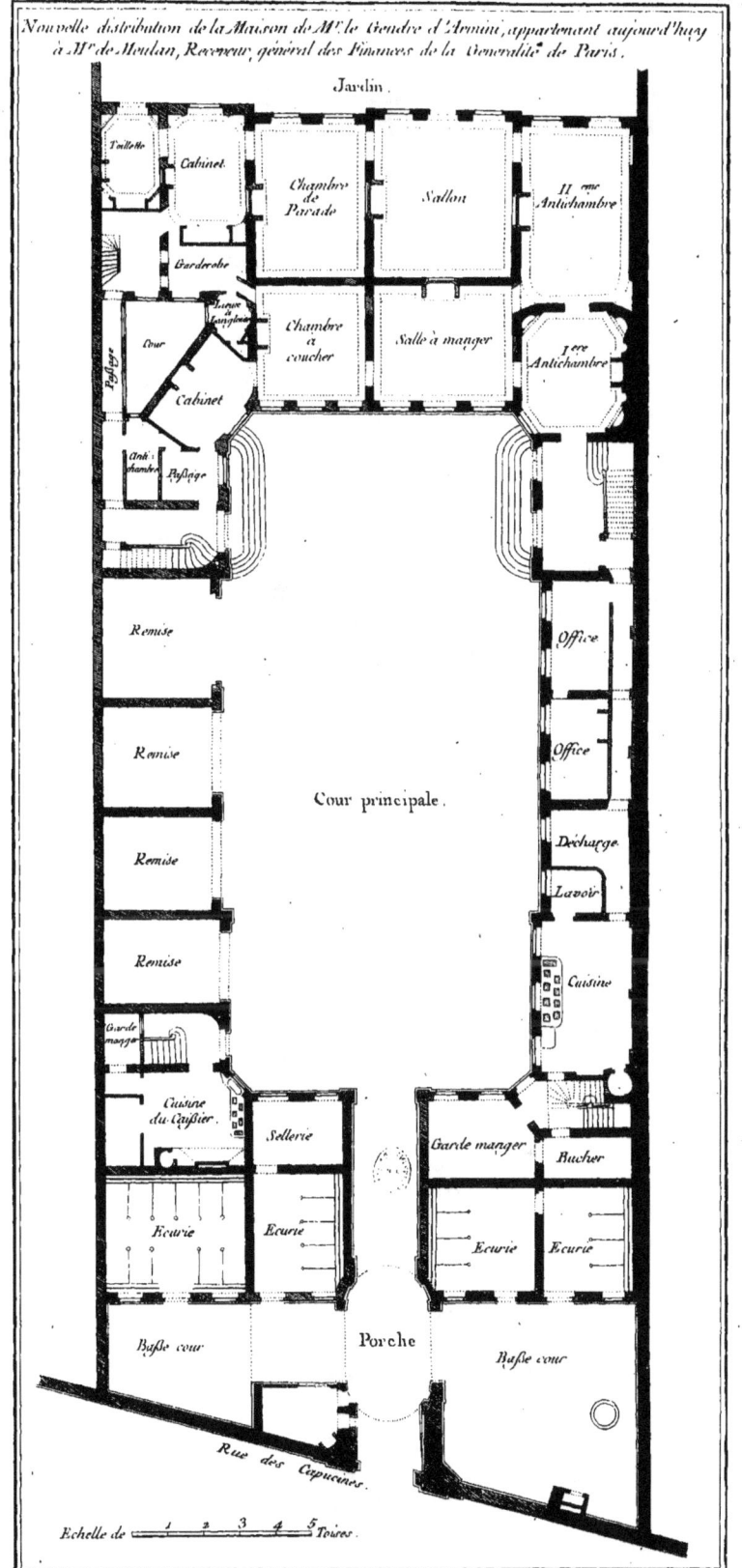

ARCHITECTURE FRANÇOISE, Liv. V.

Nous ne donnons point les additions de ces façades, ayant été continuées dans le même genre que celles que nous offrons ici, à l'exception cependant des croisées qui ont été baissées partout, afin de donner plus d'air dans l'intérieur des appartemens ; desorte qu'on a pratiqué des banquettes de fer pour servir d'appui à ces croisées, ce qui, en général, procure à ce bâtiment plus d'élégance dans sa décoration, mais peut-être moins de sévérité dans son ordonnance.

CHAPITRE XXV.

Description de l'Eglise Paroissiale de S. Roch, rue S. Honoré.

CETTE Eglise fut commencée au mois de Mars 1653, sur les desseins de Jacques Le Mercier (a), un des Architectes de son tems qui a le plus érigé d'édifices sacrés. Louis XIV posa la premiere pierre de cette Eglise qui a été depuis plusieurs fois discontinuée & reprise ; son portail fut construit en 1736, sur les desseins de Robert de Cotte (b), premier Architecte du Roi, & continué par Jules Robert de Cotte, son fils, aujourd'hui Intendant & Controlleur des Bâtimens de Sa Majesté. *Eglise de S. Roch.*

Plan de l'Eglise de S. Roch. Planche Premiere.

Cette Eglise peut être regardée comme une des mieux distribuées & des mieux percées qui se voye à Paris. Elle est moins grande que celle (c) de S. Sulpice, (la seule de nos Eglises Paroissiales modernes avec laquelle nous puissions la comparer) mais elle l'emporte de beaucoup sur toutes les autres de Paris par son élégance, & par la maniere ingénieuse avec laquelle elle est décorée intérieurement, quoiqu'en général, nous ne puissions applaudir à la plûpart des ornemens qu'on y remarque, ainsi que nous l'observerons en son lieu.

La largeur de cette Eglise, hors œuvre, est de 17 toises, prise dans la croisée, sa longueur totale est de 53 toises & demi, la longueur de la nef, y compris le chœur, est de 35 toises dans œuvre & sa largeur de 5 toises 5 pieds, sur 9 toises 5 pieds de hauteur sous clef. Il est aisé de voir par ces mesures totales que ce vaisseau est plus petit que celui de S. Sulpice, dont nous allons répéter les mesures pour en faciliter la comparaison.

La largeur de l'Eglise de S. Sulpice hors œuvre, est de 25 toises & demi, sa longueur totale de 60 toises. La longueur de la nef, y compris le chœur, est de 41 toises & sa largeur de 7 toises, sur 15 toises de hauteur sous clef. Cependant il faut convenir que la Chapelle de la Vierge de l'Eglise dont nous donnons ici la description, est beaucoup plus grande que celle de S. Sulpice, qu'elle est entourée de bas-côtés qui se lient d'une maniere intéressante avec ceux de la nef, & qui en multipliant la surface pour les Paroissiens, communiquent très-ingénieusement avec la Chapelle de la Communion, placée derriere celle de la Vierge, & qui se présente en face de l'alignement donnant dans toute la profondeur de l'Eglise jusqu'au Portail.

Les bas-côtés de cette Eglise ont ici 16 pieds & la nef 35, contre l'usage ordinaire, qui est de leur donner la moitié, ainsi qu'on l'a observé dans la fameuse

---

(a) Voyez ce que nous avons dit de cet Architecte, Tome I. pag. 230. Note (a).
Tome II. Page 76. Note (b).
(b) Voyez ce que nous avons dit de cet Architecte, (c) Voyez le plan de cette Eglise, Tome II. Chapitre V.

Eglise de S. Roch. Cathédrale de Londres, quoiqu'à l'Eglise de S. Pierre de Rome ils soient moindres, la nef ayant 13 toises & demi & les bas-côtés 5 toises & demi, ainsi qu'à Notre-Dame de Paris, dont la nef est de 6 toises 4 pieds, & les bas-côtés, de 17 pieds, mais qui à la vérité sont doubles. (Voyez dans le second Volume, Livre IV, la Planche Premiere du Chapitre III.) Cependant à S. Sulpice les bas-côtés sont plus larges ayant 24 pieds de largeur, & la nef 41, ainsi que l'Eglise Cathédrale de Strasbourg, dont la nef a de largeur 40 pieds & les bas-côtés 33, &c. (*d*).

La nef, proprement dite, est ouverte de chaque côté par cinq arcades séparées par des piédroits dont la largeur est à celle des arcades, comme 2 est à 5. A l'extrêmité de cette nef est la croisée de l'Eglise, dont les deux parties collatérales sont arrondies par leur plan & voûtées en cul de four. Ce genre de voute simétrise avec l'entrée de la nef & en quelque sorte avec le rond-point du chœur, où est placé le Maître-Autel. Cet Autel est construit à la Romaine, desorte qu'au-dessus & par l'arcade au-bas de laquelle il est posé, on découvre dès l'entrée du Portail de l'Eglise les Chapelles de la Vierge & de la Communion placées derriere. Nous parlerons de la décoration de ces Chapelles en expliquant la Planche suivante. Nous remarquerons seulement qu'elles furent bâties, en 1709, par le secours d'une Lotterie que le Roi accorda à la Fabrique de cette Eglise. Nous observerons aussi que lorsqu'on bâtit le portail, on préfera de placer la tour qui contient les cloches, à droite, vers le rond point de l'Eglise, parce que, selon le sentiment de plusieurs, il n'y a que les Cathédrales qui puissent en avoir deux (*e*), malgré l'exemple de la Paroisse de S. Sulpice, où une seule tour auroit nui à la simétrie du portail, ainsi qu'on le remarque à la plûpart de nos Eglises Paroissiales Gothiques, bâties à Paris.

Cette Eglise étant située sur un terrain d'une pente assez considérable, on s'est déterminé à racheter ce talud, en élevant le sol de la nef de beaucoup au-dessus de celui de la rue S. Honoré, afin de conserver une aire horizontale à tout le plain-pied de l'Eglise, ce qui fait par rapport à l'ordonnance du portail un fort bon effet, qu'il conviendroit de procurer à toutes nos Eglises. On auroit pû cependant donner une élévation moins considérable au sol de l'Eglise dont nous parlons, & partager cette nouvelle hauteur en deux dans la longueur intérieure de ce monument, pour élever le sol du Sanctuaire au-dessus de celui de la nef, comme ce dernier doit l'être à l'égard de celui de la rue. En effet les inégalités du sol que nous desirons ici, pourroient caractériser en quelque sorte d'une

---

(*d*) Nous avertissons que les mesures que nous donnons ici de ces différentes Eglises ne s'accordent pas toûjours avec les échelles qui sont au bas des plans. Comme la plûpart de ces Planches ne sont pas toûjours dessinées bien fidélement, elles ne doivent pas servir de régle. D'ailleurs les différentes qualités des papiers, sur lesquels sont tirées les épreuves, font qu'ils s'étendent plus ou moins lors de l'impression. Pour éviter ces erreurs, nous donnons la plus grande partie de ces dimensions d'après les cottes des anciens livres & d'après les mesures prises sur les lieux qui se sont trouvés à notre portée.

(*e*) Nous avons consulté sur cette matiere non-seulement presque tous les Auteurs qui ont écrit sur la forme des Eglises, mais encore différentes personnes que nous avions crû pouvoir nous donner les lumieres nécessaires, mais malgré nos recherches, nous n'avons pû rien apprendre de satisfaisant sur l'usage, où l'on semble être, de ne mettre deux tours qu'aux Eglises Cathédrales. On prétend en général que les deux tours marquent la supériorité de ces sortes d'Eglises sur les autres. Mais S. Sulpice, dont nous venons de parler, S. Jean en Grêve, & quelques-autres, tant dans Paris, que dans les Provinces, démontrent assez évidemment que cette opinion a paru indifférente. Au reste si l'usage ne permet qu'une tour aux Eglises Paroissiales, ne seroit-il pas naturel, pour éviter le défaut de simétrie, de placer la tour ou le clocher sur le milieu du frontispice; il serviroit alors à la forme pyramider, & tiendroit lieu des dômes qu'on introduit quelquefois dans les monumens de l'espece de celui dont nous parlons, & qui devroient être reservés pour les coupoles, tels qu'à Paris au Val-de-Grace, aux Invalides, à la Sorbonne, aux Quatre Nations, &c.

Si quelqu'un est plus instruit que nous sur l'origine des tours & sur la nécessité d'en admettre deux aux Eglises Cathédrales & seulement une pour les Eglises Paroissiales, nous l'invitons avec quelque sorte d'empressement à vouloir bien nous communiquer ses lumieres sur ce sujet, notre dessein étant de nous approcher, dans la composition de nos édifices, des usages & de l'esprit de convenance sans lequel l'Architecture la mieux entendue d'ailleurs, ne sçauroit s'attirer le suffrage des Connoisseurs.

maniere

ARCHITECTURE FRANÇOISE, Liv. V.   121

maniere plus convenable, les divers usages & les différentes cérémonies qui doivent se passer sur chaque aire. Par exemple le sol de la rue, destiné aux affaires des Citoyens & à des actions mondaines, doit naturellement être au-dessous du Temple; celui de la nef, destiné aux Fideles, doit tenir le milieu entre celui de la rue & celui du Sanctuaire ; ce dernier enfin doit être le plus élevé de tous. Il est vrai que ces différentes élévations du terrain s'observent assez généralement dans nos Temples, mais on le fait avec trop peu de sévérité, soit parce que l'on passe trop légérement sur ces considérations, toutes importantes qu'elles soient, soit parce que la situation de la plûpart de nos Eglises ne permet pas cette inégalité de niveau. A l'égard de la Paroisse dont nous parlons, cette idée devoit venir naturellement à l'Architecte, tant par rapport à la situation naturelle du terrain, que par la disposition des percés que nous avons déja remarqué dans sa distribution (*f*). Cette idée nous paroît si conforme à celle qu'on doit se former d'un lieu Saint, qu'il est étonnant qu'on n'ait pas cherché jusqu'à present, même dans un terrain horizontal, à faire ensorte d'observer d'une maniere plus imposante cette élévation pyramidale dans le rez-de-chauffée des monumens dont nous parlons. Nous avons un exemple de cette espece, quoiqu'en petit, dans l'Eglise des Carmelites du Fauxbourg S. Jacques, qui employé artistement dans un vaisseau spacieux, seroit un effet admirable, & donneroit lieu à faire usage d'un soubassement, comme à la Chapelle de Versailles, sur lequel s'éléveroit un grand Ordre de colonnes, au-bas duquel seroient placées des tribunes ou balustrades, dont le plain-pied égaleroit celui du Sanctuaire. J'ai vû un projet d'Eglise suivant ce système, il m'a paru faire très-bien, ce qui m'a déterminé à engager l'Auteur à donner au Public cette composition ingénieuse, à laquelle il travaille actuellement pour la rendre digne du suffrage des Connoisseurs.

Coupe sur la longueur de l'Eglise, prise dans le plan sur la ligne AB.
Planche II.

Cette Planche nous fait voir le développement intérieur d'un des côtés de l'Eglise de S. Roch, sur sa longueur. Un Ordre de pilastres Doriques, couronné d'un entablement denticulaire, décore le pourtour de la nef & de la croisée : cet Ordre est exécuté avec assez de pureté. Il est élevé sur un socle ou retraite de 7 pieds d'élévation ; hauteur trop considérable, qui porte à croire qu'on a déterré l'Eglise de 3 ou 4 pieds depuis son édification. Il est vrai que cette difformité n'a paru telle que depuis qu'on a supprimé les bancs qui occupoient la plus grande partie de l'aire (*g*) ; desorte que loin que ce fut une inadvertance de la part de

(*f*) On a marqué dans la distribution de ce plan, Planche Premiere, le nom des principales Chapelles distribuées le long des bas côtés de cette Eglise ; il en est peu dont la décoration soit intéressante, à l'exception de celles de S. André & de S. Louis. Elles sont pour la plûpart concedées à différentes Familles du premier ordre, telles que celle de *Courtenvaux*, de *Pont-Chartrain*, du Président de *Senozan*, &c. Cette Eglise renferme aussi quelques épitaphes & tombeaux d'un certain mérite, mais en très-petit nombre, quoique plusieurs grands hommes y ayent leur sépulture. De ce nombre sont les célébres Sculpteurs, *François* & *Michel Anguierre*, dont nous avons parlé, Tome II. p. 72. Not. (*e*). *Pierre Mignard*, mort premier Peintre du Roi en 1695, dont nous avons parlé, Tome II. page 70. Not. (*d*) *Pierre Corneille*, né à Rouen, mort en 1684, &c. La sacristie qui se remarque aussi dans cette Planche vient d'être changée depuis la gravure du plan. De la cour qui est à côté, l'on a fait une sacristie, ayant couvert cette cour à une certaine hauteur par une lanterne, desorte que cette nouvelle piece, avec un retranchement pris vers E, détermine la grandeur de la Sacristie pour les messes, & toute la partie F est destinée pour la sacristie des ornemens. Nous observerons ici que la Chapelle des fonds & celle des mariages marquées *a* & *l*, sont trop petites pour une Paroisse aussi considérable, qu'il seroit mieux qu'en pareille occasion ces Chapelles fussent placées à l'entrée de l'Eglise, & eussent une principale issue par le porche extérieur, afin de ne point donner l'entrée des Temples pendant la nuit indifferemment à des personnes de l'un & de l'autre sexe.

(*g*) Ces bancs étoient un abus qui s'étoit introduit dans les siecles précédens, & qui empêchoit les Fideles qui n'en avoient point, de trouver place dans nos Temples, sans compter que ces bancs nuisoient beaucoup aux cérémonies de l'Eglise.

Eglife de S. Roch. Le Mercier (comme beaucoup l'ont pensé) d'avoir donné une si grande hauteur à ces focles, il étoit prudent au contraire d'en user ainsi ; autrement ces parties accessoires auroient masqué les bases & une partie du fût inférieur des pilastres. Pour remedier à ce défaut actuel, il auroit fallu, lors de la réparation totale de ce monument, convertir ces focles en piédestaux ; alors on auroit tenu camus les profils des corniches & des bases pour ne pas trop prendre sur la largeur de la nef, & pour satisfaire à la largeur des piédroits qui auroient reçu le retour de ces profils.

Les arcades placées entre les pilastres sont d'une belle proportion, & décorées au-dessus des archivoltes, de trophées dans la nef & de Figures dans le chœur, le tout d'une assez belle exécution ; mais nous observerons que cette richesse est trop recherchée pour la simplicité de l'Ordre, & qu'en général il y a trop de sculpture dans cette Eglise, que d'ailleurs elle n'est pas d'un choix assez reservé, & qu'elle tient trop de la décoration de nos bâtimens civils. On doit chercher dans les ornemens des édifices sacrés des formes simples & nobles, des sujets graves, de belles masses & de grandes parties. Le Val-de-Grace est fort orné, peut-être même un peu trop ; mais cette richesse dont les allégories sont relatives au sujet, plaît & invite à la méditation. Tout y est grand, noble, majestueux : ici au contraire les ornemens sont frivoles : nos vestibules, nos sallons, nos escaliers en pierre sont traités de la même maniere, il n'y a de différence que les symboles, encore dans cette Eglise ont-ils besoin d'un examen refléchi pour y être remarqués. Ce sont les symboles qui doivent imposer dans un Temple, les parties de détail ne sont faites que pour les Connoisseurs, & toutes les fois qu'on négligera la majesté dans les masses, n'esperons pas, quelque profusion dont on fasse étalage, qu'une décoration puisse s'attirer le suffrage des personnes sensées. Nous l'avons dit plus d'une fois, les ornemens doivent être employés avec ménagement dans les Temples, il seroit même à souhaiter qu'on rétranchât la plus grande partie des tableaux dont on décore le Sanctuaire & les nefs (*h*) ; l'admiration que causent aux gens de goût ces merveilles de l'Art, nuit souvent à la décence dûe à un lieu Saint. Ces curiosités devroient être placées dans les sacristies de nos Paroisses, dans les cloîtres des Réligieux, &c. & la peinture devroit être réservée pour les voutes des dômes & pour les Autels de nos Chapelles. Nous pensons de même des tombeaux : quelques bien exécutés qu'ils soient, ils devroient être mis dans les charniers de nos Eglises Paroissiales, parce qu'attirant naturellement la curiosité des Amateurs de toutes les Nations, nos Temples qui renferment le plus de ces chef-d'œuvres, sont fréquentés avec quelque sorte d'indécence, & qu'on s'éloigne par une admiration souvent involontaire du respect dû à la demeure du Saint des Saints. D'ailleurs il faut observer que pour mettre dans tout leur jour ces merveilles de l'Art, l'on tombe insensiblement dans le défaut de procurer trop de lumiere à nos Eglises, contre l'usage constant des premiers siecles, où elles étoient pour la plûpart peu éclairées. Trop d'obscurité à la vérité est nuisible, mais trop de lumiere dans un Tem-

---

(*h*) Il est vrai que dans la primitive Eglise les Chrétiens ont fait usage de tableaux dans leurs Temples. *Eusebe* dit qu'on y représentoit par des sujets coloriés l'histoire des Martirs qui reposoient dans chaque Eglise & celles de l'ancien & du nouveau Testament. *Prudence* & *Asterius* confirment ce fait ; mais il faut observer que ces peintures étoient faites pour les ignorans à qui elles tenoient lieu de livres, ainsi que le remarque *Gregoire II.* en écrivant à l'Empereur *Leon*, Auteur des Iconoclastes. *Les hommes & les femmes*, lui dit-il, *tenant entre leurs bras les petits enfans nouveaux baptisés leur montrent du doigt les histoires, ou aux jeunes gens, ou aux Gentils étrangers, ainsi ils les édifient, & élevent leurs esprits & leurs cœurs à Dieu.* Mais aujourd'hui que nous sommes plus instruits, & que l'Art de la Peinture est devenu plus séduisant, il semble qu'on en devroit user avec plus de retenue, les sujets coloriés d'ailleurs faisant presque toûjours un mauvais effet dans des monumens construits tout en pierre, à la place desquels on devroit employer la sculpture. On peut facilement faire la comparaison de l'un à l'autre par les tableaux placés dans les panaches du dôme des Invalides, ou par les bas-reliefs placés dans ceux du dôme du Val-de-Grace. On ne parle point ici de l'abus qu'on a fait de la Peinture, de la menuiserie & de la dorure dans la décoration du Sanctuaire de l'Eglise de S. Jean en Grève & ailleurs.

ple est condamnable. C'est ordinairement la source de la distraction qu'on remarque dans le plus grand nombre. Ce qu'il y a de certain, c'est que ce grand jour nuit au recueillement. Le Val-de-Grace que je ne puis trop citer, paroît éclairé d'une maniere convenable, à l'exemple de la plûpart des Temples d'Italie, tels que S. Pierre de Rome, la Rotonde, S. Jean de Latran, &c. La Sorbonne, à Paris, au contraire est sombre & triste, le dôme des Invalides est trop éclairé, S. Sulpice me paroît tenir un juste milieu, quoique percé d'un même nombre de croisées que l'Eglise dont nous parlons ; mais comme le vaisseau est plus vaste, la lumiere se répandant dans un plus grand espace, rend cet édifice plus conforme à notre idée ; peut-être même seroit-il encore un meilleur effet si la lumiere y étoit moins considérable.

Eglise de S. Roch.

La lettre A indique la coupe du portail & l'aire de la nef, qui est élévée d'environ sept pieds au-dessus du sol de la rue S. Honoré, comme nous l'avons déja remarqué. Cette différence de niveau n'est pas exprimée dans cette Planche à cause du peu de grandeur de l'échelle, mais on l'apperçoit mieux dans la Planche IV qui donne l'élévation du frontispice de cette Eglise.

On voit en B, la décoration de la nef percée d'arcades, à travers desquelles on apperçoit les Chapelles (i) distribuées le long des bas côtés. Ces Chapelles sont un peu petites en général, mais on observera que leurs Autels sont placés avantageusement (k) pour être apperçus de la nef, & que cette situation est plus convenable qu'au bas des vitraux, à cause du peu de hauteur que ces derniers laissent au rétable d'Autel, ce qui gêne considérablement pour la forme de leur composition, & occasionne de petites parties qui ne conviennent jamais dans un grand vaisseau, principalement lorsque ces Chapelles font partie de la décoration générale d'une Eglise Paroissiale, telle que l'Eglise de S. Sulpice, où on les a placées ainsi. Cette situation d'Autels n'est tolérable que dans la Chapelle de Versailles, qui est un lieu bien moins vaste, & dont les desseins d'ailleurs sont d'un goût exquis, en comparaison de la forme triviale de la plûpart des Chapelles de S. Sulpice, dont on ne sçauroit trop blâmer la composition.

La lettre C fait voir la forme d'une des extrêmités de la croisée de l'Eglise, dont la décoration chargée de trop d'ornemens, n'est pas à imiter, ainsi que nous l'avons déja remarqué. On y voit une des portes collatérales qui dégagent à la bute S. Roch, & qui ne servent que dans les jours solemnels, étant trop resserrées par les bâtimens voisins. Au bas de cette porte est un tambour de menuiserie qui tient lieu de porche ; piece qu'il seroit toûjours nécessaire de construire aux principales entrées des Eglises, les Anciens en ayant souvent pratiqué de doubles, l'un extérieur, l'autre intérieur. Cette observation, que nous avons déja faite dans les volumes précédens, nous conduit insensiblement à remarquer, à propos des maisons trop voisines de cette Paroisse, qu'il seroit nécessaire de situer nos Eglises de maniere qu'elles ne fussent pas adossées à des bâtimens particuliers. La premiere dépense à laquelle on devroit songer, seroit non-seulement de dégager les environs des Temples, mais encore d'en défendre l'approche par des murs d'appui, ou par des grilles, ainsi qu'on l'a pratiqué avec beaucoup de raison & de convenance à l'Eglise de S. Paul de Londres, & qu'on se proposer de le faire à Saint Sulpice, rien n'étant plus indécent que d'enclaver le Temple du Seigneur au milieu

(i) Les Chapelles de nos Eglises tirent leur origine des chambres ou cellules qu'on plaçoit autrefois le long des anciennes Eglises, & qui étoient érigées pour la commodité des personnes qui vouloient méditer & prier en particulier. Aussi dans les siecles précédens ces chapelles étoient-elles encore fermées par des murailles ou des grilles très-peu évuidées, & ce n'est gueres que depuis le commencement de celui-ci qu'on a pratiqué de très-grandes ouvertures à ces chapelles, qui pour la plûpart ne ferment plus à présent que par des grilles basses, comme on vient de le faire à l'Eglise de l'Oratoire & ailleurs.

(k) Voyez la Planche Premiere de ce Chapitre.

Eglise de S. Roch. des maisons habitées indistinctement par toutes sortes de personnes. Il seroit aussi à propos d'éloigner les Eglises du passage des voitures & des charois, surtout dans une grande Ville comme Paris, où ils interrompent ordinairement le service divin par le bruit & l'embarras qu'ils occasionnent, & accoûtument le peuple à passer au pied de ces monumens sans aucun respect (*l*). Les précautions nécessaires pour remedier à un pareil abus, occuperoient sans doute beaucoup de terrain ; mais dans une grande Ville il faut des places publiques, des carrefours spacieux, des dégagemens & des percés proportionnés à son opulence. Certainement ce seroit dans ces occasions qu'on les devroit mettre en usage, & préferer à toute autre circonstance l'application de ces espaces, qui en décorant la Capitale, fourniroient au peuple Chrétien un motif d'édification, & satisferoient aux loix de la convenance.

La lettre D donne la décoration du chœur qui est percé de neuf arcades dans son pourtour & fermé de grilles, desorte que le service divin se fait en présence des Fideles, ce qui est contraire à l'ancien usage, le peuple réunissant aujourd'hui sa voix à celle du Clergé. Ce Chœur est séparé de la croisée de l'Eglise par une grille, au bas de laquelle sont posées les stalles qui forment un retour d'equerre de chaque côté au pied des deux premieres arcades. Le coffre d'Autel est placé en E, on en voit ici la coupe (*m*). Il auroit pû être plus élévé, ainsi que nous l'avons déja remarqué. Au dessus de cet Autel à la Romaine, est une arcade qui laisse appercevoir dès l'entrée de l'Eglise les Autels des Chapelles de la Vierge & de la Communion, marquées H, K, & qui par la même raison auroient pû être plus élévées, étant détachées du corps de l'Eglise.

Au-dessus de l'Ordre Dorique qui regne dans tout l'interieur de cette Eglise, se voit la coupe de la voute en plein ceintre, qui est ornée d'arcs doubleaux entre lesquels sont des croisées formant lunette. Ces arcs doubleaux sont enrichis d'ornemens & élévés sur des piédestaux, interrompus dans l'ouverture des vitraux, afin de laisser plus d'espace à ces derniers ; cette interruption à la vérité donne une belle proportion aux croisées, mais elle procure peut-être une lumiere trop considérable à cette Eglise.

Au-dessus & au milieu de la croisée se voit la calotte en cul de four ; les panaches de cette partie supérieure sont ornés de bas-reliefs qui représentent les quatre Evangelistes ; enfin sur toute la longeur de l'Eglise, on voit au-dessus le développement de la charpente du comble pratiqué en croupe dans ses deux extrêmités.

La lettre F indique le retour circulaire des bas côtés qui regnent au pourtour de la nef & du chœur, & qui dans cet endroit communique par une grande ouverture de 28 pieds dans la Chapelle de la Vierge marquée G, laquelle est de forme elliptique, & qui, comme nous l'avons déja dit, fut bâtie en 1709. La décoration de cette Chapelle consiste en deux Ordres de pilastres, l'un Corinthien, l'autre Composite, élévés l'un sur l'autre. Ce dernier, d'une proportion Attique & couronné d'une corni-

(*l*) Voyez ce que M. l'Abbé *Fleury* rapporte à ce sujet dans son livre des mœurs des Chrétiens, pag. 178 : ouvrage excellent, & qu'à bien des égards on ne sçauroit trop lire.

(*m*) Cet Autel est placé ici desorte que le Célébrant & le Peuple sont tournés vers le Nord, contre l'ancien usage, qui est de le placer à l'Orient, ainsi qu'on l'a presque toûjours observé dans nos Eglises Gothiques, telles que S. Paul, S. Gervais, S. Jean en Gréve, S. Eustache, les Carmelites, & S. Sauveur ; considération pour laquelle sans doute on a adossé le chevet de cette derniere Eglise au principal portail de cette Paroisse. Il est vrai que dans plusieurs autres Eglises anciennes & modernes, il semble qu'on ait négligé cette situation ; car l'Autel de l'Eglise de S. Jacques du haut Pas est exposé au couchant, celui des Invalides & des grands Jésuites au midi, les Minimes au Nord, comme l'Eglise dont nous parlons, &c. quoique les rits des Anciens ayent prononcé d'une maniere constante à cet égard. La disposition des rues peut avoir contribué à cette négligence ; mais, ainsi que nous venons de le remarquer, comme il seroit à désirer que nos Eglises fussent environnées de places qui laissassent un libre espace autour d'elles, ce moyen si nécessaire & si utile par les raisons que nous avons rapportées, fourniroit l'occasion de situer convenablement les rétables d'Autel.

che architravée, reçoit une grande voute construite en charpente, recouverte de plâtre, que l'on décore aujourd'hui de peintures (*n*). Le rétable d'Autel de cette Chapelle va être reconstruit à neuf : plusieurs habiles Sculpteurs en ont fait des modeles, & il paroît que l'on va choisir celui qui aura le plus d'analogie avec le sujet que peint M. *Pierre* dans le plafond, & qui représente l'Assomption de la Vierge.

Eglise de S. Roch.

La lettre I fait voir la décoration intérieure de la Chapelle de la Communion qui est d'un plan presque sphérique. On y arrive par les bas côtés circulaires pratiqués autour de la Chapelle de la Vierge & qui ont leur issue par ceux qui regnent autour de la nef & du chœur. (Voyez le Plan, Planche Premiere de ce Chapitre.) Cette Chapelle est décorée de quatre pilastres d'Ordre Composite, entre lesquels sont placés trois vitraux, qui lui procurent un très-grand jour, quoique, relativement à son usage particulier, elle eût dû être moins éclairée. Au-dessus des pilastres regne une corniche Composée & ornée de modillons : au-dessus de cette corniche est un plafond en calotte très-surbaissée. Ce plafond doit être aussi peint, lorsque celui de la Chapelle de la Vierge sera achevé.

Coupe de l'Eglise de Saint Roch, prise dans le plan sur la ligne CD.
Planche III.

Cette coupe est de la même ordonnance que la Planche précédente. Elle offre néanmoins la décoration du rond-point de l'Eglise, où est placé le Maître-Autel, & au-dessus duquel est pratiquée l'arcade ouverte, qui laisse voir le vitrail de la Chapelle de la Communion placée à l'extrêmité de cette Eglise ; c'est pour cette raison que nous avons désiré plus haut qu'on eut élevé pyramidalement non-seulement le coffre d'Autel de cette Chapelle, mais aussi celui de la Chapelle de la Vierge, situé entre le rétable du Maître-Autel & celui du S. Sacrement, afin que dès l'entré du portail, on eut apperçû d'un seul coup d'œil ces trois Autels, ce qui auroit produit un effet bien plus capable d'inspirer de la contemplation aux Fideles, & d'exciter en eux le désir d'aller visiter ces monumens divers, qui, faute d'être apperçus, sont ignorés par la plûpart.

Au-devant des piédroits qui soutiennent les panaches de la voute de la croisée de l'Eglise, & aux deux côtés de la grille qui donne entrée au chœur, sont de petites Chapelles qu'on va ériger à neuf, & pour lesquelles on a déja fait plusieurs modeles qui sont actuellement exposés en place. Au reste, en supposant qu'on fasse choix des meilleurs, il est à craindre, quelque bien qu'on fasse ces Chapelles, qu'elles ne forment de trop petites parties, qu'elles ne nuisent à l'effet total, & qu'elles ne masquent une des parties inférieures de l'Ordre Dorique, appliqué contre les piédroits qui portent le dôme. Bien loin de multiplier ces Chapelles, comme on les a marquées dans le plan, Planche Premiere, il seroit à désirer au contraire qu'on les y supprimât. On doit s'appercevoir de leur peu de succès dans presque toutes nos Eglises de Paris : Notre-Dame, S. Germain l'Auxerrois, S. Eus-

(*n*) Ce grand morceau s'exécute actuellement par M. Pierre, de l'Académie Royale, & premier Peintre de M. le Duc d'Orléans, qui en a déja fait une esquisse en petit & des études de la grandeur de l'éxécution, lesquelles se sont attirées le suffrage des hommes du premier mérite. Néanmoins la modestie de ce célèbre Artiste l'a fait s'opposer à l'envie que nous avions de parler avec éloge, non-seulement de cet ouvrage important, mais encore de ses autres sçavantes productions ; desorte que nous nous trouvons forcés, par égard pour lui, d'attendre à une autre occasion pour nous étendre sur le sujet & sur les beautés de détail des Peintures de cette voute. Nous ne pouvons cependant nous empêcher d'assurer que lorsque ce grand ouvrage sera achevé, à en juger par ce qu'il y en a déja de fait, il ne cédera en rien à ce qui se trouve d'exécuté dans ce genre par nos plus habiles Peintres François.

Tome III.   I i

Eglife de S. Roch. tache, &c. font autant de preuves de ce que j'avance. Il n'y a guéres que S. Sulpice où l'on n'ait pas fuivi ce mauvais exemple : il eft vrai que le Maître-Autel de cette Paroiffe eft à l'entrée du chœur, & qu'il n'auroit pas été convenable de placer de petites Chapelles fi près du principal Autel, mais en général je perfifte à croire que dans quelque occafion que ce puiffe être, il ne faut pas embarraffer l'entrée du Sanctuaire, & que les Chapelles rangées le long des bas côtés d'une Eglife, fuffifent; encore faudroit-il prendre foin de pratiquer des corridors particuliers ou des couloirs, comme on l'a obfervé dans l'Eglife des Prêtres de l'Oratoire, pour le dégagement des Chapelles & la communication des perfonnes à qui elles appartiennent. (Voyez ce que nous avons dit à ce fujet au Chapitre X. de ce Volume, page 55.)

Portail principal de l'Eglife de Saint Roch du côté de la rue Saint Honoré.
Planche IV.

Ce Portail eft élevé de quatorze marches au-deffus du fol de la rue Saint Honoré : ce feroit un avantage confidérable pour ce frontifpice, s'il avoit un point de diftance plus éloigné. Les Connoiffeurs font partagés fur l'ordonnance de fa décoration & fur l'eftime qu'ils en doivent faire. Les uns, à la faveur du mouvement qu'on remarque dans fon plan, le regardent comme un des beaux ouvrages modernes qui foient à Paris dans ce genre. Les autres le rangent au nombre de ces productions qui font trop peu févéres pour le frontifpice d'un édifice facré, & trouvent qu'il eft d'ailleurs chargé d'ornemens affez mal entendus.

Nous allons, rélativement aux obfervations qui accompagnent les monumens dont ce Recueil eft compofé, expofer auffi notre fentiment, fans prétendre cependant, comme nous l'avons dit ailleurs, qu'il faffe loi, & fans aucune intention d'affoiblir la réputation de l'Architecte, n'ayant pour but, dans les obfervations que nous allons faire, que d'infpirer un véritable amour pour les beautés répandues dans ce Portail, & d'avertir en même tems des licences qu'on doit éviter dans la compofition de l'ordonnance d'un pareil édifice.

Il eft certain que l'Ordre Dorique eft employé avec convenance dans ce frontifpice. Sa virilité eft du reffort des édifices facrés, & il eft toujours bon de l'annoncer dans l'ordonnance de la décoration extérieure d'un monument tel que celui dont nous parlons ; car il eft à remarquer qu'il ne fuffit pas de lui donner une folidité réelle, mais il faut encore qu'elle foit vifible & apparente. La forme en plein ceintre de la porte principale au rez-de-chauffée eft auffi préférable aux portes quarrées ou bombées qu'on voit dans la plûpart de nos Eglifes, tant anciennes que modernes. Nous ajoûterons que les pilaftres placés à l'entrée de ce Portail, font imités des anciens Temples, & qu'ils peuvent réuffir dans bien des occafions. Nous nous réfervons cependant de difcuter dans fon lieu, leur application & la maniere de les mettre en œuvre : enfin nous obferverons que le fronton triangulaire de l'extrêmité de ce frontifpice eft placé convenablement, & que, comme nous l'avons remarqué ailleurs, on ne devroit jamais les multiplier dans un même Portail d'Eglife.

Après avoir fait l'éloge de toutes les parties qui conftituent les beautés de ce frontifpice, examinons préfentement quelles font les licences qu'il auroit fallu y éviter. Ce fronton, dont nous venons de louer la fituation, a le défaut d'être ce qu'on appelle à reffaut : il n'y a que le larmier & la cimaife de fes corniches rampantes, qui foient directes, l'entablement horizontal faifant retour fur l'entrecolonnement du milieu, deforte que d'en bas la faillie du fommet de ce fronton paroît énorme, le point de diftance étant très-peu confidérable.

Cette grande faillie ne doit fe hazarder que dans le cas où l'on peut apperce- | Eglife de S. Roch.
voir de fort loin la partie fupérieure d'un frontifpice; encore eft-il contre l'origine des frontons & la févérité des regles de l'Art de découper un couronnement de cette efpece par fon plan, malgré l'exemple de plufieurs anciens édifices & le fentiment de quelques modernes qui les ont imités. (Voyez ce que nous avons dit à propos des frontons dans notre *Introduction*, Tome I. page 104.) D'ailleurs les armes que le timpan de ce fronton renferme, font maffives à l'excès, & fervent à rendre tous les autres ornemens de ce Portail d'une petiteffe extrême, étant en outre mal imaginés, pofliches & fans beauté. Nous avons déja remarqué dans le premier Volume, page 292, qu'il ne faut faire parade qu'avec beaucoup de circonfpection des armoiries dans le frontifpice d'un édifice facré, parce qu'on ne doit allier que le moins qu'il eft poffible les attributs de la vanité humaine avec les fymboles du Chriftianifme. Nous ajoûterons ici que fur les corniches rampantes de ce fronton font placées des figures affifes, qui malgré l'exemple de la plûpart de nos bâtimens François, n'en font pas moins contraires aux régles de la convenance. Ces ftatues devroient être placées debout, ainfi qu'on le remarque dans prefque tous les monumens antiques; d'ailleurs des figures pofées fur des bafes inclinées, produifent toûjours une fituation contraire à la vraifemblance, quoiqu'on les ait fuppofées ici des Anges : fiction qui paroît peu févére & contraire à la majefté qu'on doit obferver dans les parties acceffoires d'un édifice facré.

Ce fronton, ainfi que fon entablement horizontal, eft foutenu par des colonnes Corinthiennes ifolées. Cet Ordre, qui eft ici d'une affez belle exécution, paroît oppofé à la progreffion qu'on doit obferver, lorfqu'on éléve plufieurs Ordres les uns au-deffus des autres; c'eft-à-dire qu'y ayant un Ordre Dorique au-deffous, il auroit fallu mettre un Ordre Ionique à la place du Corinthien, les proportions extrêmes du folide au délicat étant contraires à l'ordonnance de la bonne Architecture & aux loix du bon goût, quoiqu'on en ait ufé ainfi depuis au Portail des Prêtres de l'Oratoire. Quelquefois au lieu de l'Ionique, & pour éviter l'élégance du Corinthien, on employe le Compofite, qui eft ordinairement plus mâle & plus nourri, ainfi qu'on le remarque au Portail des Minimes, au Château de Clagny, &c. D'ailleurs nous obferverons que les axes des colonnes de l'Ordre Corinthien dont nous parlons, portent en retraite fur celles de deffous, principalement celles des extrêmités qui font arriere-corps, deforte que lorfqu'on regarde ce Portail fur fon profil, ce défaut d'à plomb fait un effet défagréable. Il eft moins vicieux à la vérité que fi elles euffent porté à faux, mais c'eft toûjours une licence plus ou moins condamnable en Architecture, que de ne pas conferver une direction intime entre les parties fupérieures & les inférieures.

Le focle qui foutient ces colonnes eft trop peu élévé. Il auroit dû avoir la hauteur d'une baluftrade, non-feulement à caufe que la faillie de la corniche de l'Ordre Dorique eft affez confidérable, mais auffi parce que l'ouverture placée dans l'entre-colonnement Corinthien a la forme d'une porte & non d'une croifée, qui pour cette raifon fembloit exiger un appui évuidé en forme de baluftrade.

Les confoles renverfées qui tiennent lieu d'arcboutans à cette partie fupérieure du Portail font d'un goût mefquin, & s'allient on ne peut pas plus mal avec les piédeftaux des angles qui foûtiennent les deux groupes, repréfentant les quatre Peres de l'Eglife. Ces Groupes, ainfi que les figures du fronton, font fculptés de la main de *Claude Francin*, de l'Académie Royale de Peinture & de Sculpture. D'ailleurs la hauteur de ces piédeftaux fert à anéantir celle du focle qui foutient les colonnes, & forme un mauvais effet dans les retours collateraux de ce frontifpice.

Eglise de
S. Roch.

A l'égard de l'Ordre Dorique, le mouvement du plan que nous avons dit être applaudi par plusieurs, apporte ici une irrégularité dans la distribution des mutules & des métopes, dont la simétrie néanmoins fait un des principaux mérites de l'entablement de cet Ordre. C'est pour cette raison que les Anciens, observateurs scrupuleux des régles de l'Art, n'employoient cet Ordre que dans des plans de forme rectangle, ayant toûjours tâché d'éviter les retours angulaires rentrans, à cause des difficultés presque insurmontables qui empêchent d'ajuster d'une maniere précise les intervalles des cassettes & des mutules, d'où dépend absolument la beauté de l'Ordre Dorique, & sans laquelle, comme nous l'avons remarqué ailleurs, cette ordonnance n'a aucun mérite. En effet les espaces inégaux des intervalles mutulaires ne peuvent donner qu'une fausse idée de la construction, & présentent un désordre directement opposé au mot d'Ordre, qui certainement doit offrir un assemblage régulier de plusieurs parties, lesquelles réunies ensemble soient capables de composer un tout simétrique, noble, majestueux & imposant.

Cet Ordre, dans ce frontispice, présente bien d'autres licences que nous ne pouvons rapporter ici sans quelques figures particulieres; nous n'aurions pas négligé sans doute de les donner dans ce Chapitre, si, comme nous l'avons déja annoncé, nous ne nous étions reservés de traiter à fond des Ordres dans le huitieme Volume de cet Ouvrage, où nous renvoyons. Nous y rappellerons la négligence avec laquelle cet Ordre est exécuté, non-seulement dans ce frontispice, mais dans presque tous nos édifices d'ordonnance Dorique.

La porte en plein ceintre du milieu de ce monument au rez-de-chaussée est trop svelte pour le caractere viril de l'Ordre Dorique qui y regne. Le claveau, au contraire, est trop massif, & l'espace qu'il contient, est mal rempli par les deux petits Génies tenant lieu d'agraffes. Les arcades feintes qui renferment dans une portion elliptique les portes collatérales, & qui sont de la même dimension que celle du milieu, sont tout-à-fait mal imaginées, aussi-bien que la Sculpture placée sur les impostes, qui non-seulement sont composées de trop petites parties pour occuper un aussi grand espace, mais qui sont postiches, mal amenées, & qui ne se sentent point du tout de ce caractere noble qui doit annoncer le frontispice d'un Temple. Les trophées des petits entrecolonemens de l'Ordre supérieur & de l'inférieur sont dans le même cas, aussi-bien que le couronnement de l'arcade Corinthienne, les candelabres, les fleurons, les consoles renversées, &c, tous ces ornemens, quoique d'une assez passable exécution & sculptés par *Louis de Montean*, Sculpteur de l'Académie de Saint Luc, étant placés sans choix sans prudence & sans aucun rapport avec l'Architecture.

Les pilastres Doriques des extrêmités de ce Portail, & qui, comme nous l'avons remarqué, sont placés dans le goût des Anciens, different cependant des exemples qu'ils nous en ont donnés, en ce qu'il n'admettoient ces pilastres qu'aux parties angulaires de la muraille qui fermoit l'intérieur du Temple, qu'ils appelloient *Cella*, & qui pour l'ordinaire étoit entourée de plusieurs colonnes isolées, formant des aîles ou galleries. (Voyez Vitruve & les Temples différens qu'il décrit, page 60, jusqu'à la 72, *seconde Edition*.) D'ailleurs comme ici ce pilastre est extérieur, & qu'il se trouve seul à chaque extrêmité & accouplé d'une colonne, quoique naturellement les pilastres semblent mieux porter l'entablement dans son retour, il convient de mettre toûjours deux pilastres ensemble, ou enfin deux colonnes accouplées, lorsque dans toute une ordonnance on en a fait choix de préférence. En effet les colonnes réussissent mieux que les pilastres, ces derniers composent une Architecture moins avantageuse que les colonnes, à en juger par la façade du Louvre du côté de la riviere, comparée avec le péristile du même bâtiment du côté de S. Germain l'Auxerrois. C'est donc avec justice que plusieurs blâment

l'accouplement

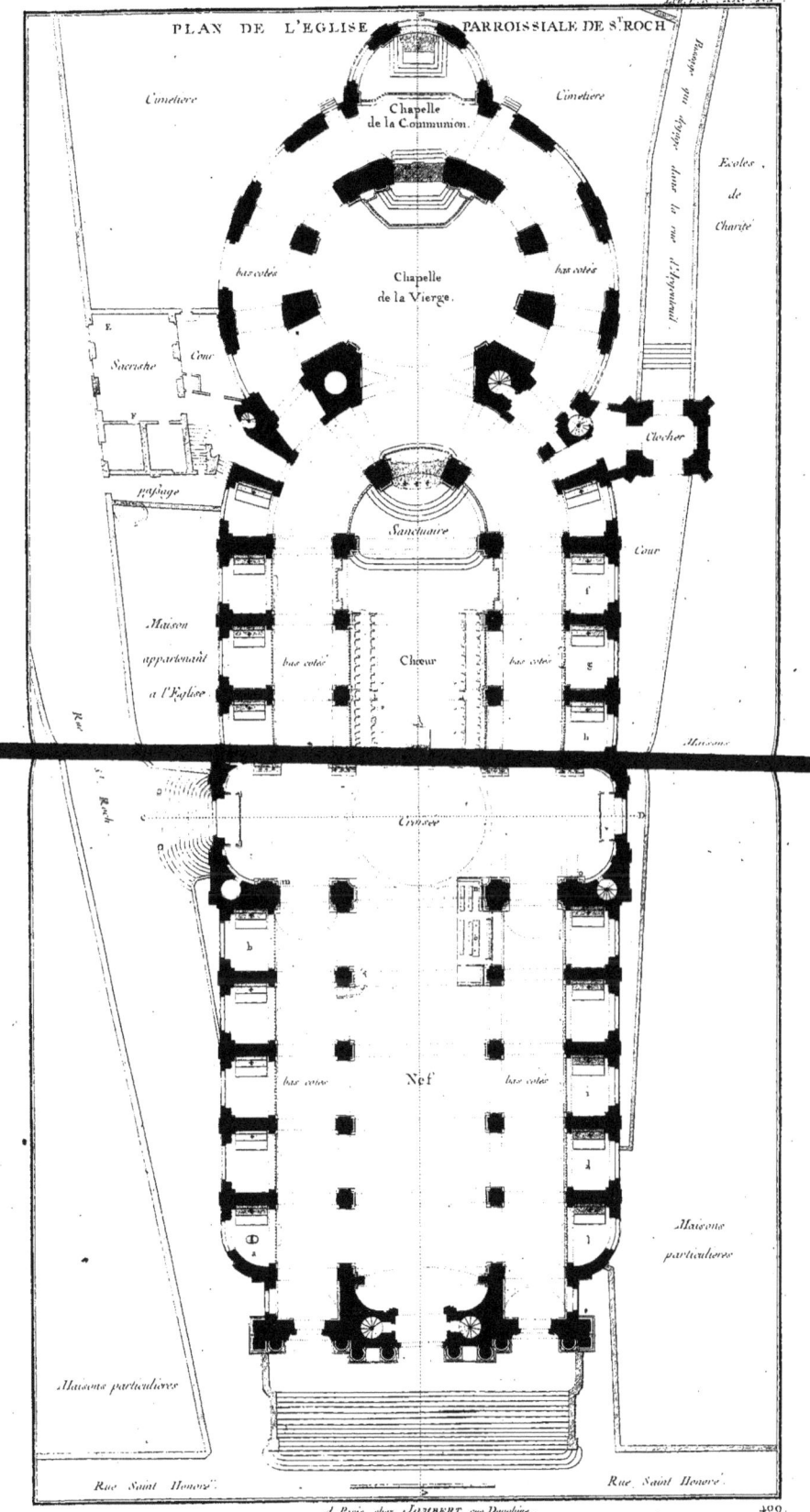

l'accouplement du pilastre avec la colonne qu'on voit ici ; cette derniere étant en- Eglise de gagée, & autorisant par là le retour de l'entablement, qui annonçant un corps séparé, devoit être absolument composé de deux pilastres ou de deux colonnes, mais plutôt de deux pilastres dans ce frontispice, parce que par là on auroit laissé dominer l'avant-corps, & l'on auroit évité le ressaut de l'entablement des extrêmités de ce Portail. Il s'ensuivroit peut-être de cette observation qu'on auroit dû supprimer les colonnes placées à chaque côté de l'avant-corps ; mais comme elles regnent dans toute la hauteur de l'édifice, & qu'elles servent à nourrir cette partie dominante du Portail, qui sans elle seroit devenu trop haut pour sa largeur, il convenoit de les y laisser, mais de soustraire seulement celles des angles, malgré la simétrie qu'elles procurent aux portes collatérales, qui par ce moyen sont accompagnées de chaque côté par une colonne. Cependant comme ces pilastres proposés dans les angles forment, pour ainsi dire, des corps séparés, pour éviter ces retours d'entablement & l'accouplement d'une colonne avec un pilastre, il auroit été préférable qu'ils eussent formé un arriere-corps, qui auroit procuré plus de repos à toute cette ordonnance ; trop de mouvement dans l'Architecture n'étant pas en général du ressort d'un frontispice du genre de celui dont nous parlons.

Nous finirons en observant qu'à propos de ce mouvement, il eut été aussi plus convenable de supprimer le renfoncement du milieu de l'entablement Dorique ; une platebande sans renfoncement eût été plus fiere & plus conforme à la virilité de l'Ordre, & auroit empêché l'étranglement que forment les deux retours de sa corniche. D'ailleurs par ce moyen cet arriere-corps n'auroit pas monté de fond jusqu'au-dessous des cimaises angulaires du fronton, qui par là paroît trop étroit, & qui auroit réussi beaucoup mieux s'il eut seulement pris naissance sur l'entablement Dorique, n'approuvant les ressauts que dans l'entablement Corinthien, parce qu'ils lui appartiennent comme à un Ordre délicat, ou dans un Ordre Composite que nous avons désiré plus haut que l'on substituât au Corinthien.

Nous ne donnons point dans ce Chapitre les élévations des Portails collatéraux de cette Eglise. Il n'y a guéres que celui du côté de la rue neuve S. Roch qui mérite quelque attention, celui du côté du clocher, presque enclavé dans les maisons particulieres qui sont près de cette Eglise, est très-peu de chose, & n'est pas même fini. Un grand soubassement couronné d'un plinthe, forme tout le rez-de-chaussée de ce frontispice. Au-dessus s'éleve un Ordre de pilastres Corinthiens, dont les chapiteaux ne sont pas encore sculptés. Cet Ordre est couronné d'un entablement d'un profil assez médiocre ; au-dessus est un chéneau de plomb, &c.

A l'égard de celui du côté de la rue neuve S. Roch, il est composé de deux Ordres d'Architecture, l'un Dorique, l'autre Ionique. Les chapiteaux de celui-ci sont d'une composition plus singuliere que belle & imitent trop la menuiserie. Au-dessus regne une corniche architravée d'un assez beau profil & couronnée d'un fronton triangulaire ; l'Ordre Dorique est distribué avec beaucoup d'exactitude, aussi a-t'on évité les accouplemens. D'ailleurs sa corniche est sans mutules, ni denticules, & est profilée très-camus. La frise est néanmoins enrichie de triglifes & de métopes bien simétriques. Enfin cet Ordre, quoique peu sévère, n'est pas sans mérite, & nous n'hésiterons pas d'avancer qu'à certains égards, il nous paroît préférable, malgré sa simplicité, à toute la richesse du frontispice principal de cette Eglise.

CHAPITRE XXVI.

Description de l'Hôtel de Noailles, rue S. Honoré.

Hôtel de Noailles.

CET Hôtel fut bâti, sur les desseins de M. *De Lassurance* (a), pour *Henri Pussort*, Conseiller d'Etat, Oncle du célébre M. *Colbert*. A sa mort, en 1697, ce fut *Pierre Vincent Bertin*, Receveur général des parties casuelles, qui l'acheta. Après le decès de ce dernier, arrivé en 1711, ses héritiers le vendirent à *Adrien Maurice, Duc de Noailles*, Maréchal de France, qui l'occupe aujourd'hui, & qui y a fait faire quelques changemens dans les bâtimens, & replanter à neuf le jardin, sur les desseins de M. *Charpentier*, Architecte (b).

Plan du rez-de-chaussée. Planche Premiere.

Cet Hôtel est peut-être un des plus grands bâtimens que nous ayons à Paris dans ce genre, sans excepter l'Hôtel de Toulouse, celui de Soubise, & même celui de Louvois, dont nous avons parlé précédemment. De grandes pieces magnifiquement décorées, ornées de tableaux & richement meublées, composent les principaux appartemens du rez-de-chaussée, distribués dans un corps-de-logis semi-double entre cour & jardin. Du côté de la rue sont disposées les dépendances de ce vaste Hôtel, aussi-bien qu'aux deux côtés de la grande cour. Sur la droite est un bâtiment particulier, nommé le petit Hôtel de Noailles, dans lequel, au rez-de-chaussée, se trouve un appartement privé qui communique au grand Hôtel. Quelques observations que nous allons faire, donneront à connoître les parties qui peuvent être admises dans la distribution en général, & celles qu'il faut éviter dans la disposition du plan d'un Hôtel de l'importance de celui dont nous parlons.

La cour principale, de dix toises & demi sur douze toises cinq pieds, paroît trop petite pour une aussi grande maison. Cet espace, qui dans toute autre occasion seroit suffisant, ne l'est pas ici, non-seulement à cause de la trop grande élévation du bâtiment, mais à cause de la forme variée de son plan qui ne doit jamais être imitée, un grand bâtiment devant s'annoncer par des dehors réguliers, vastes, aërés & d'une heureuse disposition. Il étoit aisé cependant d'éviter ce défaut, ou en donnant moins de profondeur au porche A, ou en avançant le principal corps-de-logis de quelques toises sur le jardin qui est assez spacieux; il est d'ailleurs distribué ingénieusement, & orné de bosquets, bassins, treillages, parterres ainsi que de quelques belles statues de M. *Falconnet*, un des habiles Sculpteurs modernes de l'Académie Royale.

A l'égard de la forme variée de la cour, nous observerons que les tours ron-

---

(a) Voyez ce que nous avons dit de cet Architecte, T. I. pag. 232. Not. a.

(b) *Jean Charpentier* naquit en Brie, en 17..... Indépendamment de l'Hôtel de Noailles dont nous parlons, & où il a fait, depuis 1740, des augmentations assez considérables, telles que les jardins qui ont été plantés à neuf, la Chapelle au rez-de-chaussée, le cabinet qui la précéde, &c, cet Architecte a fait élever, en 1750, un bâtiment, rue neuve S. Roch, dont la premiere pierre fut posée le 19 Octobre de la même année, & qui fut entierement fini en 1752; sans compter plusieurs excellens projets pour cette Paroisse, qui s'exécuteront dans la suite; une autre maison particuliere dans la rue S. Honoré, vis-à-vis l'Oratoire, &c. Cet Architecte a prouvé aussi son expérience & sa capacité dans les mécaniques par un moulin à bled d'une construction singuliere, qu'il a fait exécuter pour M. le Maréchal de Noailles, à sa terre de *Maintenon*, avec tout le succès imaginable. Il a de même donné des preuves de son bon goût pour la décoration intérieure dans les revêtissemens de seize appartemens de Maître, qu'il a fait construire à neuf pour M. le *Duc de La Valliere*, dans son Château de Champ, dont nous parlerons dans le sixieme Volume de ce Recueil.

des & la tour creuſe qui s'y remarquent, & que quelques Architectes regardent comme une marque de génie, ne doivent néanmoins jamais être préferées aux formes totalement quadrangulaires ou rectangles. Le Château de Vincennes, le Luxembourg, à Paris, les Invalides, l'Hôtel de Carnavalet, &c. ſont des autorités louables, la ſimplicité dans les formes & la proportion en général ayant ſeules droit de plaire en Architecture ; & ſi quelquefois on ſe permet des formes circulaires dans les cours, ce ne doit être que dans les côtés oppoſés au principal corps-de-logis, ainſi qu'on l'a pratiqué par une ſorte de néceſſité aux Hôtels de Soubiſe, de Rohan, de Matignon, de Noirmontier, de Roquelaure, ou par d'autres conſidérations particulieres, comme aux Hôtels de Lambert, de Beauvais, de Biſeuil, &c. (Voyez ces bâtimens dans les Volumes précédens.)

Hôtel de Noailles.

Au fond de cette cour eſt un périſtile ouvert par cinq entre-colonnemens. Ce périſtile donne entrée à droite à un grand eſcalier, à gauche dans une antichambre, & par le milieu dans une ſalle des gardes, ſervant, à proprement parler, de premiere antichambre : défaut que produiſent ordinairement les bâtimens ſimples, ainſi que ceux qui ne ſont que ſemi-doubles. Je dis défaut, car il eſt certain, comme nous l'avons remarqué ailleurs, que les antichambres, les ſalles des gardes, les ſalles à manger & les autres pieces de cette eſpece ne doivent jamais faire partie des enfilades principales d'un bâtiment, parce que celles des maîtres ſe trouvent alors interrompues dans leur alignement. Cet inconvenient peut ſe remarquer ici dans l'enfilade BC, qui eſt indiſtinctement traverſée par une chambre à coucher, des antichambres, des cabinets & une Bibliotheque. A propos de cette derniere, nous remarquerons qu'il auroit été à déſirer que cette enfilade eut paſſé par le milieu de la Bibliotheque, ce qui étoit poſſible en donnant à cette piece (qui n'a qu'un étage & qui a été bâtie après coup) moins de ſaillie ſur le jardin, & faiſant la petite gallerie, placée derriere, moins profonde. En effet, il n'y a point de doute que lorſqu'il s'agit de la diſpoſition des pieces d'un appartement, la premiere attention d'un Architecte, ſoit qu'il le compoſe à neuf, ſoit qu'il y faſſe ſeulement des additions, doit être d'obſerver les loix générales de la diſtribution. Or certainement la premiere loi de la diſtribution conſiſte non-ſeulement dans les enfilades principales, mais auſſi dans la direction réguliere de ces mêmes enfilades ; donc il auroit été eſſentiel que la ligne BC eut paſſé par le milieu de la bibliotheque, & que la cheminée, au lieu d'être en face des croiſées, fût à l'extrêmité de l'enfilade. Il eſt vrai que ces ſortes de pieces ne doivent pas eſſentiellement faire partie de l'enfilade d'un appartement ; mais comme il ſe pourroit, ainſi qu'on l'a obſervé ici, quoiqu'aſſez imparfaitement, que cette bibliotheque dans une autre occaſion ſervît de gallerie de tableaux, &c. il étoit alors important de la diſpoſer de maniere que dans tous les cas ſon axe répondît à l'enfilade générale.

Toutes les pieces du côté du jardin, ainſi que nous l'avons déja remarqué, ſont grandes, ſpacieuſes, décorées avec magnificence, & contiennent des tableaux des plus excellens maîtres ; mais comme ce corps-de-logis eſt ſemi-double, & que la dignité du Propriétaire exige une ſuite d'appartemens conſidérable, on n'a placé aucune chambre à coucher de ce côté, on en a pratiqué ſeulement de privées, l'une du côté du petit jardin, marquée D, l'autre dans le petit Hôtel donnant ſur le jardin E. Cette derniere eſt accompagnée de pieces de commodités, & dégage dans le grand appartement par la petite gallerie dans l'enfilade de laquelle, vers F, on a pratiqué une nouvelle Chapelle dans une partie de la petite cour ; deſorte qu'à la place de la croiſée G, on a ouvert une porte qui fait voir l'Autel dans toute la profondeur de cet appartement. Cette

Chapelle & le cabinet sont éclairés par des jours de coûtume sur le mur mitoyen. Le tableau de dessus l'Autel est de *Champagne*, le plafond est peint par *Brunetti*, & les figures en grisaille sont de *Parocel*, le Neveu, le tout sous la conduite de M. *Charpentier*, Architecte. Derriere ce petit appartement est placé un escalier, où l'on entre par la cour du petit Hôtel de Noailles, qui contient au premier étage le logement de M. *Le Maître*, Tresorier des fortifications, & au rez-de-chaussée du côté de la rue, une écurie, des remises, une cuisine, &c.

Du côté du petit jardin D, & en face de la chambre en niche, est pratiquée une salle des bains, que l'on a augmentée d'une garderobe aux dépens de la petite cour H: Cette piece communique à la chambre en niche, ou à découvert par le petit jardin, ou à couvert par la salle à manger des Officiers, servant d'antichambre. On n'a point exprimé ici cette nouvelle garderobe, ni les cloisons de la chambre en niche, ces additions étant peu importantes, & le plan que nous donnons étant fort anciennement gravé.

Nous avons trouvé dans ce plan la cour principale trop petite; les basse-cours sont dans le même cas. Il en résulte un défaut de salubrité dans tout cet Hôtel, principalement dans les logemens des Officiers de cette Maison. Sans doute que par là on a mis à profit plus de terrain, mais cette considération n'est pas suffisante, un grand Hôtel devant supposer un grand emplacement, sans quoi l'on s'écarte des loix de la bienséance, les dépendances d'un grand édifice devant annoncer l'importance du Propriétaire.

Nous n'entrerons point ici dans le détail des distributions des bâtimens des cuisines, ni des écuries: les noms écrits dans ce plan les indiquent assez. Nous rappellerons seulement ce que nous avons dit plus d'une fois, touchant la nécessité de pratiquer des basse-cours particulieres pour les différens départemens d'une maison considérable, en faisant ensorte qu'elles ayent des sorties dans les dehors. On n'a point observé cette régle dans la distribution de cet Hôtel à l'égard des cuisines & offices, ce qui nuit considérablement à la propreté de la grande cour & au coup d'œil des Maîtres, à cause du passage continuel des gens subalternes qui vont & viennent de la cour principale dans les cuisines.

Plan du premier étage. Planche II.

Le principal corps-de-logis au rez-de-chaussée étant composé, pour la plus grande partie, d'appartemens destinés aux audiences publiques & à la société, on en a pratiqué dans celui-ci de propres à l'habitation, & d'autres de parade. On y arrive par un assez bel escalier, quant à la décoration, car nous ne pouvons nous dispenser d'observer qu'il est un peu roide, les marches ayant peu de giron & trop de hauteur. D'ailleurs sa cage est petite, & ses quartiers tournans produisent des collets qu'il faut sçavoir éviter dans un escalier principal. A l'égard de sa décoration, un Ordre de pilastres Corinthiens, disposé simétriquement, fait son principal ornement. Cet Ordre est couronné d'un entablement régulier, dont les moulures sont ornées de Sculpture d'un travail d'assez bon goût, aussi-bien que les trophées & les agrafes qui sont distribués au premier étage dans le pourtour de sa cage. Cependant comme cet escalier en général est peu éclairé, la beauté de son exécution ne laisse pas que d'y perdre beaucoup; de sorte qu'à l'exception de sa situation avantageuse, étant placé à droite, & de sa décoration dont la richesse est analogue à l'importance du bâtiment, on ne peut applaudir à son peu d'espace, ni à sa forme, qui auroit été mieux rectangle. Cette figure plus réguliere auroit aussi produit plus de grandeur & plus de dégagement à l'escalier, & procuré à la cour une décoration extérieure beaucoup plus grave, en

évitant

évitant les tours rondes, que nous avons déja remarqué apporter dans ce plan un contraste qui n'est jamais tolérable dans un grand édifice, où les corps rectilignes doivent être absolument préferés.

Hôtel de Noailles.

Cet escalier, par un grand palier, communique d'un côté à une terrasse pratiquée sur le péristile du rez-de-chaussée, & de l'autre dans une grande antichambre qui conduit à une salle du dais, de là dans une chambre de parade, succedée d'un grand cabinet, nommé cabinet des glaces, cette piece étant ornée avec une grande magnificence, aussi-bien que celles de tout cet étage. Nous observerons cependant que la plûpart pêchent contre la proportion qui leur convient. 1°. La grande antichambre est trop spacieuse pour la grandeur de l'escalier & pour celle de la salle du dais : on auroit pû la partager en deux, & l'appartement de parade en auroit paru plus vaste. 2°. La forme oblongue de la salle du dais, a obligé de poser le dais au-dessus de la cheminée sur un des murs de refend, ce qui paroît contraire à la bienséance, malgré l'exemple de l'Hôtel de Soubise, où l'on remarque la même inadvertance. 3°. La chambre de parade, nommée ainsi parce que le lit est enfermé dans une balustrade, est d'une forme contraire à la proportion de ces sortes de pieces, qui doivent toûjours être plus profondes que larges & jamais quarrées. (Voyez ce que nous avons dit dans l'*Introduction*, Tome I. concernant la dimension des différentes pieces d'un appartement.) A l'égard du grand cabinet, sa forme est plus indifférente, mais nous remarquerons que faute d'avoir une antichambre qui donne entrée d'une maniere convenable à la chambre à coucher placée dans l'angle de ce bâtiment, on est obligé de passer par cette belle piece pour y arriver; défaut qu'on ne peut éviter que dans les bâtimens doubles, triples, &c.

Derriere la chambre à coucher dont nous parlons, est une chambre en niche semblable à celle du rez-de-chaussée. Ces pieces sont d'autant plus nécessaires à menager proche un appartement décoré avec quelque magnificence, que ce double appartement sert de retraite, & est souvent habité de préférence, parce qu'il est plus chaud en hyver, & qu'il conserve le grand appartement dans un état de propreté. On arrive à cet appartement double par un escalier particulier qui monte de fond en comble & qui communique au grand escalier de l'antichambre A, par la terrasse du côté de la cour. Près de la grande antichambre dont nous avons parlé, est pratiquée une Chapelle, & sur les bâtimens des basse-cours sont distribués des logemens pour les Officiers & pour les Domestiques, aussi-bien que dans les entresols, mais dont la plûpart sont assez sombres, ayant déja remarqué que les basse-cours sont trop petites pour procurer un air salubre à tous ces différens logemens. Pour éviter un défaut aussi essentiel dans une grande maison, il auroit fallu supprimer ici le petit Hôtel, qui compose un petit bâtiment particulier, & dont le terrain auroit été mieux employé dans une toute autre distribution.

Elévation du côté de la rue. Planche III.

Nous ne remarquerons dans cette élévation que la porte principale qui donne entrée au grand Hôtel, le reste de cette façade étant d'une Architecture assez médiocre, ce qui arrive ordinairement dans nos plus belles maisons à Paris, depuis qu'on a pris le parti d'élever les principaux corps-de-logis entre cour & jardin, afin d'éloigner le Propriétaire du bruit tumultueux que produisent ordinairement les grandes Villes. Cette considération, en faisant le bien des Particuliers, nuit essentiellement à la décoration extérieure, & produit un effet contraire à une sorte de simétrie qu'il seroit bon d'observer au moins dans les rues principales & dans les quartiers les plus fréquentés d'une Capitale.

Tome III.

Hôtel de Noailles.

L'ordonnance de cette porte, qu'on dit être du dessein de *Jean Richer* (c), est composée d'un Ordre Ionique, surmonté d'un Attique & couronné d'un fronton. Cette porte, dont le sommet est bombé, est accompagnée de chaque côté d'une colonne formant avant-corps, avec un pilastre qui lui sert d'accouplement. L'architrave de dessus est continuée d'une colonne à l'autre, ce qui donne à cette ordonnance un caractere de fermeté que *Jean Richer* a observé dans quelques-unes de ses productions, ainsi qu'on peut le remarquer dans deux maisons décrites dans les Chapitres I & V de ce Volume. La frise dans l'éxécution est droite & non bombée comme elle se voit ici, & contient l'inscription suivante :

HOTEL DE NOAILLES.

La corniche a des modillons, & est profilée très-correctement ; on remarque rarement cette correction dans les autres façades de cet Hôtel, ce qui nous persuade en quelque sorte que cette porte est d'un autre Architecte que le reste du bâtiment. L'Attique de dessus paroît un peu élevé : sans doute ce qui a déterminé à cette hauteur, est le grand intervalle des pilastres Ioniques de dessous ; d'ailleurs le fronton sans cette élévation auroit paru trop écrasé, de maniere que ce qui dans toute autre occasion auroit été une licence condamnable, est devenu ici une nécessité presqu'absolue. On doit concluure de là, que lorsqu'on examine un bâtiment, il est bon de l'envisager sous différens points de vûe, & de penser en même tems, qu'un Architecte est souvent forcé de se prêter aux différentes circonstances qu'exige son ordonnance en général, principalement lorsqu'il lui en revient un bien réel pour la dimension des masses de son édifice, & qu'aucune des parties n'en paroît altérée sensiblement. Nous observerons même que cet Attique ainsi élevé, autorise en quelque sorte le fronton qui le couronne ; autrement ce genre d'amortissement ne peut aller avec un Attique, que nous avons reconnu dans notre *Introduction* être un Ordre fort irrégulier.

Les croisées du rez-de-chaussée, à côté de cette porte, sont d'une bonne proportion & d'une assez belle ordonnance. Il étoit seulement plus convenable que leurs sommiers fussent de niveau à celui de la porte principale ; cette inégalité de hauteur étant toûjours un vice plus ou moins condamnable dans une Architecture réguliere. Cette licence ne se rencontre ici sans doute que parce que l'appui de ces croisées, qui éclairent des pieces subalternes, devoit être élevé un peu au-dessus du sol de la rue, afin que la vûe des dedans fût défendue aux dehors ; mais cette considération n'est que particuliere, & une raison de cette espece ne doit jamais contribuer en rien au désordre des façades. En pareil cas il vaut mieux se déterminer à changer toute son ordonnance, le grand art dans l'Architecture consistant à arranger d'une maniere convenable la nécessité intérieure avec la décoration extérieure, sans oublier les loix de la solidité, soit réelle, soit apparente. Nous finirons en remarquant que ce que nous trouvons de moins tolérable dans cette élévation, c'est la maigreur des corps de refends, l'excessive hauteur de la balustrade qui couronne l'Attique, & au contraire le trop peu d'élévation du socle ou retraite qui le soûtient.

(c) Voyez ce que nous avons dit de cet Architecte au commencement de ce Volume, pages 3 & 17. Quelques-uns prétendent que cette porte est du dessein de *Jean Marot*, Architecte, qui avoit, dit-on, donné originairement les desseins de tout cet Hôtel. Ce qui est de certain, c'est qu'on trouve dans *Les Delices de Paris*, Planche 122, une élévation de l'Hôtel de Pussort, portant le nom de *Jean Marot* ; mais il se pourroit bien que ce fut un projet qui n'a jamais été exécuté, ainsi qu'une infinité d'autres bâtimens qui composent ses œuvres, & qui sont seulement de son invention, sans avoir jamais été érigés.

Elévation du côté de la cour, oppofée au principal corps-de-logis.
Planche IV.

Sans avoir égard aux façades des baſſe-cours qui ſe remarquent ſur cette Planche, ni à celles du petit Hôtel, nous ne parlerons que de l'élévation qui fait face au principal corps-de-logis, & qui a la même ordonnance que les aîles du bâtiment, ſituées aux deux côtés de la grande cour, celle des baſſe-cours étant d'une Architecture trop indifférente & même d'une décoration trop négligée pour en faire mention ici. Il eſt vrai que ces baſſe-cours n'étant pas vûes de la principale entrée, il étoit peu important d'affecter de l'uniformité dans leurs façades, cependant cette raiſon ne devroit jamais faire qu'un Architecte ſe negligé dans ſes compoſitions : tout ce qu'il produit devant ſe reſſentir des régles du bon goût, même dans les parties les moins apperçûes en apparence de ſon bâtiment ; mais revenons à la partie qui nous intéreſſe. Nous ne pouvons nous diſpenſer de remarquer que rélativement au peu d'eſpace de la cour, cette façade eſt trop élévée. Il eſt important de ne jamais faire les murs ou les bâtimens en face des principaux corps-de-logis d'une certaine hauteur, autrement les appartémens ſont triſtes, lorſqu'on y eſt totalement privé de la vûe des dehors ; en un mot il faut qu'une maiſon, deſtinée à la réſidence d'un grand Seigneur, ait des cours ſpacieuſes ou des bâtimens peu élévés, pour que l'air que l'on y reſpire ſoit pur ; d'ailleurs cette grandeur que nous deſirons, annonce d'une maniere plus poſitive la magnificence d'un Proprietaire. Ce qui contribue ici à rendre encore cette cour fort reſſerrée, c'eſt la néceſſité dans laquelle on s'eſt ſans doute trouvé d'élever le mur A de toute la hauteur du bâtiment, à cauſe de ſa ſimétrie avec l'aîle B : circonſtance aſſez embarraſſante, & qui a dû coûter beaucoup, mais qui étoit indiſpenſable, vû la diſpoſition totale du bâtiment.

A l'égard de l'ordonnance de cette élévation, elle n'eſt pas ſans beauté, étant profilée d'une aſſez grande maniere, mais en général, on peut remarquer que l'avant-corps C & les pavillons D, D ſont d'une proportion trop ſvelte, pendant au contraire que celles des arcades du rez-de-chauſſée ſont trop maſſives. Nous obſerverons auſſi que les piédroits de ces arcades ſont ornés de refends, genre de décoration qui ne va point avec l'impoſte qui les couronne, ni avec les archivoltes qui retournent horiſontalement ſur ces derniers, & dont les intervalles ornés de tables rentrantes, forment un contraſte qui ne peut être admis dans la bonne Architecture. Cependant il faut convenir qu'il regne un aſſez beau ſimple dans toute cette façade & un certain caractere viril, dont on jugera beaucoup mieux dans la Planche ſixieme, parce qu'étant de même ordonnance & vûe de face, il ſera plus aiſé d'en comparer les rapports généraux & la ſubdiviſion des parties.

Elévation du principal corps-de-logis du côté de la cour.
Planche V.

Nous avons déja blâmé la trop grande hauteur des bâtimens précédens, eu égard à la grandeur de la cour. Celle de cette façade eſt cependant encore plus conſidérable, ayant non-ſeulement un étage Attique de plus, mais un comble d'une élévation outrée, de ſorte que ce dernier paroît anéantir par ſa capacité toute l'Architecture de deſſous, qui d'ailleurs ſe trouvant compoſée de beaucoup de petites parties, ne ſemble avoir aucun rapport avec les maſſes de cet édifice.

Hôtel de Noailles.

Hôtel de Noailles.

Ce n'eſt pas qu'on ne puiſſe remarquer quelques beautés de détail dans cette façade, mais comme le premier plaiſir que doit faire un bâtiment conſiſte dans l'enſemble général & dans le rapport du tout aux parties & des parties au tout, il eſt certain que c'eſt manquer eſſentiellement aux principes de l'art, que de négliger dans un édifice cette analogie intime dans la ſimilitude des membres d'Architecture qui le compoſent, & qui ſeule a droit de former cet uniſſon, cet accord & cette harmonie, qu'un Architecte habile doit ſçavoir raſſembler dans toutes ſes productions.

A propos de quelques beautés de détail, nous obſerverons que l'Ordre Dorique qu'on voit ici eſt exécuté avec aſſez de pureté, & que ſon entablement compoſé eſt ingenieux & d'un aſſez bon profil, mais les colonnes qui le ſoûtiennent, ſont d'un trop petit diametre pour la hauteur du bâtiment; on en peut dire autant de l'Ionique, de l'Attique, &c. D'ailleurs les colonnes Doriques qui forment le périſtile (eſpece d'ordonnance qui réuſſit toûjours bien) ſe trouvant enclavées entre deux corps d'Architecture d'un genre abſolument different, ne peuvent plaire à l'examen : de maniere qu'on peut dire en général, que malgré le ſuccès des colonnades, il faut ſçavoir quelquefois ſe priver de cette décoration, lorſque le reſte de l'édifice, par économie ou autrement, ne peut répondre à cette ordonnance.

L'Ordre Ionique, comme nous venons de le remarquer, eſt non-ſeulement trop petit, mais la terraſſe qui eſt au-devant maſque la plus grande partie de ſa hauteur, ce qui le fait paroître égal à l'Attique de deſſus, & compoſe une décoration irreguliere qui bien loin d'annoncer une Architecture noble & majeſtueuſe, telle que doit l'être celle des façades d'un grand Hôtel, n'eſt pas même tolérable dans les façades d'une maiſon particuliere. L'entablement de cet Ordre eſt modillonaire, mais il eſt profilé d'un goût meſquin & camus. Enfin l'ordonnance de cette élévation a quelque choſe de ſec qui ne prévient pas, & qui, joint à ſa hauteur prodigieuſe, détourne le ſpectateur de l'idée qu'il devroit ſe former de l'importance de ce bâtiment.

Les pavillons A, B, qui flanquent cette façade, ſont d'une décoration trop étrangere à ſon ordonnance. Leurs amortiſſemens C, C, ſont mal diſpoſés & chétifs. Ils n'annoncent point l'étude, rien n'indique ici l'étendue de l'imagination de l'Architecte. Il falloit des croiſées, on a percé les murs de face; des corniches, on a fait des profils. La diſpoſition du plan a déterminé les formes extérieures, on s'y eſt aſſujetti, ſans prévoir ce qui en réſulteroit : cela arrive tous les jours. Je n'ai pû faire autrement, dit-on; le Propriétaire, les dedans m'ont gêné : enfin quelques conſidérations particulieres ſervent d'autorité. On s'excuſe, on donne des raiſons, le bâtiment s'éléve, & ce n'eſt que lorſqu'il eſt entierement fini qu'on s'apperçoit, parce que tout le monde le publie, qu'il n'eſt bâti ni ſuivant les régles de la convenance, ni ſuivant les principes du goût.

Cette digreſſion ſans doute ne fait pas l'éloge de nos bâtimens François, mais il eſt cependant certain qu'elle convient à beaucoup de ces derniers, principalement au bâtiment dont nous parlons, qui exigeoit que l'Architecture fut réguliere, refléchie, & que l'Architecte y fit de ſon côté ce qu'il devoit, pour répondre par ſa capacité à la confiance du Seigneur qui le mettoit en œuvre.

Nous ne parlerons point des bâtimens qui accompagnent cette principale façade, ils ſont d'une Architecture trop négligée, &, comme nous l'avons remarqué plus haut, n'étant point apperçus de la grande cour, ils ſont en général aſſez indifferens.

Coupe

ARCHITECTURE FRANÇOISE, Liv. V.

Coupe sur la longueur du bâtiment. Planche VI.

Cette Planche nous donne à connoître le développement extérieur d'un des côtés de la grande cour, l'intérieur du corps-de-logis sur la rue, & celui du côté du jardin. Nous obferverons, à l'égard des dehors, que les différens corps d'Architecture qui compofent le pourtour de cette cour, exigeoient, à caufe de fon peu d'étendue, beaucoup plus d'uniformité dans leur décoration, au lieu qu'ici l'aîle A, le pavillon B & l'avant-corps C forment autant de morceaux d'Architecture variée, faite pour aller d'autant moins enfemble que plus la cour eft petite, moins il falloit s'écarter d'une forte de fimétrie. On a pris foin, à la vérité, d'annoncer ces différentes parties par des corps plus ou moins élevés, qui, en quelque forte, donnent un air pyramidal à l'édifice ; mais comme il n'y a pas une diftance fuffifante dans la cour pour remarquer ce genre de beautés, ce qui feroit un mérite effentiel dans toute autre circonftance, ne fert ici qu'à apporter de la confufion dans l'efprit du Spectateur ; tant il eft vrai que ce qui réuffit bien dans une occafion, fait un effet contraire dans toute autre : raifon pour laquelle il faut qu'un Architecte foit muni d'une expérience confommée pour appliquer les regles de fon Art, felon la diverfité des bâtimens qui font confiés à fes talens.

Hôtel de Noailles.

Nous ne rappellerons point ici la forme des arcades de l'aîle A, nous en avons parlé, page 135. Nous ne dirons rien non plus de la décoration intérieure des appartemens de ce grand Hôtel, les compartimens des lambris n'étant point exprimés dans cette Planche, mais l'on fe fouviendra qu'en décrivant les plans du rez-de-chauffée & du premier étage, nous avons annoncé qu'ils étoient d'une très-grande magnificence, ornés de fculpture, de tableaux, de glaces, de bronzes, de meubles de prix, &c.

Façade du côté du jardin. Planche VII.

La proportion des Ordres de cette façade eft la même que celle de la Planche cinquieme, d'où il eft aifé de conclure qu'ils paroiffent encore plus chétifs que du côté de la cour, le jardin étant beaucoup plus vafte & plus aëré, de forte que cette partie effentielle de l'Architecture ne fe manifefte en rien ici. C'eft pour cette raifon que nous avons plus d'une fois recommandé la fuppreffion des colonnes & des pilaftres dans un édifice de moienne grandeur, ne produifant pour la plûpart que de petites parties, & qui par cette confidération ne devroient être employés raifonnablement que dans les maifons Royales, les monumens facrés, les édifices publics, &c.

Nous remarquerons auffi que la largeur de l'avant-corps eft de beaucoup trop confidérable pour les arriere-corps, qu'il auroit été mieux de fe contenter feulement de celui qui foûtient le fronton. Par-là on auroit donné plus d'étendue aux derniers & le comble feroit devenu moins large & moins élevé. On auroit pû auffi fupprimer les manfardes, genre d'ordonnance peu convenable à la décoration de l'efpece du bâtiment dont nous parlons, malgré l'ufage qu'on en vient de faire au Palais Royal (ainfi que nous l'avons remarqué dans ce Volume, page 46.) Par ces différentes fuppreffions, les Ordres dont il eft queftion auroient paru moins petits, la grandeur réelle des parties fe jugeant ordinairement par la comparaifon de celle des maffes, quoiqu'en général, comme nous venons de le remarquer, ce foit un abus plus ou moins condamnable que de faire ufage des Ordres dans un bâtiment de peu d'étendue, principalement lorfqu'on ne les rend pas

Tome III.   M m

138　ARCHITECTURE FRANÇOISE, Liv. V.

Hôtel de Noailles. continus dans toute fa longueur, quelque raifon qu'on prétende avoir d'ailleurs de vouloir marquer l'avant-corps par quelque richeffe particuliere.

Nous ne pouvons regarder d'un meilleur œil la forme des portes du rez-de-chauffée de l'avant-corps, qui auroient dû être en plein cintre & difpofées dans de plus grands entre-colonnemens. D'ailleurs ces portes font trop fveltes pour l'Ordre Dorique, & n'ont aucune analogie avec la proportion des arcades du rez-de-chauffée des arrieres-corps, qui n'étant que feintes, auroient dû être de même forme & de même grandeur que celle du milieu. Il est encore aifé de remarquer le défaut d'analogie qu'ont enfemble les croifées & les portes de cette façades, lefquelles étant toutes diffemblables, forment un contrafte nuifible à l'unité de ce bâtiment.

Les profils de cette élévation font beaucoup plus négligés que dans toutes les autres parties du bâtiment; les ornemens y font d'ailleurs pofticches, placés fans choix, & bien loin enfin de pouvoir être propofés comme une autorité, ils doivent au contraire être cités comme autant d'exemples à éviter.

La façade de la Bibliotheque marquée A, quoique moins effentielle (étant entiérement féparée de celle dont nous venons de parler par une charmille de douze à quatorze pieds de hauteur,) n'eft pas non plus à imiter. Des croifées courtes, des tables chantournées, des buftes, &c. forment en général une ordonnance qui n'eft pas recevable, & qui annonce, à plus d'un titre, le défaut de jugement, de principes & de goût de l'Architecte qui l'a fait élever.

Plan au Rez de chaussée de l'Hostel de Noailles seize rue S.t Honoré à Paris
du dessein de Monsieur Lassurance

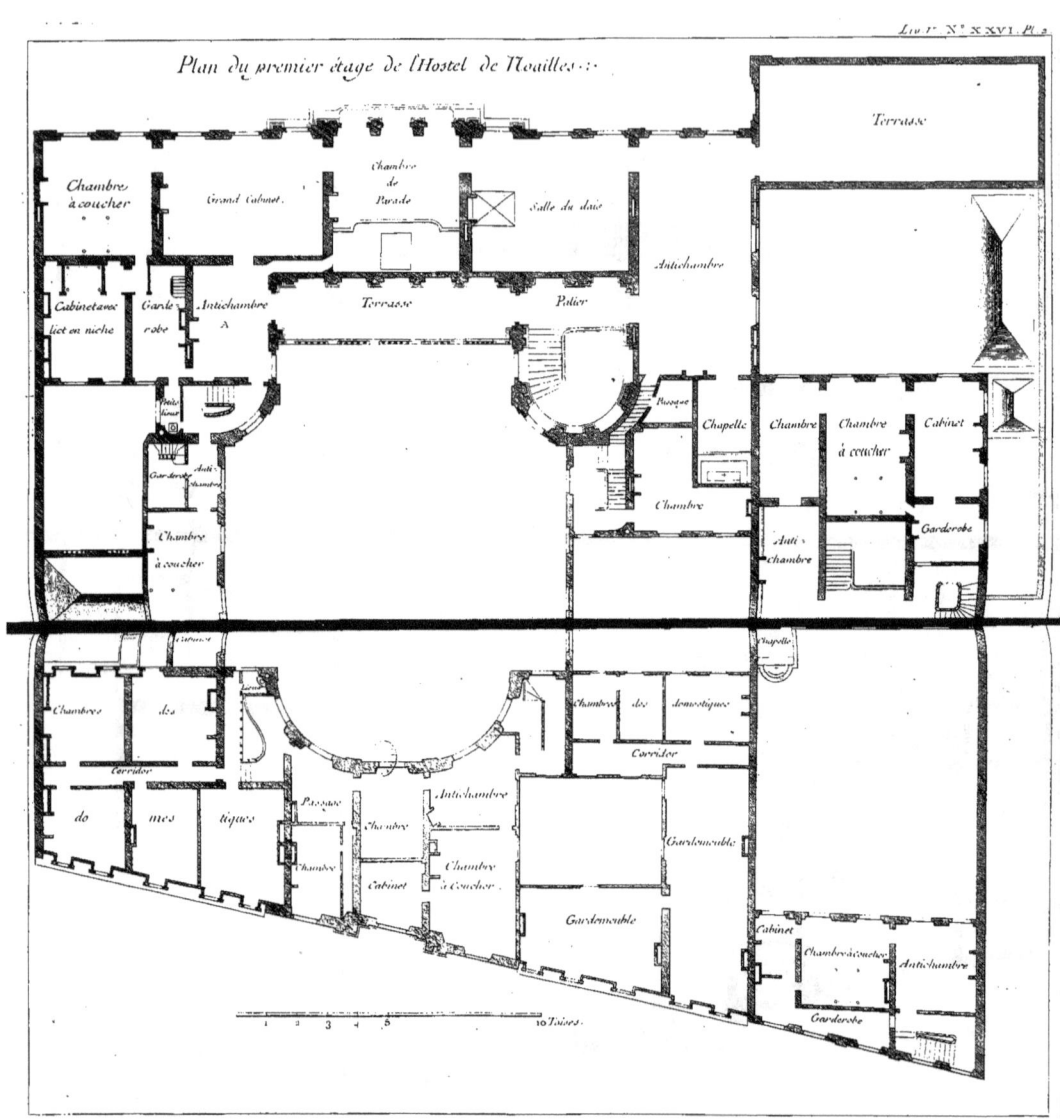

CHAPITRE XXVII.

Description de l'Eglise des Filles de l'Assomption, rue Saint Honoré.

CE Couvent, de la Régle de S. Augustin, fut fondé en 1622, par l'union que fit *le Cardinal de la Rochefoucault* des biens de l'Hôpital des Audriettes à cette Maison. Pendant environ 48 ans, ces Filles n'eurent qu'une petite Chapelle dans l'endroit où est située l'Eglise dont nous allons parler. La premiere pierre de cette Eglise fut posée au mois d'Août 1670, & elle fut achevée en 1676, sur les desseins de *Charles Errard* (a). Nous ne dirons rien ici des bâtimens de l'intérieur de ce Couvent, notre objet est seulement de donner la description de l'Eglise, dont l'entrée est libre aux Connoisseurs, & dont l'Architecture & differens ouvrages de peinture qu'elle renferme, méritent quelque attention.

Eglise de l'Assomption.

Plan de l'Eglise. Planche Premiere.

Cette Eglise consiste dans un dôme circulaire de 10 toises, 2 pieds & un quart de diamétre, dans œuvre, sur 17 toises, 4 pieds de hauteur, sous clef, précédé d'un porche du côté de la cour. Ce monument peut être comparé à celui de la *Visitation*, rue S. Antoine, dont nous avons parlé dans le second Volume, page 131, avec cette différence néanmoins que ce dernier a été bâti sur les desseins de *François Mansard*, dont le nom seul fait l'éloge, & qu'il est beaucoup plus régulier, d'une Architecture plus grave, & d'une proportion en général beaucoup plus satisfaisante, quoique d'une grandeur moindre que celui dont nous parlons, n'ayant que 7 toises, un pied de diamétre, sur 13 toises, 2 pieds d'élévation. Cependant, malgré la différence qui se trouve entre ces deux édifices, nous remarquerons les beautés qui se rencontrent dans celui-ci, en en faisant observer les médiocrités, sans partialité & sans autre motif que la perfection de l'Architecture, à laquelle on ne peut arriver absolument que par l'esprit de comparaison.

Il eut été sans doute plus intéressant, pour parvenir à ce but, que les édifices du même genre se fussent trouvés dans le même volume de cet Ouvrage, mais nous avons rendu compte ailleurs des raisons qni nous ont forcé d'en user autrement. C'est pourquoi nous renvoyons le Lecteur aux autres Tomes pour les bâtimens que nous citons, dans le dessein de ne pas renverser l'ordre des quartiers de cette Capitale, & pour donner par là occasion de parcourir ce Recueil avec plus de fruit & avec une attention moins servile.

(a) *Charles Errard*, Peintre & Architecte, nâquit à Nantes, en 1606. On ignore les particularités de la vie de cet Artiste : tout ce qu'on en sçait de positif, c'est qu'il a peint le dix-septieme *May* qui fut donné à l'Eglise Cathédrale de Paris, en 1645. Ce tableau représente S. Paul guéri de son aveuglement, & baptisé par Ananie. M. Errard étoit un des douze Anciens qui se réunirent, en 1648, pour former l'Académie de Peinture & de Sculpture, que le Roi honora ensuite de sa protection en lui accordant un Reglement & des Lettres Patentes pour son établissement. Quelque tems après, en 1666, Sa Majesté ayant établi une autre Académie de Peinture, à Rome, pour perfectionner les jeunes Artistes qui ont gagné le premier prix de Peinture, de Sculpture, ou d'Architecture, dans celles de Paris, M. Errard, qui étoit alors Recteur de l'Académie, fut choisi pour être le Directeur de cette nouvelle Académie, à Rome, & il y passa le reste de sa vie, à l'exception d'un voyage de deux ans qu'il fit à Paris en 1673. Ce fut pendant ce long séjour en Italie, que cet illustre Artiste fit mesurer & dessiner sur les lieux les plus beaux morceaux d'Architecture des Maîtres modernes de son tems, pour en former une espece de suite au *Parallele d'Architecture de M. de Chambray*; mais la mort le surprit avant qu'il pût faire aucun usage des materiaux qu'il avoit amassés pour cette continuation. Nous donnerons dans le huitieme & dernier Volume de cet Ouvrage, une grande partie de ces Ordres d'Architecture, ainsi que nous l'avons promis dans notre *Prospectus*, publié en 1750. M. Errard mourut Directeur de l'Académie de Rome, en 1689, âgé de 83 ans.

Eglise de l'Assomption.

Nous avons fait sentir ailleurs la nécessité des porches à l'entrée des Temples. L'usage qu'en ont fait les Anciens, ainsi que l'exemple que nous en fournissent la Sorbonne & S. Sulpice, à Paris, nous ont servi d'autorité. Ainsi quand on ne trouveroit que cette partie essentielle dans le monument dont nous parlons, il mériteroit de la considération. Ce porche au reste est bien disposé, d'une assez belle ordonnance & d'une proportion qui n'a rien de chetif. A l'égard de l'intérieur de l'Eglise, elle est vaste, simple, noble & ornée avec la retenue qui convient : enfin la disposition extérieure de cette Eglise ne laisse rien à désirer qu'une cour moins petite & une situation plus avantageuse, afin que l'entrée de l'Eglise pût se trouver en face de celle de la cour. Mais, nous l'avons observé plus d'une fois, tous nos édifices de quelque importance péchent par la situation (*b*). Les grandes Villes sont sujettes à ces inconveniens. Une infinité de considérations particulieres arrêtent, déterminent & font passer par dessus cette premiere loi de l'Architecture. Nous remarquerons même que dans l'état present où se trouve cet édifice, la cour, toute mal disposée qu'elle nous paroît, est encore plus irréguliere, les murs A, B, qui se trouvent ici parallelles & ornés avec simétrie n'étant qu'une suite du premier projet qui n'a pas encore été exécuté, & dont on peut juger l'ordonnance de la décoration dans une vûe perspective faisant partie de l'Œuvre de *Marot*, dont les Planches que nous donnons ici ont été tirées ; on en voit aussi un partie, marquée A, dans l'élevation géométrale représentée sur la Planche troisieme de ce Chapitre.

Dans cette Planche Ire. est exprimée une partie du chœur des Religieuses, qui a de longueur 60 pieds, & dont le plafond a été peint par *Charles de la Fosse*. On y voit aussi les Sacristies intérieure & extérieure, & une tribune au rez-de-chaussée, appartenante à Mademoiselle *Alexandrine*, Fille de Madame *la Marquise de Pompadour*, qui y est actuellement pensionnaire, aussi-bien qu'un parloir particulier pour cette Demoiselle.

Elévation extérieure du côté de la principale entrée de l'Eglise. Planche II.

Si nous avons trouvé matiere à applaudir dans la distribution intérieure de ce monument, il nous sera moins aisé de faire l'éloge de son ordonnance extérieure, ne pouvant dissimuler que la partie supérieure de cet édifice est tout à fait hors de proportion, étant lourde, pésante & d'une forme aussi materielle que peu ingénieuse. Cela provient sans doute du grand diamétre qu'on a donné à ce dôme, mais en ce cas sa hauteur auroit dû être mieux proportionnée pour satisfaire aux regles de l'Art & aux principes du goût. En effet toute cette masse générale anéantit le porche pratiqué au rez-de-chaussée, & rend les colonnes qui le composent petites & greles, quoique de deux pieds & demi de diamétre. Il est vrai que le point de distance d'où l'on apperçoit ce monument, est si proche que l'on ne peut gueres voir de dedans la cour que ce seul porche. Néanmoins lorsqu'on considére cet édifice en examinateur éclairé, il n'en est pas moins évident qu'on ne remarque aucune analogie entre la base & le sommet du Dôme, & que même de loin sa hauteur, quoique d'environ 150 pieds au-dessus du sol, paroît trop peu considérable eû égard à son diamétre ; ce défaut de proportion est si facile à appercevoir, qu'il n'échape pas même aux personnes les moins versées dans l'Architecture. Nous observerons donc que la hauteur du dôme, qui est à son diamétre comme un est à deux, non compris son amortissement, est de beaucoup trop écrasée, que la multiplicité des yeux de bœuf y est désagréable,

(*b*) Voyez ce que nous avons dit à ce sujet dans le XIII. Chap. de ce Volume, en parlant de la Bibliotheque du Roi, page 69.

que la péſanteur des côtes de plomb qui le décorent, fait un mauvais effet, & qu'enfin ſon couronnement eſt ſans goût, ſans grace & d'une forme qui n'annonce rien de ſatisfaiſant. Le corps d'Architecture qui ſoûtient ce dôme eſt traité avec beaucoup de ſimplicité, d'une aſſez grande maniere & d'une proportion convenable ; mais comme ce ſont autant de beautés de détail, dont l'enſemble général ne ſe reſſent point, de là vient l'impreſſion déſagréable dont on ſe previent au premier aſpect de ce monument. Ce corps d'Architecture eſt couronné par un entablement compoſé, enrichi de conſoles & d'ornemens qui ſont aſſez bien, mais ſon profil eſt ſans choix & ſa hauteur trop petite, eû égard au corps d'Architecture qu'il couronne & à la maſſe du dôme qu'il ſoûtient. Ce défaut d'analogie eſt condamnable dans la compoſition d'un édifice tel qu'il ſoit, à plus forte raiſon lorſqu'il s'agit d'un monument ſacré. Ce corps d'Architecture eſt exhauſſé ſur une eſpece de ſoubaſſement ou de ſtilobate continu, couronné d'une corniche avec gorgerin & aſtragales, au-deſſous duquel ſont ſuſpendues des têtes de Chérubins & des guirlandes, genre d'ornement qui auroit pû être placé plus convenablement partout ailleurs.

L'Ordre Corinthien du portail qui eſt au pied de ce monument, eſt, comme nous l'avons déja remarqué, d'une aſſez belle proportion, mais ce qui n'eſt pas concevable ici, c'eſt que ſon entablement eſt dépouillé de tous les ornemens qui lui conviennent, ſa corniche n'ayant ni modillons (c), ni denticules, & que ſa hauteur eſt un peu moins du cinquieme de la colonne, d'ailleurs il eſt profilé très-camus contre tous les exemples univerſellement reçus, & contre l'origine de ces membres d'Architecture, qui en ſervant de couronnement aux Ordres, doivent en même tems préſerver le pied de l'édifice des pluyes du Ciel. Le fronton qui couronne ce périſtile eſt trop peu élévé, ayant démontré ailleurs la néceſſité de proportionner la hauteur des frontons à la largeur des avant-corps. Le timpan de celui dont nous parlons, eſt orné d'une *Aſſomption de la Vierge* en bas relief, & non d'un médaillon avec des guirlandes, comme on le voit dans cette Planche. Cette Aſſomption eſt d'une exécution peu intéreſſante, auſſi-bien que les figures de rondeboſſe qui ſont placées dans les niches au-deſſus, & qui différent ſeulement de celles qui ſont exprimées ici, en ce qu'elles ſont élévées ſur un pié-douche qui rend leur proportion moins giganteſque.

Aux deux côtés de ce périſtile ſont des portes collatérales d'une Architecture aſſez correcte, diſtribuées entre des pilaſtres auſſi d'un Ordre Corinthien, & qui devoient figurer avec ceux qu'on avoit projetté de placer ſur le revêtiſſement des murs intérieurs de la cour. Au-deſſus de ces portes collatérales & ſur l'entablement de cet Ordre, s'éléve une baluſtrade, non-ſeulement d'un profil meſquin & ſans goût, mais dont les travées ſont ridiculement diſpoſées ſur les pilaſtres, ne reſſemblant point du tout au deſſein que nous donnons, ce qui provient ſans doute de l'ignorance de ceux qui ont pris la conduite de ce monument, étant vraiſemblable (comme nous venons de le remarquer) que *Charles Errard* n'a donné que les deſſeins de cet édifice, & qu'il n'a pas été chargé de l'exécution, ſa principale profeſſion étant la peinture. (Voyez ce que nous avons dit de cet Ar-

(c) On voit cependant ſur cette Planche des modillons dans la corniche de l'entablement Corinthien, mais il n'y en a point dans l'exécution. Sans doute les gravures que nous donnons ici, & que nous avons déja dit avoir été tirées de l'Œuvre de Marot, ont été faites ſur les premiers projets envoyés de Rome par l'Auteur, qui n'a pû veiller par lui même à l'exécution de cet édifice, ayant été nommé Directeur de l'Academie de Peinture, à Rome, en 1666. Nous avons été obligé d'effacer les profils en grand qui étoient ſur cette Planche, n'ayant aucune relation avec l'édifice. On en avertit dans cette note, afin que les perſonnes dans les mains deſquelles ſe trouvent les Œuvres de Marot, ne prennent aucune confiance en ces meſures pour juger d'une maniere préciſe des différentes parties de ce monument.

Eglife de l'Affomption. tifte, au commencement de ce Chapitre, note *a*.) La coupe du bâtiment A eſt une aîle projettée, celle qui ſe voit aujourd'hui ſur le lieu, étant ſuivant l'ancienne diſpoſition du terrain ſur lequel ce monument a été érigé.

Coupe intérieure de l'Egliſe, priſe dans le plan ſur la ligne CD. Planche III.

Cette coupe nous fait voir la décoration des dedans de cette Egliſe, dont l'ordonnance, en général, grave & impoſante, offre à l'imagination l'impreſſion qu'on doit reſſentir à l'aſpect de l'intérieur d'un Temple, étant bon d'obſerver que les guirlandes, les figures & les aſtragales des entre-pilaſtres qui ſe voyent ici, ſont ſupprimées, auſſi-bien que la richeſſe indiſcrete qu'on s'étoit propoſé de mettre dans la voute du dôme, à la place de laquelle, dans l'exécution, ſont ſeulement diſtribuées des caſſettes octogonales de couleur d'or, enrichies de roſaſſes, & au-deſſus deſquelles, dans la partie ſupérieure de la voute, eſt un grand ouvrage de Peinture à freſque, par *Charles de la Foſſe*, qui y a repréſenté *l'Aſſomption de la Vierge*. Cette voute eſt élévée ſur un entablement dont les moulures ſont taillées d'ornemens diſtribués avec choix, & au-deſſous duquel ſont alternativement placées huit croiſées & huit grands tableaux repréſentant des ſujets pris de *la vie de la Vierge*, peints à l'huile par *Bon Boulogne*, par *Stella* & par *Antoine Coypel*. Sur le ſol du pavé de l'Egliſe s'éléve un grand Ordre de pilaſtres Corinthiens accouplés & de trois pieds & demi de diamétre. Cet Ordre eſt exécuté avec pureté, les fûts des pilaſtres ſont canelés, les chapiteaux d'un travail recherché, & l'entablement profilé avec une élégance rélative à la légéreté de l'Ordre ; mais ce qui fait beaucoup de tort à cette ordonnance, c'eſt la diſtribution vicieuſe des modillons, dont les axes ne répondent point à plomb de ceux des pilaſtres, ni des arcades qui décorent cette rotonde. On remarque encore ici un autre défaut qui n'eſt pas moins condamnable, c'eſt la différence qui ſe trouve entre l'axe des trumeaux de l'étage ſupérieur & celui de l'accouplement des pilaſtres de deſſous ; de maniere qu'il n'eſt pas concevable comment cette inadvertance peut ſe rencontrer dans une compoſition qui d'ailleurs annonce une connoiſſance ſuffiſante des régles de la bonne Architecture.

L'arcade marquée B, fermée d'une grille, fait voir l'ouverture du chœur des Religieuſes, en face duquel, dans une autre arcade, eſt placé le Maître-Autel (voyez le plan, Planche Premiere) lequel eſt de menuiſerie, feinte de marbre de couleur variée, & orné d'un tableau repréſentant la Nativité, peint par *Houaſſe*. Vis-à-vis de la porte du porche, eſt une arcade feinte dans laquelle on voit un tableau aſſez eſtimé de *Noel Coypel*, repréſentant *un Crucifix & la Vierge à ſes pieds*, placé au lieu de la colonne marquée C. Enfin au-deſſus de la porte d'entrée, enfermée dans une quatrieme arcade feinte, ſe voit, vers D, un morceau de peinture à freſque, par *Antoine Coypel*, d'une exécution fort intéreſſante.

Dans l'entre-pilaſtre E eſt placée une Chapelle dont le tableau de l'Autel eſt peint par *La Foſſe*, & dans celui F eſt la tribune au rèz-de-chauſſée, dont nous avons parlé, page 140 de ce Chapitre. Au-deſſus ſont placées des tribunes au-devant deſquelles ſont des baluſtrades, & dont l'Architecture, qui eſt aſſez reguliere, ainſi que la diſtribution des pilaſtres, nous a donné occaſion d'applaudir à la plus grande partie de l'intérieur de ce monument.

La coupe G donne le developpement du porche dont nous avons parlé, & l'élévation A la décoration qu'on s'étoit propoſé d'ériger au pourtour de la cour qui donne entrée à ce monument.

Plan de l'Eglise des Religieuses de l'Assomption rue St Honoré. *Liv. V. N° XXVII. Pl. 1ère*

Sacristie intérieure

Tour intérieur | Tour extérieur

Sacristie

Cour des Religieuses.

Eglise

Parloir intérieur

Passage

Parloir extérieur

Rue St Honoré

Porche

Cour

A | B

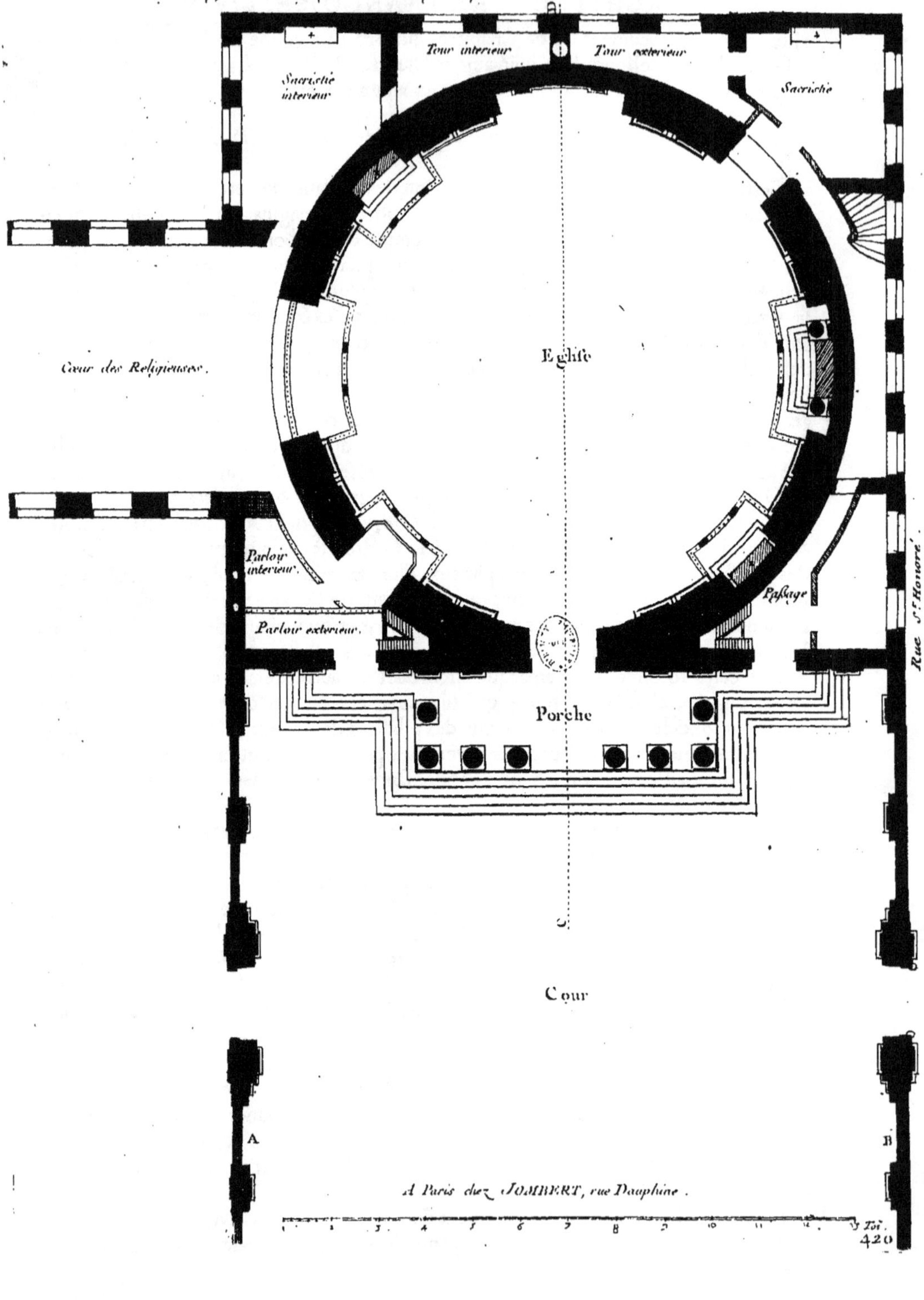

A Paris chez JOMBERT, rue Dauphine.

420

CHAPITRE XXVIII.

Description de l'ancien Hôtel de Monbason, aujourd'hui la Maison de M. Richard, Receveur Général des Finances.

CET Hôtel fut bâti, vers 1718, sur les desseins de M. *de Lassurance* (*a*), pour Dame *Louise-Julie de La Tour d'Auvergne*, Veuve de *François-Armand de Rohan*, Prince de Monbason. Après la mort de cette Dame, ses héritiers le vendirent, en 1751, à M. *Richard*, Receveur Général des Finances, qui y a fait faire depuis quelques embellissemens, sur les desseins de M. *Tannevot* (*b*), Architecte.

Maison de M. Richard.

Plan du rez-de-chaussée. Planche Premiere.

De tous les bâtimens particuliers dont nous avons parlé jusqu'à présent dans ce Recueil, celui-ci est le moins considérable, n'ayant qu'un seul étage au rez-de-chaussée & une mansarde au-dessus. Le principal corps-de-logis est double, & est situé entre cour & jardin. Sa distribution est assez bien entendue, pour être comprise dans un terrain de 12 toises 4 pieds dans œuvre, & compose un bel appartement de parade, une salle à manger, une chambre particuliere & des garderobes, au-dessus desquelles sont des entresols, ayant leur degagement par l'escalier qui monte aux mansardes, & contenant des logemens d'une assez grande étendue. La plûpart de ces garderobes sont éclairées par une petite cour qui n'est tolérable ici que par le peu d'élévation du bâtiment & par la nécessité d'éviter les faux jours de ces sortes de pieces, lorsqu'on peut leur en donner de plus convenables & leur procurer un air plus salubre. Nous avons discuté précédemment s'il étoit à propos de suivre l'opinion dans laquelle sont la plûpart de nos Architectes de faire usage de ces cours, ou s'il valoit mieux les supprimer. (Voyez ce que nous avons dit à ce sujet Tome Premier, page 222, & dans celui-ci en parlant de l'Hôtel de Louvois, de la maison de M. Crozat, &c.)

Vers l'endroit marqué A, on a pratiqué nouvellement, hors œuvre, une Chapelle qui manquoit à cette maison; mais cette commodité intérieure nuit à la décoration des dehors, & paroît aussi ridiculement placée que contraire à la bienséance.

Le corps-de-logis sur la rue contient les cuisines, les remises & les écuries. Pour augmenter ces dernieres, à la place de l'Office & de la salle du Commun, qui se voyent ici, on a pratiqué une écurie pour huit chevaux, & on a placé les Offices en entresols au-dessus de la cuisine. (Voyez les élévations de ces bâtimens du côté de la rue, Figure II de la Planche IV.)

La forme de la cour, en général, seroit un mauvais exemple à imiter. La portion circulaire du côté de l'entrée est désagréable, sans grace & de beaucoup trop saillante; de sorte que la partie rectiligne de cette cour, qui est barlongue au lieu d'être oblongue, présente un effet contraire à celui qu'on doit attendre de la proportion de ces sortes de parties extérieures. Il étoit plus convenable ou de rendre les portions circulaires plus courtes, ou d'avancer le principal corps-de-logis sur le jardin, qui ne laisse pas que d'être profond; par ce moyen on auroit procuré une entrée plus convenable à cette maison. Nous observerons néanmoins que ce qui a peut-être empêché de prendre ce dernier parti, c'est que la plus grande partie des Hôtels du Fauxbourg Saint Honoré de ce côté a été bâtie sur le même alignement & presque dans la même année; de sorte que l'on ne pouvoit

(*a*) Voyez ce que nous avons dit de cet Architecte, T. I. page 232. Note (*a*).

(*b*) Voyez ce que nous avons dit de cet Architecte au commencement de ce Volume, page 22.

Maison de M. Richard.

guéres remedier à la forme vicieuse de la cour qu'en racourciffant les portions circulaires, comme nous venons de le remarquer, mais alors les logemens fubalternes feroient devenus trop peu confidérables. Il paroît donc qu'il étoit de toute néceffité pour conferver l'alignement des façades du côté des jardins des Hôtels de ce quartier, & pour donner une proportion fatisfaifante à la cour dont nous parlons, de pratiquer une aîle de bâtiment dans l'un de fes côtés, qui en lui ayant donné moins de diametre, l'auroit rendu d'une proportion plus convenable, auroit formé des logemens en plus grande quantité & procuré la commodité d'une cour à fumier, ainfi qu'on peut le remarquer dans le plan au rez-de-chauffée de la maifon qui fait l'objet du Chapitre fuivant.

Elévation du côté de la cour. Planche II.

La décoration extérieure de ce bâtiment eft de l'efpece de celles dont il feroit à défirer qu'on ignorât le nom de l'Architecte, fon ordonnance étant abfolument contraire aux loix du bon goût & aux principes de la bonne Architecture. En effet tout eft vicieux dans cette façade, la hauteur de l'étage eft trop confidérable, il eft mal terminé par une manfarde, l'avant-corps du milieu paroît ici pratiqué fans aucune néceffité que celle de divifer l'étendue de ce bâtiment & de compofer de petites parties toûjours condamnables dans un édifice. Le milieu des pavillons eft mafqué par un trumeau, les croifées font fans proportion, les ornemens fans choix. Enfin les pilaftres Attiques d'une grandeur coloffale, qui fe voyent ici contre toutes les régles de l'Art, ainfi que l'entablement interrompu, préfentent ce que l'Architecture a de plus condamnable, & annoncent vifiblement le déreglement de l'imagination de ceux qui ont été chargés de l'exécution de ce bâtiment : car certainement il n'eft pas poffible qu'un Architecte, dont nous avons vû précédemment des édifices qui n'étoient pas fans mérite, ait préfidé à la conduite de celui dont nous parlons, & c'eft la fource involontaire de la plûpart des défagrémens de notre profeffion. On eft follicité par des perfonnes de confidération de donner des deffeins & de faire des projets pour un édifice : on fe rend à des inftances réitérées ; occupé d'ailleurs, on abandonne fouvent le foin de fa gloire à des Entrepreneurs & à des ouvriers mal inftruits, qui ne connoiffant ni les régles de l'Art, ni les principes de la convenance, défigurent des productions bien conçues à la vérité, mais qui avoient befoin néanmoins d'être dirigées dans la fuite par l'Architecte. De-là vient fans doute la caufe principale des inadvertances que nous fommes obligés de relever fouvent dans nos obfervations, fans autre intention, ainfi que nous nous en fommes expliqué plus d'une fois, que de combattre les erreurs fans attaquer les Artiftes.

Qu'on nous permette donc d'entrer dans quelque détail pour faire appercevoir les licences qu'on remarque ici, & qu'il eft toûjours important d'éviter dans quelque occafion que ce puiffe être. De cette efpece eft l'arcade feinte du milieu, qui a amené néceffairement l'avant-corps, occafionné les pilaftres, & qui, par une fuite ridicule, a fait imaginer au-deffus de l'archivolte un bas relief qui, occupant un grand efpace, a obligé de fupprimer l'architrave & la frife de l'entablement, contre tout principe de vraifemblance. Pour éviter ce défordre, il eut été mieux de continuer les mêmes croifées & de n'admettre qu'une feule ouverture à chaque pavillon, par l'un defquels on auroit entré dans la premiere antichambre, l'autre auroit conduit au petit efcalier, étant préférable dans ce plan, pour donner plus d'efpace au milieu du bâtiment, d'entrer par les extrémités des pavillons, afin de profiter d'une plus grand furface pour la diftribution des appartemens.

Nous

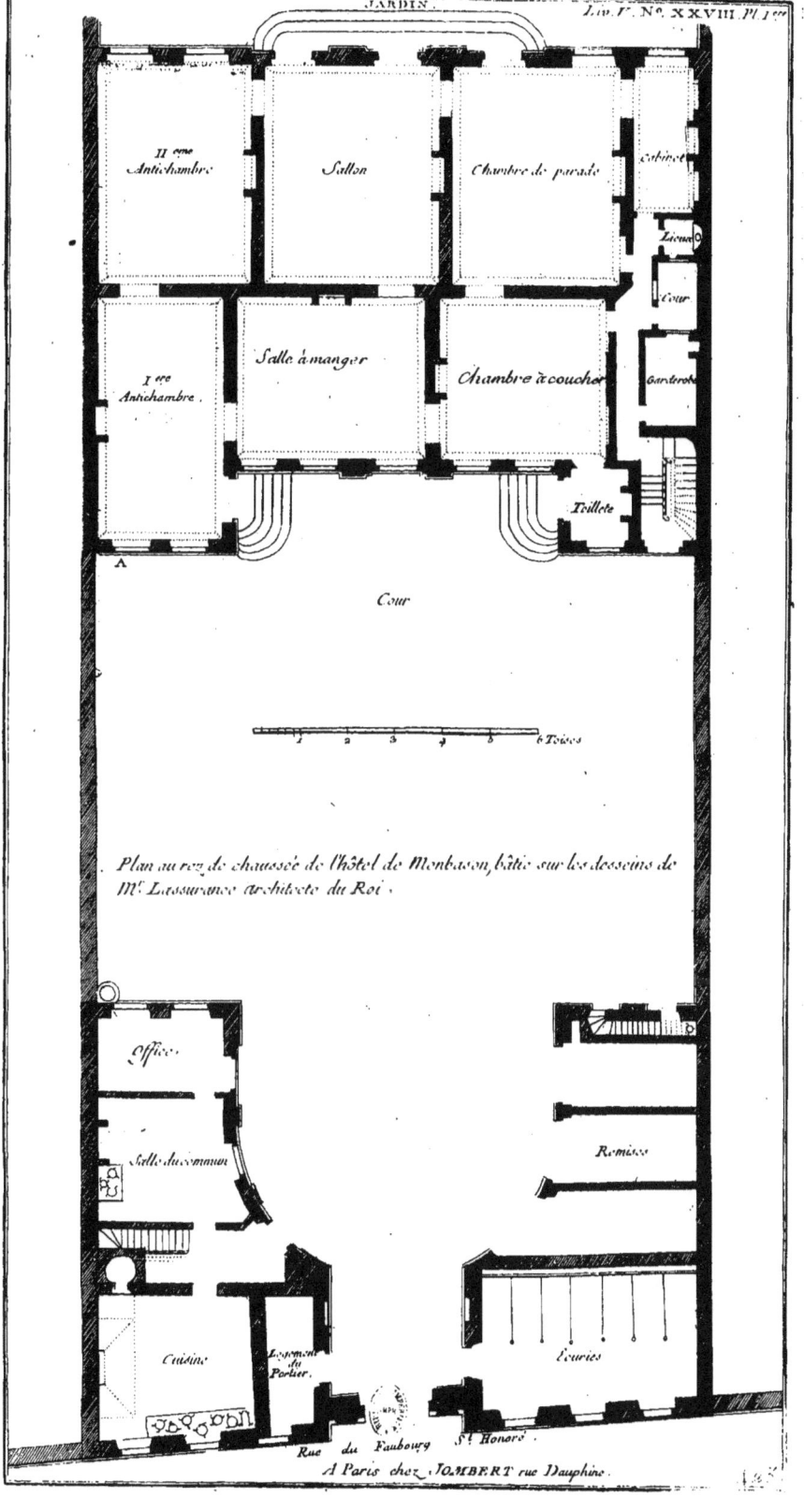

Nous avons déja remarqué que les croisées étoient d'une proportion trop svelte ; mais nous observerons que le ceintre qui les termine est tout à fait condamnable, étant de beaucoup trop ressenti pour être bombé. Cet excès offre plutôt un jarret qu'une forme agréable, c'est pour cette raison que nous avons donné ailleurs la manière de décrire ces sortes d'arcs. (Voyez l'*Introduction*, premier Volume, page 110.) A l'égard des tables placées au-dessus des croisées & dans les trumeaux, non-seulement elles découpent l'Architecture, & imitent la menuiserie, mais elles divisent inconsidérement la largeur de ces mêmes trumeaux, qui n'ayant que les deux tiers des vuides, exigeoient qu'on les laissât lisses. Enfin la seule chose ici qui soit exécutée avec une sorte de succès, c'est l'entablement qui couronne ce bâtiment ; il est profilé avec assez de goût & d'une proportion convenable, ayant entre le quart & le cinquieme de la hauteur de l'étage, non compris les retraites.

Maison de M. Richard.

A l'égard de la partie supérieure de cette façade, nous remarquerons qu'au lieu de la mansarde, il falloit une balustrade, ainsi qu'on en use ordinairement dans les bâtimens à un seul étage, comme on peut le remarquer au Palais Bourbon, aux Hôtels de Lassai, de Pompadour, &c. On pouvoit se dédommager du logement que procurent ces mansardes, en construisant l'aîle que nous avons proposée dans l'un des côtés de la cour, pour donner plus de grace aux élévations & tirer un meilleur parti du terrain sur lequel cet Hôtel est élévé.

Elévation du côté du jardin. Planche III.

Cette élévation, de la même ordonnance que la précédente, differe cependant en ce qu'elle a moins d'ouvertures, que les trumeaux sont plus larges, & que l'arcade du milieu est plus naturellement amenée, sans pour cela que la décoration qui l'environne, soit plus tolérable, ni les combles en mansarde plus recevables. On peut même remarquer que la virilité que procure à cette façade la plus grande largeur des trumeaux, est contraire en quelque sorte à l'idée qu'on doit se former d'un bâtiment vû du côté des jardins, à qui un air d'élégance est toujours convenable. Cette considération doit déterminer un Architecte à ne rien produire au hazard, & à rassembler dans la composition de son bâtiment tout ce qui peut contribuer à sa réputation & à la satisfaction des personnes qui le mettent en œuvre.

Coupe & profils sur la largeur de tout le bâtiment. Planche IV.

La Figure premiere donne à connoître d'une part la décoration intérieure du principal corps-de-logis, la hauteur de ses planchers & le logement qu'occupent les mansardes ; de l'autre le revêtissement d'un des murs mitoyens qui décore la cour, & enfin l'un des bâtimens qui contient la cuisine, les nouvelles écuries, &c.

La Figure deuxieme offre la façade du côté de la rue, au milieu de laquelle est placée la principale porte d'entrée de cet Hôtel. Cette porte est de forme bombée, ainsi que la corniche qui la couronne, laquelle est soûtenue dans ses parties horizontales par des consoles, & couronnée par les armes accolées de la Maison *de Rohan* & de la Maison *de La Tour d'Auvergne*, avec leurs supports, mais dont le blazon est effacé, depuis que cet Hôtel a été vendu à M. Richard à qui il appartient aujourd'hui.

Tome III.   Oo

CHAPITRE XXIX

Description de la Maison de M. Blouin, appartenant présentement à M. Michel, Directeur de la Compagnie des Indes, rue du Fauxbourg S. Honoré.

Maison de M. Blouin.

CETTE Maison fut bâtie, en 1718, sur les desseins de M. *Gabriel* (*a*), pour *Louis Blouin*, Gouverneur de Versailles. Elle a ensuite appartenu à Madame la Comtesse *de Feuquieres*. Après sa mort, ses héritiers la vendirent à M. *Saint-Amarante*, Receveur Général des Finances; celui-ci l'a depuis vendue à M. *Michel*, Directeur de la Compagnie des Indes, qui la fait embellir aujourd'hui, sur les desseins de M. *Contant* (*b*), Architecte du Roi.

Plan au rez-de-chaussée. Planche Premiere.

Le plan de cette maison est composé d'un petit corps-de-logis sur la rue, d'une basse-cour, d'une cour principale, d'une aîle à gauche, enfin d'un bâtiment double entre cour & jardin, de 13 toises 2 pieds de face, hors œuvre, sur neuf toises un pied & demi de profondeur. Cette distribution est beaucoup plus commode que celle de la maison précédente, & cependant elle n'a pas plus de largeur, ni plus de profondeur, sans compter que la forme de la cour est beaucoup plus agréable, & qu'il y a le double de logement dans celle dont nous parlons, plus que dans l'autre. Tant il vrai qu'il n'est pas toûjours nécessaire d'avoir un grand terrain pour y élever un bâtiment assez considérable, quand l'Architecte est un homme d'expérience & qu'il sçait faire mouvoir les ressorts de son imagination. Nous conviendrons néanmoins qu'on a pratiqué ici deux étages dans le principal corps-de-logis, non compris la mansarde, pour multiplier les logemens, ce qui ne se trouve point dans la maison précédente, mais ces étages ainsi multipliés, semblent autorisés dans un bâtiment particulier, principalement lorsque le terrain est borné, & que la personne pour qui on l'éléve, veut y loger la plus grande partie de sa famille. Ce sont ces différentes considérations qui fournissent à un Architecte divers moyens de se retourner dans la composition de ses projets, & il doit sçavoir s'y plier, sans pour cela s'écarter des régles de la convenance, ni des principes de son Art. Le point essentiel est de pouvoir concilier les principales intentions de celui qui le met en œuvre avec les preceptes fondamentaux de la bonne Architecture, autrement la moindre circonstance arrête. D'une part le Propriétaire exige des choses contraires aux loix du bon goût, de l'autre l'Architecte se laisse entraîner, & s'y prête par complaisance : le bâtiment s'éléve, & cette Capitale, le centre des beaux Arts, se trouve remplie d'édifices qui, pour la plûpart indifférens en apparence, ne laissent pas que de faire nombre. Cette négligence gagne insensiblement jusqu'aux Palais des Rois, elle se remarque dans nos édifices publics, & même très-souvent nos Temples n'en sont pas exempts.

Nous avons déja dit que la comparaison, en fait de bâtimens, étoit le plus sûr moyen d'éviter ces abus ; or il est certain que si l'on veut considérer les différentes maisons particulieres qui sont dans ce Recueil, telles que celle dont nous venons de

---

(*a*) Voyez ce que nous avons dit de cet Architecte ; Tome I. Page 241. Note (*a*).

(*b*) Voyez ce que nous avons dit de cet Architecte ; Tome I. pag. 238. Note (*b*).

ARCHITECTURE FRANÇOISE, Liv. V.   147

parler dans le Chapitre précédent, celles de M. d'Argenson, de M. de Janvri, Maison de M.Blouin.
de M. de Moras, l'Hôtel de Vauvrai, la Maison de M. du Noyer, celle de M. Mansard, celle de Madame de Varangeville, l'Hôtel du Ludes, de Villeroi, l'Hôtel Lambert, Fauxbourg S. Germain, celui de Choiseuil, &c. tous bâtimens compris dans les Volumes précédens & dans celui-ci & considerés comme particuliers (c), il sera facile, aidé des observations qui les précédent, de prendre d'après ces differens exemples, une route sûre qui portera peut-être à imiter ce que nous y avons approuvé & à rejetter ce que nous y avons remarqué de vicieux. Je le répéte, cette comparaison est indispensable & plus instructive que ne le pourroient être les dissertations les plus détaillées, & dans lesquelles il n'est pas possible d'éviter des répetitions souvent ennuyeuses au Lecteur, parce que nous avons presque toûjours les mêmes licences à relever ou les mêmes beautés à applaudir. C'est pour cette raison que nous nous sommes dispensés d'entrer ici dans une analyse trop étendue du plan de cette maison. Nous remarquerons seulement qu'il auroit été à souhaiter que le vestibule eut communiqué avec le sallon, au lieu de la niche qu'on y a pratiquée, que l'escalier eut été placé à droite, & qu'on se fût arrangé de maniere qu'on eut pû se priver de la petite cour, qui rélativement à la hauteur du bâtiment, devient trop sombre, & occasionne de l'humidité aux pieces adjacentes.

Après avoir observé ce qui seroit à désirer dans ce plan, nous remarquerons l'heureuse proportion de la cour, la correction de sa tour creuse, la maniere ingénieuse du porche, la commodité de la basse-cour, & enfin l'agrément essentiel de pouvoir servir à couvert des cuisines dans les appartemens. Aucun de ces avantages ne se rencontre dans l'Hôtel précédent, quoiqu'il ait été bâti originairement pour une personne de la premiere considération.

Nous avons dit plus haut que l'on travailloit à l'embellissement des appartemens de cette maison, nous remarquerons, à propos de ces embellissemens, que l'on y a fait quelques changemens dans la distribution, mais comme nous les avons rectifiés pour la plus grande partie dans ce plan, on n'en peut faire la comparaison que dans les premieres éditions des Planches gravées de ce Recueil, que M. Mariette avoit commencé il y a près de 20 années.

Nous ne donnons point ici le plan du premier étage, qui précédemment étoit peu de chose, & qui devient aujourd'hui beaucoup plus intéressant par la décoration des lambris & par la richesse des meubles qu'on prépare pour ces nouveaux appartemens; mais comme sa distribution est à peu près la même que celle du rez-de-chaussée, & que la grandeur de la coupe, *Planche Troisieme*, n'exprimeroit qu'imparfaitement les détails des ornemens de ces lambris, nous nous contentons de les annoncer, sans en donner les développemens.

Elévations du côté de la cour & du côté du jardin. Planche II.

La Figure Premiere donne l'élévation du côté de la cour avec la coupe de l'aîle qui regne contre un de ses murs mitoyens. Dans le milieu de cette élévation, au rez-de-chaussée, se voit un avant-corps, décoré de colonnes & de pilastres, qui procure une grande ouverture au vestibule. Nous remarquerons que ce genre de décoration entraîne après soi deux défauts essentiels, l'un que l'Architecture de

(c) Il faut consulter la Table des Chapitres, placée à la tête de chaque Volume, pour trouver facilement ces differens bâtimens répandus dans le corps de l'Ouvrage. Il en faut user de même pour comparer tous les édifices érigés à l'usage *de la Société Civile,* pour *l'utilité,* pour la *sureté* & la *nécessité,* & enfin ceux qui sont construits pour *la magnificence,* suivant les divisions que nous avons indiquées dans le nouveau programme qui annonça cet Ouvrage au Public, lorsque nous nous chargeames des dissertations & de la conduite de cette vaste entreprise.

Maison de M. Blouin.
dessus porte à faux sur le grand entrecolonnement, l'autre que cet entrecolonnement produit l'hyver un froid considérable dans les appartemens au rez-de-chaussée. Cet inconvénient, sans doute, a fait boucher après coup la communication du vestibule au sallon, pour empêcher la pénétration de l'air extérieur dans les dedans. C'est pourquoi ces grands entrecolonnemens & même les portiques qui n'ont point de fermeture, doivent être réservés pour les Temples, ou pour les maisons de plaisance, qu'on n'habite que dans la belle saison, & non pour celles qui sont élévées dans les Capitales, ainsi qu'on en use inconsidérement dans une infinité de bâtimens à Paris, qui sont autant d'exemples à éviter à cet égard. Tels sont l'Hôtel de Clermont, le Palais Bourbon, l'Hôtel d'Humieres, l'Hôtel de Torcy, l'Hôtel du Président Lambert, dans l'Isle, l'Hôtel de Soubise, la Maison de M. Sonning, celle de M. de Thiers, l'Hôtel de Noailles, la Maison du Président Chevalier, l'Hôtel d'Evreux, &c. où ce défaut se rencontre avec plus ou moins d'incommodité, selon que les appartemens de Maître sont plus ou moins proches de ces vestibules.

Les colonnes & les pilastres de cet avant-corps sont Doriques & couronnés d'un entablement architravé; genre de licence que nous avons blâmé plus d'une fois, & qui à peine est tolérable dans une maison particuliere, & même les colonnes ne devroient jamais entrer pour quelque chose dans leur décoration, prace qu'étant alors obligé de leur donner un trop petit diametre, elles annoncent une Architecture trop chétive. Au-dessus de cet entre-colonnement s'éléve un corps d'Architecture qui monte de fond, & qui par ce moyen enclave d'une maniere assez ingenieuse les colonnes & les pilastres du rez-de-chaussée. Cependant, comme nous l'avons remarqué, le massif que produisent les piédroits de la croisée du premier étage sur le vuide de dessous, est toûjours un vice très-condamnable qui devroit déterminer à supprimer totalement les péristiles, lorsqu'on ne pratique pas derriere les colonnes un mur de face au rez-de-chaussée qui paroisse soutenir celui du premier étage, ainsi qu'on l'a observé dans la plûpart de nos bâtimens les plus généralement approuvés. La partie supérieure de cet avant-corps est terminée par un fronton, sous la corniche horizontale duquel sont placées, assez mal à propos, des consoles qui semblent avoir mis l'Architecte dans la nécessité de supprimer l'astragale, ce qui diminue trop sensiblement la hauteur de la corniche déja affoiblie par la suppression inévitable de sa simaise supérieure, & qui pour cela avoit besoin d'etre fortifiée & nourrie par ce membre d'Architecture dont la discontinuité d'ailleurs est toûjours un défaut contre les régles du goût & les principes de l'Art.

Les autres parties de la décoration de cette façade sont d'une assez bonne Architecture; sa simplicité est louable & du ressort de la convenance d'une maison particuliere, & si l'on eut donné plus de largeur au corps de refend qui termine les extrêmités des avant-corps, il n'y a point de doute que cette ordonnance seroit très-bonne à mettre en pratique dans une infinité d'occasions.

L'élévation, marquée Figure II. conserve la même simplicité des arriere-corps de la façade precedente, mais l'avant-corps du milieu non-seulement est trop large par rapport à sa hauteur & rélativement à la longueur du bâtiment, mais aussi est tenu trop simple comparé avec celui de la cour. Nous l'avons déja remarqué, les élévations du côté des jardins doivent avoir quelque chose de plus élégant; pour cette raison il auroit fallu faire usage des colonnes de la façade du côté de la cour pour porter le balcon qui se voit ici, & qui paroît mal soûtenu par des consoles, dont on ne sçauroit trop blâmer l'abus. Nous observerons cependant que, comme nous ne pouvons en général approuver les Ordres dans un petit bâtiment, au

lieu

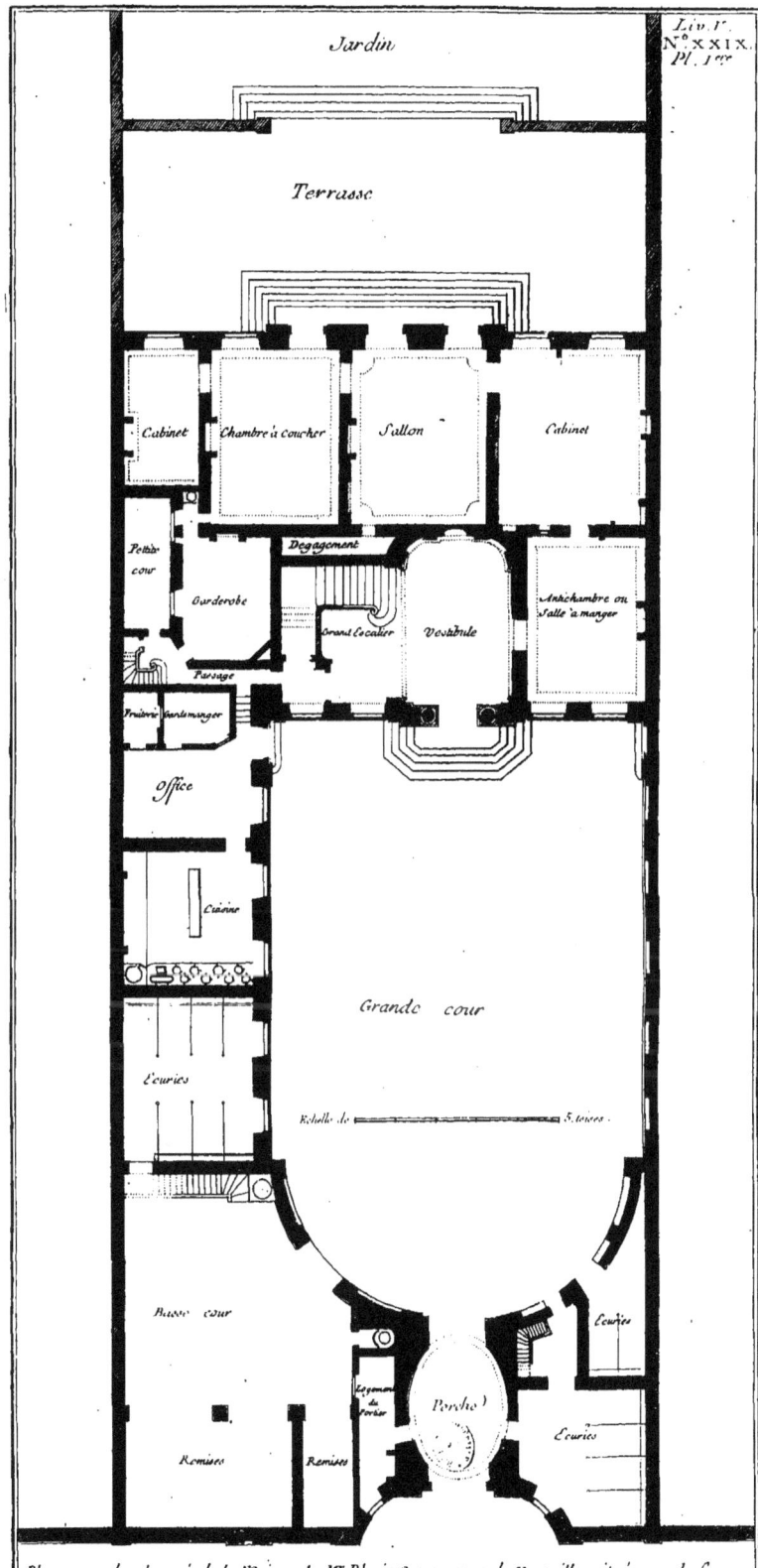

Plan au rez de chaussée de la Maison de Mr. Blouin Gouverneur de Versailles située rue du fauxbourg S. Honoré à Paris, bâtie sur le desseins de Mr. Gabriel Intendant des bâtimens du Roi.

A Paris chez JOMBERT, rue Dauphine.

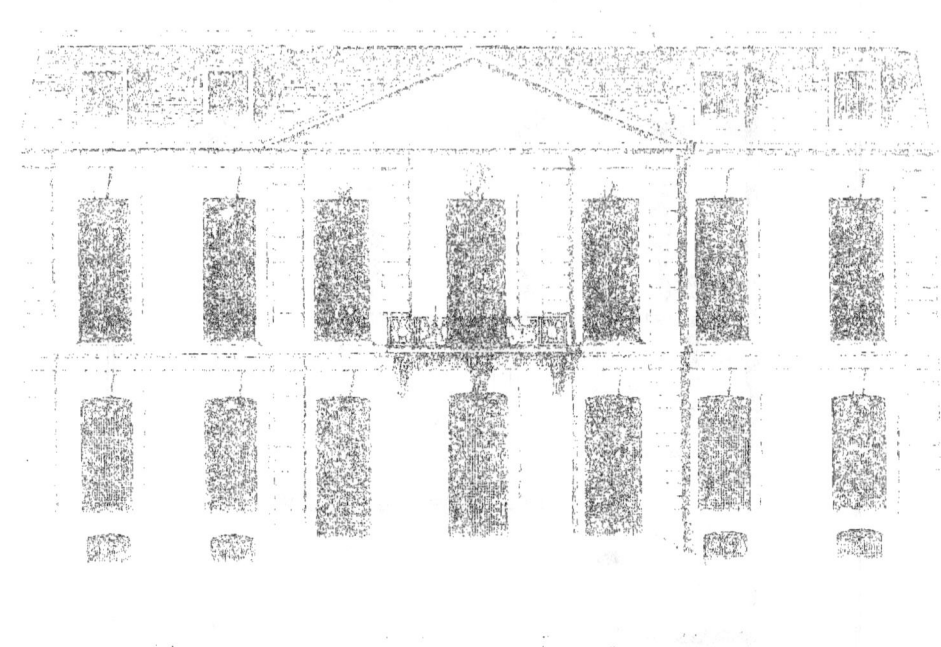

ARCHITECTURE FRANÇOISE, Liv. V.

lieu d'employer des colonnes qui annoncent une décoration fastueuse, ou de se servir de consoles dont la richesse indiscrette devroit être réservée pour l'intérieur des appartemens, il étoit plus naturel de former au rez-de-chaussée un avant-corps dont la hauteur se seroit arrêtée sous le balcon, ce qui auroit procuré dans le plan de cette façade un mouvement qui réussit toujours bien en pareille occasion.

Maison de M. Blouin.

Les deux chaînes de refend qui regnent au premier étage dans le milieu de l'avant-corps, sont tout à fait hors de place & semblent avoir déterminé la suppression des bandeaux des croisées qui se voyent aux extrêmités de cet avant-corps. Le timpan du fronton est orné sur le lieu d'un bas-relief représentant *Flore*, ce qui n'est point exprimé ici, non plus que deux consoles postiches placées aux deux côtés de la partie supérieure de la croisée du milieu, & qui y font tout-à-fait mal. Malgré ces licences, nous sommes obligés de convenir que l'ordonnance de ce bâtiment est préférable à celle de l'Hôtel que nous avons décrit dans le Chapitre précédent, ce qui nous porte à croire que dès le commencement de ce siecle, la décoration des déhors a été sacrifiée aux commodités des dedans, puisque les deux bâtimens dont nous parlons, qui ont été élevés par deux Architectes d'une assez grande réputation, ne nous présentent rien de satisfaisant, ni qui puisse servir d'autorité à l'avenir pour arriver à la perfection de bâtir.

Coupe du principal corps-de-logis. Planche III.

Cette Planche donne le développement intérieur du principal corps-de-logis dont la décoration se change actuellement, sous la conduite de M. Contant, ainsi que nous l'avons déja observé, mais dont nous ne pouvons donner ici les desseins, cet Ouvrage n'étant pas encore fini. On n'a point non plus ajoûté à cette coupe les bâtimens de la cour, ni ceux de la rue, cette Planche étant anciennement gravée & leur décoration d'ailleurs étant peu intéressante ici, quoique nous observions que rien n'est à négliger dans la composition d'un bâtiment, principalement lorsque ses dépendances font partie du coup d'œil des Maîtres.

Tome III. Pp

CHAPITRE XXX.

Description de deux Maisons particulieres, bâties rue du Fauxbourg S. Honoré.

Maison de M. le Comte de Stignac, &c.

CES deux Maisons furent bâties, en 1718, pour M. *Chevalier de Montigny*, Fermier Général, sous le nom de M. son frere, Président au Parlement de Paris, sur les desseins du sieur *Grandhomme*, Architecte & Entrepreneur. Celle qui est à droite a passé par succession à M. *le Comte de Stignac*, qui a épousé la fille de M. de Montigny; l'autre à gauche, sous le nom de Madame *Le Vieux*, Sœur du Fermier Général & du Président, à qui elle appartenoit, fut donnée à M. *Le Gendre*, Fermier Général qui épousa sa fille, & qui depuis cinq à six ans, l'a vendue à M. *Perinet*, aussi Fermier Général, qui l'occupe aujourd'hui, & qui y a fait faire des changemens dont nous parlerons en son lieu, sur les desseins de M. *Chevotet* (a), Architecte du Roi.

Plan au rez-de-chaussée. Planche Premiere.

Cette Planche donne le plan général de la distribution des bâtimens des deux Maisons dont nous venons de parler, séparées seulement par un mur de cloture de neuf pieds de hauteur, en sorte que le grand espace qu'occupent les deux cours, procure aux appartemens un air très-salubre & une lumiere suffisante, ainsi que nous l'avons déja remarqué dans le Chapitre XXXI du Premier Volume, page 294. La maison, cottée A, de même dimension que celle B, est composée d'un bâtiment simple sur la rue, d'une aîle double dans le retour, & d'un corps-de-logis simple entre cour & jardin. Elle n'a point souffert de changement considérable depuis son édification, au contraire de celle B, dans laquelle M. Perinet, depuis l'acquisition qu'il en a faite, a changé le grand escalier qui se voit ici pour le mettre à la place de la salle à manger, afin d'avoir une antichambre qui précéde les appartemens du côté du jardin, telle qu'on la remarque du côté A. Sans cette commodité, ce corps-de-logis étant simple, on seroit obligé d'avoir des antichambres dans la principale enfilade, comme on l'a pratiqué en B, ce qu'il faut éviter absolument. Voyez aussi, dans la Planche V. de ce Chapitre, l'ancienne élévation en aîle du côté de la cour, qui comparée avec la Planche IV, fait voir que non-seulement il en résulte un bien réel pour la distribution, mais aussi que la décoration extérieure, en général, fait un meilleur effet, ces deux façades étant aujourd'hui assez semblables & placées vis-à-vis l'une de l'autre.

La grandeur de l'échelle de ces plans, l'indication des pieces & la simplicité de leur distribution nous dispenseront d'entrer dans un plus long détail. Nous remarquerons seulement ici que les pieces de Maîtres sont d'une proportion assez heureuse, que les départemens des Domestiques sont commmodes, & que s'il reste quelque chose à désirer dans ces deux maisons, c'est d'avoir des basse-cours

(a) M. Chevotet, de la premiere Classe de l'Académie Royale d'Architecture, est un de nos célébres Architectes. Non-seulement il s'est acquis une grande experience dans l'art de bâtir, mais il possede les parties les plus nécessaires à un Architecte, telles que la décoration des déhors & celle des dedans, la distribution des appartemens, celle des jardins, &c. Ces connoissances diverses, jointes à la probité la plus exacte, lui ont attiré la confiance d'une infinité de personnes du premier Ordre. Nous n'entrerons point ici dans le détail des bâtimens que cet Architecte a fait élever, sa modestie nous empêche d'en faire l'éloge; nous reservons cet aveu public lorsque nous trouverons occasion dans ce Recueil de présenter à nos Lecteurs quelques-uns des ouvrages de cet excellent Artiste.

plus fpacieufes, plus aërées, & qui ayent des dégagemens fur la rue ; précaution Maifons de que nous avons déja recommandée plus d'une fois. Nous obferverons cependant M.le Comte de Stipour la juftification des bâtimens dont nous parlons, 1°. que l'on a voulu mettre gnac, &c. le terrain à profit en pratiquant beaucoup de pieces. 2°. Que, comme maifon particuliere, l'étendue de ces baffe-cours demandoit une forte d'économie, & qu'à l'égard de l'iffue extérieure, cette même économie engage fouvent le Maître du logis à vouloir être témoin de ce qui fe paffe dans les differens départemens de fa maifon, dont il n'eft jamais plus certain, que lorfque le fervice des Domeftiques fe paffe fous fes yeux, & qu'ils n'ont qu'une iffue commune. On voit par-là qu'il fe rencontre une fi grande quantité de confidérations particulieres dans l'art de bâtir, qu'on eft fouvent obligé de s'écarter des régles générales pour fe conformer aux loix de la convenance, ce qui donne toûjours à un Architecte de nouveaux moyens d'exercer fon fçavoir & de mettre en œuvre les différentes reffources qu'une longue expérience lui fuggere.

Plan du premier étage. Planche II.

La diftribution de ce plan eft abfolument affujettie au mur de refend de celui de deffous, à l'exception de quelques cloifonnages qui font de peu d'importance, & qui font fujets à varier dans un bâtiment, pour peu qu'il foit occupé dans la fuite des tems par différens Propriétaires. Ainfi nous ne dirons rien de particulier fur cette Planche, dont les diftributions font très-bien entendues, n'ayant d'autre inconvenient que d'être contenues entre deux murs de face : difpofition qui ne peut aller à tous les genres de pieces, étant éclairées pour la plûpart de deux côtés, autrement il faut feindre des croifées dans les dehors du bâtiment, ce qui occafionne non-feulement une dépenfe affez confidérable, mais encore un défaut de fimétrie pour la décoration extérieure.

Elévations du côté de la cour & du côté du jardin. Planche III.

Cette Planche, comme les précédentes, raffemble les deux maifons, lefquelles étant affujetties à la même hauteur d'étage & à la même ordonnance, ne different que dans la décoration des avant-corps des façades du côté des jardins, les élévations du côté de la cour étant abfolument fimétriques. Voyez les Figures I & II.

Nous obferverons en général que les diftributions de ces bâtimens font préférables à la décoration extérieure. Celle-ci eft trop monotone, & quoique ces édifices puiffent être confidérés comme des maifons particulieres, comme elles étoient deftinées à la réfidence de perfonnes de confidération, il auroit été convenable de les compofer d'une maniere plus élégante, foit en donnant plus de richeffe à leur Architecture, foit en procurant plus de mouvement aux plans des arriere-corps & des avant-corps. Par ce moyen on auroit un peu interrompu l'unité trop réguliere de la longueur de ce bâtiment, qui n'eft bonne à obferver que dans les façades élévées dans les rues de certains quartiers, où la voie publique fait loi, mais qui ne réuffit jamais bien ailleurs, fi ce n'eft dans les hôpitaux, les feminaires, les infirmeries, les cazernes, &c.

Coupe sur la profondeur de la cour & des bâtimens marqués A, dans la Planche Premiere.
Planche IV.

<small>Maisons de M. le Comte de Stignac, &c.</small>

Cette planche fait voir la coupe du principal corps-de-logis du côté du jardin, l'élévation en aîle, la porte de la basse-cour & la coupe du bâtiment sur la rue.

Nous ne remarquerons ici que l'avant-corps pratiqué dans l'aîle au rez-de-chaussée, dont le grand entre-colonnement est d'une proportion vicieuse, d'une ordonnance peu correcte, assez mal profilée & produisant un porte à faux considérable à l'étage de dessus, dont nous avons déja blâmé l'usage dans le Chaptire précédent.

A l'égard de l'ordonnance des autres parties de cette façade, elle est la même que les autres élévations de ce bâtiment dont nous avons déja parlé.

Coupe sur la profondeur de la cour & des bâtimens marqués B, dans la Planche Premiere.
Planche V.

Cette coupe présente l'ancienne décoration, avant que M. Perinet eut fait transporter le grand escalier, comme nous l'avons remarqué à l'occasion de la Planche Premiere, de sorte que l'entre-colonnement que l'on voit ici est semblable à celui de la Planche précédente; mais ayant été refait depuis sur les desseins de M. Chevotet, son ordonnance dans l'exécution est beaucoup plus conforme aux régles de l'Art & d'un dessein plus correct. En effet on n'y voit point de colonnes engagées, il est amené par un avant-corps, en un mot il se ressent de la sévérité de la bonne Architecture, quoiqu'en général on puisse dire qu'il eut peut-être mieux valu préférer ici des portiques aux colonnes, n'y en ayant aucune dans tout ce bâtiment, dont la décoration d'ailleurs est chétive. Du moins nous remarquerons qu'il eut été plus convenable de placer ce péristile dans le milieu de la longueur de l'aîle pour rendre sa dimension plus réguliere, & d'assujettir cette façade à une même ordonnance. Non-seulement ce péristile étoit possible dans un aussi grand terrain, mais encore par-là on auroit évité la défunion trop sensible qu'on remarque entre les parties & le tout. Il est vrai que ce n'est pas toûjours un défaut de donner un air d'infériorité aux aîles pour laisser dominer le principal corps-de-logis, mais du moins faut-il que cette infériorité soit amenée d'une maniere avantageuse, & que cela ne se rencontre pas dans un bâtiment sans aucune raison de bienséance & aux dépens souvent de l'accord général de l'édifice.

CHAPITRE

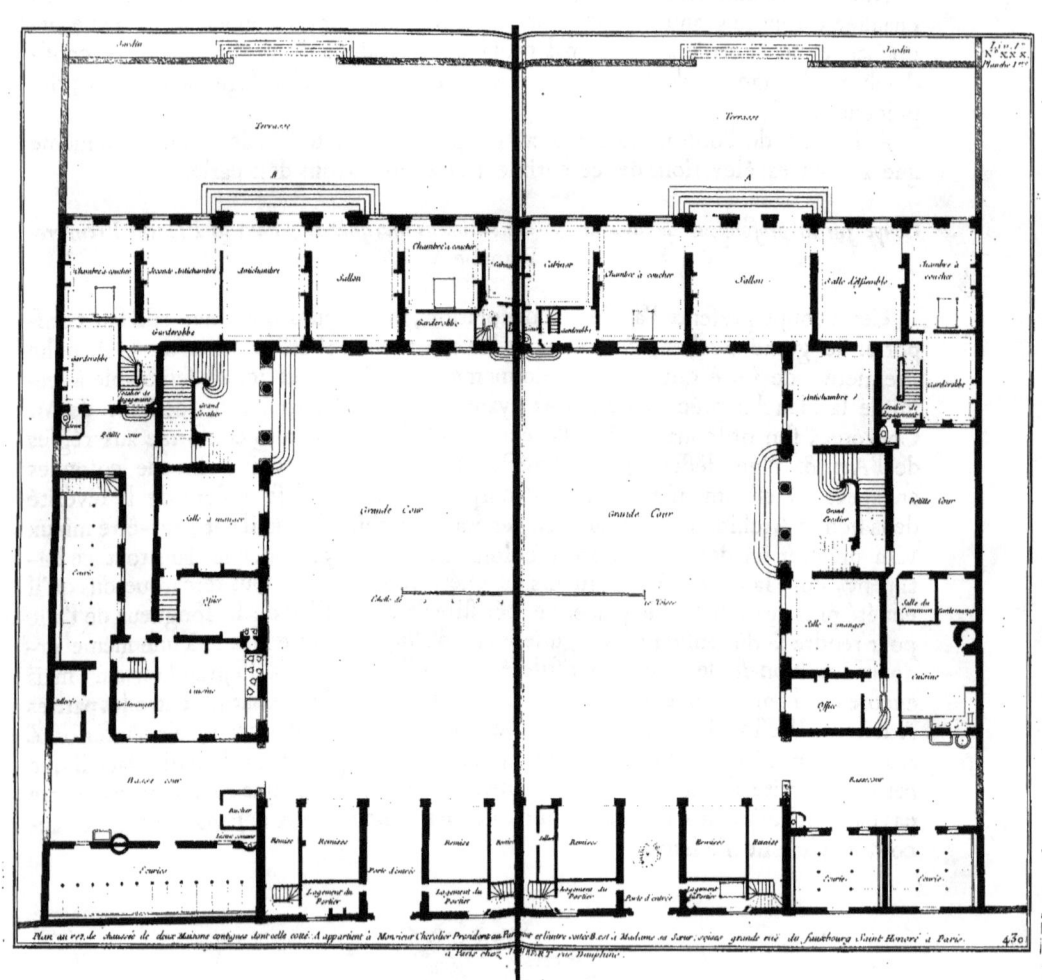

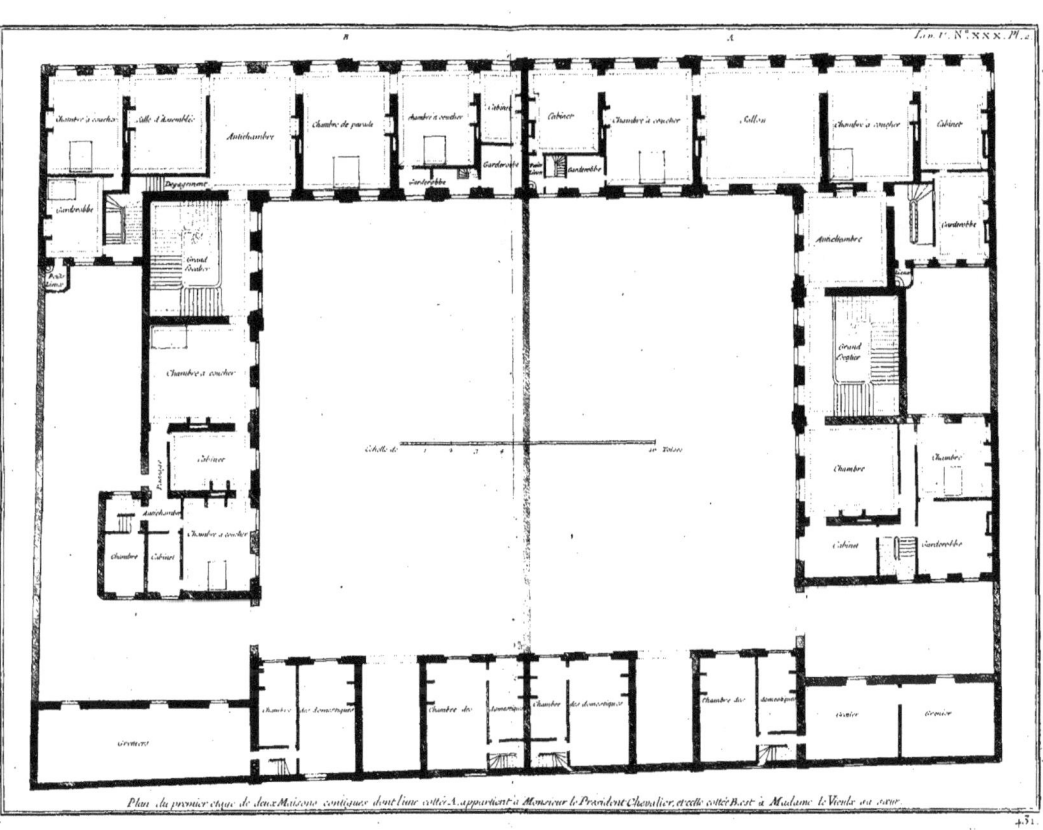

CHAPITRE XXXI.

Description de l'Hôtel de Duras, rue du Fauxbourg Saint Honoré.

CETTE maison fut bâtie originairement sur un terrain que M. Boffrand (*a*), Architecte du Roi, acquit vers 1718. Après qu'il eut fait élever les bâtimens dont nous allons parler, cet Architecte les vendit, en 1722, à *Messire Jean Durfort*, *Duc de Duras*, Maréchal de France, qui l'occupe aujourd'hui.

Hôtel de Duras.

Plan général des bâtimens, jardins & dépendances de cet Hôtel.
Planche Premiere.

Le principal corps-de-logis de cet Hôtel est triple & isolé de toutes parts. Nous donnerons sa distribution intérieure au rez-de-chaussée, en expliquant la Figure Premiere de la Planche II, nous parlerons seulement ici de la forme de sa cour principale qui est d'une proportion assez agréable ; elle est fermée de murs de onze pieds de hauteur & percée de portes, qui d'un côté conduisent aux basse-cours, & de l'autre au jardin potager. La basse-cour, d'une forme réguliere, est environnée de bâtimens qui contiennent les écuries, les remises, les cuisines, offices &c, & dont les hauteurs sont inférieures à celle du principal corps-de-logis, ce qui laisse dominer ce dernier sur tout le reste, & lui donne cet air de supériorité que M. Boffrand a sçu mettre en usage dans toutes ses productions. Les jardins de cet Hôtel sont peu étendus, & leur distribution, en général, est assez mal disposée, défaut à la vérité, qui se remarque plus dans le dessein que dans l'exécution ; c'est ce qui nous a fait observer plus d'une fois que l'on ne pouvoit juger que très-imparfaitement de la beauté d'un jardin par son plan, la nature ayant toûjours de quoi plaire, pour peu qu'elle soit secondée par les soins & l'entretien d'un jardinier intelligent. Ces jardins ont une issue particuliere par la rue. Il auroit été à souhaiter qu'on en eut pratiqué une autre pour dégager les basse-cours dans les dehors ; mais, comme nous l'avons remarqué dans le Chapitre précédent, ce dégagement est moins nécessaire dans une maison particuliere, telle que l'étoit celle-ci dans son origine, où l'on a toute liberté d'ailleurs d'en pratiquer un lorsqu'on le jugera à propos, la distribution actuelle permettant ce dégagement sans nuire en rien à la disposition générale des bâtimens des basse-cours.

(*a*) Voyez ce que nous avons dit de ce célébre Architecte dans le premier Volume de cet Ouvrage, page 242, &c. Nous avertissons que, par inadvertance, (dans ce même Volume, note *a*, page 236.) nous avons avancé que c'étoit M. *De La Maire* qui avoit été l'Architecte de ce bâtiment, par la raison que les Planches que nous donnons ici, & qui viennent du fonds de M. *Mariette*, nous l'avoient annoncé ici ; mais dans nos recherches, nous avons appris de M. Boffrand lui-même que cet édifice fut bâti primitivement pour lui & sur ses desseins, quoiqu'il n'en ait pas fait mention dans son livre d'Architecture dont nous avons déja parlé.

Nous prenons occasion de cette erreur, pour réiterer nos instances aux Architectes & aux autres Artistes, à qui involontairement nous pourrions avoir donné les ouvrages des autres, ou qui seroient en droit d'en reclamer quelques-uns, de vouloir bien nous adresser leurs observations, afin qu'en leur rendant la justice qui leur est dûe, cet Ouvrage en devienne en même tems plus exact ; une collection de cette nature devant intéresser tous les hommes à talens, en général. A propos de ceci nous conviendrons d'une inattention de cette espece qui nous est arrivée concernant le grand Autel des Chartreux de Lyon que nous avons attribué (Tom. II. page 37, note *a*) à M. *Servandoni*, & qui est du dessein de M. *Soufflot*, Architecte du Roi, dont nous parlerons dans son lieu. Il est vrai que M. *Servandoni* a fait un dessein pour cet Autel, mais il n'a pas été exécuté : la note que cet Artiste nous donna par écrit lors de l'impression du second Volume nous jetta dans cette erreur. Nous ne pouvons être garants de pareilles méprises ; c'est pourquoi, pour nous justifier à l'avenir de telles inadvertances, nous prenons soin de garder les mémoires qu'on nous envoye, & qui serviront dans la suite à prouver la droiture de nos intentions.

Tome III.

Qq

Plan du rez-de-chauffée & du premier étage. Planche II.

<small>Hôtel de Duras.</small>

La Figure Premiere donne la diftribution intérieure du principal corps-de-logis au rez-de-chauffée. Les chambres à coucher n'ayant pas eu originairement de garderobes, il paroît qu'on en a ajoûté dans la fuite à la faveur du nouveau mur de face AB pris fur le jardin, duquel on auroit dû profiter pour procurer à ces garderobes un dégagement extérieur. Faute de ce dégagement, on eft obligé de traverfer tout le corps-de-logis pour y arriver, ou du moins de paffer par la falle à manger, ce qui produit un défagrement confidérable dans le fervice intérieur de la maifon & nuit à la commodité perfonnelle des Maîtres. Au refte les pieces qui compofent ce plan font d'une forme convenable, bien difpofées, décorées avec goût & d'une hauteur affez rélative à leur diamétre, l'efcalier fe préfente bien, il eft heureufement fitué, doux, commode & néanmoins fa cage occupe peu d'efpace.

La Figure deuxieme, qui offre la diftribution du premier étage, eft affujettie aux mêmes murs de refend que le plan précédent. Les logemens des Domeftiques font pratiqués dans les combles, & l'on y monte par les efcaliers dérobés que l'on remarque ici. On voit auffi dans ce plan le nouveau mur de face AB, dont nous venons de parler plus haut, & qui procure à cet étage les garderobes néceffaires aux pieces de Maîtres qui y font diftribuées. Ce nouveau mur de face, qui n'eft affujetti à aucune fimétrie, nuit fort peu à la décoration extérieure, cette derniere façade étant flanquée d'un bofquet, entouré de maffifs de bois qui mafquent fon ordonnance. (Voyez le plan général, Planche Premiere.)

Elévations du côté de la cour & du côté du jardin. Planche III.

Cette Planche contient les deux élévations les plus intéreffantes du principal corps-de-logis, l'une du côté de la cour, l'autre du côté du parterre. En général la décoration de ce bâtiment eft affez fimple ; mais il faut convenir que la fubdivifion des parties eft rélative au tout & que les profils font d'un très-bon choix & analogues à l'un & à l'autre. Cet accord ne fe rencontre dans un édifice que lorfqu'il eft élévé par un homme d'expérience qui fçait tirer avantage de tout, même dans les bâtimens les moins fufceptibles en apparence d'élégance, de goût & d'invention. Il eft même bon d'obferver que la fimplicité dont nous parlons ici étoit néceffaire, puifque dans fon origine cet Hôtel avoit été bâti comme maifon particuliere, laquelle, en cette confidération, ne devoit pas fe reffentir de l'étalage des ornemens, ni de l'appareil des Ordres d'Architecture, qui doivent abfolument être réfervés pour les Palais des Rois, les édifices facrés, les Places publiques, &c. C'eft même un abus, ainfi que nous l'avons remarqué ailleurs, de faire ufage des Ordres dans les bâtimens de peu d'importance, parce qu'ils ne produifent le plus fouvent que de petites parties, contraires à l'efprit de convenance qu'un Architecte doit obferver avec foin dans toutes fes productions.

La Figure Premiere donne l'élévation du côté de la cour, qui eft décorée d'un avant-corps peut-être un peu trop fvelte, mais dont la fimplicité a de quoi plaire. Les croifées des arriere-corps font d'une bonne proportion, leur forme grave & réguliere fait un bon effet, & devroit toûjours être imitée dans les bâtimens de l'efpece de celui dont nous parlons.

La Figure deuxieme offre l'élévation du côté du parterre ; fon expofition l'a fait traiter avec un peu moins de fimplicité, l'avant-corps du milieu étant couronné d'un fronton & orné d'un bas-relief dans fon timpan. Cet avant-corps eft moins fvelte que celui du côté de la cour, & par-là il acquiert une dimenfion plus convena-

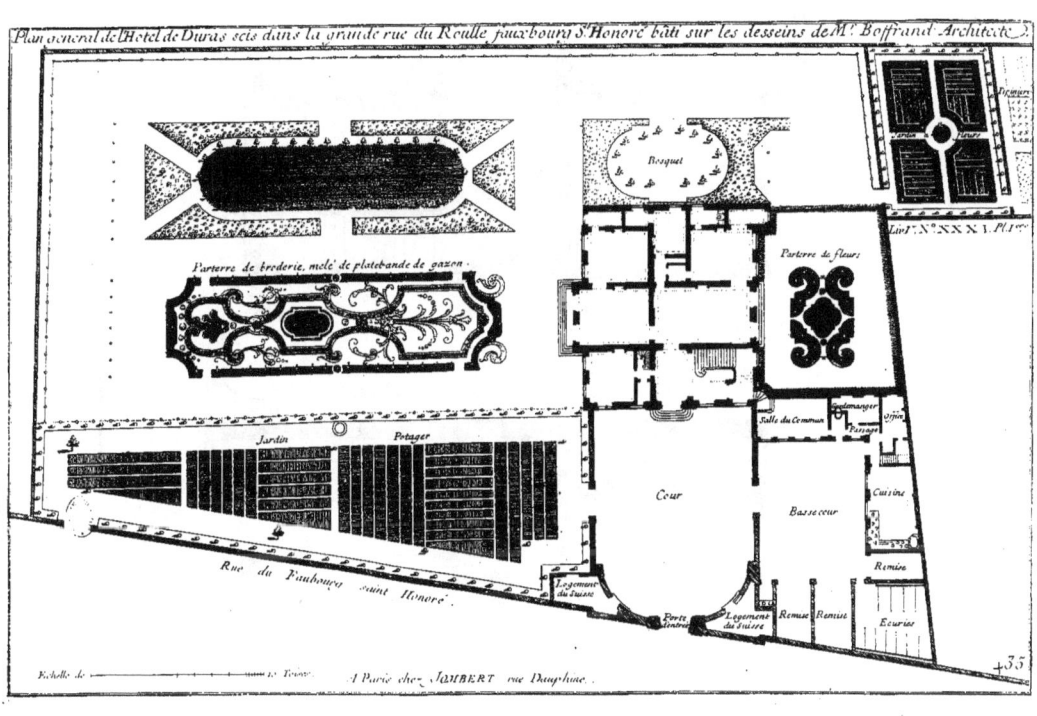

Plan du premier étage de l'hôtel de Duras.

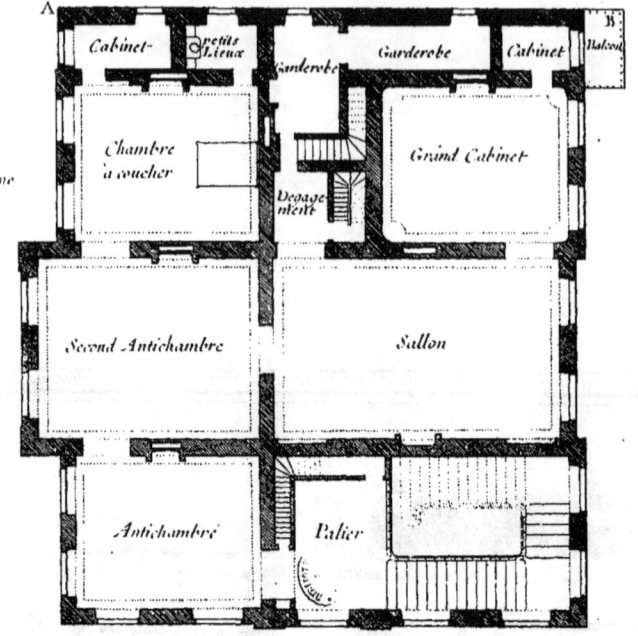

Plan de l'étage au réz-de-chaussée

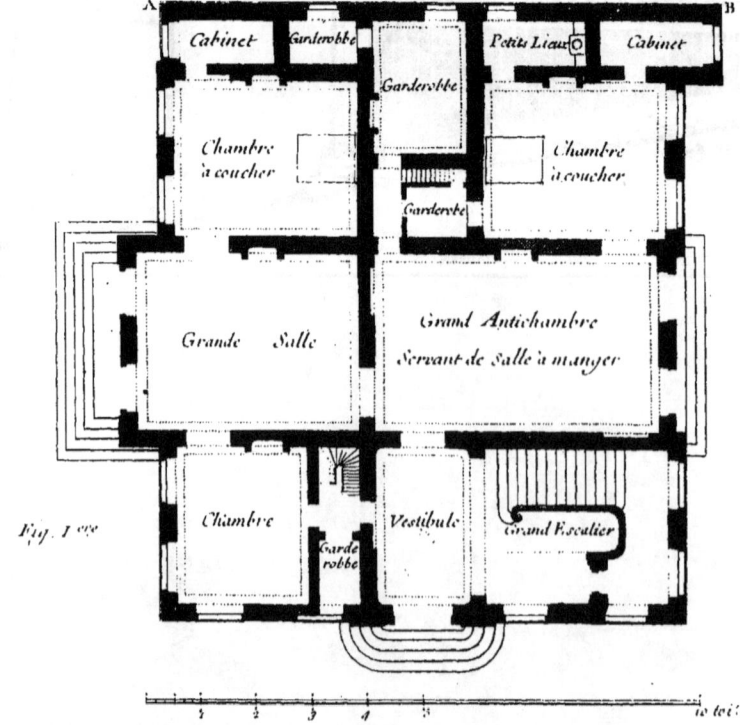

ble; mais comme l'étendue du bâtiment n'a pas permis de le percer de trois ou- Hôtel de Duras.
vertures dans sa largeur, il en résulte un trumeau dans le milieu. Une pareille licence ne seroit pas tolérable dans un bâtiment plus considérable, ni si elle eut
été mise en œuvre par un Architecte moins habile. Il n'appartient qu'aux hommes du premier mérite de hazarder des fautes heureuses dans quelques parties de
leurs édifices, parce qu'ils sçavent reparer les licences qu'ils employent, par la dimension des masses & par certaines beautés de détail capables de dédommager le
Spectateur des inadvertances qui leur devenoient comme nécessaires dans l'ordonnance de leurs façades. Cependant comme ces inadvertances ne doivent pas faire
loi, ni être indistinctement imitées par de médiocres Artistes, nous nous sommes
déterminés à traiter dans l'*Introduction* qui se trouve à la tête du premier Volume, page 75, des licences, en général dont on se trouve quelquefois obligé de faire
usage dans l'Architecture.

Coupe & profils sur la profondeur du bâtiment. Planche IV.

Cette Planche donne à connoître la décoration intérieure du principal corps-
de-logis, le développement des différentes pieces qu'il contient dans sa profondeur, la coupe de la charpente, les entresols, l'élévation du grand escalier, &c.

Par la disposition de la charpente il est aisé de s'appercevoir que le mur de face
A dont nous avons parlé, a été reculé après coup, puisque l'une des parties rampantes du comble semble porter à faux dans cette coupe, mais, lors de la construction de ce mur, elle a été retenue par des entraits qui lient le tout ensemble
avec assez d'industrie. Les détails des lambris sont exprimés ici avec une sorte de
précision ; d'ailleurs ils sont assez peu intéressans pour ne pas exiger une description plus étendue. C'est pourquoi nous finirons ce Chapitre en remarquant que
quoique nous n'ayons donné que deux élévations de ce bâtiment, celle du côté
du jardin fleuriste (voyez le plan général, Planche Premiere) mérite quelque attention, étant de la même ordonnance que celle dont nous avons parlé, & ne différant que parce qu'au lieu d'un avant-corps, ce sont deux pavillons qui forment
les extrêmités de cette façade, d'où il résulte deux défauts assez essentiels à éviter :
l'un que le milieu de cette façade fait arriere-corps, l'autre que par le nombre pair
des croisées un trumeau marque le milieu de l'arriere-corps & des pavillons de cette élévation.

CHAPITRE XXXII.

Description de l'Hôtel d'Evreux, rue du Fauxbourg S. Honoré.

Hôtel d'Evreux.

CET Hôtel fut bâti en 1718, fur les deffeins & fous la conduite de M. *Mollet*, Architecte & Controlleur des bâtimens du Roi (*a*), pour *Henri-Louis de la Tour d'Auvergne, Comte d'Evreux*. Après fa mort, arrivée en 1752, cet Hôtel fut acheté par Madame la *Marquife de Pompadour*, qui y fait faire actuellement quelques changemens fur les deffeins de M. *de Laffurance*, Architecte & Controlleur des bâtimens du Roi (*b*).

Plan au rez-de-chauffée. Planche Premiere.

Le plan de cet Hôtel eft peut-être un des mieux difpofés & des plus réguliers que nous ayons décrit jufqu'à préfent dans ce Recueil. Une grande & magnifique cour (*c*) de 18 toifes de largeur fur 27 de profondeur annonce un principal corps-de-logis double de 26 toifes & demi de face, compofé d'un rez-de-chauffée, d'un premier étage & d'une manfarde. Aux deux côtés de cette cour principale font diftribuées fur fa longueur deux baffe-cours pour le département des écuries & des cuifines & une troifieme fur la rue, à droite, pour les remifes. Cette derniere cour dégage dans les dehors ; commodité que nous avons defirée plus d'une fois dans les bâtimens précédens, & dont on peut ici reconnoître tous les avantages. On fe propofe néanmoins de faire des augmentations confidérables dans ces baffe-cours, telles que d'élever de nouvelles écuries pour environ 50 chevaux ; de multiplier les remifes, d'aggrandir les cuifines & de pratiquer enfin quelque logement plus confidérable pour les Officiers & les Domeftiques de cet Hôtel. Nous venons de remarquer que le principal corps-de-logis étoit double fur fa profondeur, nous obferverons ici qu'il eft ifolé entre cour & jardin, de maniere que fes faces latérales ont vûe fur ce dernier. Ce jardin eft vafte, bien entretenu, & l'on y jouit du fpectacle agréable des Champs Elifées qui femblent lui fervir de parc. Sa longueur eft actuellement de 92 toifes, à compter du mur de face du bâtiment ; mais on doit le prolonger d'environ 20 toifes pour gagner les premiers arbres des Champs Elifées, & l'on a intention d'y pratiquer une grande allée de traverfe en face de l'alignement AB. Au moyen de ce nouveau percé, du principal corps-de-logis on pourra découvrir non-feulement la riviere, mais encore les bâtimens qui font de l'autre côté.

On fe propofe auffi d'acquérir, attenant le mur de cloture CD, un marais pour faire un potager, à l'extrêmité duquel fera une iffue, afin que des Champs Elifées on puiffe avoir une entrée dans les jardins de cet Hôtel.

A gauche du principal corps-de-logis eft pratiqué un jardin particulier pour des fleurs, donnant entrée à un bofquet avec portiques & treillages, mêlé de verdure, & qui contient une voliere, une grotte avec nappes d'eau, &c. Au pied

---

(*a*) Le même qui a bâti l'Hôtel d'Humieres, le Château de Stain, &c.

(*b*) Voyez ce que nous avons dit de cet Architecte dans le premier Volume, page 232. note *a*.

(*c*) A l'exception de celle de l'Hôtel de Soubife qui a de largeur 22 toifes fur 30 de profondeur, on ne voit point à Paris d'Hôtel qui foit précédé d'une auffi belle cour. Les Hôtels de Touloufe, de Louvois, de Matignon, de Noailles, de Lambert. &c. tous grands & vaftes en bâtimens, ont des cours fort inférieures à celle dont parlons, & qui paroît d'autant plus fpacieufe ici, que fes murs collatéraux font peu élevés, n'ayant aucun bâtiment qui leur foit adoffé. Ce peu d'élévation des murs, en épargnant une dépenfe affez confidérable, procure au principal corps-de-logis un air falubre qui eft toujours défirable dans un édifice élevé dans la Capitale.

du

du bâtiment, du côté du grand jardin est une terrasse que l'on se propose d'élever de 18 pouces, afin de pouvoir découvrir avec plus de facilité, de dessus cette éminence, l'étendue des dehors qui environnent cet Hôtel. En effet il se trouve situé de maniere que, quoique bâti à l'entrée de cette Capitale, il a tous les avantages d'une des plus belles maisons de plaisance des environs de Paris.

Les distributions du principal corps-de-logis au rez-de-chaussée ont déja souffert quelques changemens depuis la nouvelle acquisition de cet Hôtel; mais comme ils sont peu considérables, nous en ferons seulement mention, sans marquer ces additions sur cette Planche, nous reservant d'en donner par la suite un nouveau plan, lorsque les augmentations y auront été faites, tant dans les bâtimens que dans les jardins. Ces changemens consistent aujourd'hui dans la suppression de l'escalier E, à la place duquel & de la piece F, on a fait une antichambre qui précéde l'appartement en aîle; à qui on a aussi ajoûté des garderobes & de petites pieces de commodité, distribuées avec beaucoup d'art & de goût. A la place de la garderobe G, on a construit un nouvel escalier qui conduit aux entresols & qui servira de dégagement au premier étage, lorsqu'on aura pratiqué, comme on le projette (*d*), un grand escalier dans la salle H, qui placé à droite, s'annoncera du vestibule, le mur de refend I devant être tenu ouvert dans sa plus grande partie. Le reste de cette piece servira de premiere antichambre, & toutes celles du côté du jardin composeront un appartement de parade, étant déja revêtues de menuiserie ornée de sculpture, de glaces, de dorure & de peintures d'une assez grande beauté (*e*), de maniere que, lorsqu'elles seront entierement meublées, tout concourera à faire de cet Hôtel une maison des plus importantes.

Revenons à la suite des changemens faits dans ce corps de logis. On a supprimé dans l'antichambre la cloison K, pour aggrandir cette piece, à dessein sans doute d'en faire une salle à manger qui dégage dans le nouvel escalier placé en G. Cependant il est à croire que dans la suite on imaginera un moyen de pratiquer un dégagement qui puisse des cuisines faire servir à couvert dans cette salle à manger, soit qu'on la laisse où nous disons, soit qu'on préfere de la placer à l'extrêmité de la grande salle H du côté de la face latérale, ne convenant pas, selon ce que nous avons dit ailleurs, de placer ces sortes de pieces dans les enfilades du côté du jardin, à moins d'une fête extraordinaire; & même en ce cas, la piece du milieu, telle que se voit ici le sallon, peut servir de salle de festin & les pieces adjacentes, d'appartement de société. La piece marquée L, est destinée aujourd'hui pour une chapelle. Enfin des portes de dégagement, des cheminées, des entresols supprimés & reconstruits à neuf dans ce côté du bâtiment, complettent les changemens dont nous avons voulu parler, lesquels, comme nous en avons averti, ne sont point exprimés ici, parce qu'ils seront compris dans un nouveau plan que l'on fera de cet Hôtel, lorsqu'il sera entierement achevé. Nous en userons de même à l'égard du plan du premier étage du principal corps-de-logis, dont on voit les anciennes distributions, Figure Premiere, Planche II. Du tems de M. le Comte d'Evreux, ce premier étage n'a jamais été fini, ni habité, mais on se propose d'y travailler l'année prochaine. Alors on construira le grand

---

(*d*) Nous annonçons ces additions & celles dont nous avons parlé d'après ce que nous en avons appris sur le lieu, en visitant cet Hôtel, le 3 Septembre 1753, pour parvenir à sa description. Il se pourroit bien qu'on changeât d'avis à leur égard, mais ces additions nous ont paru si convenables & si nécessaires que nous avons crû devoir ajoûter foi à ce qu'on nous en a dit d'après les projets de M. De *Lassurance*, dont les sentimens semblent autant d'autorités en matiere d'Architecture.

(*e*) On trouvera dans le sixieme Volume une partie des lambris de l'intérieur de ce bâtiment gravés anciennement. On donnera dans la suite de nouvelles planches qui comprendront ce qui aura été fait ici de nouveau, & que l'on aura soin de dessiner & de faire graver correctement & avec goût, afin de dédommager le Public du peu d'art qu'on remarque dans les anciennes

escalier dont nous avons parlé, ceux qui sont exprimés dans ces plans ne s'annonçant pas avec une sorte de distinction & ne pouvant servir que d'escaliers de dégagement, pour répondre à la magnificence d'une aussi belle maison.

Elévations du côté de la rue, du côté de la cour, & d'une des faces latérales.
Planche II.

La Figure I. donne la distribution du plan du premier étage dont nous venons de parler, & ne diffère de l'exécution que dans la suppression de l'escalier A, transporté en B, & dans le mur de refend C, à la place duquel on a pratiqué une forte cloison de charpente, l'ancien mur portant à faux sur le plancher soûtenu par les colonnes de la chambre de parade du rez-de-chaussée. Le reste est absolument le même, mais, comme nous l'avons déja remarqué, il n'a jamais été habité, n'ayant été jusqu'ici ni carrelé, ni parqueté.

La Figure deuxieme présente l'élévation de la porte d'entrée de cet Hôtel, dont le plan est retourné d'équerre à l'axe du bâtiment, malgré l'obliquité de la rue où elle est située. (Voyez le plan de cette porte, Planche Premiere.) Sa décoration consiste dans un Ordre de colonnes Ioniques, isolées & accouplées, élevées sur un socle & portant un entablement partie horisontal & partie en plein ceintre. La porte est bombée & ornée d'un bandeau, lequel est couronné d'un plinthe recevant les armes de feu M. *le Comte d'Evreux* avec leurs supports, à la place desquelles seront incessamment substituées celles de Madame la Marquise de Pompadour, qui ne different guéres que dans une partie du blason. Nous ne dirons rien de l'ordonnance de cette porte, nous avons remarqué ailleurs l'effet que produisent les corniches circulaires dans l'Architecture. (Voyez ce que nous avons dit concernant les frontons de ce genre dans l'*Introduction*, page 104, Figure douzieme.)

La Figure troisieme fait voir l'élévation du principal corps-de-logis du côté de la cour. Il comprend, comme nous l'avons déja remarqué, un rez-de-chaussée, un premier étage & une mansarde. Cette élévation est flanquée à ses extrêmités par deux pavillons & décorée dans son milieu par un avant-corps dont le sol est orné de quatre colonnes d'Ordre Dorique sans aucune sujettion, l'entablement qui les couronne n'ayant ni triglifes, ni mutules. Au-dessus s'élévent quatre pilastres d'Ordre Corinthien qui soûtiennent un entablement terminé par un fronton triangulaire. (Voyez ce que nous avons dit dans le Chapitre XXIX de ce Volume, concernant les murs de face élévés sur des entre-colonnemens.)

Les arriere-corps de cette élévation sont percés chacun de quatre croisées à chaque étage : celles du rez-de-chaussée sont bombées, celles de dessus, à plate-bande, & dans les mansardes sont autant de lucarnes terminées en ceintre surbaissé & peut-être un peu trop ornées pour la simplicité des arriere-corps. Les croisées supérieures des pavillons sont en plein ceintre, sans doute pour leur conserver quelque analogie avec celles de l'avant-corps du milieu de cette façade. En général, on peut observer que les profils de ce bâtiment sont assez peu analogues à l'expression des Ordres, & qu'ils sont incorrects & sans fermeté ; caractere qui leur auroit été cependant nécessaire, la cour & les jardins qui l'environnent étant spacieux & fort aërés.

La Figure quatrieme offre une des faces latérales de ce bâtiment donnant sur le jardin fleuriste, & dans laquelle est exprimé le retour de l'aîle A, donnant sur un bosquet, & qui dégage l'appartement du rez-de-chaussée dont nous avons parlé en expliquant la Planche I. Toutes les croisées de cette façade sont en plein ceintre & entourées de bandeaux, les lucarnes sont à plate-bande ; au-dessus de

l'aîle A, on voit le retour d'un des pavillons dont nous avons auſſi parlé à l'oc- Hôtel d'Evreux.
caſion de la Planche précédente.

Elévation du côté des jardins & Coupe ſur la longueur du bâtiment.
Planche III.

La Figure Premiere fait voir la coupe du principal corps-de-logis, un des murs collateraux de la cour, & la coupe de la principale porte d'entrée, priſes dans la Planche Premiere ſur la ligne AB. La coupe marquée A, offre en petit la décoration intérieure des appartemens du rez-de-chauſſée, la hauteur de ſes Planchers, celle du premier étage & celle des manſardes. On voit ici des lambris dans le premier étage, mais ce n'eſt qu'un projet, ayant remarqué précédemment que cette partie intérieure du bâtiment n'étoit pas achevée. A l'égard de ceux qui ſe remarquent dans le ſallon du rez-de-chauſſée, donnant ſur le jardin & dans le veſtibule ſur la cour, ils ſont exécutés, mais annoncés aſſez imparfaitement dans cette Planche, principalement ceux du ſallon, qui ſur le lieu a toujours paſſé pour une piece décorée magnifiquement, mais que la petiteſſe de l'échelle & la négligence du Graveur a exprimée d'une maniere fort indéciſe. La décoration du veſtibule eſt mieux rendue, étant plus ſimple; mais, comme nous l'avons déja obſervé, ce côté ſera ſupprimé dans la ſuite pour laiſſer voir le grand eſcalier qu'on ſe propoſe de conſtruire à neuf, ainſi que nous en avons déja averti. Aux deux murs de face de cette coupe on voit, du côté du jardin, les colonnes Corinthiennes élevées ſur des pilaſtres Ioniques, & du côté de la cour l'Ordre de pilaſtres Corinthiens au-deſſus des colonnes Doriques dont nous avons parlé. On peut voir dans ce dernier le porte à faux que procurent les murs de face du premier étage ſur l'entre-colonnement de deſſous; genre de décoration aſſez contraire à la ſolidité réelle & apparente, une des parties eſſentielles de l'Art de bâtir.

On voit en B le retour d'un des deux pavillons du côté de la cour, dans l'intérieur deſquels avoient été pratiqués juſqu'à preſent les deux eſcaliers de cet Hôtel. La façade marquée C, eſt une décoration qui revêtit l'un des murs qui déterminent la largeur de la cour. (Voyez le plan, Planche Premiere.) Elle eſt toute ici pour la magnificence, n'ayant dans ſa longueur qu'une porte réelle qui ſimétriſe avec celle qui lui eſt oppoſée. L'une & l'autre donnent entrée aux baſſe-cours. Cette décoration conſiſte dans des arcades feintes en plein ceintre dont les piédroits & les claveaux ſont ornés de refends, couronnés d'un plinthe, & terminés par une baluſtrade qui donne à cette cour un air de magnificence qui réuſſit très-bien. Ces ornemens, joints à ſa grandeur, annoncent d'une maniere noble & impoſante la réſidence d'une perſonne de la premiere conſidération.

La Lettre D fait voir la coupe & le profil de la principale porte d'entrée de cet Hôtel, dans l'épaiſſeur de laquelle on a pratiqué d'un côté le logement du Suiſſe & de l'autre celui du Concierge. La lettre E exprime le retour à angle droit du côté de la rue, que l'on a préféré ici aux tours creuſes dont on fait uſage ordinairement dans la plûpart de nos grands édifices. Cette premiere maniere nous paroît plus réguliere, principalement lorſque le mur de clôture n'eſt pas perpendiculaire au bâtiment. (Voyez le plan, Planche Premiere.)

La Figure deuxieme repréſente enfin la façade du côté du jardin. Elle eſt compoſée d'un avant-corps, de deux arriere-corps, de deux pavillons, de deux arriere-pavillons & de deux aîles, faiſant en total quarante toiſes un pied de longueur, & qui donnant ſur de beaux jardins & ayant pour ſpectacle le coup d'œil des

Hôtel d'Evreux.

Champs Elisées, forment une des plus belles maisons qui soient à Paris. C'est pour cette considération que nous aurions désiré plus de sévérité dans la repartition des membres d'Architecture de cette façade, de plus grandes masses & des beautés de détail plus conformes à l'étendue de cet édifice & à l'espace qui l'environne. Nous n'entrerons point dans le détail des choses qu'on peut trouver à reprendre dans sa décoration extérieure, nous avons discuté plus d'une fois, dans les bâtimens que nous avons décrit précédemment, la nécessité d'éviter les déreglemens trop ordinaires dans l'ordonnance de la plûpart des édifices qui se sont élevés depuis le commencement de ce siecle, & nous y renvoyons le Lecteur. D'ailleurs la distribution de cet Hôtel, en général, a des beautés si satisfaisantes que nous croyons ne pouvoir mieux terminer ce Volume qu'en le citant pour exemple, sans vouloir relever les inadvertances sans nombre qu'on remarque dans ses façades.

Fin du Troisieme Volume.

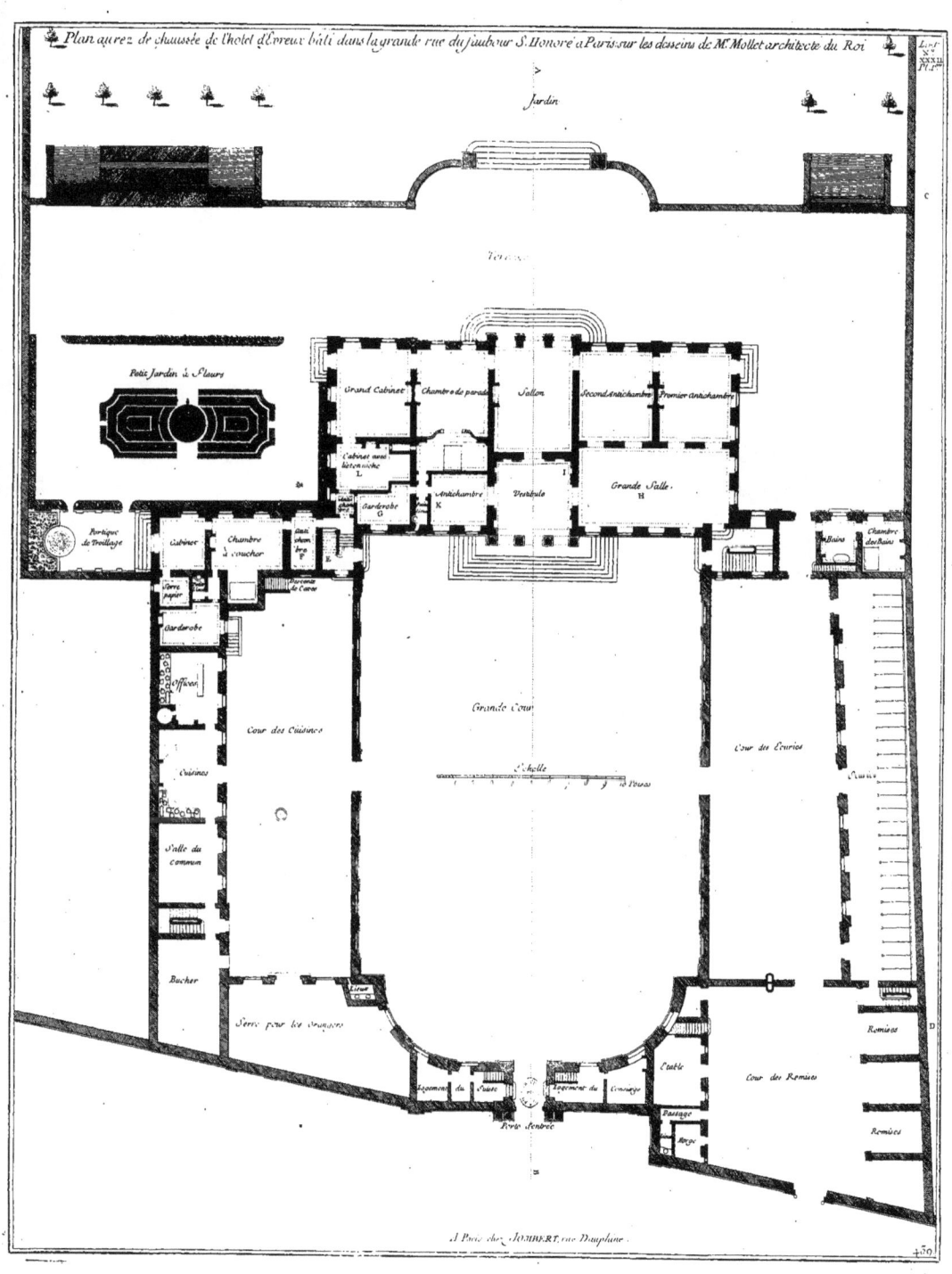

www.ingramcontent.com/pod-product-compliance
Lightning Source LLC
Chambersburg PA
CBHW071605170426
43196CB00033B/1789